# ABITUR-TRAINING GESCHICHTE

Bürger • Hammon • Hümmer • Müller

# Geschichte 2

Vom Zweiten Weltkrieg bis zur Wiedervereinigung
Europäische Einigung
Weltpolitische Konstellationen



STARK

Umschlagbild: © Bildarchiv Preußischer Kulturbesitz, Berlin

ISBN: 3-89449-178-7


D-85318 Freising · Postfach 1852 · Tel. (08161) 1790
2. aktualisierte Auflage 1994

# Inhalt



*(Fortsetzung nächste Seite)*

**Autoren:**
Elmar Bürger, Franz Feldmeier, Wolfgang Hammon, Klaus Hümmer, Martin Kleber, Herbert Müller, Theo Musselmann, Manfred Rattelsdorfer

# Vorwort

Liebe Kollegiatin, lieber Kollegiat,

das vorliegende Abitur-Training, das nach dem neuen Curricularen Lehrplan für die 13. Jahrgangsstufe des Grundkurses Geschichte überarbeitet wurde, soll Ihnen bei der **Vorbereitung** auf **Klausuren** und das **Abitur** sowie als **unterrichtsbegleitende Lektüre** zum besseren Verständnis von geschichtlichen Zusammenhängen dienen.

Darüber hinaus soll gerade dieser Band in der besonderen historischen Situation weltpolitischer Umwälzungen und Neuerungen am Ende unseres Jahrhunderts die geschichtlichen Ereignisse und Entwicklungen in ihrer geschichtlichen Bedingtheit erläutern.

Im Aufbau des Bandes spiegelt sich auch die Anschaulichkeit der Darstellung wider:

- **Übersichtstafeln** am Anfang jeden Kapitels ermöglichen Ihnen, sich auf einen Blick über die wichtigsten Daten, Fakten und Ereignisse zu informieren.
- Prägnante **Zusammenfassungen** am Schluß jeden Kapitels bringen die wichtigsten Sachverhalte noch einmal auf den Punkt.
- **Zeittafeln** am Ende des Buches geben einen zusammenfassenden Überblick über die wichtigsten Ereignisse vom Ende des Zweiten Weltkriegs bis heute.
- Das **Glossar** im Anhang ermöglicht ein schnelles Nachschlagen von geschichtlichen Begriffen.

Viel Freude und Erfolg mit diesem Band wünscht Ihnen

Ihr Autorenteam

# 1 Internationale Politik und Zweiter Weltkrieg

## 1.1 Nationalsozialistische Außenpolitik im internationalen Kontext bis Kriegsbeginn

| | |
|---|---|
| 1933–1936 | **Revisionspolitik** |
| 1933 | Austritt aus dem Völkerbund |
| 1934 | Nichtangriffs- und Freundschaftspakt mit Polen, nationalsozialistischer Umsturzversuch in Österreich |
| 1935 | allgemeine Wehrpflicht, Flottenabkommen mit England |
| 1936 | Einmarsch in das entmilitarisierte Rheinland, "Achse Berlin–Rom", Antikomintern-Pakt |
| 1937 | Bekenntnis zur zielgerichteten Expansionspolitik (Hoßbach-Protokoll) |
| 1938 / 1939 | **Annexions- und Expansionspolitik** |
| 1938 | Anschluß Österreichs, Eingliederung des Sudetengebietes |
| 1939 | Zerschlagung der "Resttschechoslowakei" (Protektorat Böhmen und Mähren) |

### 1.1.1 Die Ausgangslage

Seit das Deutsche Reich am 8. September 1926 Mitglied des Völkerbundes geworden war, hatte sein Außenminister *Stresemann* das seit der Jahrhundertwende gestörte Verhältnis Deutschlands zu den anderen Mächten weitgehend normalisieren können. Grundsätzlich hatte er dabei an einer Revision der Grenzen von Versailles festgehalten, die aber mit friedlichen Mitteln durch eine Verständigungspolitik erreicht werden sollte. Daher vermochte das Deutschland Stresemanns das Vertrauen diesseits und jenseits des Ozeans zu wecken. Vor allem in England und den USA wuchs die Bereitschaft zu einer Politik des "peaceful change". Nach dem Tod Stresemanns (Oktober 1929) profitierten hiervon die folgenden Präsidialkabinette: Frankreich räumte vorzeitig das Rheinland (1930), das "Hoover-Moratorium" (1931) brachte zunächst einen Aufschub der Reparationsverpflichtungen, und auf der Konferenz von Lausanne (1932) wurde die endgültige Streichung der Reparationszahlungen festgelegt. Im Dezember 1932 wurde die militärische Gleichberechtigung Deutschlands grundsätzlich anerkannt. Zudem hatte es einen ständigen Sitz im Völkerbundsrat, war also politisch in den Kreis der Großmächte zurückgekehrt.

### 1.1.2 Hitlers programmatische Zielsetzungen

Von Anfang an stand die Außenpolitik des Dritten Reiches im Zeichen der ideologischen Grundüberzeugungen und Zielvorstellungen des Nationalsozialismus. Zwar gehörte zum Ziel der NS-Außenpolitik ebenfalls die von allen Parteien der Weimarer Republik geforderte **Revision des Versailler Vertrags:** Forderungen nach einem "Zusammenschluß aller Deutschen aufgrund des Selbstbestimmungsrechts der Völker zu einem Großdeutschland", nach "Gleichberechtigung des deutschen Volkes gegenüber anderen Nationen, Aufhebung der Friedensverträge von Versailles und St. Germain" sowie nach "Land und Boden" (Kolonien) wurden nicht nur von rechtsgerichteten Organisationen erhoben. Doch weit darüber hinaus ging das Ziel der Eroberung von neuem **"Lebensraum im Osten"** für die **"arische Herrenrasse"** – zwei Begriffe, die allerdings nicht präzisiert wurden. In seinem Buch "Mein Kampf" (1925) machte Hitler keinen Hehl daraus, daß eine solche Erweiterung des "Lebensraums" und dessen **"rücksichtslose Germanisierung"** – eine 1933 geprägte Formel – nur durch einen Kampf möglich sein werde. Ungesagt blieb jedoch, wo dessen Grenzen sein sollten. Hauptfeinde eines nationalsozialistischen Deutschlands würden nach Hitler die Sowjetunion und Frankreich sein: die Sowjetunion, weil die geplanten Eroberungen auf ihre Kosten gehen würden und sie das Kernland des antinationalen und jüdischen Bolschewismus sei; Frankreich, weil es der "chauvinistische Erbfeind", "der unerbittliche Todfeind des deutschen Volkes" sei.

Antibolschewismus, Revancheidee, Rassegedanken und Lebensraumpolitik wurden in psychologisch geschickter Weise zu einem Kriegs- und Eroberungsprogramm verbunden. "Deutschland wird entweder Weltmacht oder überhaupt nicht sein." Dieser Satz aus dem 2. Band von Hitlers Buch "Mein Kampf" (1927), der aus taktischen Gründen seinerzeit nicht veröffentlicht wurde, drückt den rasseideologisch motivierten Ausdehnungs- und Herrschaftsanpruch der germanischen Rasse aus.

Eine totalitäre Innenpolitik sollte die organisatorischen, militärischen und psychischen Voraussetzungen für die außenpolitische Aktion schaffen. Durch den steten Druck großer Ereignisse und Erfolge sollte die Bevölkerung von den inneren Zwangsverhältnissen auf die Erwartung äußerer Expansion abgelenkt werden. Der Verlust an Freiheit sollte durch ein immer neu gesteigertes Sendungsbewußtsein kompensiert werden. Erst wenn "ganz Deutschland nationalsozialistisch sei", könne er sich um die Außenpolitik kümmern, betonte Hitler dem deutschen Auswärtigen Amt gegenüber, das die Weimarer Revisionspolitik zunächst weiterführte.

Ein Bündnis mit dem rasseverwandten England und mit dem faschistischen Italien und die Isolierung Frankreichs sollten die Voraussetzungen für einen Krieg gegen Polen und die Sowjetunion schaffen, so daß ein ganz Europa beherrschendes **Kontinentalimperium** mit einem machtpolitischen und wehrwirtschaftlichen Rückhalt im europäischen "Ostraum" entstünde. Das englische Weltreich sollte führende Seemacht bleiben und eventuell unterstützt werden. Als Gegenleistung erwartete man dafür das Stillhalten Englands bei Eroberungen im Osten. Die Sowjetunion sollte "in ihre historischen Teile zerlegt", ihre "jüdisch-bolschewistische" Staatsordnung ausgemerzt werden.

Andere nationalsozialistische Ideologen, so etwa *Alfred Rosenberg,* dachten sogar an die Gewinnung eines "kolonialen Ergänzungsraums" in Afrika und die Schaffung einer starken Flotte mit Stützpunkten im Atlantik. Damit sollte Deutschland zu einer der vier Weltmächte in der kommenden Generation, vielleicht sogar zur einzigen, werden, die nach dem angestrebten Ausfall Frankreichs und der Sowjetunion noch existieren würden: neben dem Deutschen Reich die USA, das britische Empire und Japan in Ostasien.

### 1.1.3 Hitlers "vorbereitende Außenpolitik" (1933–1937)

Hitler war Nutznießer der seit Anfang der 1930er Jahre immer erkennbarer werdenden Bereitschaft der Siegermächte des Ersten Weltkrieges, den deutschen Revisionswünschen so weit wie möglich entgegenzukommen. Der Wandel war eingetreten, weil die französische Deutschlandpolitik, die auf Zementierung der Versailler Ordnung abgezielt hatte, gescheitert war und Frankreich, bedingt durch außenpolitische Mißerfolge und innenpolitische Schwierigkeiten, in die Defensive geraten war. Zunehmend geriet die französische Politik in Abhängigkeit von England, das von Beginn der Weimarer Republik an bereit gewesen war, einer friedlichen deutschen Revisionspolitik zuzustimmen. Es war stets bemüht, die friedensgefährdenden Vormachtbestrebungen Frankreichs einzudämmen, hatte sich aber zunächst nicht damit durchsetzen können.

Nach seinem Regierungsantritt spielte Hitler eine Doppelrolle. Er tat alles Erdenkliche, um Bedrohungsängste in den umliegenden Staaten zu zerstreuen. Seine Reden und Regierungserklärungen betonten immer wieder den unbedingten Friedenswillen des nationalsozialistischen Deutschlands. Jegliches Ausdehnungsbestreben auf Kosten anderer Staaten wurde abgelehnt; Gleichberechtigung, gegenseitige Achtung und Nichteinmischung sollten die Beziehungen zueinander bestimmen. Im Innern jedoch wurde die rasch anlaufende heimliche Aufrüstung von einer zunehmenden Militarisierung des öffentlichen Lebens begleitet.

Hitlers wiederholte Friedensbeteuerungen in diesem weltpolitisch günstigen Klima wurden außenpolitisch durch die Initiative Mussolinis zum Abschluß eines **Viermächtepakts** zwischen England, Frankreich, Italien und Deutschland (15. Juli 1933) belohnt. Obwohl er nie ratifiziert wurde, bedeutete dieser Vorschlag erstmals die **stillschweigende Anerkennung** des nationalsozialistischen Regimes. Überdies stellte er eine Umgehung des kollektiven Völkerbundprinzips zugunsten der traditionellen Machtpolitik dar. Hitlers Politik der **aggressiven Revision** trug zum erstenmal Früchte.

Darüber hinaus bedeutete der Abschluß eines Abkommens mit dem Vatikan, das **Reichskonkordat** vom 20. Juli 1933, mit der politischen Anerkennung des Regimes durch den Papst einen großen moralischen Erfolg und Prestigegewinn für Hitler.

Die Revision des Versailler Systems war in vollem Gange. Bei den Abrüstungsverhandlungen in Genf drängten die deutschen Vertreter auf eine Ausarbeitung von Plänen, um die militärische Gleichberechtigung Deutschlands wiederherzustellen. Doch wegen der bereits angelaufenen geheimen Aufrüstung des Reiches besorgt, verringerten die Westmächte ihre Konzessionsbereitschaft. Hitler forderte nun ultimativ, eine Gleichberechtigung des Reiches auf dem Weg einer allgemeinen Abrüstung herbeizuführen. Darauf gingen die Verhandlungspartner nicht ein. Deshalb erklärte Deutschland am 14. Oktober 1933 seinen **Austritt aus dem Völkerbund.** Ein propagandistischer Volksentscheid in Deutschland (12. November 1933) bestätigte die Richtigkeit von Hitlers "Friedenspolitik", außenpolitisch hatte sich Hitler jedoch selbst isoliert.

Parallel zum Rückzug aus diesem internationalen Gremium, mit dem er seine Ablehnung der Politik der kollektiven Sicherheit dokumentierte, bereitete Hitler zweiseitige Abkommen vor. Diese gedachte er allerdings nur so lange einzuhalten, als sie ihm zweckmäßig erschienen.

Im Januar 1934 erfolgte der Abschluß eines **Nichtangriffs- und Freundschaftspakts mit Polen.** Diese Verständigung überraschte, denn sie bedeutete für beide Seiten eine Abkehr von der bisherigen Politik. Vor der Machtergreifung hatte Hitler im Zusammenhang mit seinen Expansionsplänen die Revision der Ostgrenze über die ehemalige Reichsgrenze hinaus für unabdingbar erklärt. Da eine solche Revision hauptsächlich Polen treffen mußte, hatte Marschall *Pilsudski,* der polnische Staatspräsident, schon 1933 an einen Präventivkrieg gegen Deutschland gedacht, war jedoch bei den Westmächten auf Ablehnung gestoßen. Angesichts einer drohenden Isolierung schlug Polen nun einen anderen Weg ein und verständigte sich mit Deutschland. Der Pakt schien die Friedlichkeit von Hitlers Ausgleichspolitik darzulegen, so daß es das Ausland jetzt für erwiesen hielt, daß Hitler tatsächlich staatspolitischer Vernunft folgte und nicht mehr seinem Parteiprogramm. Diesem war gleichzeitig ein Einbruch in das französische Sicherheitssystem und eine Störung des osteuropäischen Bündnisgefüges gelungen, das auf der Zusammenarbeit zwischen Frankreich und Polen im Rahmen der **Kleinen Entente** beruhte, einer Defensivallianz, der auch die CSR, Jugoslawien und Rumänien angehörten.

Außerdem berührte der Vertrag die Beziehungen Deutschlands zur Sowjetunion, als deren Grundlage seit der Weimarer Revisionspolitik der gemeinsame Gegensatz zu Polen galt. Zunächst änderte sich durch die nationalsozialistische Machtübernahme an den aus der Weimarer Republik überkommenen guten deutsch-sowjetischen Beziehungen nichts, da beide Regierungen trotz ihrer ideologischen Gegensätze sorgfältig zwischen der innenpolitischen Kommunistenverfolgung in Deutschland und den auswärtigen Beziehungen unterschieden. So war auch im Mai 1933 der **Berliner Vertrag** von 1926 **erneuert** worden. Mit der deutsch-polnischen Annäherung jedoch gab Hitler die an Rapallo (1922) und Berlin (1926) orientierte bisherige deutsche Rußlandpolitik preis.

Nachdem sich Hitler der Kontrolle des Völkerbundes entzogen und mit Polen verständigt hatte, handelten die Regierungen der europäischen Mächte. Frankreich verstärkte seine außenpolitischen Beziehungen zu seinen osteuropäischen Bundesgenossen. Neben der Kleinen Entente, die sich einen ständigen Rat schuf, gründete es im Februar 1934 zusammen mit der Türkei, Griechenland, Rumänien und Jugoslawien eine **Balkanentente.** Estland, Litauen und Lettland verbündeten sich zur **Baltischen Entente.** Die Sowjetunion trat im September 1934 dem Völkerbund bei. 1935 abgeschlossene Beistandsabkommen mit Frankreich und der CSR dokumentierten zusatzlich ihre politische Neuorientierung nach Westen hin. Damit war die NS-Außenpolitik binnen zwei Jahren hinter die Positionen der

Republik von Weimar zurückgefallen. Sie hatte ein Mächteverhältnis in Europa geschaffen, das einer erneuten "Ausgrenzung" gleichkam.

Der **Anschluß Österreichs** an das Deutsche Reich gehörte zu den grundsätzlichen Zielen Hitlers. Bereits Anfang 1933 zeigte der britisch-französische Protest gegen die einsetzende Propaganda im südlichen Nachbarland, daß man Übergriffe befürchtete. 1934 schlossen sich Italien, England und Frankreich zum Schutz der Unabhängigkeit Österreichs zusammen. Italien gab darüber hinaus im März eine indirekte Garantie für Österreich, als es in den **"Römischen Protokollen"** mit Österreich und Ungarn für den gegenwärtigen Besitzstand im südosteuropäischen Donauraum bürgte. Trotzdem unternahmen die österreichischen Nationalsozialisten 1934 einen Umsturzversuch, der in der Ermordung des Kanzlers *Dollfuß,* der eine autoritäre Regierung etablieren wollte, endete.

Während die Westmächte auf die indirekte deutsche Einmischung hin lediglich protestierten, ließ Mussolini am Brenner Truppen gegen einen möglichen deutschen Zugriff aufmarschieren. Hitler vollzog eine schnelle Wendung. Er leugnete jede deutsche Beteiligung und distanzierte sich von den Vorgängen. Seine Annexionspolitik gegenüber Österreich war vorerst gescheitert. Dabei hatte sich die außenpolitische Isolierung deutlich gezeigt, die Beziehungen zwischen Berlin, Wien und Rom waren auf einem Tiefpunkt angelangt.

Das Jahr 1935 markierte für Deutschland auch einen Tiefpunkt in den übrigen internationalen Beziehungen. Das Mißtrauen gegenüber Hitlers Außenpolitik hatte zu einer engeren Zusammenarbeit der europäischen Mächte geführt; das Vertrauen, das die Weimarer Republik genossen hatte, war verspielt. Trotzdem entfaltete Hitler neue außenpolitische Aktivitäten, um die Gleichberechtigung des Deutschen Reiches voll wiederherzustellen.

Im Februar 1935 entschieden sich die Saarländer in der Frage über einen Anschluß an Frankreich oder die Rückkehr nach Deutschland in einer **Volksabstimmung** mit über 90% für die NS-Parole "Heim ins Reich". Obwohl die **Rückgabe des Saargebiets** durch eine Bestimmung des Versailler Vertrag ermöglicht worden war, feierten die Nationalsozialisten dies als ihren Sieg. Die nun einsetzende Hochstimmung und die mehrfach erkennbare Unentschlossenheit der Siegerstaaten des Ersten Weltkriegs bestärkten Hitler, im März die **allgemeine Wehrpflicht** einzuführen (16. März 1935) und das Startzeichen für den **Ausbau einer Luftwaffe** zu geben. Diese einseitige Aufkündigung der Versailler Rüstungsbeschränkungen zeigte zum erstenmal seine zukünftige Methode der "vollendeten Tatsachen". Er begleitete diesen Bruch des Versailler Vertrags mit Beteuerungen seiner Friedens- und Verständigungsbereitschaft.

England, Frankreich und Italien stellten kurz danach in der **Konferenz von Stresa** (16. April 1935) fest, daß das deutsche Verhalten das allgemeine Vertrauen in die Festigkeit einer friedlichen europäischen Ordnung erschüttert habe, und sie erklärten ihren Willen, allen weiteren Vertragsverletzungen von deutscher Seite entgegenzutreten. Gezielte Maßnahmen indes ergriffen sie nicht.

In der Folgezeit gelang es Hitler aber, diese "Eindämmungsfront" zu durchbrechen, die Isolation zu überwinden und die volle Handlungsfreiheit zurückzugewinnen. Weltpolitisch wirksame Faktoren in der zweiten Hälfte der 1930er Jahre begünstigten dabei seine Politik: Die Aufmerksamkeit der Mächte wurde seit 1936 immer mehr von Mitteleuropa abgelenkt. In Ostasien bahnte sich ein Krieg zwischen Japan und China an, im Mittelmeerraum entstand ein Krisenherd durch den Ausbruch des Spanischen Bürgerkriegs und den Überfall Italiens auf Abessinien; auch der britisch-sowjetische koloniale Gegensatz spitzte sich zu. All das begünstigte Hitlers revisionistischen und expansiven Kurs. Schließlich waren die Eigeninteressen, das bereitwillige Vertrauen und die Unentschlossenheit der Mächte stärker als die Solidarität der Stresafront.

Unter Ausnutzung dieser Lage und im Schatten der Krisen und Kriege verfolgte Hitler von 1936 bis 1939 zielstrebig und flexibel zugleich seine programmatische Außenpolitik. Um sie zu verwirklichen, bemühte er sich durch seinen Sonderbevollmächtigten *Joachim von Ribbentrop* darum, Großbritannien in einem Bündnis zur beabsichtigten Interessenabgrenzung zu bewegen und damit für seine langfristige Strategie gegen die Sowjetunion zu gewinnen. Angesichts des englischen Zögerns jedoch wuchs Hitlers Skepsis gegenüber den Briten, der Kernpunkt seines bündnispolitischen Plans geriet ins Wanken. In der Folge leitete Hitler daher eine Annäherung an Italien und Japan als politische Ersatzlösung ein, ohne aber sein "Werben" um England aufzugeben.

Die Stresafront zerbrach im Grunde bereits 1935, als England mit Hitler am 18. Juni 1935 ein **Flottenabkommen** schloß, in dem es unter Mißachtung der Versailler Bestimmungen eine deutsche Marineaufrüstung in Höhe von 35 % der englischen Überwasserkriegsschiffe akzeptierte; in der U-Boot-Tonnage einigte man sich auf gleiche Tonnage. Hitlers Werben um England schien einen ersten Erfolg erbracht zu haben. Dies bedeutete einen krassen Verstoß gegen den Versailler Vertrag, der damit faktisch annulliert war; eine mögliche Anti-Hitler-Koalition war vorerst verhindert. Das Flottenabkommen zeigte deutlich, wie schwer es den westeuropäischen Mächten fiel, eine gemeinsame Politik gegenüber Deutschland durchzuhalten. So gewann Hitler immer mehr die Überzeugung, daß er angedrohte Gegenmaßnahmen nicht ernst nehmen müsse. Die Voraussetzungen für die koloniale Expansion waren geschaffen.

Das faschistische Italien war nach einem Angriff auf das Völkerbundsmitglied Abessinien zur Eroberung von Kolonialraum im Herbst 1935 isoliert. Der Völkerbund verhängte wirtschaftliche Sanktionen, die von seinen Mitgliedern jedoch nur halbherzig oder gar nicht eingehalten wurden. Das Deutsche Reich hatte sich im Abessinienkonflikt zwar zu entschiedener Neutralität bekannt, auf der anderen Seite aber unterstützte Hitler, dem an der Anheizung des Konflikts gelegen war, Mussolini in aller Öffentlichkeit und sogar Abessinien insgeheim mit Waffen und Kriegsmaterial. Es zeigte sich rasch, wie unterschiedlich die Westmächte sowohl die Abessinienfrage als auch das deutsche Problem beurteilten. England drängte auf Stützung des Völkerbundes und entschiedene Maßnahmen gegen das faschistische Unternehmen; Frankreich versuchte einen Konflikt zu verhindern, der Hitler nur neue Chancen eröffnen würde. Solche Unstimmigkeiten führten in Abessinien zum völligen Prestigeverlust des Völkerbundes, der zudem nach dem Sieg Mussolinis die vollzogenen Tatsachen stillschweigend anerkannte und die Sanktionen aufhob.

Angesichts der deutsch-italienischen Freundschaft und der nun einsetzenden verstärkten Zusammenarbeit der beiden Länder, die zum erstenmal im eben ausgebrochenen spanischen Bürgerkrieg erprobt wurde, sprach Mussolini im November 1936 bereits von der **"Achse Berlin–Rom"**.

Beide Diktatoren kamen im **spanischen Bürgerkrieg** (1936–1939) den rebellierenden Militärs unter General Franco gegen die gewählte Volksfrontregierung aus Republikanern, Sozialisten und Kommunisten mit Material und Freiwilligenverbänden zu Hilfe. Besonders sichtbar wurde die deutsche Beteiligung in der Entsendung der "freiwilligen", 20 000 Mann starken Legion Condor, die sich bei der Bombardierung republikanischer Städte hervortat. Als Begründung für dieses Verhalten führten die faschistischen Diktatoren an, die Ausbreitung des Kommunismus in Europa verhindern zu wollen. In Wirklichkeit ging es vor allem Deutschland um die Erprobung seines Militärpotentials für den Kriegsfall und um den strategischen Nutzen eines Einflusses in Spanien. Nun waren die Eindämmungspläne von Stresa endgültig überholt.

Das Debakel des Völkerbundes im Abessinienkrieg und die Rückendeckung durch Mussolini boten Hitler nun die Möglichkeit zu einem gleichen "Blitzcoup", wie es die Verkündung der allgemeinen Wehrpflicht und die Gründung der Luftwaffe gewesen waren. Am 7. März 1936 erfolgte der **Einmarsch in das entmilitarisierte Rheinland.** Die geringe Zahl der eingesetzten Soldaten und der Befehl, sich notfalls sofort zurückzuziehen, zeigen, daß dieser Gewaltakt wohl eher ein Hasardspiel als ein gefährliches Unternehmen war. Dies war nicht nur ein neuer Schlag gegen das Versailler System, sondern ein offener Bruch des Locarnovertrags. Kein Staat leistete ernsthaften Widerstand. Frankreichs politische Führung war durch einen inneren Zwist gelähmt, und in England bestimmte mehr und mehr die Politik der Beschwichtigung **("policy of appeasement")** die Außenpolitik, denn Deutschland sei ja "nur in seinen Vorgarten gegangen". Zu mehr als zur Anrufung des Internationalen Gerichtshofes in Den Haag und der Unterzeichnung gegenseitiger Garantieabkommen sahen sich die Locarnomächte nicht in der Lage.

Das Nachspiel zum gelungenen Abenteuer ist ebenso charakteristisch für Hitlers im Einklang mit Diplomatie und Militär ablaufende Politik wie die Planung und Verwirklichung des "Blitzschlags" selbst: Hitlers "Friedensrede" am gleichen Tag schlug großzügig Frankreich und Belgien Nichtangriffspakte vor und bot eine Räumung des Rheinlands an, falls Frankreich sich von der gemeinsamen Grenze gleichfalls um eine entsprechende Distanz zurückzöge.

Noch 1936 suchte Hitler eine Abstimmung der Interessen mit Japan, der dritten expansiven Macht neben Deutschland und Italien. Über die Grundsätze des Völkerbundes, der militärische Aggressionen verbot, hatte sich Japan als erste Großmacht hinweggesetzt, 1931 die Mandschurei erobert und 1933 den Völkerbund verlassen. Nun stand es vor dem Krieg mit China, sein Verhältnis zur Sowjetunion belasteten schwere Grenzkonflikte. Unter diesem Vorzeichen und unter dem Vorwand von Abwehrmaßnahmen gegen die Kommunistische Internationale schloß Ribbentrop mit Japan den **Antikominternpakt.** Nachdem Italien 1937 diesem Vertrag beigetreten war, schien das von Ribbentrop angestrebte Konzept eines weltpolitischen "Dreiecks Rom–Berlin–Tokio" ("Roberto") näherzurücken. Damit eröffnete sich Hitler gleichzeitig eine Alternative zur außenpolitischen "Ideallösung" mit England.

### 1.1.4 Das Wendejahr 1937: der Beginn der zielgerichteten Expansionspolitik

Obwohl Hitler bis 1937 nach außen hin immer noch den Anschein einer friedlichen Revisionspolitik zu erwecken suchte, zeigte er in einer Geheimbesprechung mit den Oberbefehlshabern der Wehrmacht im November 1937 (Hoßbach-Protokoll), daß er seine ursprünglichen außenpolitischen Vorstellungen nicht aufgegeben hatte. Seine Ausführungen enthielten konkrete Pläne einer Expansionspolitik in Ostmitteleuropa, die sich insbesondere zunächst gegen Österreich und die

Tschechoslowakei richteten und die er im günstigsten Fall schon im Sommer 1938 verwirklichen wollte. In den Mittelpunkt aber stellte er das eigentliche Ziel seiner Außenpolitik, die "Lösung der Lebensraumfrage". Es sollte bis 1943/45 erreicht werden.

Daß ein Expansionskurs riskant werden würden, machte auch US-Präsident *Roosevelt* deutlich, als er in seiner **Quarantänerede** im Herbst 1937 die Expansionsmächte Japan, Italien und Deutschland vor einem weiteren aggressiven Vorgehen warnte. Hitler entschloß sich trotzdem zu einer Politik der "Anwendung von Gewalt unter Risiko". Er setzte sich über die Einwände hoher Offiziere gegen eine solche Außenpolitik hinweg, wies Bedenken gegenüber einem möglichen Zweifrontenkrieg zurück und entmachtete schließlich die Kritiker in den Reihen der eigenen Militärs, indem er z. B. den Oberbefehlshaber des Heeres, *von Fritsch,* und andere führende Generäle entließ. Im Hinblick auf den geplanten Krieg lief die deutsche Rüstungsproduktion auf Hochtouren. Entscheidend für die Verwirklichung der expansiven Pläne war jedoch die Haltung Englands.

### 1.1.5 Annexionspolitik und "Großdeutsches Reich" (1938/39)

#### Die britische Appeasement-Politik

England hielt sich nicht für stark genug, um Japan, Italien und Deutschland alleine einzudämmen. Da die USA weiterhin eine isolationistische Politik verfolgten, überwog in der britischen Diplomatie die Ansicht, Japan sei als Hauptgefahr für das Empire zu betrachten. Folglich beabsichtigte man, in Europa einen Ausgleich mit den europäischen Diktatoren zu erreichen und sie in eine Friedensordnung einzubeziehen, die allerdings nicht mehr auf Versailles basieren konnte. Berechtigte Ansprüche sollten durch friedliche Vereinbarungen abgegolten werden. In der englischen Öffentlichkeit hatte sich angesichts der Weltkriegsgrauen, die noch nicht vergessen waren, eine tiefe Friedenssehnsucht breitgemacht. Aus diesem Grund war die englische Außenpolitik gefordert, eine Politik zu betreiben, die die Ursachen für einen möglichen neuen Weltkrieg beseitigen würde.

Hinzu kam die Wirkung der **antibolschewistischen "Bollwerk"-Propaganda,** mit der die Nationalsozialisten die führenden Schichten aller europäischen Länder beeindruckten. So wenig glaubwürdig ihr Anspruch, die "abendländische Kultur" zu verteidigen, auch sein mochte, vielen erschien der Nationalsozialismus doch als das kleinere Übel im Vergleich zum Kommunismus.

Solange die britische Regierung unter Premierminister *Neville Chamberlain* annehmen konnte, Hitler beabsichtige lediglich eine Revision von Versailles, war sie bereit, auch weitgehende Forderungen Deutschlands zu unterstützen, sofern sie durch friedliche Übereinkunft erfüllt werden konnten. "Appeasement policy" bedeutete also nicht Frieden um jeden Preis, sondern sie war Kriegsverhütungspolitik im Falle berechtigt erscheinender Forderungen.

### Der Anschluß Österreichs

Noch 1936 hatte Deutschland mit Österreich ein Gentleman-Agreement getroffen, in dem unter anderem eine politische Amnestie geplant wurde, die den Nationalsozialisten dort zugute kommen sollte. Beabsichtigt wurde, die nationale Opposition zur politischen Mitverantwortung heranzuziehen. Da jedoch in der Folgezeit die Nationalsozialisten in Österreich durch ständige Terrorakte für innenpolitische Unruhe sorgten, zögerte der Bundeskanzler *von Schuschnigg,* diese Vereinbarungen zu verwirklichen. Als im Januar 1938 bei einer Razzia in Wien zudem ein von *Rudolf Heß,* dem Stellvertreter Hitlers, unterzeichnetes Dokument gefunden wurde, aus dem hervorging, daß die österreichischen Nationalsozialisten noch im Frühjahr einen Aufstand anzetteln sollten, waren die Beziehungen zwischen Österreich und Deutschland auf einem Tiefpunkt angelangt.

Am 12. Februar forderte Hitler, daß Schuschnigg auf den Obersalzberg bei Berchtesgaden kommen solle, und stellte ihm dort ein Ultimatum: Schuschnigg solle Österreichs Wirtschafts-, Militär- und Außenpolitik der deutschen anpassen und den Nationalsozialisten *Seyß-Inquart* zum Innenminister ernennen. Die Annahme dieser Forderung hätte Österreichs "Gleichschaltung" bedeutet.

Zudem kam es, angeheizt durch die NS-Presse, in Österreich bald zu ernsthaften Unruhen. Um angesichts dieser Situation die Selbständigkeit Österreichs zu retten, ordnete Schuschnigg für den 13. März eine Volksabstimmung über die Zukunft Österreichs an. Er selbst plädierte für ein "freies und deutsches, unabhängiges und soziales, christliches und einiges" Österreich. Hitler wollte diese Volksabstimmung um jeden Preis verhindern und drohte am 11. März 1938 zum wiederholten Male mit dem militärischen Einmarsch (**"Unternehmen Otto"**), falls diese Volksabstimmung nicht sofort gestrichen, Schuschnigg nicht zurücktreten und Seyß-Inquart zum Bundeskanzler ernennen werde.

Mussolini sicherte diesmal Deutschland in Österreich freie Hand zu; von der Passivität der britischen Regierung war die NS-Führung überzeugt. Da Schuschniggs verzweifelter Appell an die europäischen Mächte wirkungslos blieb, wich er Seyß-Inquart.

Ein von *Göring* per Telefon bestellter Hilferuf der neuen österreichischen Regierung lieferte Hitler den Vorwand zum militärischen Eingreifen. Am Morgen des 12. März 1938 marschierten die deutschen Truppen in Österreich ein. Sie fanden keinen Widerstand, da Schuschnigg kurz vor seinem Rücktritt der österreichischen Armee Weisung gegeben hatte, sich bei einem Einmarsch deutscher Truppen ohne Widerstand zurückzuziehen.

Für die Mehrheit des deutschen und österreichischen Volkes, die die wahren außenpolitischen Absichten Hitlers nicht kannten, bedeutete der Anschluß die Verwirklichung des Großdeutschen Reiches, jener alten Idee von 1848 und jener Wunsch Österreichs von 1919, der von den Siegermächten untersagt worden war. Die Begeisterung in Wien beim Empfang Hitlers und das Ergebnis einer Volksabstimmung über den Anschluß Österreichs an das Deutsche Reich, das mit 99 % Ja-Stimmen überwältigend ausfiel, schienen der Weltöffentlichkeit eine moralische Rechtfertigung für Hitlers Vorgehen zu sein. Österreich wurde umbenannt in die **"Ostmark"** mit ihren Provinzen "Oberdonau" und "Niederdonau".

## Die Sudetenkrise

Nachdem die Westmächte im Fall Österreichs wiederum keine militärischen Gegenmaßnahmen ergriffen hatten, richtete sich die NS-Außenpolitik nun planmäßig gegen die Tschechoslowakei. Dort verstärkten die sudentendeutschen Nationalsozialisten schlagartig ihre Aktionen. Zur Rechtfertigung bediente sich Hitler erneut der Selbstbestimmungsparole, diesmal bei den über 3 Mio. Sudetendeutschen. Im Vielvölkerstaat Tschechoslowakei beanspruchten die Tschechen, die etwa 46 % der Gesamtbevölkerung stellten, nach 1919 die Vorherrschaft. Den Deutschen, mit 23 % die zweitstärkste Volksgruppe, verwehrten sie beim Zerfall der Habsburger Monarchie mit Militärgewalt den Anschluß an Deutschland. Dieser wurde schließlich auch im Frieden von St. Germain abgelehnt.

Die tschechische Regierung versäumte es ihrerseits, den in Versailles versprochenen Aufbau des neuen Staates nach dem Muster der Schweiz zu verwirklichen und so rechtzeitig einen Ausgleich herbeizuführen. Vielmehr gliederte man die Sudetendeutschen ohne vorherige Volksabstimmung in den neugegründeten Staat ein. Gegen die massiv betriebene Tschechisierung konnten gemäßigte deutsche Parteien, obwohl sie wie die SPD und Christlichsoziale an der Regierung beteiligt waren, weder ihre Autonomiepläne noch eine volle politische Gleichberechtigung durchsetzen. Hinzu kam eine wirtschaftliche Benachteiligung der Deutschen, die sich mit der Weltwirtschaftskrise (1929), von der sie besonders hart betroffen wurden, noch mehr verschärfte.

In ihrer Mehrheit unterstützten die Sudetendeutschen nach 1933 die "Sudetendeutsche Heimatfront", eine von *Konrad Henlein* im gleichen Jahr gegründete Sammlungsbewegung, die sich seit 1935 "Sudetendeutsche Partei" (SdP) nannte. SdP-Führer Henlein trat lange für eine innerstaatliche Autonomie des Sudetenlandes ein, mußte sich aber schließlich dem Druck des extremen Parteiflügels beugen, der einen Anschluß an das Deutsche Reich forderte.

Hitler wollte die Sudetendeutschen als Druckmittel gegen Prag einsetzen, wenn ihm auch deren Probleme gleichgültig waren. Henlein wurde aufgefordert, in Prag Ansprüche zu erheben, die für die tschechische Regierung unannehmbar sein mußten. Ribbentrop erweiterte den Auftrag an Henlein. Immer höher sollte er seine Anforderungen schrauben, um die Unruhe in der Bevölkerung zu schüren. Höhepunkt sollte die Forderung nach einer Volksabstimmung sein, deren Ergebnis in dieser Atmosphäre sicher die Autonomie des Sudetenlandes gewesen wäre. Gleichzeitig ließ Hitler in Deutschland Freikorps zum Schutz der Sudetendeutschen organisieren. Die provozierte Steigerung der Spannungen sollte schließlich die militärische Intervention Deutschlands rechtfertigen.

Weil die tschechische Regierung nun einen unmittelbar bevorstehenden deutschen Angriff befürchtete, ordnete sie am 20. Mai 1938 die Teilmobilmachung an. Dann mobilisierte auch Berlin, woraufhin der deutsche Generalstabschef *Ludwig Beck* zurücktrat. Am 28. Mai formulierte Hitler in der militärischen Weisung für den **"Fall Grün"**, daß es sein "unabänderlicher Beschluß (sei), die Tschechoslowakei in absehbarer Zeit durch eine militärische Aktion zu zerschlagen". Als Zeitpunkt setzte er den 1. Oktober fest.

Prag hatte sich auf die Zusicherung Frankreichs verlassen, militärisch bei einem Angriff Hitler-Deutschlands einzugreifen. Doch fühlte sich der französische Premier *Daladier* innenpolitisch für eine derartige Erfüllung des Beistandspakts zu schwach und schloß sich deswegen dem Appeasement-Kurs Chamberlains an. England drängte Prag, die sudetendeutschen "Forderungen" anzunehmen. Henlein lehnte jedoch alle folgenden Beschwichtigungsversuche der tschechischen Regierung ab und forcierte die **"Heim-ins-Reich"-Stimmung** unter den Sudetendeutschen. Krawalle und Unruhen nahmen zu und wurden blutig. Sudetendeutsche Freikorps führten immer härter werdende Überfälle gegen tschechische Posten durch. Von der NS-Propaganda jedoch wurden diese Greuel in ihr Gegenteil verkehrt, weshalb Hitler am 12. September mit der Intervention drohte.

Chamberlain, bemüht den Frieden zu retten, besuchte am 15. September ohne Rücksicht auf Prestigefragen den "Führer" auf dem Obersalzberg und versprach ihm, sich für die Abtretung des Sudetengebietes und dessen Angliederung an das

Reich einzusetzen. Er hoffte dadurch einen Krieg zu verhindern, in dem das Deutsche Reich wahrscheinlich die gesamte Tschechoslowakei erobern würde. Nach vergeblichen Protesten gab Prag dem nun doppelten Druck nach, wobei es sich von den Westmächten verraten fühlte. Aber nun stieß Chamberlain auf neue Forderungen Hitlers. Dieser verlangte vom britischen Premier die Zustimmung zum sofortigen Einmarsch der Wehrmacht und die sofortige Übergabe der sudetendeutschen Gebiete unter Berücksichtigung auch ungarischer und polnischer Interessen. Seine Kriegsdrohungen gegen Prag verschärfte Hitler mit einem auf zwei Tage befristeten Ultimatum. Nun mobilisierten auch England und Frankreich. Um die Kriegsbegeisterung der deutschen Bevölkerung zu testen, hatte Hitler der sich auf dem Marsch befindlichen 2. motorisierten Division befohlen, durch die Wilhelmstraße an der Reichskanzlei vorbeizurollen. Doch stumm wendeten die Menschen sich ab. Chamberlain versuchte noch in letzter Stunde, den drohenden Krieg zu verhindern, weshalb er Mussolini um Vermittlung bat. Dieser schlug, mit Rücksicht auf die noch unzulänglichen Kriegsvorbereitungen Italiens, eine Großmächtekonferenz vor, in die Hitler einwilligte.

Am 29. September 1938 begann in München die Konferenz der Regierungschefs Chamberlain, Daladier, Mussolini und Hitler. Vertreter der Tschechoslowakei lehnte Hitler als Gesprächspartner ab. Das spät in der Nacht unterzeichnete **Münchner Abkommen** sah schließlich die Besetzung des Sudetengebiets zwischen dem 1. und 10. Oktober vor. England und Frankreich verpflichteten sich, die Integrität des verkleinerten Staates zu garantieren. Ohne Anwendung von offener Gewalt hatte Hitler einer überlegenen Koalition ein umfangreiches Gebiet abgetrotzt, hatte der Tschechoslowakei das hochgerühmte Befestigungssystem genommen, hatte die deutsche strategische Position entscheidend verbessert, neue Industrien gewonnen und den verhaßten Präsidenten *Benesch* damit ins Exil gezwungen. Für Prag war die Münchener Konferenz ein Verrat und ein brutales Diktat, von Anfang an ungültig, nicht erst durch Hitlers Vertragsbruch im März 1939. Die europäischen Mächte hatten die militärische Erpressung honoriert und Hitlers Bedingungen fast alle erfüllt. Dennoch war Hitler unzufrieden, denn Chamberlain habe ihm seinen Einzug in Prag verdorben. Dieser jedoch glaubte, seine "appeasement-policy" habe den Frieden gerettet.

Für die sich in Deutschland regende politische und militärische Opposition, die seit dem demonstrativen Rücktritt Becks auf ein Scheitern von Hitlers Kriegskurs gesetzt hatte, bedeutete die westliche Kapitulation vor der Erpressung Hitlers einen wesentlichen Rückschlag, denn nun wurden selbst viele Zweifler von Hitlers politischem Geschick überzeugt.

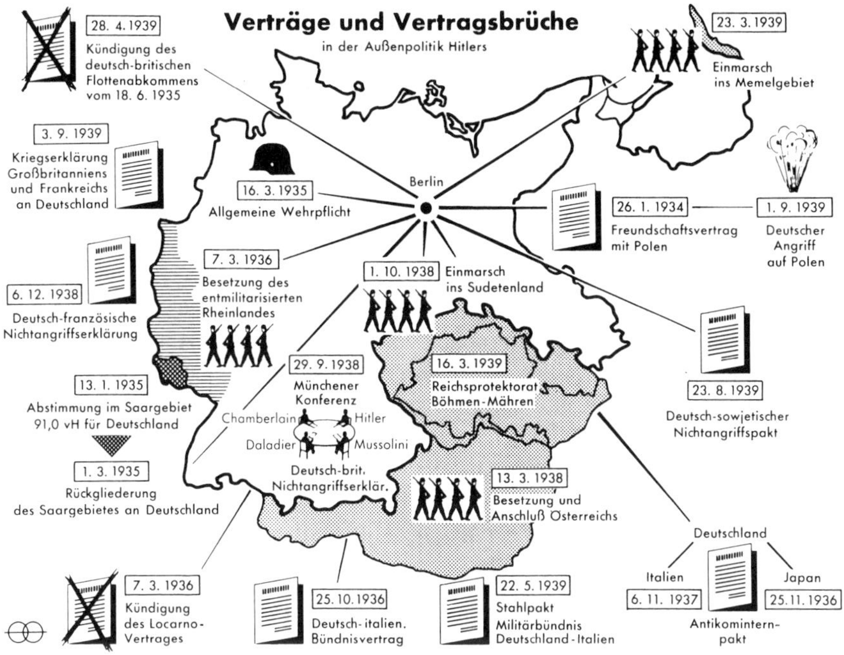


## Die Zerschlagung der Tschechoslowakei

München war lediglich eine Atempause. Knapp zwei Monate später teilte Hitler den Oberbefehlshabern der Wehrmacht mit, daß er sich nicht mit dem Sudetengebiet zufriedengeben werde und der Einmarsch in Böhmen für ihn beschlossene Sache sei. Nun wurde der slowakische Nationalistenführer *Tiso* zum Abfallen von Prag gedrängt. Am 14. März 1939 wurde vor dem Parlament in Preßburg das von Ribbentrop in slowakischer Sprache übergebene Unabhängigkeitsmanifest verlesen. In der Nacht zum 15. März verkündete Hitler dem nach Berlin zitierten tschechischen Ministerpräsidenten *Hacha,* daß "zur Sicherung von Ruhe und Ordnung und Frieden in diesem Teil Mitteleuropas" deutsche Truppen auf dem Weg nach Prag seien. Sollte Prag Widerstand leisten, drohte Göring mit der Zerstörung Prags durch die Luftwaffe. Hacha unterschrieb die verlangte Unterwerfungsurkunde, mit der er "das Schicksal der tschechischen Volkes und Landes vertrauensvoll in die Hände des Deutschen Reiches" legte.

Am 15. März 1939 marschierten die deutschen Truppen unter dem erbitterten Schweigen der Bevölkerung in Prag ein. Vom Hradschin aus proklamierte Hitler die Errichtung des **"Reichsprotektorats Böhmen und Mähren"**.

## Internationale Reaktionen

Hitlers Vorgehen stand in eklatantem Widerspruch zu seiner Erklärung, das Sudetenland sei seine letzte Forderung gewesen. Der Griff nach Prag sollte Hitlers letzter unblutiger Erfolg bleiben; er leitete die Wende in der Haltung der Westmächte ein. Mit diesem **Bruch des Münchener Abkommens** war ihnen klar geworden, daß ihre appeasement-policy gescheitert war. Es konnte keine Zweifel mehr daran geben, daß Hitler weder durch Konzessionen noch durch Verträge, die für ihn nur ein "Fetzen Papier" waren, zu bändigen oder zu befrieden war. Dieser Einsicht konnte sich nun auch Chamberlain nicht mehr verschließen. *Lord Halifax,* der englische Außenminister und geistige Urheber der appeasement-policy, dachte nun an einen Pakt, der England, Frankreich, die Sowjetunion, Rumänien und Polen zusammenfassen sollte, um allen weiteren ehrgeizigen Weltherrschaftsbestrebungen Hitlers den Weg zu verstellen.

Am 31. März 1939 gab Chamberlain die **Garantiererklärung an Polen,** der sich auch Paris mit seinem Außenminister *Bonnet* anschloß, daß sich England jedem neuen Angriff mit Gewalt widersetzen werde. England führte die Wehrpflicht ein und gab auch die **Garantie für den Bestand Rumäniens, Griechenlands und der Türkei.** Umgekehrt suchten Jugoslawien, Bulgarien und Rumänien, das ja gleichzeitig Halt bei den Westmächten gesucht hatte, Fühlung mit Deutschland, und Ungarn trat als vierter Staat dem Antikominternpakt bei. Motive hierfür waren die Rüstungskredite, wirtschaftliche Abhängigkeiten und fehlende Distanz zu Diktatur und Antisemitismus.

## Erzwungene Rückgabe des Memellandes

Schon eine Woche nach dem Einmarsch in Prag begab sich Hitler an Bord des Panzerkreuzers "Deutschland", der Kurs auf Memel nahm. Wie im Falle des tschechischen Präsidenten *Hacha* setzte Rippentrop die litauische Regierung unter Druck, die so in die Abtretung des Memellandes einwilligte. In Memel hielt Hitler einen seiner umjubelten Einzüge.

## Angebot an Polen

Während der Aktion gegen Litauen bestellte Ribbentrop den polnischen Botschafter *Lipski* zu sich und bot diesem Verhandlungen über einen deutsch-polnischen Ausgleich an. Polen sollte die **Freie Stadt Danzig** zurückgeben sowie den Bau einer exterritorialen Verkehrsstrecke durch den **polnischen Korridor** akzeptieren. Als Gegenleistung bot er erneut eine Verlängerung des Nichtangriffspaktes von 1934 auf 25 Jahre und eine formelle Grenzgarantie an. Auch sollte Polen für den Antikominternpakt gewonnen werden. So hatte dieses Angebot eine ausgesprochen "antisowjetische Tendenz". Das Auswärtige Amt stellte Warschau als Lohn und Beuteanteil bei einer verstärkten Zusammenarbeit ziemlich unverhohlen den Besitz der Ukraine in Aussicht. Noch am 25. März verneinte Hitler deshalb eine gewaltsame Lösung der Danziger Frage. Von der Antwort Polens hing Hitlers Lebensraumidee ab, er brauchte ein militärisches Aufmarschgebiet an den Grenzen Rußlands, in dessen Ebenen er vorstoßen wollte.

Polen war durch die deutschen Vorschläge äußerst irritiert. Das Land hatte bisher sein Heil nur im strengsten Gleichgewicht zwischen den Nachbarkolossen Deutschland und Rußland gesehen. Da dessen Außenminister Beck aber selbst ehrgeizige Pläne für ein "Drittes Europa" unter polnischer Führung entwickelte, lehnte er Hitlers Ansinnen unvermutet schroff ab und ließ einige Divisionen an der deutschen Grenze mobilmachen.

Noch immer erbittert über Hitlers Einzug in Prag, ließ Chamberlain in Warschau nachfragen, ob Polen Einwände gegen eine britische Garantieerklärung habe. Beck stimmte unverzüglich zu, und Chamberlain gab vor dem britischen Unterhaus die bereits erwähnte Erklärung ab, England und Frankreich würden der polnischen Regierung alle in ihrer Macht stehende Hilfe gewähren, sollte Polen bedroht werden. Dieser Entschluß Chamberlains zwang Hitler zum Umdenken. Der Weg nach Osten war nicht freigegeben. Hitler ließ ab jetzt nicht nur von seiner verschmähten Werbung um England ab, sondern schlußfolgerte auch, daß er beim Aufbruch zur Eroberung des neuen Lebensraums im Osten immer auf England stoßen würde und er daher zuerst das Inselreich erobern müßte.

Am 3. April 1939 wies Hitler das Oberkommando der Wehrmacht an, einen Feldzug gegen Polen **("Fall Weiß")** vorzubereiten, in dem das Land zu "erledigen" wäre. Als Termin, von dem aus die Durchführung jederzeit möglich sein sollte, nannte er den 1. September 1939.

## Die letzten Schritte in den Krieg

Europa wurde von einer nervösen Spannung erfaßt. Während sich die Auseinandersetzungen zwischen Polen und der deutschen Minderheit im polnischen Grenzraum verstärkten, wurden sie durch die nationalsozialistische Propaganda zusätzlich verschärft. Polen und England erlebten erste antideutsche Demonstrationen. Da im April 1939 Mussolini das kleine Albanien überfiel und nach deutschem Vorbild ein "Protektorat" errichtete, gaben nun erstmals die USA ihre weltpolitische Zurückhaltung auf. Roosevelt richtete am 14. April ein Schreiben an Hitler und Mussolini, das die Aufforderung enthielt, eine zehnjährige Nichtangriffsgarantie für 31 namentlich genannte Staaten zu geben. Mussolini ignorierte diese Botschaft. Hitler nutzte dagegen die Chance zu einer öffentlichen Antwort (28. April), die eindeutig seine Kriegsbereitschaft dokumentierten. Sich selbst stellte er darin als Sprecher eines Programms der begrenzten und maßvollen Revision im Osten hin, der freundschaftliche Gefühle für das britische Inselreich hege und weiterhin mit Polen verhandlungsbereit sei. In heftigen Tiraden erging er sich gegen die "internationalen Kriegshetzer" und jene "Zauberkünstler von Versailles", die in bodenloser Dummheit die Voraussetzungen für weitere Kriege geschaffen hätten. Zudem verhöhnte Hitler Roosevelts Schreiben als arrogante Anmaßung. Wenige Tage nach dieser Rede kündigte Hitler das deutsch-englische Flottenabkommen sowie den Vertrag mit Polen.

Der weiteren Entwicklung kam entgegen, daß sich nun die sowjetische Haltung änderte. Obwohl *Stalin* und sein neuer Außenminister *Molotow* Hitlers Lebensraumidee gewiß nicht zustimmen konnten, glaubte Stalin bei Hitler doch mehr Verständnis für die sowjetische Expansion in die baltischen Staaten zu finden als bei den anderen kapitalistischen Weststaaten. Hitler reagierte zunächst unsicher und ideologisch befangen. Doch die Enttäuschung über das Verhalten Englands und der überwältigende taktische Gewinn, beim geplanten Angriff auf Polen einen Zweifrontenkrieg vermeiden zu können, bewegte Hitler zur Annäherung an Stalin, die jedoch für ihn "Verrat" an der eigenen Sache war und nur durch die spätere Auseinandersetzung mit der Sowjetunion wiedergutzumachen war.

Zur gleichen Zeit fiel ihm eine weitere Positionsverbesserung zu. Wegen seiner unzureichenden Kriegsvorbereitungen angesichts der drohenden Kriegsgefahr besorgt, ließ Mussolini Ribbentrop nach Mailand bitten, um die Gewißheit zu bekommen, daß die große Auseinandersetzung erst in vier bis fünf Jahren zu erwarten sei. Kurzerhand ließ Mussolini ein deutsch-italienisches Militärbündnis bekanntgeben: den am 22. Mai 1939 in Berlin unterzeichneten **Stahlpakt.** Damit band sich Mussolini ungeplant an Hitlers Willen, den in München verhinderten Krieg noch in diesem Sommer zu beginnen.

Von diesem Zeitpunkt an mehrten sich die Zeichen für den nahenden Konflikt. Am 14. Juni wies der Oberbefehlshaber der Heeresgruppe 3 seine Einheiten an, alle Vorbereitungen für den Aufmarsch gegen Polen bis zum 20. August abzuschließen. Eine Woche später legte das Oberkommando der Wehrmacht (OKW) den genauen Ablaufplan für den Angriff vor, nur das Datum blieb noch offen.

Gleichzeitig nahm die deutsche Presse ihre antipolnische Kampagne verstärkt auf. Goebbels hatte angeordnet, polnische "Terrorakte an die Spitze" zu setzen. Die Ansprüche des Reichs auf Danzig wurden auf den gesamten Korridor, Posen, Teile Oberschlesiens, auf Volksabstimmungen, internationale Kontrollen und auf garantierte Minderheitenrechte erweitert. Die polnische Regierung begann sich allmählich mit dem Gedanken von der Unvermeidbarkeit des Krieges vertraut zu machen. Warschau war nicht mehr bereit, weiterhin unter Druck zu verhandeln. Danzig wurde zum Brennpunkt blutiger Streitigkeiten.

Am 12. August hatten englisch-französisch-russische Militärverhandlungen begonnen, die jedoch bald in eine Sackgasse gerieten, weil Rußland freie Hand gegenüber den baltischen Staaten gefordert und die polnische Regierung die Erlaubnis zum Durchmarsch durch Polen im Kriegsfall verweigert hatte. Stalin sah die Politik der "kollektiven Sicherheit" mit dem Westen als gescheitert an und wandte sich sofort dem anderen Lager zu. Geheime Verhandlungen mit den "faschistischen Bestien" führten zu einem raschen Ergebnis.

Ribbentrop flog am 23. August 1939 nach Moskau und unterzeichnete noch am gleichen Tag den **"Hitler-Stalin-Pakt"**. Keiner der Partner sollte hiermit einen Staat unterstützen, der mit einem Vertragspartner im Krieg stehe. Ein **geheimes Zusatzprotokoll** bildete jedoch den Kern. Es teilte die Beute eines kommenden Krieges in Osteuropa auf. Beschlossen wurde die Aufteilung Polens "ungefähr" entlang den Flußläufen von Narew, Weichsel und San. Die Osthälfte Polens und Bessarabien wurden der Sowjetunion zugesprochen. "Für den Fall einer territorialpolitischen Umgestaltung" wurden auch Finnland und das Baltikum der Sowjetunion zugestanden, Litauen sollte zu Deutschland fallen.

Dieser für Stalin so günstige Pakt gab Hitler freie Hand für den Angriff auf Polen. Die deutsche Expansion konnte beginnen, aber zugleich war auch der Sowjetunion der Weg nach Westen eröffnet worden. Seinen Generalen hatte Hitler schon am 22. August 1939 den Pakt mit Rußland angekündigt. Er hielt es für sicher, daß sich England und Frankreich, nur unzulänglich gerüstet, an einem Krieg nicht beteiligten. Er hatte "nur Angst, daß (ihm) noch im letzten Moment irgendein Schweinehund einen Vermittlungsplan vorlegt".

Der Krieg war unvermeidlich geworden, einzig weil Hitler ihn wollte. Chamberlain ließ in einem Brief an Hitler (22. August) keinen Zweifel an der britischen Entschlossenheit zur Garantie Polens aufkommen, weshalb Hitler noch einmal zögerte. Doch auch das Gespräch des britischen Botschafters Henderson mit Hitler konnte den Beginn des Zweiten Weltkrieges bloß um ein paar Tage hinausschieben.

Eine französische Karikatur (Sommer 1939); aus: Das III. Reich, Bd. 2, S. 102)

## 1.2 Der Zweite Weltkrieg

| | | |
|---|---|---|
| 1939 | **Internationale Abkommen vor Kriegsbeginn** | |
| Frühjahr | Garantieerklärungen Englands und Frankreichs für Polen | |
| | 22. Mai | "Stahlpakt" mit Italien |
| | 23. August | Hitler-Stalin-Pakt |
| | **Kriegsverlauf** | |
| 1939 | 1. 9. – 6. 10. | "Blitzkrieg" gegen Polen |
| 1940 | April | Besetzung Dänemarks und Norwegens |
| | 10 5. – 22. 6. | "Blitzkrieg" gegen Frankreich |
| | August | Scheitern der Invasionspläne gegen England |
| 1941 | Febr. – Mai | Balkanfeldzug |
| | 22. Juni | "Unternehmen Barbarossa": Angriff auf die Sowjetunion |
| | 11. 12. | Kriegserklärung an die USA |
| 1942 | November | Landung der Alliierten in Algerien/Marokko |
| 1943 | Januar | Stalingrad |
| | Mai | deutsche Kapitulation in Afrika |
| | Juli | Landung der Alliierten auf Sizilien |
| 1944 | 6. Juni | Invasion in der Normandie |
| 1945 | 8. Mai | bedingungslose Kapitulation Deutschlands |
| | **Alliierte Kriegs- und Friedensziele** | |
| 1941 | 14. August | Atlantikcharta |
| 1943 | Januar | Konferenz in Casablanca |
| | Nov./Dez. | Konferenz von Teheran |
| 1945 | Februar | Konferenz von Jalta |
| | Juli/August | Postsdamer Konferenz |

### 1.2.1 Der "Blitzkrieg" in Polen

Hitler hoffte bis zuletzt, England aus dem Krieg heraushalten zu können. Deshalb richtete er kurz vor Kriegsbeginn ein "großzügiges Angebot" an die britische Regierung, in dem er ihr nach dem Sieg über Polen eine gemeinsame Interessenabgrenzung gemäß seinen Weltordnungsplänen vorschlug. Doch wieder gelang es ihm nicht, England von Polen zu trennen. Auch machte Italien Anstalten, sich aus dem erst kürzlich so pompös geschlossenen Bündnis fortzustehlen, indem ein hin- und hergerissener Mussolini der Alternative Verrat oder Untergang mit der Begründung zu entgehen suchte, Italiens Armee sei noch nicht kriegsbereit.

Der polnische Generalstab leitete in Erwartung eines deutschen Überraschungsangriffes am 30. August die Mobilmachung ein. Am Morgen des 31. August unterschrieb Hitler die "Weisung Nr. 1 für die Kriegsführung": Da alle politischen Möglichkeiten erschöpft seien, Deutschlands unerträgliche Lage an der Ostgrenze zu beseitigen, sei Polen anzugreifen. Der "Fall Weiß" habe am 1. September 1939 einzutreten, Angriffszeit: 4.45 Uhr.

In der Nacht zum 1. September drang der SS-Sturmbannführer *Alfred Naujocks* in einem vorgetäuschten polnischen Überfall in den **deutschen Sender Gleiwitz** ein, gab eine kurze Proklamation durch, feuerte eine Anzahl Pistolenschüsse ab und ließ die in polnischen Uniformen steckenden Leichen einiger ausgesuchter Sträflinge zurück. Im Morgengrauen eröffnete der Panzerkreuzer "Schleswig-Holstein" das Feuer gegen die Westerplatte vor Danzig. Ohne Kriegserklärung hatte der Zweite Weltkrieg begonnen. Dem Reichstag und der Öffentlichkeit erklärte Hitler, Polen hat "heute nacht zum erstenmal auf unserem eigenen Territorium auch durch reguläre Soldaten geschossen. Seit 5.45 Uhr wird zurückgeschossen! Und von jetzt an wird Bombe mit Bombe vergolten."

Daraufhin forderten die Regierungen Englands und Frankreichs Deutschland ultimativ auf, die Kriegshandlungen gegen Polen zu beenden und die Truppen zurückzuziehen. Hitler war dazu nicht bereit. Deshalb erklärten England und Frankreich Deutschland am 3. September 1939 den Krieg.

Das "Zurückschießen" war eine gewaltige Offensive zur Eroberung Polens. Schon am ersten Tag zerstörte die deutsche Luftwaffe in Überraschungsangriffen einen großen Teil der polnischen Flugzeuge am Boden. In den folgenden Tagen konnte sie das Verkehrsnetz, die Nachschubverbindungen und die polnischen Truppenansammlungen so nachhaltig zerstören, daß die zwei deutschen Heeresgruppen außerordentlich schnell vordringen konnten. Am 8. September standen die deutschen Truppen vor Warschau. Für eine moderne Kriegsführung nicht gerüstet und taktisch der deutschen Wehrmacht weit unterlegen, mußte die polnische Armee bereits nach 18 Tagen kapitulieren. Als die polnische Regierung flüchtete, bat sie Moskau, sich des Schutzes der in Polen lebenden Weißrussen und Ukrainer anzunehmen. Dies gab der Roten Armee den äußeren Anlaß, bis zu der im geheimen Zusatzprotokoll des Hitler-Stalin-Paktes vereinbarten Demarkationslinie vorzurücken. Die deutschen Truppen zogen sich ebenfalls auf diese zurück.

Bereits am 28. September teilten sich Hitler und Stalin im "Grenz- und Freundschaftsvertrag" die Beute. Deutscherseits schuf man die "Gaue" **Westpreußen** und **Wartheland**. Den Rest des okkupierten Gebiets machte man als **"Generalgouvernement"** zu einem deutschen "Nebenland". Dieses "Generalgouvernement" sollte dreifach ausgenutzt werden: Es mußte abgeschobene Bevölkerungsteile aufnehmen, wurde die "Leihzentrale" für ungelernte Arbeiter und bildete im Distrikt Lublin, wo sich viele Ghettos befinden, ein "Judenreservat". Zur "Germanisierung" dieses eroberten Raumes diente die "Umvolkung" oder "Eindeutschung" verschiedener Gruppen "schwebenden Volkstums", die bisher in Ostpolen gelebt hatten.

Die Sowjetunion besetzte zudem noch Litauen, Lettland und Estland und ließ 65 000 Baltendeutsche in die deutsche Heimat "heimkehren". Die "Sowjetisierung" der Gebiete ging ähnlich gewalttätig vor sich wie die "Germanisierung".

### 1.2.2 Die Ausweitung des Krieges in den Westen

Anfang Oktober richtete Hitler ein "Friedensangebot" an England und Frankreich auf der Basis der geschaffenen Tatsachen. Die Westmächte wiesen Hitlers Vorschlag zurück und verharrten in der seit Kriegsbeginn bezogenen Defensivposition. Nun war Hitler entschlossen, mit einer Westoffensive Frankreich zu "zerschlagen", um England auf diesem Weg zu seinem ursprünglichen Bündnisplan zu zwingen.

#### Das Unternehmen "Weserübung"

Während die Sowjetunion den baltischen Staaten ihren "Schutz" aufzwang und Finnland nach einem Winterkrieg seine territorialen und militärischen Bedingungen diktierte, erweiterte die deutsche Besetzung Dänemarks und Norwegens handstreichartig die strategische Basis des Dritten Reiches (9. April 1940). Hitler wollte mit der "Fall Weserübung" genannten Aktion einem britischen Flottenvorstoß gegen den norwegischen eisfreien Hafen Narvik zuvorkommen, über welchen die deutsche Erzzufuhr aus Schweden lief. Angesichts der deutschen Landungen am 9. April beschloß der Kopenhagener Staatsrat, den begonnenen

Kampf nach einer halben Stunde einzustellen. Die Streitkräfte demobilisierten, die Regierung blieb im Amt. Norwegen jedoch leistete bis zum 10. Juni 1940 anhaltenden Widerstand.

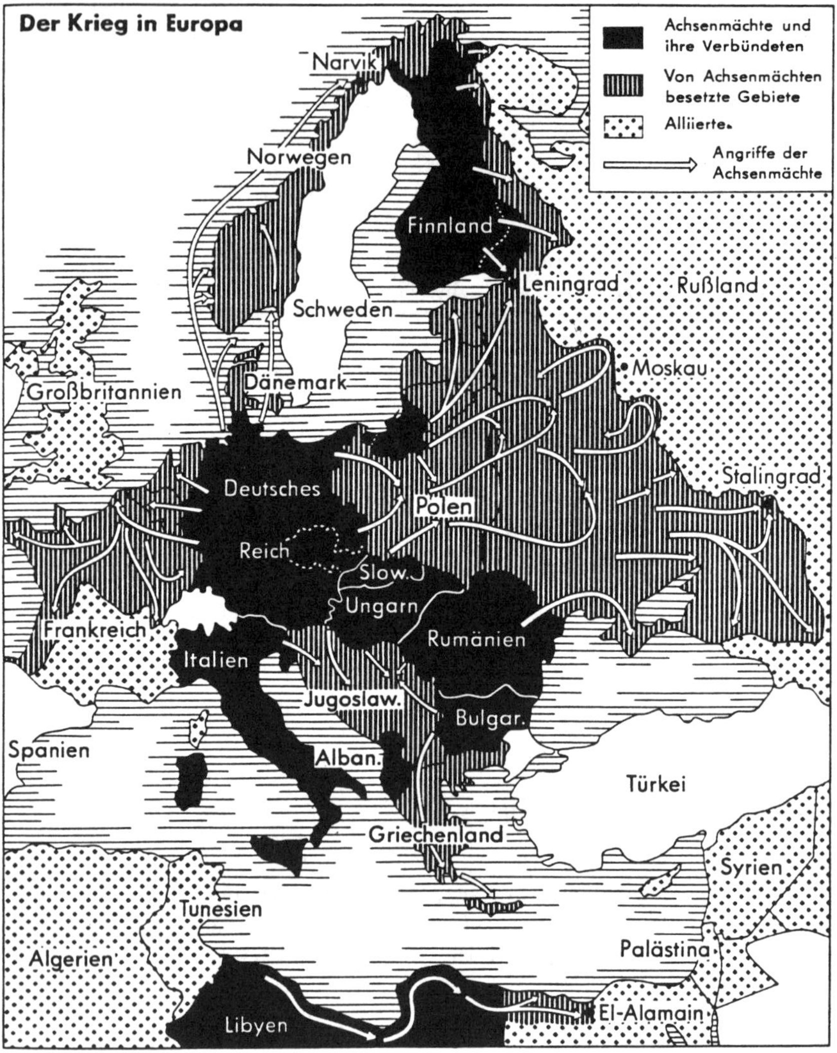


Aus: Eberhard Aleff: "Das Dritte Reich". Hannover 1982, S. 183

## Der Angriff im Westen

Die Westoffensive begann am 10. Mai 1940. Diesen "Fall Gelb" begründete Hitler damit, daß Deutschland sich mit ganzer Kraft gegen Westen wenden müsse, weil die Zeit für den Gegner arbeite. "Rußlands Neutralität" sei nicht dauerhaft und "sichergestellt", die USA kämen stärker ins Spiel und dem Ruhrgebiet drohe Gefahr, da die Alliierten die belgisch-niederländische Neutralität aufheben, zum Rhein vorstoßen und dadurch den Zusammenbruch der deutschen Kriegswirtschaft herbeiführen könnten.

Ohne Kriegserklärung wurden Belgien, die Niederlande und Luxemburg, drei neutrale Staaten, angegriffen. In der ersten Phase stießen die deutschen sichelförmig über Sedan zur Sommemündung vor und spalteten die gegnerischen Streitkräfte. Die "Festung Holland" kapitulierte bereits nach fünf Tagen, und die deutschen Verbände rückten gegen die Kanalküste vor. Ende Mai gaben sich auch Belgien und beträchtliche Teile der französischen Armee geschlagen. Das britische Expeditionskorps wurde bei **Dünkirchen** eingeschlossen, konnte aber mit Fischerbooten, Ausflugsyachten und Privatyachten nach England übergesetzt werden, da Hitler die vorstoßenden Panzerverbände für zwei Tage anhalten ließ. In der zweiten Phase besiegten die deutschen Truppen innerhalb von zwei Wochen das geschwächte französische Heer. Am 14. Juni 1940 marschierten Hitlers Truppen über die Porte Maillot in Paris ein. Der französische "Retter des Vaterlandes" von 1917, Marschall *Pétain* mußte um Waffenstillstand ersuchen, der am 21. Juni 1940 unterzeichnet wurde, in eben jenem Salonwagen im Wald von Compiègne, in dem 1918 die deutschen Unterhändler dem französischen General *Foch* die militärische Niederlage hatten quittieren müssen. Mit Ausnahme einer unbesetzten Zone im Süden (Vichy) wurde Frankreich unter deutsche Verwaltung gestellt. Hitler fühlte sich nach diesen weiteren "Blitzkriegen" als "größter Feldherr aller Zeiten". Die innere Opposition in Deutschland zerfiel.

## Luftschlacht um England

Mit seinem "großzügigen Angebot" hatte Hitler das Einlenken Englands zu erreichen versucht. Gleichzeitig hatte er für den Fall einer Zurückweisung gedroht, "einen Sturm von Feuer und Eisen auf die Engländer loszulassen". Doch der neue Premierminister *Winston Churchill* zeigte sich hart. Im Vertrauen auf Englands Insellage und auf die USA wollte Churchill den Krieg fortsetzen. Als Zeichen seiner Unnachgiebigkeit gab er nach der französischen Kapitulation den Befehl, die französische Flotte im Hafen von Oran zu versenken.

Für einen Krieg gegen England hatte Hitler kein Konzept, da seine eigentlichen Kriegsziele im Osten Europas lagen. Deshalb wollte er England allmählich zum Frieden zwingen, um den Rücken für den Zug nach Osten freizubekommen. Am 13. August 1940 begann die "Luftschlacht um England" mit schweren Bombenangriffen gegen Radarstationen und Flugplätze. Daraufhin wurde die Luftrüstungsindustrie bombardiert, deren Werke zumeist in großen Städten lagen. Bristol, Birmingham, Liverpool, Hull und besonders Coventry und London wurden schwer getroffen, wobei auch die angreifende deutsche Luftwaffe schwere Verluste erlitt. Die Engländer begannen ihrerseits, deutsche Städte zu bombardieren. Angesichts dieser Entwicklung stellte Hitler im Oktober 1940 das "Unternehmen Seelöwe", die geplante Invasion der Insel, zurück. Zum erstenmal war Hitler auf unüberwindliche Schwierigkeiten gestoßen.

### Krieg in Nordafrika und der Balkanfeldzug 1941

Die Furcht vor einer amerikanischen Intervention verstärkte Hitlers Zeitangst und seine Besorgnis, sich zu verzetteln. Für Hitler zerrann der Krieg in ungewollte Richtungen, die verkehrte Frontstellung begann sich zu rächen. Er mußte den Angriff auf Rußland verschieben, denn die strategische Lage machte auf zwei neuen Kriegsschauplätzen den Einsatz deutscher Truppen notwendig. Kurz vor der Kapitulation Frankreichs war Italien auf deutscher Seite in den Krieg eingetreten und hatte im September von seiner Kolonie **Libyen** aus das unter britischem Protektorat stehende Königreich **Ägypten** angegriffen. Mussolini wollte die italienische Kolonialherrschaft auf ganz Nordostafrika ausdehnen. Aber das Unternehmen scheiterte, der größte Teil der italienischen Truppen geriet in Gefangenschaft, Libyen selbst schien verloren. Hitler entsandte im Februar 1941 ein Panzerkorps unter General *Rommel* nach Nordafrika, dem eine neue Offensive gelang.

Gleichzeitig verlangten die Verhältnisse auf dem **Balkan** ein deutsches Eingreifen. Ende Oktober 1940 hatte Mussolini ohne Wissen Hitlers von Albanien aus Griechenland überfallen. Die italienische Armee war aber von den Griechen zurückgeschlagen worden und mußte sogar Teile Albaniens aufgeben. Als im Februar 1941 britische Truppen Kreta besetzten, sah Hitler die unentbehrlichen Erdölfelder Rumäniens gefährdet. So eröffnete er im April 1941 den Krieg gegen Jugoslawien und Griechenland. Beide Länder wurden in kurzer Zeit erobert. Nach Ungarn, Rumänien und der Slowakei traten nun auch Bulgarien und Kroatien dem "Dreimächtepakt" ("Roberto") bei. Damit waren die Südflanke gesichert und günstige strategische Voraussetzungen für den Angriff auf die Sowjetunion geschaffen.

## Das "Unternehmen Barbarossa": der Angriff auf die Sowjetunion

Die "Neuordnung" Südosteuropas trug zugleich zur Verschärfung der deutsch-sowjetischen Spannung bei. Noch im November 1940 war Molotow in Berlin gewesen, bereit, dem "Dreimächtepakt" beizutreten, wenn Moskau Entscheidungsfreiheit auf dem Balkan sowie freie Ausfahrt aus dem Schwarzen Meer und der Ostsee erhalte. Hitler war aber zu diesem Zeitpunkt wieder auf das Kernprogramm der NS-Außenpolitik zurückgekehrt: die Lebensraumidee in den Weiten Rußlands.

Mit 153 Divisionen, 600 000 motorisierten Fahrzeugen, 3 580 Panzern, 7 184 Geschützen und 2 740 Flugzeugen (J. Fest) eröffnete Hitler im Morgengrauen des 22. Juni 1941 das "Unternehmen Barbarossa", den Angriff auf die Sowjetunion. Neben den deutschen Verbänden standen 12 Divisionen und 10 Brigaden der Rumänen, 18 finnische Divisionen, 3 ungarische Brigaden und 2,5 slowakische Divisionen. Später kamen 3 italienische Divisionen und die spanische "Blaue Division" hinzu. Der Angriff erfolgte ohne Kriegserklärung. Wieder zerstörte zunächst die Luftwaffe die Hälfte der rund 10 000 sowjetischen Kriegsflugzeuge. Ein weiterer "Blitzkrieg" schien abzulaufen. Trotz einer Reihe von Hinweisen hatte Stalin nicht an einen deutschen Angriff geglaubt und bis zuletzt die wirtschaftlichen Verpflichtungen eingehalten.

Mit der bisher bewährten Strategie der Panzerstoßkeile und Kesselschlachten gelangen den deutschen Truppen in wenigen Wochen Vorstöße tief ins russische Territorium hinein, die gewaltige Raumgewinne brachten. Die Russen konnten jedoch immer wieder eine neue Front aufbauen. Obwohl sie große Verluste erlitt, war die sowjetische Armee nicht entscheidend zu schlagen. Stalins Ausrufung des **"Großen vaterländischen Krieges"** mobilisierte und solidarisierte das ganze Land.

Durch ungeheure Kesselschlachten und Zangenbewegungen, Beute- und Gefangenenzahlen, Massenexekutionen von Gefangenen und Zivilisten, Einsätzen von Sonderkommandos und den sog. **"Kommissar-Befehl"** vom 6. Juni 1941 wurde der Krieg in Rußland zu einem Vernichtungskrieg gegen das in der Sprache der Nationalsozialisten "Asiatisch-Minderwertige". Dennoch wurde keines der gesteckten Ziele, weder Leningrad noch Moskau erreicht. Der Vormarsch der erschöpften deutschen Truppen, die in keiner Weise auf den russischen Winter vorbereitet waren, kam im Dezember 1941 zum Stehen, der "Blitzkrieg" war gescheitert. Das Menschenpotential Rußlands ermöglichte einen raschen Ersatz für die schweren Verluste, zudem wurden die deutschen Nachschubwege in der

Weite des Raumes immer länger, während sich für die russischen Truppen die Versorgungswege verkürzten. Bei der noch im Winter einsetzenden Gegenoffensive der Roten Armee erlitt die deutsche Wehrmacht starke Verluste und mußte die Front zurücknehmen.

### 1.2.3 Der Kriegseintritt der USA

Im Dezember 1941 eröffnete Japan den Krieg gegen die USA, indem es den amerikanischen Flottenstützpunkt Pearl Harbour auf einer der Hawaii-Inseln überfiel. In Berlin ersuchte der japanische Botschafter um den sofortigen Kriegseintritt des Reiches an der Seite Japans. Hitler kam der japanischen Aufforderung unverzüglich nach und erklärte den USA am 11. Dez. 1941 den Krieg. Diese Entscheidung war Hitlers letzte strategische Initiative von einiger Bedeutung.

Damit verbanden sich der europäische und der ostasiatische Krieg zum **Weltkrieg.** Diese Ausweitung des Krieges hatte für Deutschland weitreichende Folgen. Als "Arsenal der Demokratie" reihten sich die Vereinigten Staaten nun direkt in die **Anti-Hitler-Koalition** ein. Zum einen verstärkten die Amerikaner ihre Materiallieferung, nachdem die US-Wirtschaft bereits seit 1939 aufgrund des "ungeschriebenen Bündnisses" Großbritannien mit Kriegsgütern unterstützt hatte. Auf der Basis eines **"Leih- und Pachtgesetzes"**, das der US-Kongreß dem Präsidenten Roosevelt bewilligte, erhielt auch die Sowjetunion Rüstungsmaterial ohne Bezahlung. Zum anderen setzte nun eine militärische Zusammenarbeit und gemeinsame Kriegszielplanung zwischen den USA, Großbritannien und der Sowjetunion ein.

Mit dem Kriegseintritt der USA gewann der Zufuhrkrieg im Atlantik eine wesentlich größere Bedeutung. Zunächst gelang es den deutschen U-Booten, vor der amerikanischen Küste und auf der Atlantikroute große Versenkungserfolge zu verbuchen und den britischen und amerikanischen Nachschub empfindlich zu beeinträchtigen. Doch seit der Jahreswende 1942/43 setzten die deutschen Rückschläge ein. Der seekriegsentscheidende Wettlauf zwischen Versenkung und Neubau von Handelsschiffen entwickelte sich seitdem zugunsten der Alliierten. Die USA konnten ihre Verluste ersetzen, zumal es ihnen gelang, die Abwehr gegen die in Rudeln angreifenden deutschen U-Boote durch verstärkten Geleitschutz und Frühwarnsysteme mit Funkpeilgeräten zu verbessern. Angesichts der immer größer werdenden Verluste brach Deutschland Ende Mai 1943 die Geleitzugsbekämpfung und damit praktisch den U-Boot-Krieg ab. Damit war der alliierte Nachschub auf den Meeren gesichert.

## 1.2.4 Der Zusammenbruch Deutschlands

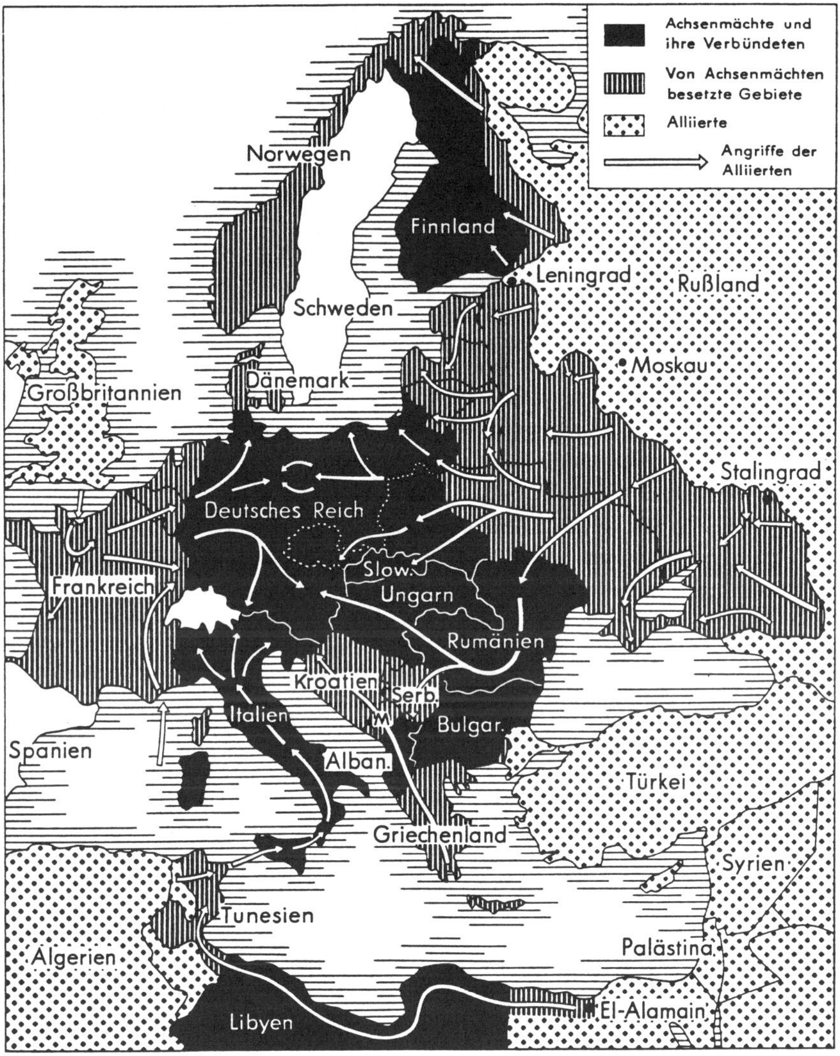


Aus: Eberhard Aleff: "Das Dritte Reich". Hannover 1982, S. 239

Nach den Rückschlägen im Osten und in Afrika, wo das Afrikakorps Rommels von den Briten zurückgedrängt wurde, trat die deutsche Wehrmacht, deren Führung Hitler inzwischen persönlich übernommen hatte, in der ersten Hälfte des Jahres 1942 zu neuen Angriffen an. Fast unaufhaltsam rückten Hitlers Armeen in Rußland und Afrika vor.

In einer Sommeroffensive sollten im Osten das strategisch wichtige Stalingrad und die Erdölgebiete im Kaukasus erobert werden. Rommel drang bis El Alamein in Ägypten vor. Im Herbst 1942 beherrschte Deutschland ein größeres Gebiet als je zuvor. Vor der Jahreswende aber begannen die Alliierten aufgrund ihrer gewaltigen Übermacht die Initiative an sich zu reißen.

### Die Entwicklung an der Ostfront

In einer Gegenoffensive gelang es den sowjetischen Streitkräften Ende Januar 1943, die 6. Armee (General *Paulus)* bei **Stalingrad** einzuschließen. Hitler verbot einen möglichen Ausbruch nach Westen und verschuldete damit den Tod von fast 300 000 Soldaten. Diese Niederlage markierte die **Wende des Krieges.** Von nun an ging in allen Frontabschnitten die Initiative endgültig an die Sowjets über. Sie konnten sich in ihren militärischen Anstrengungen voll gegen Deutschland konzentrieren, da Japan seinen Nichtangriffspakt mit der Sowjetunion einhielt und nicht bereit war, eine zweite Front in Ostasien zu errichten. Die letzte Großoffensive der Roten Armee begann am 12. Januar 1945 an der Weichsel. Da die deutschen Verbündeten auf dem Balkan mittlerweile kapituliert hatten, konnte die gewaltige russische Kriegsmaschine von der Ostsee bis zu den Karpaten, eine riesige Menschenlawine vor sich herschiebend, gegen das Reichsgebiet vorrükken. Ende April 1945 wurde Berlin erobert, etwa zur gleichen Zeit standen die Sowjets auch an der Elbe.

### Die Entwicklung an der Südfront

Eine britische Gegenoffensive bei El Alamein warf ab 23. Oktober 1942 die deutschen Truppen zurück. Die Landung amerikanischer und britischer Verbände im November 1942 in Marokko und Algerien zwang Rommel zum Zweifrontenkrieg. Dieser Übermacht konnte das deutsche Afrikakorps nur kurze Zeit standhalten und mußte im Mai 1943 kapitulieren. Im Juli schließlich gelang den Westalliierten die Landung auf Sizilien. Dies führte zum Sturz Mussolinis. Die neue italienische Regierung trat auf die Seite der Alliierten. Die deutschen Truppen in Italien wurden von den Westalliierten langsam zurückgedrängt und Ende April 1945 zur Kapitulation gezwungen.

**Die Entwicklung an der Westfront**

Die von Stalin seit Beginn der militärischen Zusammenarbeit geforderte Invasion in Frankreich, die **Zweite Front,** wurde von den Westalliierten am 6. Juni 1944 begonnen. Die deutschen Verteidigungsanlagen des "Atlantikwalls" erwiesen sich gegen das größte Landungsunternehmen der Militärgeschichte als unzulänglich. Dank ihrer erdrückenden Überlegenheit an Menschen und Material und der uneingeschränkten Luftherrschaft gelang den Westalliierten zunächst die Landung in der Normandie, dann der Durchbruch und schließlich bis September 1944 die Befreiung Frankreichs.

Gleichzeitig griffen amerikanische und britische Bomberverbände verstärkt die deutschen Rüstungszentren an. Trotz des massiven Einsatzes und der furchtbaren Zerstörungen erzielten die Alliierten im Luftkrieg nicht ihren gewünschten Erfolg. Aufgrund einer Evakuierung der Rüstungsbetriebe in ländliche Gebiete konnte die deutsche Kriegswirtschaft ihre Produktion sogar noch steigern. Auch die angestrebte nervliche Zermürbung der Zivilbevölkerung durch Angriffe auf Wohnviertel blieb weit hinter den Erwartungen zurück. Vielfach hatte der Bombenkrieg sogar eine verstärkte Durchhaltebereitschaft zur Folge. Dennoch war die totale Niederlage nicht mehr aufzuhalten.

### 1.2.5 Die Folgen der zunehmenden Eskalierung des Krieges

Die deutsche Produktionswirtschaft wurde erst zu einem verhältnismäßig späten Zeitpunkt voll auf die Kriegsanstrengungen konzentriert. Unter dem Eindruck der kriegerischen Selbststilisierung des Dritten Reiches sowie der Reden Hitlers und seiner Politik war das Ausland darauf eingestellt gewesen, daß Deutschland schon vor dem Kriege seine Wirtschaft ganz auf die Kriegszwecke eingestellt hatte. Um dem zu begegnen, hatte England z. B. seine Wirtschaft schon 1939 stärker für Rüstungszwecke in Anspruch genommen und auf einen totalen Krieg, auf die Nutzung aller menschlichen und materiellen Kräfte, eingestellt. Aber das Dritte Reich steigerte erst während des Krieges seine Rüstungsproduktion erheblich, obwohl die Fliegerangriffe systematisch das Verkehrsnetz und die Grundstoffindustrien zerstörten. Trotz solcher für die Kriegsgegner überraschenden Steigerungen war der Rüstungswettlauf Deutschlands mit seinen Gegnern aussichtslos. Die **Organisation der Rüstungswirtschaft** zeigte bei Kriegsbeginn das für den Führungsstil des NS-Regimes typische Neben- und Gegeneinander verschiedener rivalisierender Stellen. *Göring* als Beauftragter für den **Vierjahresplan** verlor angesichts der gescheiterten Blitzkriege seine Bedeutung als zentraler Planer und Lenker der Wirtschaft. Auch das "Wehrwirtschafts- und Rüstungsamt" des Generals *Thomas* erhielt nicht eine Gesamtzuständigkeit für die Rüstungsproduktion, sondern mußte sich nur auf die Rüstung des Heeres beschränken. Luftwaffe und Marine hatten eigene Versorgungspläne, weil Hitler die Befugnisse des Heeres nicht erweitern wollte. Der Reichswirtschaftsminister *Funk* wurde von Hitler nicht zu Rate gezogen. Eine zusätzlich für Rüstungsfragen zuständige Stelle war das "Reichsministerium für Bewaffnung und Munition" (seit 1940), zu dessen Leiter Hitler den Erbauer des Westwalls, *Fritz Todt,* ernannte, der in der paramilitärischen "Organisation Todt" eine große Hausmacht besaß. Ihm gelang es, die gesamte deutsche Wirtschaft zu koordinieren und für die Kriegswirtschaft vorzubereiten. Nach dessen Tod wurde *Albert Speer* 1942 sein Nachfolger und errichtete einen Ausschuß für "Zentrale Planung", welcher den verschiedenen Wirtschaftszweigen die knappen Rohstoffe zuteilte und ihre Verwendung scharf kontrollierte.

Die **Umstellung auf die Kriegswirtschaft** verschärfte den schon vor dem Krieg stark spürbaren Arbeitskräftemangel, da ein beträchtlicher Teil der Arbeitskräfte eingezogen worden war. **Zwangsverpflichtungen** von Arbeitern durch die Arbeitsämter und ihr Einsatz in kriegswirtschaftlich wichtigen Betrieben brachten für viele die Trennung von ihren Familien, die Unterbringung in provisorischen Unterkünften und vielfach auch Lohnverschlechterungen mit sich. **Zwangsstillegungen** "kriegsunwichtiger" Betriebe und die von Sonderkommissionen der Arbeitsämter vorgenommen **"Auskämmaktionen"** entbehrlicher Facharbeiter aus kriegswirtschaftlich weniger wichtigen Unternehmen sorgten für Unzufriedenheit. Als besonders schwierig erwies sich bald, daß die dienstverpflichteten Arbeitskräfte das Klima in den Betrieben und Werken störten. Verstöße gegen die Arbeitsdisziplin, das Fernbleiben vom Arbeitsplatz aus nichtigen Gründen, Fälle von Sabotage wurden von der **Geheimen Staatspolizei** (Gestapo) untersucht und als staatsfeindliches Verhalten drakonisch bestraft. Für besondere Beunruhigung unter der Arbeiterschaft sorgten die am 4. September 1939 angekündigten lohn- und sozialpolitischen Maßnahmen, die u. a. den Wegfall von Mehrbezahlung für Überstunden und Urlaubsbeschränkungen vorsahen. Gleichzeitig sollten Lohn- und Verbrauchssteuern erhöht werden. Wegen der fühlbaren Unruhe wurden die Bestimmungen durch Änderungen abgemildert. Das NS-Regime fühlte sich nicht so stark, daß es auf den einmal verkündeten Verordnungen beharrte.

Seit Kriegsbeginn wurden in allen Betrieben Betriebsappelle, in denen die jeweiligen Erlasse und Verordnungen begreiflich gemacht werden sollten, durchgeführt. Zur Ausdehnung der Arbeitszeit auf täglich bis zu zehn, zum Teil auch zwölf Stunden an wöchentlich sechs Arbeitstagen kam die Einschränkung der Lebensmittelversorgung durch das **Bezugsscheinsystem.** Lebensmittelkarten wurden schon in den ersten Kriegstagen ausgegeben. Bedarfsgüter wie Textilien, Lederwaren, Feuerungsmittel usw. wurden bewirtschaftet. Ein rigoroses Erfassungssystem bedrohte die Erzeuger von Lebensmitteln mit drakonischen Strafen bei Verstößen gegen die Ablieferungs- und Verteilungsbestimmungen. Dennoch reichte die Agrarproduktion des Reiches nicht zur Selbstversorgung aus. Schon in den ersten Kriegsmonaten waren die mühselig errichteten Getreidevorräte aufgebraucht worden. Drastische **Rationskürzungen** in Deutschland zum 1. Mai 1941 und pessimistische Ernteerwartungen steigerten die Begehrlichkeit nach der Kornkammer Ukraine. Um die fehlenden männlichen Arbeitskräfte ersetzen zu können, wurde zunehmend die nach der "Machtergreifung" so lange verfemte **Frauenarbeit** propagiert. Besonders Speer wollte in größerem Umfang auf deutsche weibliche Arbeitskräfte zurückgreifen. Doch stattdessen ließ Hitler den "Generalbevollmächtigten für den Arbeitseinsatz", *Fritz Sauckel,* den Transport **ausländischer Zwangsarbeiter** in die Rüstungsbetriebe organisieren, so daß Frauen nicht im gleichen Ausmaß wie im Ersten Weltkrieg oder gleichzeitig in England in den Rüstungsbetrieben eingesetzt wurden. Am 31. Mai 1944 waren 5,3 Mio. **Fremdarbeiter** und 1,8 Mio. **Kriegsgefangene** in der deutschen Wirtschaft eingesetzt, von denen keine 200 000 freiwillig gekommen waren, wie Sauckel feststellte. SS und Polizei überwachten die Ausländer streng. Schlimmer als die Polen wurden noch die aus der UdSSR Eingeschleppten behandelt. Die Rekrutierungsmethoden und die Behandlung der Fremdarbeiter trugen wesentlich zur Verbitterung und zur Verstärkung der Widerstandsbewegungen in den einzelnen Ländern gegen die deutsche Besatzungsmacht bei.

Auch die **Art der Kriegsfinanzierung** wurde durch Rücksicht auf Leistungswillen und Stimmung des Volkes, dessen man sich nicht sicher war, entscheidend beeinflußt. Hitler untersagte öffentliche Kriegsanleihen, die ja stets die Erörterung der Kriegslage zur Folge gehabt hätten. Auch Kriegszuschläge auf verschiedene Steuern hielten sich in Grenzen. Den Krieg finanzieren mußten die Tribute aus dem Protektorat Böhmen und Mähren und aus dem Generalgouvernement, die aus den besetzten Gebieten erpreßten Besatzungskosten, die Aushungerung der russischen Zivilbevölkerung und der Kriegsgefangenen. In Deutschland wurde der Geldbedarf "geräuschlos" gedeckt: durch Kriegsbeiträge der Länder und Gemeinden, durch Einnahmen aus staatlichen Wirtschaftsunternehmen, durch Abschöpfung privater Gelder mittels Förderung des "eisernen Sparens" usw.

Am 18. Februar 1943 verkündete Goebbels unter dem Eindruck der Katastrophe von Stalingrad und der Konferenz von Casablanca (vgl. S. 51) in einer Rede im Berliner Sportpalast den "totalen Krieg", der in Deutschland jedoch nicht mehr in seinen vollen Konsequenzen durchgeführt werden konnte.

In den Großstädten und größeren Städten diskutierte die Bevölkerung seit dem ungewöhnlich harten Winter 1941/42, anders als auf dem Land und in den kleineren Orten, mehr über die unzureichenden Kartoffellieferungen, über fehlende Arznei, Kohlen, Kindernahrungsmittel. Der Hunger zwang die Menschen, Rasenflächen und Blumenbeete in Gärten zu verwandeln, auf denen sich Kartoffeln, Kohl, Salat und Beerensträucher anpflanzen ließen. Eine andere Konsequenz der schlechten Versorgungslage war, daß führende Funktionäre ihre Positionen nutzten, um zu horten und ihre eigenen Familien zu begünstigen. Seit die Zeitungen immer längere Reihen von Todesnachrichten enthielten, seit Fliegeralarme die Menschen tags und nachts immer häufiger in den Keller trieben, seit Schlangestehen nach knappen Waren immer mühseliger wurde, seit der Lebensrhythmus immer mehr auf den Krieg umgestellt werden mußte, fiel die Stimmung. Im November 1943 verzeichnete der SD-Bericht bei Frauen ausgesprochene Kriegsmüdigkeit. Doch Goebbels Propaganda hatte Erfolg: Je auswegloser die Lage wurde, desto stärker klammerten sich viele an die Hoffnung auf ein Wunder.

## 1.3 Deutsche Besatzungspolitik und Widerstandsbewegungen

| | |
|---|---|
| | **Deutsche Besatzungspolitik** |
| | Integrationsversuche bei "germanischen" Völkern<br>Verwirklichung der Lebensraumpolitik im Osten<br>schonungsloser Krieg gegen Partisanen |
| ab 1941 | Geiselerschießungen |
| | **Widerstand in den besetzten Ländern** |
| | passiver Widerstand<br>Attentate, Spionage, Sabotage<br>humanitäre Hilfe für Verfolgte<br>Partisanenverbände in Ost- und Südosteuropa |

### 1.3.1 Deutsche Besatzungspolitik zwischen Ideologie und kriegswirtschaftlichen Motiven

Aus den rassenideologischen Vorstellungen ergaben sich unterschiedliche Maßnahmen der deutschen Besatzungsmacht in West- und Nordeuropa einerseits und Osteuropa andererseits. Für die Behandlung der Bevölkerung in den besetzten Gebieten West- und Nordeuropas gab es zunächst kein eindeutiges Konzept, da sie aus militärstrategischen Gründen erobert worden waren. Aber auch hier suchte man die rassischen Vorstellungen zu verwirklichen, indem man vorsah, den Flamen, Niederländern, Dänen und Norwegern als Menschen germanischer Herkunft den Status einer rassischen Elite einzuräumen. Diese "germanischen" Völker sollten durch Gleichschaltung und Unterstellung unter deutschen militärischen Schutz dem "Großgermanischen Reich Deutscher Nation" angeschlossen werden, denn Hitler war der Ansicht, daß die "germanischen" Völker gegenüber den gewaltigen Bevölkerungsmassen des Ostens nur vereint bestehen könnten und den Kern bilden müßten, um den sich das zukünftige Europa gruppieren werde. Eine "Einigung Europas" auf der Basis von Gleichberechtigung und Kooperation war für Hitler undenkbar. Die Neuordnung der Staaten sollte zunächst unter dem Deckmantel der Besatzungsgewalt nach Kriegsrecht durchgeführt werden. Die nord- und westeuropäischen Staaten sollten nach der Europakonzeption der SS und *Himmlers*, dem am 6. Februar 1943 die "germanische Politik" in den besetzten Gebieten endgültig übertragen wurde, in "Reichsgaue" umgewandelt werden. Die SS sollte darin eine homogene germanische Europa-Elite zusammenschweißen: Die Angehörigen der Allgemeinen SS-Verbände, seit 1942 "Germanische SS" genannt, und die Freiwilligen, die in der deutschen Waffen-SS ihren Dienst taten, wurden auf Hitler vereidigt. Eine echte Eigenstaatlichkeit wurde den "germanischen" Völkern nicht zugestanden.

Für die Behandlung der Bevölkerung in den besetzten Gebieten Osteuropas, die deutschen Menschen künftig als neuer Lebensraum dienen sollten, gab es genauere Vorstellungen. Als "Untermenschen" waren die slawischen Völker für Ausbeutung, Verdrängung und physische Vernichtung bestimmt. Einen Einblick in diese Rassenideologie erlauben die beiden Hauptquellen, die Denkschrift des Reichsführer der SS, *Heinrich Himmler,* über die Behandlung der "Fremdvölkischen" im Osten und der im Reichssicherheitshauptamt entworfene "Generalplan Ost" (April 1942). Das Programm sah im wesentlichen neben der "Endlösung" der Judenfrage die zukünftige Aussiedlung der "rassisch unerwünschten" polnischen Bevölkerung auch des Generalgouvernements nach Sibirien vor.

Nach dem Grundsatz "divide et impera" strebte man an, die Bevölkerung in möglichst viele ethnische Kleingruppen zu zersplittern und schließlich unter Selbstverwaltung voneinander abzukapseln. Daneben wollte man das Prinzip der "rassischen Auslaugung" mit der Trennung von "blutlich Wertvollen und Nichtwertvollen" verwirklichen und solche Menschen, die "nordische Merkmale" aufwiesen, "eindeutschen", d. h. als Deutsche behandeln. Zu den Germanisierungsmaßnahmen in Polen gehörte neben der "Abschöpfung eindeutschungsfähiger Polen" die Durchführung von Massenmorden. Auch das tschechische Volk und die Bevölkerung Estlands, Litauens und Lettlands waren Ziel der deutschen Kolonisierung. Die Sowjetunion war das eigentliche Aufteilungs- und Besiedlungsobjekt für die deutsche "Herrenrasse". Wie Himmler war Hitler der Auffassung, daß die Bewohner Rußlands ein "führerloses Arbeitsvolk" bleiben müßten. Himmler drückte das so aus: "Einfaches Rechnen bis höchstens 500, Schreiben des Namens, eine Lehre, daß es göttliches Gebot ist, den Deutschen gehorsam ... und ehrlich, fleißig und brav zu sein." Ihrer politischen Führungskräfte, der Intelligenzschicht und der Geistlichkeit beraubt, würden diesen "Untermenschen" nicht mehr in der Lage sein, die deutsche Herrschaft zu gefährden.

Für die Besiedlung des Landes waren stützpunktartig deutsche Städte mit 15 bis 20 Tausend Einwohnern geplant, in deren Umkreis eine deutsche Landbevölkerung angesiedelt werden sollte. Die Krim sollte von der Bevölkerung völlig geräumt und zum deutschen "Gotenland" werden. Für sie waren die Südtiroler vorgesehen. Für Kaukasien war ein Reichskommissariat geplant, um sowohl das Ölgebiet von Baku als auch Kontinentaleuropa nach Süden abzusichern. Eine etwaige "Restexistenz" Rußlands östlich des Urals schien Hitler für keine Gefahr zu halten.

Neben dieser territorialen Umgestaltung Europas war die Ausrottung des nicht "europafähigen" jüdischen "Rassefeindes" geplant, mit deren Durchführung der Chef der Sicherheitspolizei und des SD, *Reinhard Heydrich,* beauftragt worden war. In der **"Wannsee-Konferenz"** (20. Januar 1942) umriß er den Plan für die **"Endlösung"**(Näheres hierzu S. 40 f.).

In den besetzten Gebieten des Ostens führten die Einsatzgruppen – von einheimischen Milizeinheiten unterstützt – Massenerschießungen durch, verschleppten und deportierten jüdische Menschen aus ganz Europa in die Vernichtungslager im Osten. Viele Osteuropäer deportierte man als Arbeitskräfte nach Deutschland. Die polizeiliche Sicherung sowie die Umsiedlungsmaßnahmen und der "Volkstumskampf" waren überall der SS und der Polizei unter Himmler anvertraut. Ansonsten war der deutsche Besatzungsapparat in den einzelnen Ländern recht unterschiedlich organisiert und beteiligte je nach zukünftiger Stellung des betroffenen Landes in unterschiedlichem Ausmaß einheimische Kräfte an der Besatzungsverwaltung. So konnte das unterworfene Europa für die deutsche Kriegsführung unmittelbar gesichert und ausgenutzt werden.

### 1.3.2 Widerstandsbewegungen in den besetzten Gebieten

Aktive Widerstandsbewegungen bildeten sich in Dänemark ("Denmarks Frihedsraad"), Norwegen ("Milorg"), in den Niederlanden ("Het verzet"), Frankreich ("résistance") und auch in Belgien.

In Norwegen legte die "Heimatfront"' geheime **Waffenlager** an, baute eine **Geheimarmee** für die Unterstützung einer alliierten Landung auf und führte **Sabotageakte** durch. In Dänemark sah sich die Widerstandsbewegung vor einem besonderen Problem, da das Land völkerrechtlich neutral geblieben war. Sabotageakte wären zugleich Straftaten gegen die eigene legale dänische Regierung gewesen. Erst ab 1942/43 begannen Sabotagehandlungen.

Eine ausgedehnte Widerstandsbewegung entstand in Polen mit der nationalen "Armee im Lande" (Armia Krajowa) und mit der kommunistischen "Volksgarde" bzw. "Volksarmee". Dem Untergrundkampf kamen die geringe Verkehrsdichte und die weiten Wälder und Sümpfe entgegen. Ab 1940 entstand ein regelrechter

"Untergrund-Staat", dessen Kopf in London war. Zwar wollte die polnische Exilregierung das Vorkriegspolen sowohl gegen Rußland als auch gegen Deutschland verteidigen, doch hatte sie seit dem deutschen Angriff auf die Sowjetunion nur noch einen Feind. **Guerillagruppen** störten die deutschen Verbindungslinien in den Wäldern, die Widerstandsorganisation führte **Versorgungsflüge** von London nach Warschau durch.

Die tschechische Intelligenz, die Beamtenschaft und das ehemalige Offizierskorps waren im Protektorat die eigentlichen Träger des Widerstands. Ihre Organisation beschränkte sich bis 1943 auf **Propaganda-** und **militärische Nachrichtentätigkeit, passiven Widerstand** und **Fluchthilfe.** In der Schlußphase des Krieges bereitete sie die Aufstellung einer bewaffneten Aufstandsarmee vor.

Für Frankreich wurde 1940 das "provisorische Komitee der freien Franzosen" durch General *Charles de Gaulle* in London gebildet. Daneben kämpften die Untergrundbewegungen "Résistance" und "Maquis" im besetzten Norden und "Combat" und "Libération-Sud" im Süden. In beiden Zonen war die kommunistisch beeinflußte "Front national" aktiv. Stützpunkte für **Flucht-** und **Nachrichtendienste** wurden ebenso aufgebaut wie eine **Untergrund-Presse.**

In den besetzten Gebieten der Sowjetunion und in den Balkanstaaten nahm der Widerstand die Form des bewaffneten **Partisanenkampfes** an, der deutsche Truppen band. In Jugoslawien organisierten sich die westserbischen "Tschetniks" unter Oberst *Mihajlovic* und die südslawischen Kommunisten unter *Tito*. Obwohl sie nicht zusammenarbeiteten, kämpften beide zugleich gegen Deutsche, Italiener und die faschistische kroatische Ustascha. Seit Herbst 1943 beherrschte Tito die Berggebiete Montenegros, Bosniens und Kroatiens. Nach der Bildung eines "Nationalkomitees zur Befreiung Jugoslawiens" (November 1943) unterstützten die Alliierten nurmehr Tito als den Führer des Widerstands.

Im bisher verbündeten Italien sollte die Widerstandsbewegung erst nach dem Abschluß eines Waffenstillstands mit den Alliierten (September 1943) offen zum Durchbruch kommen.

Überall verschärfte sich der Partisanenkrieg, der sich gegen Soldaten, Beamte, Nachschublinien und Kollaborateure richtete. Mit Geiselerschießungen, Verhaftungen bei Nacht und Nebel und Ausradierungen ganzer Ortschaften (Lidice, 1942; Oradour-sur-Glane, 1944) versuchten Wehrmacht, SS und SD, die deutsche Machtposition aufrechtzuerhalten.

# 1.4 Menschenvernichtung aus rassistisch-ideologischen Gründen

| | |
|---|---|
| 12. Mai 1941 | Erlaß Hitlers ("Kommissar-Erlaß") über Erschießung sowjetischer Kommissare bei der Gefangennahme |
| ab Juli 1941 | Beginn der Massenerschießungen von Juden und Angehörigen osteuropäischer Völker durch "Einsatzgruppen" des SS-Sicherheitsdienstes |
| 20. Januar 1942 | Wannsee-Konferenz ("Endlösung") |

## 1.4.1 Der systematische Massenmord an Juden

Es war eine von Hitler wiederholt mit aller Deutlichkeit verkündete Absicht, den Krieg zu benutzen, um das Judentum in Europa gänzlich auszurotten. So hatte er am 30. Januar 1939 für den Fall eines Krieges "die Vernichtung der jüdischen Rasse in Europa" angedroht.

Am 7. Oktober 1939 betraute er den Reichsführer-SS und Chef der Deutschen Polizei mit den Aufgaben eines **"Reichskommissars für die Festigung Deutschen Volkstums"**. Dieser Führererlaß ermächtigte Himmler zur "Ausschaltung des schädigenden Einflusses von solchen volksfremden Bevölkerungsteilen, die eine Gefahr für das Reich und die deutsche Volksgemeinschaft bedeuten". Dies war aber nur die abgeschwächte Version der Himmler mündlich erteilten Vollmachten zur gewaltsamen Entfernung von Juden und Polen und zur Ansiedlung von Deutschen in den annektierten Gebieten Polens. Auf dieser Grundlage entstand eine neue Reichsbehörde Himmlers mit zahlreichen untergeordneten Dienststellen (Sicherheitsdienst, Einsatzgruppen) und SS-Stäben, die in den "eingegliederten Ostgebieten" das Recht zur Beschlagnahmung und Verwaltung jüdischen und polnischen Besitzes erhielt. Himmler wurde in diesen Ostgebieten gleichsam Territorialbefehlshaber.

Bereits im Oktober 1939 wurden die Juden Polens allgemein zur Zwangsarbeit verpflichtet, während diese Maßnahme im Reich erst zwei Jahre später erfolgte. Hier in Polen konnte Himmler nun die neuen Pläne ausprobieren. Schon während des Feldzuges kam es zu **Pogromen.** Leichter als im Reich konnte Himmler hier Gebiete zur Errichtung von **Konzentrationslagern** an die SS übertragen. So begann im Frühjahr 1940 die Anlage des mit Abstand größten aller Konzentrationslager: **Auschwitz.** Die polnische und jüdische Bevölkerung in den sieben Dörfern auf diesem Gebiet wurden vertrieben. Da hier der Reichsführer-SS beinahe autark war, wurde Auschwitz (neben Chelmno, Belzec, Treblinka, Majdanek, Sobibor) ab 1942 zum **Hauptort der Massenvernichtung** von Juden, denn auch diese Kompetenz, die Planung und Durchführung der "Endlösung der Judenfrage", ging 1941 an Himmler als den Chef der Sicherheitspolizei über.

Bereits Ende 1939 begannen die ersten **Deportationen** in die Ghettos des Generalgouvernements (Warschau, Lodz, Lublin). Doch der konkrete Beschluß Hitlers zur Massenausrottung fiel offenbar in die Zeit der aktiven Vorbereitungen des Rußlandfeldzuges. Der Angriff auf die Sowjetunion war zugleich das Signal zu einer weiteren Barbarisierung der Kriegsführung. Auf Hitlers Erlaß hin (12. Mai 1941) sollten ohne weiteres alle gefangenen sowjetischen **Kommissare** erschossen werden. In den **Massenerschießungen** russischer Juden durch motorisierte Einsatzgruppen der Sicherheitspolizei und des Sicherheitsdienstes fielen alle Hemmungen.

Am 31. Juli 1941 erteilte Göring dem SD-Chef Reinhard Heydrich die Weisung zur **"angestrebten Endlösung der Judenfrage".** In der **Wannsee-Konferenz** am 20. Januar 1942 setzte dieser die betroffenen Staatssekretäre und SS-Führer von der "Endlösung" in Kenntnis. Der im Rasse- und Sicherheitshauptamt der SS sowie im Auswärtigen Amt entworfene Plan zur Errichtung eines Großghettos in Madagaskar für rund 15 Millionen Menschen hatte also jeder realen Grundlage entbehrt. Millionen europäischer Juden sollten stattdessen nach Osten transportiert werden und unter "entsprechender" Leitung so "zum Arbeitseinsatz kommen", daß zweifellos ein Großteil "durch natürliche Verminderung ausfallen" würde. Der "Restbestand" sei "entsprechend" zu "behandeln".

Seit Anfang 1942 wurde in allen Teilen Europas die jüdische Bevölkerung systematisch erfaßt, zusammengetrieben und unter Mithilfe örtlicher Behörden in endlose Züge verfrachtet, die mit unbekanntem Ziel losfuhren. Bewußt ausgestreute Gerüchte sprachen von neuerrichteten, schönen Städten im eroberten Osten. Am 17. März 1942 nahm das Lager Belzec mit einer täglichen "Tötungskapazität" von 15 000 Menschen die Massenvernichtung mittels des Gases Zyklon B auf. Im April folgte Sobibor mit 20 000, dann Treblinka und Majdanek mit rund 25 000 sowie vor allem Auschwitz. Hier war der gesamte Tötungsprozeß, von der Selektion der Eintreffenden an der Rampe und ihrer Vergasung über die Leichenbeseitigung bis hin zur "Hinterlassenschaftsverwertung", zu einem reibungslosen System ineinandergreifender Abläufe durchgeplant.

Die Zahl der Opfer läßt sich nicht ganz exakt ermitteln. Nach Angaben des Transportorganisators der Vernichtungszüge, *Adolf Eichmann,* wurden bis August 1944 ca. 4 Millionen Juden getötet und darüber hinaus 2 Millionen auf andere Weise umgebracht. Ein Statistiker im Reichssicherheitshauptamt, Korherr, berechnete für Himmler bereits im Frühjahr 1943 4,3 Millionen jüdische Opfer. In Europa lebten 1939 9,2 Millionen Juden, 1945 nur noch 3,1 Millionen.

Der **Völkermord** an den Juden war keine "Terrormaßnahme", der als Abschreckung gegen politische Gegner dienen sollte, sondern vollzog sich unter einem Deckmantel des Schweigens. In den Vernichtungslagern wurden Menschen ermordet, die von den Nationalsozialisten als minderwertig betrachtet wurden. Deshalb war die Vernichtungsaktion auch nicht von Haß begleitet. Die SS ging mit einer bürokratischen Systematik vor. Der Massenmord war die mit unheimlicher Konsequenz in die Praxis umgesetzte Theorie des biologischen Materialismus (K. D. Erdmann). Die Vernichtung der Juden trug einen gänzlich unpersönlichen Zug. Trotzdem bedienten sich Himmler und die SS-Führer einer Tarnsprache, die ihr Erschrecken vor ihrem eigenen Tun verbarg: Judenumsiedlung, Sonderbehandlung, Säuberung, natürliche Verminderung.

### 1.4.2 Ausrottung anderer Minderheiten

Der von den Nationalsozialisten zur Beseitigung unerwünschten Lebens verwendete Ausdruck heißt "Ausmerzung". Diese Ausmerzung konnte sich gegen jedes Leben richten, das als "lebensunwert" bezeichnet wurde.

In ganz engem Zusammenhang mit der Vernichtung der Juden ist das sog. **Euthanasieprogramm** zu sehen. Dies war anders als im richtigen Wortsinn keine Sterbehilfe, sondern Lebensvernichtung zur Verhütung erbkranken Nachwuchses. Dessen Rechtsgrundlage war alleinig ein Führererlaß vom Oktober 1939, in dem Hitler anordnete, "die Befugnisse namentlich zu bestimmender Ärzte so zu erweitern, daß nach menschlichem Ermessen unheilbaren Kranken bei kritischer Beurteilung ihres Krankheitszustandes der Gnadentod gewährt werden kann". In einem von der Tarnorganisation "Reichsarbeitsgemeinschaft Heil- und Pflegeanstalten" verschickten Fragebogen waren neben den Krankheitsmerkmalen auch "Arbeitsleistung" und "Rasse" anzugeben. Nur anhand dieser Fragebögen wurden Kranke zur Tötung bestimmt, die durch eine weitere Tarnorganisation, die "Gemeinnützige Krankentransportgesellschaft GmbH", zunächst in eine Durchgangsstation gebracht wurden, um die Angehörigen nicht mißtrauisch zu machen. Von dort wurden sie in eine der sechs Tötungsanstalten gebracht, die mit Vergasungsanlagen und Krematorien ausgestattet waren.

Gerüchte davon, was in diesen Anstalten vor sich ging, drangen in die Öffentlichkeit. Einige Kirchenführer, wie Graf *von Galen,* Landesbischof *Wurm* und Pastor *von Bodelschwingh* protestierten mutig, worauf Ende 1941 die Aktion angehalten wurde. In manchen Anstalten aber wurde die "wilde Euthanasie" weiter praktiziert.

Auch in den Konzentrationslagern wurde auf Veranlassung Himmlers eine Sonderaktion durchgeführt. Etwa 20 000 Häftlinge, die aufgrund bestimmter Krankheiten arbeitsunfähig oder einfach politisch oder rassisch unerwünscht waren (z. B. die Sinti und Roma), wurden in der "Sonderbehandlung 14 f 13" (Aktenzeichen) getötet. Unbekannt ist die Zahl der in Menschenversuchen umgekommenen Häftlinge.

## 1.5 Möglichkeiten und Formen des deutschen Widerstands 1933–1945

| | |
|---|---|
| | **Kirchlicher Widerstand** |
| 1933–1940 | Verteidigung katholisch-kirchlicher Positionen nach Konkordatsverletzung |
| ab 1941 | Proteste einzelner Persönlichkeiten gegen Judenpolitik und Euthanasie |
| 1933–1945 | "Bekennende Kirche" |
| | **Widerstandskreise** |
| ab 1941 | "Weiße Rose" |
| 1933–1945 | "Rote Kapelle" |
| 1933–1945 | Konspiration der SPD in kleinen Kreisen |
| 1939–1944 | Kreis um Carl Goerdeler |
| 1942–1944 | Kreisauer Kreis |
| 1938 | Generalstreik der Offiziere (Beck) |
| ab 1943 | Attentatsversuche aus sittlichem Pflichtgefühl |
| 20. Juli 1944 | Attentat in der "Wolfsschanze" (Stauffenberg u. a.) |

Angst vor Zuchthaus und Konzentrationslager verschloß trotz des immer sichtbarer werdenden Unrechts im Handeln von Staat und Partei den meisten Menschen den Mund. Der Polizeistaat und seine Organe, vor allem die Geheime Staatspolizei (Gestapo) und der Sicherheitsdienst der SS (SD) mit ihren Zentralen im Berliner Reichssicherheitshauptamt, die Gau-, Kreis-, Bezirksorganisationen der NSDAP mit ihren Block- und Hauswarten, wurden als allgegenwärtig empfunden. Zudem überwogen die Erfolge der als legal akzeptierten Regierung bis 1942, wobei die Vernichtungsaktionen gegen Juden, Polen und andere Verfemte noch wenig bekannt waren.

### 1.5.1 Widerstand von Einzelpersonen

Trotzdem war sich das NS-Regime der Stimmung und Haltung der Bevölkerung nie sicher. Offen oder untergründig trat immer wieder in allen Schichten und Gruppen vereinzelter Widerstand auf. Widerstand war vielgestaltig und reichte über ein weites Spektrum von Gesten am Rande der Öffentlichkeit bis zu extremen Gegenhandlungen auf Reichs- oder Regierungsebene. Widerstand konnte die Verweigerung des Hitler-Grußes ebenso sein, wie der Verzicht auf eine verlangte Parteispende, eine illegale Flugblattaktion, eine betont lässige Haltung und auffällig lange Haare bei jugendlichen Cliquen, öffentlich geäußerter Zweifel am deutschen "Endsieg" oder ein Attentat oder die Verschwörung zum Staatsstreich. Tausende opferten ihr Leben auf Schafotten, an Galgen, in Konzentrationslagern, unter Auspeitschungen, an Erschießungsgruben. Trotz allem Opfermut störte dieser jeweils vereinzelte Widerstand aus dem Volk die nationalsozialistische Gewaltherrschaft aber nur geringfügig.

Die Deutschen, die Widerstand leisteten, kamen aus allen politischen und sozialen Kategorien. Gemeinsam war ihnen das Ziel: der Sturz der NS-Diktatur, die Wiederherstellung von Recht, Anstand und politischer Moral in Deutschland. Der Weltöffentlichkeit mußte spätestens in der sich abzeichnenden militärischen Niederlage durch die Tat die Existenz eines "anderen" Deutschland dokumentiert werden.

### 1.5.2 Der Widerstand kirchlicher Kreise

Der Versuch der katholischen Kirche, auf der Basis des Konkordats einen modus vivendi mit dem Staat Hitlers zu finden, scheiterte an den Vertragsbrüchen der Nationalsozialisten. Der Widerstand der katholischen Amtskirche beschränkte sich in der Folgezeit im allgemeinen auf die Verteidigung unmittelbar bedrohter eigener Positionen, entwickelte sich aber nicht zu einer von kirchlichen Organisationen getragenen grundsätzlichen Widerstandshaltung. Selbst nachdem sich Papst *Pius XI.* 1937 gegen die NS-Ideologie gewandt hatte, blieb es dem einzelnen Katholiken überlassen, dem Nationalsozialismus entgegenzutreten.

*Graf von Galen,* der Bischof von Münster, erstattete gegen die Machthaber Anzeige wegen Mordes, als er vom Ausmaß der Massentötung unheilbar Kranker erfuhr. Obwohl die katholische Kirche die Judenpolitik nicht von Amtes wegen verurteilte, klagten einzelne mutige Geistliche wie der Berliner Domprobst *Lichtenberg,* der Münchener Kardinal *Faulhaber* und ebenfalls in München Pater *Rupert Mayer* die Verfolgung der Juden an, bis schließlich 1943 angesichts der "Endlösung" die gesamte Bischofskonferenz dieses Unrecht anprangerte.

Der Jesuitenpater *Alfred Delp* schloß sich der Widerstandsgruppe des Kreisauer Kreises an, arbeitete dort am Entwurf einer christlichen Sozialordnung für ein besseres Deutschland mit und wurde 1944 hingerichtet.

Je mehr das Regime die Kirche drängte, desto mehr entwickelte sich die Bereitschaft in der "Bekennenden Kirche" auf evangelischer Seite, die christliche Botschaft als Auftrag zur Verantwortung für Unterdrückte aufzufassen. In verstärktem Maße verurteilte sie seit 1936 den totalitären Anspruch der Nationalsozialisten und deren Terrormaßnahmen. Pastor *Niemöller,* eine ihrer führenden Persönlichkeiten, sperrten die Machthaber wie manche seiner Mitstreiter ins KZ, um sie zum Schweigen zu bringen. Schließlich forderten Kirchenmänner wie *Dietrich Bonhoeffer* zum aktiven Widerstand auf. Er wurde wie Pater Delp 1944 hingerichtet.

### 1.5.3 Studentischer Widerstand

In München schlossen sich 1942 mit *Hans* und *Sophie Scholl* und dem Philosophieprofessor Kurt Huber andere Studenten zur Widerstandsgruppe "Weiße Rose" zusammen. In ihren Zusammenkünften, die anfangs keinen konspirativen Charakter trugen, wurden literarische Probleme diskutiert, aber auch die politische und militärische Situation. Einig war man sich in der Überzeugung von der absoluten moralischen Verwerflichkeit des Nationalsozialismus. Aus christlich-religiöser Überzeugung und aus jugendlichem Idealismus heraus prangerten sie in Flugblättern die Verbrechen der Hitler-Diktatur an und versuchten schließlich ihre Kommilitonen für ein offenes Vorgehen gegen das Regime zu gewinnen. Professor *Huber* und die *Geschwister Scholl* wurden 1943 gefaßt und mit mehreren Freunden hingerichtet.

### 1.5.4 Kommunistischer Widerstand

Von vorneherein zum aktiven Widerstand entschlossen waren die Kommunisten. Die KPD war von der Machtübernahme Hitlers überrascht worden und auf einen offen geführten Massenwiderstand ebensowenig vorbereitet wie auf eine konspirative Tätigkeit im Untergrund. Trotzdem begannen Parteimitglieder, die der Verhaftungswelle nach dem Reichstagsbrand entgehen konnten, unmittelbar eine gegen das Regime gerichtete agitatorische Aktivität zu entfalten und konspirative Gruppen und Zellen aufzubauen. Eine illegale Landesleitung gab es nicht, gelenkt wurde die Untergrundarbeit von den ins Ausland emigrierten Funktionären. Diese aber unterstanden den Weisungen der Kommunistischen Internationale (Komintern) in Moskau. Mit dem Hitler-Stalin-Pakt 1939 mußten die kommunistischen Untergrundkämpfer deshalb ihre Tätigkeit weitgehend einstellen. Nach dem deutschen Angriff auf die Sowjetunion nahmen sie diese wieder auf.

Mit den Kommunisten in Verbindung stand eine Widerstandsgruppe, die später bei der Gestapo als "Rote Kapelle" bezeichnet wurde. Sie setzte sich zumeist aus Intellektuellen und Künstlern zusammen, die zum Teil auch aus konservativen Kreisen kamen. Einige ihrer Mitglieder saßen in Reichsministerien und hatten somit Zugang zu Staatsgeheimnissen. So trieb die "Rote Kapelle" Spionage, indem sie ihre Informationen an die Sowjetunion weitergab. Aber sie wurde 1942 von der Gestapo aufgedeckt und zerschlagen.

### 1.5.5 Der Widerstand der SPD

Seit ihrer Opposition gegen das Ermächtigungsgesetz sahen sich die deutschen Sozialdemokraten zunehmend nationalsozialistischen Verfolgungen ausgesetzt. Die Parteileitung emigrierte bereits im Juni 1933 nach Prag ("Sopade") und von dort später über Paris nach London. Sie rief ihre Anhänger zum Sturz der Hitlerdiktatur auf. Die sozialdemokratischen Widerstandsgruppen, die sich daraufhin formierten, waren jedoch angesichts der Gesamtlage in Deutschland ebensowenig wie die kommunistischen in der Lage, jene Massenopposition zu organisieren, von der man sich den Umsturz erhoffte. So beschränkten sich die Aktivitäten vornehmlich auf Widerstandspropaganda in Aufrufen.

Die wichtigste sozialistische Untergruppe "Neubeginnen" strebte eine Zusammenarbeit mit den Kommunisten an, aber die Parteileitung im Exil lehnte den gemeinsamen Kampf der beiden Arbeiterparteien lange Zeit wegen der noch immer unterschiedlichen Zielvorstellungen zur Verwirklichung des Sozialismus ab.

Insgesamt ist für die Haltung der Untergrund-SPD kennzeichnend, daß sie nicht in dem Maße wie die KPD von der Basis her konspirierte und agitierte. Vielmehr pflegte sie den personellen Zusammenhalt ihrer Mitglieder in kleinen Kreisen. Ihre bedeutendsten Vertreter schlossen sich während des Krieges mit den bürgerlichen und konservativen Gegnern des Regimes zusammen und bereiteten mit ihnen den Staatsstreich vor.

### 1.5.6 Der Widerstand auf bürgerlicher Seite

Viele Männer und Frauen entschlossen sich zum Widerstand, weil sie das offensichtliche Unrecht des Hitler-Regimes und dessen verantwortungslose Politik ablehnten und angesichts der drohenden Niederlage Deutschland als Staat retten wollten.

So versammelten sich um den Grafen *Helmut James von Moltke* auf dessen schlesischem Gut Kreisau Männer der verschiedenen politischen und weltanschaulichen Herkunft. Neben den Adeligen James von Moltke und *Yorck von Wartenburg* gehörten Sozialdemokraten und Gewerkschaftler wie *Julius Leber* und *Adolf Reichwein,* der Jesuitenpater *Alfred Delp* sowie *Eugen Gerstenmaier* von der "Bekennenden Kirche" zum *"Kreisauer Kreis".*

Ihr Anliegen war ein politisches Modell für Deutschland und Europa nach dem Ende des Krieges und der NS-Herrschaft. Bezüglich Deutschlands dachten sie an einen Staatsaufbau "von unten nach oben". Das bedeutete, daß lediglich auf kommunaler Ebene Wahlen stattfinden, aus den Kommunalvertretungen die Länderparlamente und aus diesen die Reichsvertretungen hervorgehen sollten. Grundlage der sozialen Ordnung sollten Recht und Würde des Menschen sein, eine neue Staatsidee die Deutschen über alle politischen und sozialen Schranken hinweg brüderlich vereinen. Damit stellten sie sich auf den Boden der christlichen Soziallehre. Außenpolitisch befürwortete insbesondere Graf von Moltke ein vereinigtes Europa mit gleichberechtigten Partnerländern als Garant für das friedliche Zusammenleben der Völker. Pläne für einen Umsturz entstanden in diesem Kreis nicht. Man schreckte lange vor einer Gewaltanwendung zurück.

Die politischen Kräfte des Bürgertums, welche von Anfang an die Beseitigung Hitlers als Voraussetzung für einen Neubeginn ansahen, fanden ihre zentrale Persönlichkeit in *Carl Goerdeler.* Der geradlinig und streng rechtlich denkende Politiker war erfüllt von einem ehrgeizigen, aber uneigennützig-pflichtbewußten Gestaltungswillen. Er verließ seine Partei, die DNVP, nach deren Annäherung an Hitler, arbeitete aber zeitweise als Reichskommissar für Preisüberwachung in Hitlers Regierung mit, war Oberbürgermeister von Königsberg und später von Leipzig. Hoch angesehen trat er 1936 von diesem Amt zurück, als das Denkmal des jüdischen Komponisten Mendelssohn-Bartholdy in Leipzig entfernt wurde. Anschließend warnte er unerschrocken auf Auslandsreisen vor dem außenpolitischen Kurs Hitlers.

An die Seite Goerdelers stellten sich der preußische Finanzminister *von Popitz* und der ehemalige deutsche Botschafter in Rom, *von Hassell,* als führende Persönlichkeiten des konservativen Widerstandes. Aufgrund ihrer Herkunft unterschieden sich die politischen Zielsetzungen dieser Männer von denen des Kreisauer Kreises. Goerdeler stimmte zwar bei der Gestaltung der Neuordnung noch grundsätzlich mit dessen Vorstellungen überein, wollte aber eine stärkere Zentralgewalt etwa in Form einer Monarchie mit parlamentarischer Kontrolle der Regierung. Von Popitz und von Hassel erwogen einen autoritären Staat ohne parlamentarische Kontrolle, der jedoch als Rechtsstaat Toleranz üben, die Freiheitsrechte gewähren und soziale Verpflichtungen anerkennen sollte. Außenpolitisch sahen sie als konservative Politiker gemäß ihren überlieferten Vorstellungen das Deutsche Reich, erweitert durch den Anschluß Österreichs, des Sudetenlandes und des polnischen Korridors, als natürliche Vormacht Europas.

Zu Goerdeler stießen schließlich auch ehemalige Gewerkschaftsführer wie *Wilhelm Leuschner* vom Allgemeinen Deutschen Gewerkschaftsbund und *Jakob Kaiser* von der Christlichen Gewerkschaft. Die Widerstandsgruppe um Goerdeler arbeitete seit Anfang 1942 mit dem Kreisauer Kreis eng zusammen. Entscheidend wurden schließlich Goerdelers Beziehungen zu hohen oppositionellen Offizieren, wie Generaloberst *Beck.*

Abgeschirmt durch seinen Chef Admiral *Canaris,* den Leiter des Geheimdienstes der Wehrmacht, konnte Oberstleutnant *Oster* die Verbindung zwischen den einzelnen Widerstandsgruppen herstellen und in seinem Amt einen organisatorischen Mittelpunkt für den Widerstand schaffen.

## 1.5.7 Der 20. Juli 1944

### Der Widerstand der Militärs

Letztlich aber verfügte nur das Militär über die Machtmittel und Positionen, die ein erfolgreicher Umsturzversuch voraussetzte. Und so fiel auch hohen Offizieren die entscheidende Rolle zu, als der deutsche Widerstand am 20. Juli 1944 den Umsturz wagte. Aber der Attentatsversuch des Oberst *Claus Schenk von Stauffenberg* war nur der Höhepunkt des militärischen Widerstandes.

Schon während der Sudetenkrise 1938 hatte der ehemalige Generalstabschef Beck zusammen mit anderen Offizieren, Diplomaten und Staatsbeamten einen Staatsstreich gegen Hitler geplant. Hitlers aggressiver außenpolitischer Kurs drohte die ganze Welt gegen Deutschland aufzubringen und ein Krieg mußte daher mit einer vernichtenden Niederlage des Deutschen Reiches enden. Bitten an die englische Regierung, ihrerseits Hitler entschieden entgegenzutreten und ihm einen außenpolitischen Rückschlag zuzufügen, um somit dem deutschen Widerstand eine wirkliche Handlungschance einzuräumen, lehnte London ab. Der englischen Regierung erschienen die konservativen preußischen Vertreter der illegalen deutschen Opposition nicht vertrauenswürdiger als Hitler, den sie als rechtmäßigen Regierungschef anerkannte. Nach Abschluß des Münchner Abkommens erschien der Staatsstreich sinnlos, da Hitler als Sieger und Friedensbewahrer zugleich in Deutschland große Popularität genoß. Neue Versuche der militärischen Opposition im Sommer 1939, den drohenden Krieg zu verhindern, scheiterten ebenso wie die Bemühungen im Winter 1939/40, den bevorstehenden Angriff auf Frankreich und damit eine Ausweitung des Krieges abzuwenden. Dabei schlug die vorgesehene Verhaftung Hitlers bei seinem geplanten Besuch im Heereshauptquartier fehl, weil er sein Erscheinen in letzter Minute absagte. Dies war nur einer von mehreren Fällen, in denen sich Hitler durch Zufall dem Zugriff seiner Gegner entzog. Erst als 1942 die Wende des Krieges Hitlers Ansehen bei der Bevölkerung erschüttert hatte, setzte ihre Tätigkeit aufs neue und verstärkt ein. Daran aber wird gleichzeitig das **Dilemma des deutschen Widerstands** deutlich. Den Verschwörern aller Richtungen ging es um die Erhaltung des Vaterlandes. Um es retten zu können, mußten sie aber als notwendige Voraussetzung die militärische Niederlage wünschen.

Persönliche Kontakte mit einflußreichen Kreisen des Auslands bargen stets der Vorwurf in sich, im Krieg mit dem Feind hinter dem Rücken der eigenen Regierung zu konspirieren. Aber auch die vagen Hoffnungen, bei den Kriegsgegnern Deutschlands auf Verständnis zu stoßen und günstige Friedensbedingungen zu erreichen, falls es zum Sturz Hitlers käme, erwiesen sich als hinfällig, seit die Alliierten von 1943 an die "bedingungslose Kapitulation Deutschlands" forderten.

Daneben beschäftigte die Verschwörer das Problem der sittlichen Rechtfertigung ihres Handeln. Es widersprach grundsätzlich der Ehrauffassung und dem Pflichtgefühl der Offiziere, gegen das Staatsoberhaupt zu rebellieren. Noch dazu waren sie wie alle Soldaten dem "Führer" persönlich durch Eid zur Treue und Gehorsam verpflichtet. Außerdem bedeutete jeder Umsturzplan Hoch- und Landesverrat. Gegen diese Prinzipien wurde jedoch die Einsicht geltend gemacht, daß Hitler seinen Eid für das deutsche Volk schon seit langem gebrochen habe. Dies erleichterte manchem Offizier die Gewissensentscheidung. Schließlich aber traten sowohl die Probleme der Loyalität als auch die Fragen der politischen Zweckmäßigkeit sowie der Erfolgsaussichten hinter den Gedanken der sittlichen Verpflichtungen zurück. Mehrere Offiziere erklärten sich zum Attentat auf Hitler bereit. Wie es Generaloberst *Beck* und Generalmajor *von Tresckow* im Sommer 1944 formulierten, mußte der Tyrannenmord um jeden Preis erfolgen, um die Verbrechen, die das Regime im Namen Deutschlands verübte, zu beenden und der Nachwelt zu zeigen, "daß die deutsche Widerstandsbewegung vor der Welt und vor der Geschichte den entscheidenden Wurf gewagt hat" (von Tresckow).

Aber alle geplanten Anschläge kamen entweder nicht zur Ausführung oder scheiterten an einer Verkettung von Umständen, die Hitler begünstigten. Zudem wuchs Hitlers Mißtrauen ständig; er zeigte sich immer weniger in der Öffentlichkeit und beschränkte damit die Möglichkeiten der Verschwörer.

## Das Attentat

Im Frühsommer 1944 rückte mit Oberst *Graf Schenk von Stauffenberg* ein Mann in den Mittelpunkt des Widerstands, der diesem neue Tatkraft verlieh. Anfangs Hitler gegenüber positiv eingestellt, wandte er sich bald vom Regime ab und schloß sich dem engsten Kreis der Verschwörer an. Ab 1. Juli 1944 wurde Stauffenberg Chef des Stabes beim Befehlshaber des Ersatzheeres und war damit der einzige im Verschwörerkreis, der Zutritt zu den Lagebesprechungen Hitlers hatte. Bei ihm lagen die größten Aussichten auf einen erfolgreichen Anschlag, und er erklärte sich dazu aus religiösem Gewissen und aus der Verpflichtung dem "geheimen Deutschland" gegenüber bereit – einem bis weit in die Romantik hineinreichenden und von Stefan George stilisierten Mythos. In enger Verbindung und Zusammenarbeit mit Beck und Goerdeler bereitete er das Attentat und gleichzeitig den politischen Umsturz "generalstabsmäßig" (Deckname: "Walküre") vor, denn mit der Beseitigung des "Führers" mußte sich nach Ansicht der Verschwörer die Beseitigung des gesamtes Regimes verbinden. Dabei übernahm er selbst die Doppelaufgabe, sowohl Hitler in dessen Hauptquartier zu töten als auch den Ablauf des Staatsstreichs in Berlin zu leiten. In der Zwischenzeit hatte eine Reihe von Truppenkommandeuren und hohen Offizieren die Zusage gegeben, den Umsturz mitzutragen, darunter Generalfeldmarschall *Rommel* und General *Olbricht,* der Chef des Heeresamtes in Berlin.

Für die provisorische Staatsführung nach der Aktion waren General Beck als Staatsoberhaupt und Goerdeler als Reichskanzler vorgesehen. Als Mitte Juli wichtige Mitarbeiter des Widerstands verhaftet wurden und die Gestapo nach Geordeler fahndete, drohte dem Verschwörerkreis die Entdeckung. Stauffenberg mußte daher rasch handeln. Am 20. Juli 1944 gegen Mittag hinterlegte er während einer Lagebesprechung im ostpreußischen Führerhauptquartier "Wolfsschanze" eine Bombe. Hitler überlebte jedoch die Explosion leicht verletzt. Im sicheren Glauben, Hitler sei tot, flog Stauffenberg nach Berlin zurück. Dort aber waren die Aktionen zum Staatsstreich verspätet angelaufen, und einige militärische Mitverschwörer begannen in ihrer Haltung zu schwanken. Außerdem konnte das Führerhauptquartier inzwischen wieder reagieren. Hitler unterstellte die Truppen, die im Zuge des Umsturzes das Berliner Regierungsviertel besetzen

sollten, telefonisch einem ergebenen Offizier. Als schließlich klar wurde, daß Hitler lebte, brach der Putsch in Berlin ebenso zusammen wie in Paris, wo die entschlossen handelnden Mitverschwörer im Heer dabei waren, alle Polizei-, Gestapo- und SS-Quartiere zu besetzen. Die Verschwörer, von Hitler als "gewissenlose Clique ehrgeiziger Offiziere" abqualifiziert, wurden wie Stauffenberg teils am gleichen Tag noch standrechtlich erschossen oder in Prozessen vor dem "Volksgerichtshof" zum Tode verurteilt und hingerichtet. Einige, unter ihnen Generaloberst Beck, begingen Selbstmord. Über ihre Familien verhängten die Nationalsozialisten die Sippenhaft. Sie ließen im Zuge einer ausgedehnten "Säuberungswelle" ungefähr 5 000 Personen verhaften, verurteilen und hinrichten.
Der 20. Juli bewies der Welt, daß in Deutschland der Sinn für Recht und sittliche Verantwortung nicht erloschen war.

## 1.6 Kriegs- und Friedensziele der alliierten Mächte

| | | |
|---|---|---|
| 1941 | 14. August | Atlantikcharta |
| 1943 | Januar | Konferenz in Casablanca |
| | Nov./Dez. | Konferenz in Teheran |
| 1945 | Februar | Konferenz in Jalta |
| | Juli/August | Potsdamer Konferenz |

### 1.6.1 Atlantikcharta und Casablanca-Formel

In der Jahresbotschaft an den Kongreß verkündete Präsident *Roosevelt* bereits im Januar 1941 ein moralisch begründetes Programm mit dem Ziel, den Militarismus weltweit zu zerschmettern und die unterworfenen Nationen zu befreien. Amerika sollte dadurch zum "Arsenal der Demokratie" werden. Vier Prinzipien sollten auf der ganzen Erde Geltung bekommen und die Voraussetzungen für eine dauerhafte Friedensordnung werden: Redefreiheit, Religionsfreiheit, Freiheit von Not und Freiheit von Furcht.

Diese **"Vier Freiheiten"** bildeten auch die Grundlage der **Atlantik-Charta,** in der *Roosevelt* und *Churchill* am 14. August 1941 ihre allgemeinen Kriegs- und Friedensziele formulierten. Sie beinhaltete den Verzicht auf Gebietsgewinne für ihre Länder, das Bekenntnis zum territorialen und politischen Selbstbestimmungsrecht der Völker, die Grundsätze des freien Welthandels und der wirtschaftlichen Zusammenarbeit der Völker, allgemeine Verminderung der Rüstung und Entwaffnung der aggressiven Staaten bis zum Plan der Errichtung eines dauerhaften Systems der allgemeinen Sicherheit: der späteren **United Nations Organization.**

Bis in das Frühjahr 1941 hatte Stalin an die Haltbarkeit seines Paktes mit Hitler geglaubt. Warnungen der britischen und amerikanischen Diplomatie vor einem unmittelbar bevorstehenden deutschen Angriff hatte er ignoriert. So bestand am Vorabend des 22. Juni 1941 ein Verhältnis vollkommener Distanz zwischen der Sowjetunion und den angelsächsischen Mächten. In den Beratungen zur Atlantikcharta wurde aber auch die Unterstützung der Sowjetunion beschlossen, da das politische Ziel die militärische Niederwerfung Deutschlands war. Schon am 12. Juli 1941 hatte Churchill der ideologisch gegnerischen Sowjetunion deshalb die Unterstützung mit kriegswichtigem Material zugesagt. Nun begaben sich auch die USA auf den Weg in jenes "unnatürliche Bündnis", das nur gegen "Nazi-Deutschland" Sinn machte.

Nachdem die Alliierten 1942/43 die militärische Initiative an sich gerissen hatten, wurden die Fragen der künftigen Nachkriegsordnung vordringlich. Da sich Stalin wegen der militärischen Lage nicht für abkömmlich hielt, trafen sich zunächst *Roosevelt* und *Churchill* vom 14. bis 25. Januar 1943 in **Casablanca.** Auf militärischem Gebiet wurde die Ausschaltung der deutschen U-Boot-Flotte beschlossen, damit der alliierte Nachschub über den Ozean für eine künftige Invasion in Nordfrankreich sichergestellt werden könnte. Die schwerwiegendste Entscheidung war die Forderung nach **"bedingungsloser Kapitulation"** der Dreierpakt-Mächte. Roosevelt wollte mit einer eindeutigen militärischen Niederwerfung Deutschlands eine zweite "Dolchstoßlegende" auf alle Fälle verhindern. Vor allem sollte "unconditional surrender" den mißtrauischen Sowjets beweisen, daß die Westmächte entschlossen seien, an der Seite ihres neuen Verbündeten den Krieg bis zum Ende zu führen.

Für die Besiegten würde diese Formel bedeuten, daß sie sich willenlos den Entscheidungen der Sieger zu beugen hätten. Dies nutzte Goebbels' Propaganda, indem sie das deutsche Volk zum "totalen Krieg" und zu verzweifeltem Widerstand anfeuerte. Für die Alliierten erschwerte sich damit die Unterscheidung von Nationalsozialisten und deutschem Volk; die deutsche Widerstandsbewegung verlor jegliche Hoffnung auf einen annehmbaren Frieden mit den Alliierten.

### 1.6.2 Die Konferenz von Teheran

Im November/Dezember 1943 trafen *Roosevelt* und *Churchill* zum erstenmal mit *Stalin* zusammen. In Teheran erörterten die **"Großen Drei"** ihre gemeinsame Kriegsführung und ihre Absichten bezüglich der Neugestaltung Europas nach der Niederlage Deutschlands. Dabei traten die Interessengegensätze zwischen den Westalliierten und der Sowjetunion deutlich zutage.

Zunächst entsprach Roosevelt endgültig dem sowjetischen Wunsch einer **zweiten Front** im Westen. Die Landung in der Normandie wurde beschlossen. Churchill hatte Bedenken gegen eine Invasion in Frankreich. Er wollte diese zweite Front auf den Balkan verlegen, um zu verhindern, daß ganz Südosteuropa von der Sowjetunion erobert und am Ende politisch beherrscht würde.

In erster Linie aber traten Differenzen zwischen Churchill und Stalin in der Frage der **territorialen Neuordnung Ost- und Mitteleuropas,** vor allem Polens, auf, um dessen Erhaltung England schließlich in den Krieg eingetreten war. In unmittelbarem Zusammenhang mit dem Schicksal Polens stand das Problem der **deutschen Nachkriegsgrenzen.** Stalin bestand seit 1941 hartnäckig auf der Anerkennung der territorialen Veränderungen zugunsten der Sowjetunion entsprechend seinem Pakt mit Hitler. Deshalb beharrte er auf Ostpolen. Polens Ostgrenze sollte die Curzon-Linie von 1919 bilden, die etwa der Grenze aus dem Hitler-Stalin-Pakt entsprach, wodurch Polen nach Westen bis an die Oder zu verschieben war, um dessen Landverlust auszugleichen. Stalins Forderung auf den nördlichen Teil Ostpreußens mit Königsberg zur Gewinnung eines eisfreien Hafens blieb unwidersprochen. Bessarabien und die Nordbukowina, Länder, die vorwiegend von Russen bewohnt waren, sollten ebenso bei der Sowjetunion bleiben wie die 1940 eingegliederten baltischen Staaten. Die polnische Exilregierung in London lehnte diese Westverschiebung zwar nicht grundsätzlich ab, bestand aber dennoch weiterhin auf der Rückgabe Ostpolens, denn seit Bekanntwerden des russischen Massakers an polnischen Offizieren bei Katyn war das Verhältnis zur Sowjetunion stark belastet.

Für die zukünftige Behandlung Deutschlands brachte Roosevelt konkrete Vorstellungen in die Verhandlungen ein, die auf eine "Zerstückelung" des Deutschen Reiches abzielten. Im Zuge dieser als **"dismemberment"** bezeichneten Politik erwog er die Bildung von fünf deutschen Staaten sowie zweier Gebiete, die der Kontrolle der neu zu gründenden "Vereinten Nationen" unterstellt werden sollten, nämlich Ruhr-Saar und Hamburg-Nord-Ostseekanal. Der **Teilungsgedanke** fand generell bei den anderen Verhandlungspartnern Zustimmung. Churchill plädierte allerdings im Rahmen einer europäischen Gleichgewichtspolitik für eine Zweiteilung. Einem isolierten und zerschlagenen Preußen sollte seiner Ansicht nach eine Donau-Föderation aus den süddeutschen Staaten und Österreich gegenüberstehen. Stalin neigte Roosevelts Plänen zu, ergänzte sie zudem mit dem Vorschlag, ständige militärische Stützpunkte der "Vereinten Nationen" in Deutschland zu errichten. Ein Beschluß wurde noch nicht gefaßt.

Die Diskussion über die Neugestaltung Deutschlands führte in den USA zu einer heftigen Kontroverse. Der **Morgenthau-Plan** wollte Deutschland vollkommen entmilitarisieren, nach Gebietsverlusten in 18 Länder aufteilen und seine Industrie mit der Abtretung des Saarlandes an Frankreich und der völligen Demontage des Ruhrgebiets bis in die Wurzeln zerstören. Deutschland sollte in einen Agrarstaat zurückverwandelt, der Lebensstandard der Bevölkerung drastisch gesenkt werden. Dieser Plan fand zwar das Interesse Roosevelts, wurde aber zu keiner Leitlinie der US-Außenpolitik.

### 1.6.3 Die Konferenz von Jalta

Vom 4. bis 11. Februar 1945 trafen sich die "Großen Drei" zu ihrer zweiten, der wichtigsten Kriegskonferenz. Der Zusammenbruch Deutschlands stand bevor. Am heftigsten umstritten war jedoch diesmal das Polenproblem. Es ging um die Frage, wer in Polen regieren sollte. Stalin besaß zu diesem Zeitpunkt die stärkste Verhandlungsposition. Zum einen wünschten die Westmächte eine Beteiligung der Sowjetunion am Krieg gegen Japan, zum anderen kontrollierte die Rote Armee inzwischen nicht nur die baltischen Länder und ganz Polen, sondern auch nahezu den ganzen Balkan. Churchill und Roosevelt mußten daher die von ihm praktizierte Politik der vollendeten Tatsachen weitgehend hinnehmen. So hatte er das bereits seit Sommer 1944 bestehende kommunistische **"Lubliner Komitee"** als "provisorische Regierung Polens" anerkannt. Die Westmächte dagegen forderten für Polen eine neue provisorische Regierung auf breiter nationaler Grundlage, die baldigst freie Wahlen durchführen sollte. Stalin dagegen wollte auf alle Fälle die dominierende Rolle der Kommunisten in Polen bewahren. Beide Seiten einigten sich auf die vage Festlegung, daß zu einer Wahl nur "demokratische und antinazistische Parteien" zugelassen sein sollten. Dies war eine Formel, die völlig unterschiedlich interpretiert werden konnte.

In der Frage der territorialen Neugestaltung Polens erkannten sie die "Curzon-Linie" als Ostgrenze an. Bezüglich der Westgrenze kam es zu Meinungsverschiedenheiten, da Stalin auf der Oder-Neiße-Linie bestand, während Roosevelt und Churchill lediglich die Oder als westliche Grenze Polens zugestehen wollten. Man vertagte die endgültige Regelung dieser Frage auf die beabsichtigte Friedenskonferenz.

Aus: Gerhart Binder: "Die Zeit der Weltkriege". Bd. 2 Stuttgart, 1977, S. 837

Einig waren sich alle drei in den Fragen der **Behandlung Nachkriegsdeutschlands.** Angesichts der sich abzeichnenden deutschen Niederlage nahmen ihre Pläne jetzt konkrete Formen an. So bekundeten sie ihre Absicht, Deutschland vollständig zu **entwaffnen,** zu **entmilitarisieren** und in **Besatzungszonen** aufzuteilen, damit von ihm nie wieder eine Aggression ausgehen könne. Auch **Frankreich** sollte an den Zonen beteiligt werden. Ein gemeinsamer **Kontrollrat** der nunmehr vier Besatzungsmächte in Berlin sollte in "allen Deutschland als Ganzes betreffenden Angelegenheiten" entscheiden, wobei Einstimmigkeit verlangt war.

Über die Zerstückelung Deutschlands diskutierten die Siegermächte zwar erneut, es wurden aber keine konkreten Vorschläge gemacht, wie eine eventuelle Aufteilung aussehen sollte. Vor allem Churchill wandte sich in Anbetracht des zu erwartenden sowjetischen Machtzuwachses in Osteuropa gegen eine Aufteilung Deutschlands. Die Frage nach der Behandlung der "Hauptkriegsverbrecher" wurde bis zum Ende der Kampfhandlungen vertagt.

Die wirtschaftliche Einheit Deutschlands schien den Alliierten auch im Hinblick auf die weiterhin grundsätzlich beschlossenen **Reparationsforderungen** wichtig. Konnte man sich noch auf die Form der Wiedergutmachungsleistungen einigen, wobei man insbesonders an die Demontage von Industriebetrieben, an Entnahmen aus der laufenden Produktion und auch an die "Nutzung deutscher Arbeitskraft" dachte, so führte die Höhe der zu berechnenden Summe bereits zu Meinungsverschiedenheiten. Als Diskussionsgrundlage diente der Betrag von 20 Milliarden Dollar, wovon die Sowjetunion allein die Hälfte beanspruchte. Was die Politik gegenüber einem besiegten Deutschland betraf, konnten sich die drei Mächte in Jalta noch nicht einigen. Einen Streit darüber konnten sie sich angesichts des noch kämpfenden Deutschlands jedoch nicht erlauben.

In der dritten Vollsitzung wurde über die Gründung der "Vereinten Nationen" debattiert. Roosevelt gab nach einigem Zögern Stalin gegenüber nach, der forderte, neben der Sowjetunion noch die zwei Sowjetrepubliken Ukraine und Weißrußland als stimmberechtigte Mitglieder in die "UNO" aufzunehmen. Damit schien Roosevelt seine Vision der **"one world"**, der gemeinsamen Zusammenarbeit der zwei Großmächte in einer Weltfriedensorganisation, verwirklichen zu können. Die **Gründungskonferenz der "United Nations"** wurde für den 25. April 1945 nach San Franzisco einberufen.

In der "Erklärung über das befreite Europa" einigten sich die Großmächte auf die "Wiederherstellung der souveränen Rechte und der Selbstregierung" der von den Achsenmächten unterworfenen Völker. Dies bedeutete für Jugoslawien die Anerkennung von Titos "Antifaschistischem Rat für die Nationale Befreiung Jugoslawiens" und für die anderen befreiten europäischen Gebiete den Schutz durch die gemeinsame Verantwortung der Großmächte. Es sollte sich jedoch bald zeigen, daß das Mißtrauen zwischen den Alliierten wuchs. Stalin verdächtigte die Amerikaner und Engländer, ein Einverständnis mit den Deutschen erreicht zu haben, da diese an der Westfront kaum noch Widerstand zeigten, wohingegen sich der Vormarsch der Roten Armee verzögerte. Umgekehrt machte die Westmächte Stalins Vorgehen in Polen mißtrauisch, der eigenmächtig die deutschen Gebiete östlich von Oder und Neiße in polnische Verwaltung gegeben hatte.

## 1.7 Kapitulation Deutschlands und Japans

| | |
|---|---|
| Juli 1943 | letzte deutsche Offensive im Kursk-Bogen |
| ab Juni 1944 | Vordringen der Roten Armee |
| 6. Juni 1944 | Invasion der westlichen Alliierten in Nordfrankreich |
| 25. Sept. 1944 | Einberufung des "Deutschen Volkssturms" |
| ab Jan. 1945 | Beginn der sowjetischen Großoffensiven |
| 13./14. Febr. 1945 | Zerstörung Dresdens<br>Steigerung der alliierten Bombenangriffe |
| 30. April 1945 | Selbstmord Hitlers |
| 2. Mai 1945 | Kapitulation Berlins |
| 7./9. Mai 1945 | Unterzeichnung der "bedingungslosen Kapitulation" der Wehrmacht |
| 6. August 1945 | Atombombe auf Hiroshima |
| 9. August 1945 | Atombombe auf Nagasaki |

Schon im Laufe des Jahres 1944 war die "Festung Europa" zur "Festung Deutschland" zusammengeschrumpft, die nur noch im Norden und im Süden größeres Vorfeld besaß. Durch Mobilisierung aller aufzubietenden Kräfte bereitete sich diese auf den letzten gegnerischen Ansturm vor. Als Goebbels am 25. Juli 1944 zum "Reichsbevollmächtigten für den totalen Kriegseinsatz" ernannte wurde, ergriff er drastische Maßnahmen, um Menschen für die Rüstung und die Front freizubekommen. Im gesamten Reichsgebiet wurde ab September 1944 der "Deutsche Volkssturm" aus allen waffenfähigen Männern zwischen 16 und 60 Jahren aufgestellt. Liefen deutsche Soldaten zum Gegner über oder ergaben sich, wurden ihre Familien in der Heimat in Sippenhaft genommen. In den feindbedrohten Gebieten wurden ab Februar 1945 Standgerichte eingerichtet, die nur die Todesstrafe für die am "Endsieg" Zweifelnden kannte. Wurde an einem Haus die weiße Flagge gehißt, sollten alle seine männlichen Bewohnen erschossen werden. Tages- und Nachtangriffe der Alliierten steigerten sich nach Zahl und Heftigkeit. Am 13./14. Februar 1945 bombardierten britische Bomberverbände des Kommandeurs Harris und amerikanische des Kommandeurs Doolittle den Eisenbahnknotenpunkt **Dresden,** durch den der Flüchtlingsstrom aus Schlesien und der Nachschub für die südliche Oderfront geleitet wurde. Dresden wurde zum Symbol für die Unmenschlichkeit des Bombenkrieges: In der mit Flüchtlingen angefüllten Stadt, in der Feuerstürme wie 1943 in Hamburg tobten, kamen nach vorsichtigen Schätzungen 135 000 Menschen um. In den ersten vier Monaten des Jahres 1945 wurden insgesamt noch 471 000 Tonnen Bomben auf Deutschland abgeworfen. Mitte April brachte die alliierte Luftherrschaft über Deutschland den Verkehr fast völlig zum Erliegen und die deutsche Rüstungsproduktion zum Stillstand.

Im Frühjahr überschritten die Westalliierten den Rhein. Ihrem Vormarsch konnte die deutsche Wehrmacht keinen nennenswerten Widerstand mehr entgegensetzen, obwohl Hitler im "Nero-Befehl" (19. März 1945) Anweisung gegeben hatte, alle militärischen Verkehrs-, Nachrichten-, Industrie- und Versorgungsanlagen zu demolieren, damit sie für die anrückenden Armeen in keiner Weise mehr nutzbar sein könnten. Am 25. April trafen sich amerikanische und sowjetische Soldaten bei Torgau an der Elbe. Am 20. April verübte Hitler Selbstmord. In seinem Testament hatte er tags zuvor noch Göring und Himmler aus der Partei ausgestoßen, Großadmiral *Dönitz* zu seinem Nachfolger als Staatsoberhaupt gemacht und die Regierung verpflichtet, "den Krieg mit allen Mitteln weiter fortzusetzen". Bis zum Schluß zwar verteidigte sich die "Festung Breslau", doch am 7./8. Mai 1945 erfolgte die "bedingungslose Kapitulation" der Wehrmacht. Die Unterzeichnung erfolgte durch General *Jodl* in Reims (7. Mai) und durch *Keitel, von Friedeburg* und *Stumpff* im sowjetischen Oberkommando in Karlshorst bei Berlin. Am 23. Mai wurde die Regierung Dönitz, die neben einer nicht bestimmbaren Zahl ost- und mitteldeutscher Flüchtlinge immerhin 1,85 Millionen Soldaten, das sind 55 % der deutschen Streitkräfte an der Ostfront, in den Westen gerettet hatte, verhaftet und in Kriegsgefangenschaft gebracht. Die Alliierten übernahmen die staatliche Gewalt in Deutschland.

In **Ostasien** dauerte der Krieg noch an. Seit März 1945 waren die Amerikaner dazu übergegangen, die wichtigsten Städte Japans mit Brandbomben zu belegen. Schwere Kämpfe fanden weiter auf den Inseln Honshu, Hokkaido und Okinawa statt. Als dort die Kämpfe am 18. Juni zu Ende gingen, ließ der japanische Kaiser *Hirohito* Moskau den Wunsch nach einem Friedensschluß übermitteln. Die sowjetische Friedensvermittlung wollte Japan mit einer Berücksichtigung der sowjetischen Wünsche in Ostasien entgelten. Nun forderten auch die USA und Großbritannien in der "Potsdamer Deklaration" Japan auf, den Kampf einzustellen, drängten hierbei jedoch auf die Ausschaltung des japanischen Militarismus und seiner Vertreter und die Einführung der Demokratie, währenddessen eine Besatzungsarmee im Land bleiben sollte. Regierungskreise in Japan und ein Teil der Presse forderten die Absetzung Hirohitos und seine Verurteilung als Kriegsverbrecher.

Kaiser Hirohito und führende Militärs zögerten mit der Antwort. Deshalb waren die Alliierten der Ansicht, daß die japanische Regierung die Deklaration rundweg ablehnte. Am 2. August 1945 gab daher Truman auf der Rückreise von Potsdam den endgültigen Befehl zum Einsatz der Atombombe gegen Japan.

Hohe Beamte der US-Regierung, Militärs und Atomwissenschaftler hatten diese Entscheidung angeraten. Die fürchterliche neue Zerstörungskraft dieser Waffe sollte die Japaner in die Knie zwingen, damit die Amerikaner nicht eine langwierige und verlustreiche Invasion des japanischen Mutterlandes durchführen müßten. Am 6. August 1945, 9.15 Uhr Ortszeit, warf die Superfestung "Enola Gay" die erste Atombombe über **Hiroshima** ab. Allein ihre radioaktive Strahlung wirkte im Umkreis von 1 km tödlich, ihre Druck- und Hitzewelle löste noch in 4 km Entfernung Brände aus, 78 000 Menschen wurden getötet, 14 000 blieben vermißt, 19 000 wurden verletzt und 171 000 obdachlos. Die zweite Atombombe fiel am 9. August 1945 auf **Nagasaki,** tötete 40 000 Menschen und verletzte ebensoviele. Am 15. August gab Hirohito bekannt, daß Japan die "Potsdamer Deklaration" annehme. Die offizielle Unterzeichnung der Kapitulationsurkunde fand am 2. September 1945 an Bord der "Missouri" statt. General *MacArthur* unterschrieb in seiner Eigenschaft als Oberster Alliierter Befehlshaber und nahm damit die Übergabe im Namen der vier verbündeten Mächte und im Interesse der anderen mit Japan im Krieg stehenden Vereinten Nationen entgegen.

## Zusammenfassung

Hitlers außenpolitischen Zielen lag die Ideologie von der "Eroberung neuen Lebensraumes für die arische Herrenrasse" und, damit verbunden, eine mit allen Mitteln betriebene Revision der Versailler Bestimmungen zugrunde.

Die drei Hauptereignisse des Jahres 1936 – der Überfall Italiens auf Abessinien (Bruch der Stresa-Front), der Einmarsch Hitlers in das entmilitarisierte Rheinland (Bruch des Locarnopaktes) und die gemeinsame Politik Mussolinis und Hitlers im Spanischen Bürgerkrieg – stellten die Weichen für den Weg in den Zweiten Weltkrieg.

Die Ursachen für seinen Ausbruch sind komplex; entscheidend waren jedoch u. a.

- die englische und französische Garantie für Polen, von der auch die nach Westexpansion strebende Sowjetunion betroffen war;
- den unbeirrbaren Widerstand Warschaus, das auf das englisch-französische Garantieversprechen vertraute und auf eine Unterlegenheit Deutschlands in einer politischen Konfrontation baute;
- die Entscheidung Stalins, Hitler zu unterstützen, um die eigene Expansion nach Westen beginnen zu können.

Neben der territorialen Expansion diente der Krieg Hitler vor allem zur Vernichtung der Juden in ganz Europa. Massendeportationen und -exekutionen waren die systematische Umsetzung der von Hitler geplanten "Endlösung". Als nach dem Krieg das Ausmaß dieser rassistisch-ideologischen Menschenvernichtung in den Konzentrationslagern offenbar wurde, ging ein Schrei des Entsetzens durch die Welt.

Unter den Lebensbedingungen des Polizeistaats konnte der deutsche Widerstand nicht die Gestalt einer Massenbewegung annehmen. Während sich für den europäischen Widerstand nationale und sittliche Pflicht fast durchwegs deckten, mußten die aktiven Gegner des Regimes in Deutschland fürs erste gerade nicht die Freiheit, sondern die Niederlage und Selbstauslieferung an einen erbitterten Gegner vorantreiben. Mit dem 2. September 1945 endete der Zweite Weltkrieg. Er hatte nicht nur 55 Millionen Tote und Vermißte gefordert, sondern auch die Machtverhältnisse in Europa grundlegend verändert; Deutschland hatte die schwerste politische Niederlage in seiner Geschichte erlitten. Anstelle eines europäischen Gleichgewichts trat, auch als Folge der Atombombenexplosionen in Hiroshima und Nagasaki, das bipolare "Gleichgewicht des Schreckens" zwischen den USA und der Sowjetunion.

# 2 Bedingungen und Probleme des Neubeginns nach dem Ende des Krieges

## 2.1 Die Gründung der UNO

| | |
|---|---|
| 8. Januar 1918 | Wilsons "Vierzehn Punkte" |
| 14. August 1941 | Atlantik-Charta |
| 26. Juni 1945 | Gründung der UNO |

Wie die "Vierzehn Punkte" Wilsons 1918 für die Gründung des "Völkerbunds" ausschlaggebend waren, so wurde es die "Atlantik-Charta" (14. August 1941) des US-Präsidenten Roosevelt für die Schaffung der **"Vereinten Nationen"** (UNO). Mit dieser Atlantik-Charta und deren Erweiterung zur "Erklärung der Vereinten Nationen" (1942) hatten die USA die Verpflichtung übernommen, ein System kollektiver Sicherheit aufzubauen. Die Sowjetunion sagte 1943 zu, an der Schaffung einer weltweiten Organisation teilzunehmen.

Schon von August bis Oktober 1944 wurde in der **Konferenz von Dumbarton Oaks** eine Satzung von den USA, der Sowjetunion, Großbritannien und China erarbeitet und auf der Konferenz von Jalta ergänzt. Die ständigen Mitglieder des Sicherheitsrats sollten ein Vetorecht erhalten. Von April bis Juni 1945 traten in San Franzisco 850 Vertreter von 51 Siegerstaaten des Zweiten Weltkriegs zur Beratung zusammen. Um ein Scheitern der Beratung auszuschließen, gestanden die Westmächte der Ukraine und Weißrußland die von Stalin geforderten Sitze zu, wodurch die Sowjetunion mit drei Stimmen auftreten konnte. Mit der Verabschiedung der **Charta der Vereinten Nationen** am 26. Juni 1945 war die Gründung der UNO vollzogen. Nach ihrer Ratifizierung durch die Parlamente der Gründernationen trat die Charta am 24. Oktober 1945, dem "Tag der Vereinten Nationen", in Kraft.

Die UNO trat in rechtlicher Hinsicht die Nachfolge des Völkerbunds an, der 1946 formal beendet wurde. Von ihm übernahm sie den ständigen Internationalen Gerichtshof in Den Haag, der nur wirksam werden kann, wenn sich die streitenden Parteien vorher dem zu erwartenden Spruch unterwerfen. Ferner übernahm die UNO die Treuhandschaft über frühere deutsche Kolonien und richtete neue Sonderorganisationen, wie die "Weltbank" (Internationale Bank für Wiederaufbau und Entwicklung), den Internationalen Währungsfonds, das Internationale Arbeitsamt u. a. ein. Wichtigste Organe sind der ständig tagende **Sicherheitsrat** und die in der Regel einmal jährlich tagende **Generalversammlung** unter dem Vorsitz eines **Generalsekretärs.**

Die deutlichen Unterschiede zwischen Völkerbund und UNO beruhen auf einer veränderten politischen Struktur der Welt. Der Völkerbund war im wesentlichen eine Einrichtung der europäischen Mächte, wohingegen die Einrichtung der UNO mit Sitz in New York die neuen Machtverhältnisse und den Zusammenbruch der Kolonialreiche reflektiert.

## 2.2 Die Situation im besiegten Deutschland nach 1945

- Hohe Zahl an Kriegsopfern
- Gesamte staatliche Gewalt bei den "Vier Mächten", ausgeübt durch den "Alliierten Kontrollrat" für Gesamtdeutschland, durch die Militärregierungen in den 4 Besatzungszonen, die "Alliierte Kommandantur" für Groß-Berlin und die Kommandanten in den 4 Berliner Sektoren
- Reduzierung des Wohnungsbestandes durch Kriegszerstörungen
- Verkehrswesen zunächst lahmgelegt
- Industriesubstanz im ganzen erhalten, geringe Auslastung durch Rohstoffknappheit und Demontagen
- Konferenz von Potsdam: lediglich Formelkompromiß der Alliierten über die Behandlung Deutschlands
- ca. 12 Millionen Flüchtlinge und Heimatvertriebene aus dem Osten
- Unterstellung der Gebiete ostwärts von Oder und Görlitzer Neiße unter polnische und des Saargebiets unter französische Verwaltung
- Notlage der Bevölkerung

Im Zusammenhang mit dem Zusammenbruch des NS-Staates und der Errichtung des Besatzungsregimes durch die vier großen Siegermächte des Zweiten Weltkrieges wird manchmal von einer **"Stunde Null"** gesprochen. Begriffe wie "Chaos", "Trümmerzeit" und "Zusammenbruchgesellschaft" assoziieren das völlige Ende aller politisch-gesellschaftlicher und wirtschaftlich-sozialer Strukturen in Deutschland. Doch Machtsprüche der Alliierten, deutsche Initiativen und deren teilweises Ineinandergreifen ließen z. T. alte Strukturen wieder aufleben, stellten aber auch die Weichen zur Neugestaltung künftiger deutscher Entwicklungswege. Dies zeigte sich am Anfang vor allem in der Verwaltung auf kommunaler Ebene, auf die die Staatsgewalt im Frühjahr 1945 zurückgefallen war. Doch auch für die Länder, die regionalen Gliederungen und Gesamtdeutschland stellte sich die Frage nach deutscher Selbstverwaltung und alliierter Fremdverwaltung, nach Kontinuitäten und demokratischem Neubeginn.

Als sich das Kriegsende abzeichnete, riegelte die Sowjetunion die von ihr besetzten Gebiete nach außen hin ab, um deren Angleichung an ihr Staats-, Wirtschafts- und Gesellschaftssystem, die sogenannte Sowjetisierung, in die Wege zu leiten. Churchill sprach kurz nach der deutschen Kapitulation von einem "Eisernen Vorhang", der sich niedergesenkt habe. Er schlug dem neuen US-Präsidenten *Harry S. Truman* vor, die britischen und amerikanischen Truppen sollten sich aus den von ihnen eroberten Gebieten der Tschechoslowakei und Deutschlands erst dann auf die mit der Sowjetunion vereinbarte Demarkationslinie zurückziehen, wenn Stalin seine Zusage, freie Wahlen in den ost- und südosteuropäischen Ländern zuzulassen, eingelöst habe. Doch Truman bestand auf Einhaltung der Vereinbarungen ohne Vorbedingungen, denn er wollte die Sowjetunion zum Kriegseintritt gegen Japan gewinnen, das noch nicht zur Kapitulation bereit war.

Wie sich die Beziehungen zwischen den Weltmächten USA und UdSSR wandelten, zeigte sich an der gemeinsamen Verwaltung Deutschlands.

### 2.2.1 Deutschland unter der Vier-Mächte-Verwaltung

Am 8. Mai 1945 kapitulierte die deutsche Wehrmacht bedingungslos. Dieser Tag brachte dem deutschen Volk das Ende eines aussichtslosen Kriegs und die Befreiung vom NS-Regime, aber auch die Unterwerfung unter die Sieger auf Gnade und Ungnade. Die staatsrechtliche Bedeutung zeigte sich am 5. Juni 1945, als die USA, die Sowjetunion, England und Frankreich durch eine Proklamation die gesamte öffentliche Gewalt von der staatlichen Spitze bis hinunter zu den Gemeinden übernahmen. Gleichzeitig stellten sie klar, daß es gegenüber ihren Handlungen und Anweisungen keine Berufung auf entgegenstehendes deutsches und internationales Recht und keine Beschwerde an die 1945 gegründeten Vereinten Nationen (UNO) geben werde. Nur so glaubten sie, ihre Hauptkriegsziele durchsetzen zu können: Ausrottung des Nationalsozialismus mit Stumpf und Stiel, Verhinderung einer erneuten deutschen Aggression für alle Zukunft und Reparationen.

Jede der Vier Mächte erhielt eine Besatzungszone im Reichsgebiet (vgl. Karte S. 67) mit uneingeschränkten legislativen, exekutiven und judikativen Befugnissen. Die oberste legislative Gewalt für Gesamtdeutschland ging an den **"Alliierten Kontrollrat"** in Berlin. An der Spitze dieser Behörde standen die **vier Zonenbefehlshaber** mit wechselndem Vorsitz. Beschlüsse konnten nur einstimmig gefaßt werden. Das legte den Kontrollrat angesichts der großen Unterschiede bezüglich der politischen, wirtschaftlichen und gesellschaftlichen Vorstellungen vor allem zwischen den Westmächten einerseits und der Sowjetunion andererseits weitgehend lahm.

Groß-Berlin als ehemalige Reichshauptstadt verwalteten die Vier Mächte gemeinsam. Jede von ihnen erhielt einen eigenen Sektor, als gemeinsame Verwaltungsbehörde schuf man die **"Alliierte Kommandantur"**. An ihrer Spitze standen die Kommandanten der **vier Sektoren,** die sich im Vorsitz abwechselten.
Mit dieser Regelung ließen die Haupt-Siegermächte ihren ursprünglichen Plan, Deutschland in mehrere Staaten zu zerstückeln, fallen. Noch auf der Konferenz von Jalta hatte Stalin daran festgehalten, doch nun sah er davon ab, um Reparationen auch aus dem industriell entwickelten Westdeutschland zu bekommen und dort politischen Einfluß zu gewinnen. Rechtlich gesehen blieb also die Einheit Deutschlands erhalten. In Wirklichkeit aber fielen die meisten wichtigen Einzelentscheidungen in jeder Zone unabhängig von den anderen.

### 2.2.2 Gebiete unter fremder Verwaltung

Bereits auf der Konferenz von Teheran 1943 hatten die Alliierten eine **Westverschiebung Polens** auf Kosten Deutschlands vorgesehen, ohne daß sie sich auf Einzelheiten festlegten. Auf der Konferenz von Potsdam teilte Stalin mit, die Sowjetunion habe die **deutschen Gebiete ostwärts von Oder und Görlitzer Neiße** einschließlich der ehemaligen Freien Stadt Danzig an Polen übergeben – mit Ausnahme des nördlichen Teiles von Ostpreußen, der ihr von den Westalliierten bereits zugesprochen worden war. Die USA und England protestierten gegen diesen eigenmächtigen Schritt. Doch blieb ihnen angesichts der vollendeten Tatsache nichts anderes übrig, als die Verwaltung dieser Gebiete durch Polen vorläufig anzuerkennen. Die endgültige Regelung der Grenzfrage sollte einem Friedensvertrag mit Deutschland vorbehalten bleiben. Diese Gebiete (Ostpreußen und Schlesien, östlicher Teil Pommerns und Brandenburgs) machten ein Viertel des deutschen Territoriums von 1937 aus und waren als landwirtschaftliche Überschußgebiete für die Ernährung der deutschen Bevölkerung von großer Wichtigkeit.

Ebenso eigenmächtig trennte Frankreich das **Saargebiet** von seiner Besatzungszone ab. Seine Absicht war, die alleinige Verfügungsgewalt über die reichen Kohlevorkommen zu erhalten, um im Verbund mit den Eisenerzvorkommen in Lothringen ein rein französisches Industriegebiet zu schaffen und sich für alle Zukunft die wirtschaftliche Überlegenheit über Deutschland zu sichern. Für dieses Vorgehen fand es die nachträgliche Billigung der USA und Englands, vorbehaltlich einer endgültigen Regelung durch einen Friedensvertrag.

### 2.2.3 Die Konferenz von Potsdam

Nur mit Mühe einigte man sich nach der Kapitulation Deutschlands auf eine weitere gemeinsame Konferenz. Die Begegnung zwischen *Stalin, Truman,* dem Nachfolger des inzwischen verstorbenen Roosevelt, und *Churchill* bzw. dessen neugewähltem Nachfolger *Attlee* im Potsdamer Schloß Cäcilienhof vom 17. Juli bis 2. August 1945 war gleichzeitig das letzte Treffen der leitenden Staatsmänner der drei Siegermächte.

Stalin hatte hierbei drei Hauptziele: größtmögliche Reparationen aus Deutschland, Anerkennung der kommunistisch beherrschten Regierungen in den Satellitenstaaten, Abrundung der sowjetischen Sicherheits- und Einflußzone nach Westen und Süden. Truman verfolgte das Hauptziel, den USA einen baldigen Rückzug aus Europa zu ermöglichen, indem gemeinsame Richtlinien für die Behandlung Deutschlands ausgearbeitet werden sollten und in den befreiten europäischen Ländern möglichst rasch demokratisch gewählte Regierungen Normalität und wirtschaftliche Sicherheit herstellen sollten. Die Ziele der britischen Regierung gingen relativ konform mit denen der amerikanischen, bis auf zwei Ausnahmen: Aus Sorge vor der sowjetischen Ausdehnung hoffte sie einen baldigen Rückzug der USA aus Europa verzögern zu können, um das militärische Gleichgewicht gegen die Sowjetunion zu bewahren. Ferner wünschte sie bei ihren eigenen wirtschaftlichen Schwierigkeiten Hilfen aus den USA zur Versorgung der deutschen Bevölkerung in der britischen Besatzungszone.

In vielen Punkten wurde in Potsdam nur fortgeschrieben, was in Teheran und Jalta bereits abgeklärt worden war. Doch als Stalin offiziell mitteilte, die Sowjetunion habe die Gebiete östlich von Oder und Görlitzer Neiße bis auf den auf sie gefallenen Nordteil Ostpreußens an Polen übergeben und die Vertreibung der deutschen Bevölkerung schon weitgehend durchgeführt, stellten Truman und Churchill fest, daß dies erheblich über die gemeinsamen Vorstellungen hinausgehe. Wenn es dabei bliebe, müßten die vorgesehen deutschen Reparationen an die Sowjetunion gekürzt werden. Die Überschüsse aus der deutschen Industrieproduktion könnten dann nicht mehr für Reparationszwecke, sie müßten vielmehr zur Bezahlung von Lebensmitteleinfuhren für die deutsche Bevölkerung verwendet werden. Schließlich fand man Kompromisse.

So sollten die Sieger ihre Reparationsansprüche jeweils aus der eigenen Besatzungszone befriedigen, und ergänzend sollte die Sowjetunion prozentual an der Industriedemontage in den westlichen Zonen beteiligt werden. Die in Jalta veranschlagte Endsumme von 20 Milliarden Dollar schien den Westmächten nicht realisierbar, ihre Festsetzung erfolgte daher nicht.

Die wichtigsten Beschlüsse der Potsdamer Konferenz waren:
- Übernahme der höchsten Regierungsgewalt in Deutschland durch den "Alliierten Kontrollrat" der vier Siegermächte
- Entmilitarisierung Deutschlands
- Beibehaltung der wirtschaftlichen Einheit Deutschlands
- Demontage der zur Kriegsproduktion verwendbaren Industriewerke
- Reparationen durch Demontagen und Beschlagnahmung der deutschen Auslandsvermögen
- Bestrafung der Kriegsverbrecher
- Entnazifizierung
- Umerziehung und Demokratisierung
- Dezentralisierung von Verwaltung und Wirtschaft
- vorläufige Unterstellung der deutschen Gebiete östlich von Oder und Neiße unter polnische Verwaltung und der nördlichen Ostgebiete unter die Verwaltung der UdSSR
- ordnungsgemäße und humane Überführung der Deutschen aus Polen, der Tschechoslowakei und Ungarn.

Die Einigung auf diese Hauptziele war aber lediglich ein Formelkompromiß, denn die zwei wichtigsten, Ausrottung des Nationalsozialismus und Demokratisierung, ließen eine sehr unterschiedliche, ja sogar entgegengesetzt ideologische Auslegung zu. Auch die Erklärung, Deutschland solle wirtschaftlich als Ganzes behandelt werden, wurde dadurch entwertet, daß jede Besatzungsmacht nach eigenem Gutdünken Reparationen aus ihrer Zone entnehmen durfte. Weder war die Frage der deutschen Ostgrenzen gelöst worden, noch wurden die bereits von den Sowjets durchgeführten Vertreibungen in geordnete, "humane" Bahnen gelenkt.

**Deutschland nach der Potsdamer Konferenz**

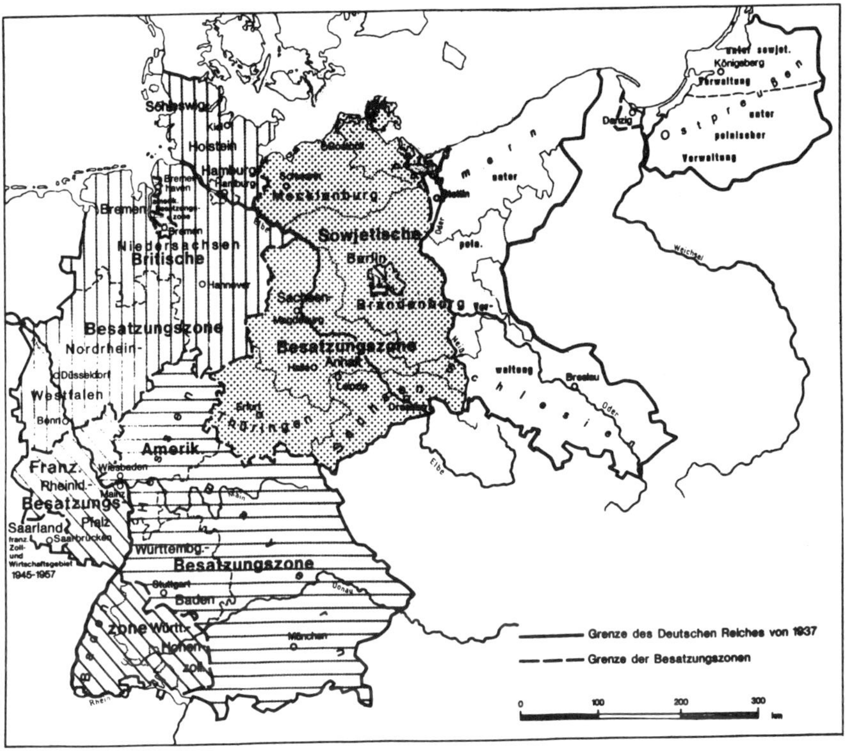


Aus: Informationen zur politischen Bildung Nr. 203, Seite 11

## 2.2.4 Flucht und Vertreibung

Die harte, oft brutale Besatzungspolitik des NS-Regimes in den osteuropäischen Ländern rief Haß hervor, der sich nach dem Rückzug der deutschen Truppen gegen die dort ansässige deutsche Zivilbevölkerung entlud. Daher verließen nach dem Zusammenbruch der deutschen Ostfront im Januar 1945 zahlreiche Deutsche ihre Heimat ostwärts von Oder und Neiße. Da hierfür keinerlei Vorbereitungen getroffen worden waren, verluden sie in größter Eile das Allernotwendigste auf Pferdefuhrwerke und Handwagen und versuchten sich nach Westen zu retten. Viele kamen dabei durch Kälte oder Hunger ums Leben und ein Teil geriet zwischen die Fronten des Krieges. Die zurückgebliebene deutsche Bevölkerung wurde entrechtet, zum Teil sofort vertrieben. Es war noch knapp die Hälfte der 10 Millionen Deutschen, die 1939 in den Gebieten östlich der Oder-Neiße-Linie gelebt hatten.

Bereits in den letzten Kriegsjahren hatten nacheinander die Mächte Großbritannien, USA und Sowjetunion der Forderung des ehemaligen tschechischen Staatspräsidenten *Benesch* zugestimmt, die Sudetendeutschen aus dem Staatsgebiet der Tschechoslowakei auszuweisen, so daß keine deutsche Minderheit mehr verblieb. Auf der Potsdamer Konferenz nach Kriegsende beschlossen die Siegermächte die Überführung der in Polen, der Tschechoslowakei und Ungarn verbliebenen Deutschen in die vier Besatzungszonen. Diese Vertreibung aus der Heimat sollte in "ordnungsgemäßer und humaner Weise" erfolgen, doch hielt man sich häufig nicht daran. Die Gesamtzahl derer, die unterwegs umkamen, wird auf 2 Mio., die Zahl derer, die zwischen 1945/46 und 1948 in die vier Besatzungszonen gelangten, auf 12 Mio. Menschen geschätzt. Frankreich, das an der Potsdamer Konferenz nicht teilgenommen hatte, weigerte sich lange Zeit, Heimatvertriebene in seine Besatzungszone aufzunehmen.

Umsiedlungen gab es schon vorher. Zwischen den beiden Weltkriegen verdrängte Polen aus Posen, Westpreußen und Ostoberschlesien – Gebieten, die Deutschland abtreten mußte – etwa 1 Mio. Deutsche durch Schikanen oder wies sie aus. Hitler ließ nach der Eroberung Polens einige hunderttausend Polen vertreiben, um an ihrer Stelle Deutsche aus den baltischen Staaten, Ostpolen und Bessarabien, Gebieten, die von der Sowjetunion besetzt wurden, anzusiedeln.

Nach 1945 hielt man in den Aussiedlungsgebieten Deutsche, die für die Wirtschaft wichtig waren, zurück, ohne ihnen den Schutz als völkische Minderheit zuteil werden zu lassen. Seit den 50er Jahren wollten die meisten von ihnen in die Bundesrepublik übersiedeln. Ihre Anträge wurden zum Teil genehmigt.

Die einheimische Bevölkerung, ohnehin durch Wohnungsnot, Mangel an Nahrungsmitteln und allen anderen Lebensbedürfnissen schon schwer belastet, begegnete den ihr von den Behörden zur Aufnahme in ihre Häuser zugewiesenen Menschen teils mit Hilfsbereitschaft, teils aber auch mit unverhüllter Ablehnung. Die meisten Flüchtlinge und Heimatvertriebenen mußten sich mit untergeordneten Tätigkeiten den Lebensunterhalt verdienen und fürchteten, nach einer zu erwartenden Währungsreform ins Proletariat abzusinken. Diese Sorge erwies sich allerdings als unbegründet. Durch Ausgleichsmaßnahmen konnten sie voll am wirtschaftlichen Aufschwung teilnehmen.

Als die Alliierten deutsche Parteien wieder zuließen, erlaubten sie den Heimatvertriebenen und Flüchtlingen keine eigenen Parteien und Vertriebenenverbände als Selbsthilfeorganisationen. Erst nach Aufhebung des Lizenzierungszwanges 1950 konnte sich mit dem gesamtdeutschen Block/Bund der Heimatvertriebenen und Entrechteten (GB/BHE) eine politische Interessenvertretung bilden. Doch waren sich die Besatzungsmächte einig, daß beim Wiederaufbau der Wirtschaft den Heimatvertriebenen gleiche Chancen eingeräumt werden müßten.

Nach Gründung der Bundesrepublik 1949 beschloß das Parlament, daß diejenigen Bürger, denen über die unmittelbaren Lebensbedürfnisse hinausgehende Sachwerte geblieben oder durch die Währungsreform 1948 (s. S. 92) Gewinne zugeflossen waren, im Rahmen eines Lastenausgleichs Sonderabgaben entrichten mußten. Die eingehenden Gelder wurden an Flüchtlinge, Heimatvertriebene und andere Kriegsgeschädigte ausbezahlt, bis 1960 über 30 Mrd., bis 1974 knapp 90 Mrd. DM. Dadurch und durch eigene Tüchtigkeit konnten die meisten von ihnen ihren früheren Lebensstandard wiedergewinnen oder sogar erhöhen.

Bereits 1950 bekräftigte die "Charta der Heimatvertriebenen" das weiterhin bestehende ideelle Recht auf die alte Heimat, schrieb aber zugleich den Verzicht auf jede Art von Revanchismus und die gemeinsame Pflicht zum Wiederaufbau Deutschlands und Europas fest.

In der Sowjetzone bzw. DDR wurde die Gleichheit der Chancen dieser Gruppen dadurch hergestellt, daß der größte Teil der Wirtschaftsbetriebe vergesellschaftet, der Hausbesitz durch Festsetzung niedriger Mieten entwertet wurde und viele bäuerliche Flüchtlinge und Heimatvertriebene im Zuge der Enteignung des Großgrundbesitzes kleine Bauernstellen erhielten.

Ein anderes Flüchtlingsproblem bestand mit den Millionen im Zweiten Weltkrieg nach Deutschland verschleppten Zwangsarbeitern, nun "Displaced Persons", die nicht mehr in ihre Heimatstaaten zurückkehren konnten oder wollten, und von der UN betreut wurden. Die Großzahl wanderte nach und nach aus.

### 2.2.5 Die Lage der Bevölkerung

Kriegszerstörungen und Überführung von etwa 12 Millionen Flüchtlingen und Heimatvertriebenen in das dem deutschen Volk verbliebene Gebiet führten zu einem schweren Absinken des schon im Krieg reduzierten Lebensstandards. Vielfach mußten sich zwei Familien eine Wohnung teilen, andere in notdürftig aussgebesserten Hausruinen, in Kellern, Baracken und Massenunterkünften hausen. Zudem beanspruchten die Besatzungsmächte und die Displaced Persons Wohnraum. Die Lebensmittelzuteilung lag weit unter dem Minimum ausreichender Ernährung. Verbrauchsgüter und Heizmaterial, die zugeteilt wurden, reichten bei weitem nicht aus. Was man darüber hinaus benötigte, erwarb man im Rahmen seiner Möglichkeiten durch Tauschhandel oder auf dem illegalen "Schwarzen Markt", wo man mit sehr hohen Geldsummen oder mit Zigaretten bezahlte. Diebstahl aus Not nahm überhand. Man sprach von einer "Ruinenkriminalität". Die Sterblichkeitsrate stieg im Vergleich zur Friedenszeit erheblich an. Für viele Familien brachten Lebensmittelpakete (Care-Pakete) von Privatpersonen und Wohltätigkeitsorganisationen aus den USA, aus Kanada und England eine leichte Linderung der Not, ebenso die "Schulspeisungen" für Kinder. Doch war aufs Ganze gesehen die Stimmung der Bevölkerung durch apathische Hoffnungslosigkeit gekennzeichnet.

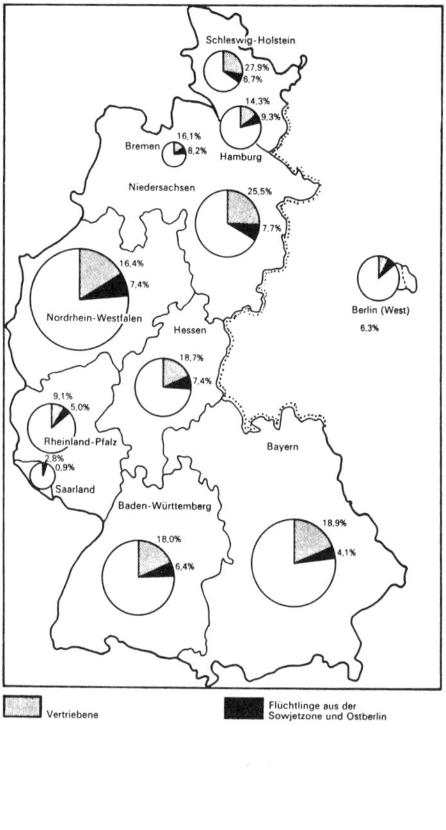


Die Aufnahme der Heimatvertriebenen und Flüchtlinge im Bundesgebiet nach dem Zweiten Weltkrieg; aus: Gerhart Binder: "Geschichte im Zeitalter der Weltkriege", Bd. 2, Seite 1212

## 2.3 Die Entwicklung des politischen Lebens

| | |
|---|---|
| | **Alliierte Maßnahmen zur Beseitung des Nationalsozialismus** |
| 1945/46 | Nürnberger Prozeß |
| 1945–1948 | Wichtigste Jahre der Entnazifizierung<br>Westzonen: unterschiedliche Handhabung, letztlich keine Umgestaltung der Gesellschaft<br>Sowjetzone: weitgehende Ausschaltung von Bürgerum und Adel |
| | **Demokratischer Neuaufbau** |
| 1945 | Neugründung politischer Parteien<br>Westzonen: uneingeschränkte Konkurrenz der Parteien<br>Sowjetzone: Blocksystem, 1946 SED |
| | Gründung von Einheitsgewerkschaften<br>Westzonen: förderalistische Struktur, parteipolitisch unabhängig, DGB erst 1949 gegründet<br>Sowjetzone: FDGB: zentralisitsch, "Transmissionsriemen" der SED |
| 1945–1947 | Festlegung von Ländern |

### 2.3.1 Der Nürnberger Prozeß

Hitler hatte als Führer des deutschen Volkes einen Krieg entfesselt, dessen Menschenverluste und Unmenschlichkeiten alles bisher Dagewesene weit in den Schatten stellten. Daher forderte die öffentliche Meinung nicht nur der alliierten, sondern auch der neutralen Länder eine entsprechende Bestrafung der Hauptverantwortlichen. Auf diese Weise sollten neue internationale Rechtsnormen geschaffen werden, um eine Wiederholung der entsetzlichen Vorgänge zu verhindern.

Die Durchführung des Verfahrens übertrugen die vier Besatzungsmächte dem hierzu gebildeten **"Internationalen Militärgerichtshof"**, der in Nürnberg, der Stadt vieler NS-Parteitage, zusammentrat und dessen Ankläger und Richter sie selbst stellten. Das Gericht seinerseits bestimmte deutsche Pflichtverteidiger. Zu verantworten hatten sich 21 prominente Deutsche, vor allem engste Mitarbeiter

Hitlers, Gouverneure besetzter Länder und höchste Offiziere der deutschen Wehrmacht. Außerdem befaßte sich das Gericht mit einigen NS-Organisationen und außerparteilichen Körperschaften. Die Anklage lautete auf Verschwörung und Verbrechen gegen den Frieden, Kriegsverbrechen und Verbrechen gegen die Menschlichkeit sowie auf Zugehörigkeit zu einer Organisation, die vom Gerichtshof als verbrecherisch bezeichnet wurde. Das Verfahren dauerte von November 1945 bis Oktober 1946. Das Gericht erkannte in 12 Fällen (u. a. Göring und Ribbentrop) auf Tod durch den Strang, in 7 Fällen auf Haft von 10 Jahren bis lebenslänglich (u. a. Heß, Hitlers Stellvertreter) und in 3 Fällen (u. a. Schacht, von 1934 bis 1937 Reichswirtschaftsminister) auf Freispruch. Von den angeklagten Organisationen wurden vor allem die SS, aber auch das Führerkorps der NSDAP als verbrecherisch eingestuft. Jedoch stellte das Gericht klar, daß gegen Angehörige dieser Organisationen nur wegen persönlich begangener Verbrechen Strafen verhängt werden dürften. In zwölf Folgeprozessen hatten sich Führungskräfte der Verwaltung und Wirtschaft, Offiziere, Ärzte und SS-Ermordungskommandos vor amerikanischen Militärgerichtshöfen zu verantworten. Anschließend wurden in einer Reihe von Nachfolge- oder Kriegsverbrecherprozessen schätzungsweise 50 000 bis 60 000 Personen aufgrund der in Nürnberg erhobenen Anklagepunkte teils im Ausland, teils in Deutschland verurteilt.

In Deutschland führten zunächst die Besatzungsmächte diese Verfahren durch. Nach Gründung der Bundesrepublik ging die Zuständigkeit schrittweise auf deutsche Gerichte über. Zwecks Koordination dieser Verfahren richtete man 1958 in Ludwigsburg die "Zentralstelle für Aufklärung nationalsozialistischer Verbrechen" ein. Im Hinblick auf die großen Schwierigkeiten bei der Aufdeckung verlängerte der Bundestag bei NS-Verbrechen die Verjährungsfrist.

Vom formalrechtlichen Standpunkt warf man dem Gerichtshof in Nürnberg im Hinblick auf die Anklage wegen Verschwörung und Verbrechen gegen den Frieden Nichtbeachtung des Prinzips "nulla poena sine lege" vor. Dieser rechtsstaatliche und international anerkannte Grundsatz bedeutet, daß nur eine solche Tat gerichtlich geahndet werden darf, die schon vor ihrer Begehung durch Gesetz mit Strafe bedroht war. Zwar hatten 1928 die wichtigsten Staaten, darunter auch Deutschland, sich im Kellogg-Pakt vertraglich zum Verzicht auf jeden Angriffskrieg verpflichtet, nicht jedoch dagegen eine Strafe festgesetzt. Ausschließlich wegen dieses Anklagepunktes wurde allerdings nur Rudolf Heß, der ehemalige Stellvertreter Hitlers, verurteilt. Im Kontrollratsgesetz Nr. 10 vom 20. Dezember 1945 hatten die Alliierten freilich ein Instrumentarium mit Verbrechenstatbeständen geschaffen, die das Gericht zu verfolgen hatte.

Auf Kritik stieß ferner die Entscheidung des Gerichts, dem Antrag deutscher Pflichtverteidiger, auch alliierte Kriegsverbrechen aufzugreifen, nicht stattzugeben. Die Verteidiger wiesen darauf hin, daß 1940 einige tausend kriegsgefangene polnische Offiziere von sowjetischen Truppen bei Katyn im westlichen Rußland erschossen worden seien. Außerdem seien bei einem militärisch sinnlosen Flächenbombardement der Stadt Dresden durch britische Bomberverbände Zehntausende von Zivilisten ums Leben gekommen. Die Nichtbefassung des Gerichts mit diesen Vorfällen verhinderte die Erfüllung des damals weithin ausgesprochenen Wunsches nach Schaffung neuer, allgemein verbindlicher, internationaler Rechtsnormen.

Schließlich bemängelte man, daß die Richter nicht von neutralen Ländern, sondern von den vier Besatzungsmächten gestellt worden seien. Dies sei eine Nichtbeachtung des Rechtsgrundsatzes, daß Ankläger und Richter nicht der gleichen Partei angehören dürfen. Solche Kritik an der Nichtbeachtung international anerkannter juristischer Grundsätze übten nicht zuletzt auch weltweit anerkannte Persönlichkeiten, ohne allerdings damit die NS-Verbrechen auch nur im geringsten rechtfertigen zu wollen. Die vorherrschende Meinung formulierte wohl am prägnantesten der deutsche Historiker *Karl Dietrich Erdmann:* "Angesichts der Ungeheuerlichkeit dessen, was in Nürnberg aufgedeckt wurde, kann sich aber, jenseits aller juristischen Überlegungen, niemand der Feststellung entziehen, daß hier Recht geschehen ist." (Handbuch der deutschen Geschichte, Bd. 22, München 1980, S. 101).

David Low zum Nürnberger Urteil (Neue Zeitung vom 14. Oktober 1946)

### 2.3.2 Die Entnazifizierung

Durch den Nürnberger Prozeß und die Nachfolgeprozesse sollten Verbrechen gesühnt und die Deutschen von der Wiederholung eines Angriffskriegs abgeschreckt werden. Mit der Entnazifizierung wollten die Siegermächte Personen, die den Nationalsozialismus unterstützt hatten, aus herausgehobenen Positionen in Staat und Gesellschaft entfernen. Ihr Ziel war, zu verhindern, daß, wie in der Weimarer Republik, einflußreiche Persönlichkeiten zunächst eine Demokratisierung sabotieren und später eine aggressive Diktatur fördern konnten.

Meinungsverschiedenheiten bestanden darüber, ob von der Entnazifizierung ein relativ kleiner oder großer Personenkreis erfaßt werden sollte. Die meisten Angehörigen des deutschen Widerstands sowie die britische und französische Besatzungsmacht waren für die enger gefaßte Lösung, damit eine Lähmung von Verwaltung, Rechtspflege, Bildungswesen und Wirtschaft vermieden werde. Die USA und die Sowjetunion hingegen strebten eine möglichst tiefgreifende Bereinigung an. Diese bezeichneten die sowjetischen Besatzungsbehörden nicht als Entnazifizierung, sondern als Ausrottung der Überreste des Faschismus. Dazu gehörten nach kommunistischer Auffassung die Großgrundbesitzer, darunter der Adel, das Besitzbürgertum und die Staatsbediensteten. Gleichzeitig sollte die Hegemonie der Arbeiterklasse durchgesetzt werden. Daher führten sie in ihrer Zone Enteignungsmaßnahmen durch (vgl. S. 93), internierten viele Akteure, NS-Mitläufer, aber auch Unschuldige ohne jedes Verfahren oder eine Verteidigungsmöglichkeit und ersetzten etwa 80 Prozent des Personalbestands von Verwaltung, Rechts- und Bildungswesen durch Angehörige der "Arbeiterklasse oder durch junge Leute, die bereit waren, am Umwandlungsprozeß mitzuwirken. Bei Justiz und Polizei gab es einen klaren Trennungsstrich zur Vergangenheit. Allerdings benutzte die Sowjetische Militäradministration in Deutschland (SMAD) den radikalen Bruch, vor allem hier deutsche Kommunisten einzusetzen; die Besatzungsmacht bestimmte anfangs aber allein den Justizapparat. Die Sowjets setzen die Entnazifizierung konsequent durch. Nur zögernd machte Rehabilitierung der Diskriminierung Platz. Abgesehen von den oben erwähnten Personengruppen traf man gegen nur nominelle Mitglieder von NS-Organisationen keine Maßnahmen. Man gab ihnen sogar schon im Herbst 1946 das aktive und passive Wahlrecht zurück und warb um ihre Mitarbeit beim Neuaufbau von Staat und Gesellschaft.

Die Verbindung von Entnazifizierung und Sowjetisierung mit dem Ziel der **"Diktatur des Proletariats"** durch die **SMAD** führte dazu, daß auch Sozialdemokraten, Christen und Liberale, die nach wirklicher Demokratisierung strebten, in Internierungslagern gefangen gehalten wurden, besonders in den Hungerjahren dort starben und anonym in Massengräbern verscharrt wurden. Der Sowjetunion ging es bei der Entnazifizierung um die Ausschaltung von Bürgertum und Adel zugunsten der Arbeiterklasse, den USA um die fundamentale Umgestaltung der bis 1945 obrigkeitsstaatlich und autoritär geprägten deutschen Gesellschaft.

Die amerikanische Besatzungsmacht nahm nach der deutschen Kapitulation etwa 100 000 Personen in Haft, die in der NS-Zeit eine wichtige Verwaltungsfunktion bis hinunter zu den Bürgermeistern und Landräten innehatten. Ferner erhielten fast alle Personen, die bis 1937 einer NS-Organisation beigetreten waren, Berufsverbot bei gleichzeitig völligem Verlust ihrer Pensions- bzw. Rentenansprüche. Diese konnten sich nunmehr nur durch untergeordnete Tätigkeiten ihren Lebensunterhalt verdienen. Eine Folge dieses Vorgehens waren überfüllte Internierungslager und leergefegte Ämter.

Da die amerikanischen Besatzungsbehörden die deutsche Bevölkerung für eine rechtsstaatliche Demokratie gewinnen wollten, hatten alle Entnazifizierungsmaßnahmen nur vorläufigen Charakter bis zu einer Gerichtsentscheidung. Daher erließen sie am 5. März 1946 das "Gesetz zur Befreiung von Nationalsozialismus und Militarismus". Hierauf richteten sie **Spruchkammern** ein, die mit Deutschen besetzt wurden und amerikanischer Kontrolle unterstanden. Grundlage aller Verfahren bildete ein Fragebogen, der nicht weniger als 131 Punkte umfaßte und von einem Zehntel der deutschen Bevölkerung ausgefüllt werden mußte. Bei den Verfahren sollte die Tatsache berücksichtigt werden, daß ein großer Teil der Betroffenen nur deswegen in NS-Organisationen eingetreten war, da er sonst seine Existenzgrundlagen gefährdet hätte. Daher nahmen die Spruchkammern die Zuordnung zu folgenden 5 Gruppen vor: Hauptschuldige, Belastete, Minderbelastete, Mitläufer und Entlastete. Bei den drei Gruppen der Belasteten konnte auf Arbeitslager, Berufsverbot, völligen oder teilweisen Verlust des Vermögens, der Pensions- bzw. Rentenansprüche erkannt werden, bei Mitläufern auf Geldbußen.

In Umkehrung der Strafprozeßordnung mußten die Betroffenen beweisen, daß sie das NS-Regime nicht unterstützt hatten. Nachweislich geleisteter Widerstand brachte Entlastung. Dazu benötigte man Bestätigungen von Mitbürgern, möglichst von Gegnern des NS-Regimes. Solche Zeugnisse sahen oft über Kooperation mit dem Nationalsozialismus hinweg und beseitigten gleichsam "braune Flecken" in der Vergangenheit der Betroffenen. Man nannte sie daher "Persilscheine".

Zunächst verhandelte man gegen Personen, die lediglich aus formalen Gründen, etwa wegen bloßer Zugehörigkeit zu NS-Organisationen, ein Berufsverbot erhalten hatten. Dabei fielen unter amerikanischem Druck zahlreiche Urteile überstreng aus, was von einem großen Teil er deutschen Bevölkerung mißbilligt wurde. Der Präsident der hessischen evangelischen Landeskirche, *Martin Niemöller,* einer der mutigsten Gegner des NS-Regimes, ermahnte alle Gemeindemitglieder, an einem Verfahren, "das Haß sät, statt der Gerechtigkeit und der Versöhnung zu dienen", nicht mehr als Kläger oder Belastungszeuge mitzuwirken. Als 1947 ein Untersuchungsausschuß des US-Kongresses auf die schlimmen moralischen und wirtschaftlichen Folgen der auf einen zu großen Personenkreis angelegten Entnazifizierung hinwies, fielen die Urteile wesentlich milder aus. Das kam aber gerade den schwerer Belasteten zugute, da man diese Fälle später aufgriff.

1948 waren die Amerikaner, bürgerliche Parteien und Sozialdemokraten darin einig, daß die Entnazifizierung in der durchgeführten Form ihren Zweck verfehlt hatte. "Nun schlug die Säuberung in Rehabilitierung um" (Jäckel). Der größte Teil auch der schwer Belasteten kehrte in die früheren Positionen zurück oder wurde großzügig durch Pensionen bzw. Renten abgefunden.

Wegen der großen Zahl von Umgruppierungen waren die Spruchkammerverfahren zu Mitläuferfabriken geworden. Die meisten Verfahren endeten im Frühjahr 1949 übereilt. Im Zeichen des Kalten Krieges verflüchtigte sich der Straf- und Diskriminierungsgedanke bald, Briten und Franzosen hatten den Verwaltungsaufbau personell ohnehin weniger beeinträchtigt.

### 2.3.3 Die "antifaschistische Bewegung"

Hitlers Niederlage im Zweiten Weltkrieg stand für manche Deutsche von Anfang an, für die Mehrzahl seit Stalingrad fest. An den sich immer deutlicher abzeichnenden militärischen Zusammenbruch knüpften sich zwiespältige Erwartungen. Einerseits sah man in ihm das Ende eines sinnlosen Massensterbens und der verheerenden alliierten Luftangriffe. Man hoffte, daß die Sieger ein Deutschland unter Führung von Gegnern des NS-Regimes als zwar besiegtes, jedoch im Prinzip gleichwertiges Mitglied der Völkergemeinschaft behandeln würden. Andererseits fürchtete man eine harte Vergeltung für die NS-Verbrechen, deren vollen Umfang man allerdings noch nicht kannte.

Kurz vor und nach dem Kriegsende bildeten sich vor allem in großen deutschen Städten Initiativgruppen, die sich zumeist "Antifaschistische Aktionsausschüsse" nannten und einen politischen Neuaufbau Deutschlands aus eigener Initiative und auf demokratischer Grundlage anstrebten. Doch alle vier Besatzungsmächte unterbanden solche Versuche schon im Ansatz durch Verbote. Sie waren der Ansicht, dem deutschen Volk sei es schon nach dem Ersten Weltkrieg nicht gelungen, eine lebensfähige Demokratie zu schaffen; und es habe auch die NS-Diktatur entweder gewollt oder zumindest nicht verhindert. Daher müßten sie die volle Entscheidungsgewalt in Deutschland übernehmen und den gemeinsam beschlossenen Demokratisierungsprozeß steuern. Da sie in diesem Bestreben viele Maßnahmen diktatorisch durchsetzten, die von der Mehrheit der Bevölkerung als sinnwidrig empfunden wurden, prägte man deutscherseits für die damaligen politischen Verhältnisse den Begriff **"Demokratur"**.

### 2.3.4 Demokratische Umerziehung

Zur Schaffung einer lebensfähigen Demokratie in Deutschland gehörte nach Überzeugung der Siegermächte auch die moralische Umerziehung (reeducation) des deutschen Volkes. Dabei ließen sie es aber häufig an Augenmaß fehlen. Vor allem bezichtigten sie das gesamte deutsche Volk einer Mitschuld an den NS-Verbrechen und unterwarfen es damit im nachhinein hohen moralischen Ansprüchen, denen sie selbst nicht immer genügten. Viele Deutsche kritisierten an den Siegern, daß sie im Widerspruch zum Selbstbestimmungsrecht der Völker Millionen Deutsche aus ihrer Heimat vertrieben. Bei der Entnazifizierung warf man ihnen Selbstgerechtigkeit vor, da sie bis zum Kriegsausbruch und zum Teil darüber hinaus Hitler als Verhandlungspartner anerkannt und ihm Zugeständnisse gemacht hatten. So empfanden zunächst die meisten Deutschen die alliierte Umerziehung als wenig glaubwürdig.

Das Bildungswesen, die Kulturpolitik, Presse und Rundfunk waren Instrumente der Alliierten einer Umerziehung zur Demokratie. Während Sowjets und Franzosen in ihren Zonen Schulreformen oktroyierten, blieben in der britischen und amerikanischen Zone die Belange des Schulwesens letztendlich weitgehend den Deutschen selbst überlassen. Film, Theater, Musikveranstaltungen und Buchmarkt wurden unter **Aufsicht der Alliierten** wieder in Gang gebracht. Das wichtigste Feld war aber bei den Massenmedien abzustecken. Während die Sowjets anfangs nur Parteizeitungen zuließen, bürgerliche Zeitungen auch später benachteiligten – ähnliches galt auch für Rundfunkjournalisten –, errichteten die Westalliierten ein lizenziertes Presse- und Rundfunkwesen, das mit einer Vielzahl unterschiedlicher und unabhängiger, untereinander konkurrierender Organe dem

Pluralismusgebot gehorchte. Gleichzeitig setzte sich das von den Amerikanern geförderte föderale Prinzip durch, so daß sich später in der Bundesrepublik das System des öffentlich kontrollierten, pluralistischen und dezentralisierten Rundfunks durchsetzen konnte. In der Sowjetzone unterlagen Presse und Rundfunk einer zunehmenden Zentralisierung unter die Zielvorstellungen der Kommunisten.

### 2.3.5 Die politischen Konzepte der Westalliierten und die staatliche Neuorganisation

Die deutsche **Verwaltung** war beim Einmarsch der Alliierten überall völlig zusammengebrochen. Daher mußten die vier Besatzungsmächte, um den organisatorischen Rahmen für das Leben der deutschen Bevölkerung zu schaffen, zunächst in den Gemeinden, Städten und Landkreisen die Behörden wieder aufbauen. Mit ihrer Leitung beauftragten sie Deutsche, die nicht mit den Nationalsozialisten zusammengearbeitet hatten und für diese Aufgaben geeignet erschienen. Sie unterstanden den Weisungen und der Kontrolle der regionalen Militärregierungen, die sie jederzeit wieder absetzen konnten.

Für den Neuaufbau der Verwaltungen im gesamtdeutschen Rahmen sah das Potsdamer Abkommen bei der politischen Gliederung eine dezentralisierte Struktur, bei der Regelung wirtschaftlicher Fragen aber zentrale deutsche Verwaltungsabteilungen unter alliierter Kontrolle vor.

**Frankreich** jedoch wollte Deutschland möglichst schwach halten und durch uneingeschränkte Verfügungsgewalt in seiner Besatzungszone sich ein Maximum an Reparationen sichern. Daher verhinderte es durch sein Veto im Alliierten Kontrollrat die Einrichtungen dieser deutschen Zentralverwaltungen. Nach seinen Vorstellungen sollten die einzelnen deutschen Länder sich möglichst lange voneinander isoliert entwickeln und so ein derartiges Eigengewicht bekommen, daß Deutschland später nur noch als ein sehr lockerer Staatenbund zusammengefaßt werden könnte. In seiner Zone gab es den deutschen Behörden nur geringfügige Entscheidungsbefugnisse. Von 1945 bis 1947 schuf es in seiner Zone die Länder Baden, Rheinland-Pfalz und Württemberg-Hohenzollern. Die Länderregierungen durften offiziell erst 1948 zusammenarbeiten.

Die **britische Zone** bestand aus dem gewaltigen industriellen Ballungsgebiet an Ruhr und Niederrhein, dem Seehafen Hamburg und vorwiegend agrarischen Gebieten. Daher richtete die Besatzungsmacht im Interesse einer einigermaßen gesicherten Versorgung der Bevölkerung bereits 1945 deutsche Zonen-Zentralämter als ausführende Organe der Militärregierung ein. Erst in der zweiten Hälfte des Jahres 1946 schuf sie vorwiegend nach historischen Gesichtspunkten die Länder Hamburg, Niedersachsen und Schleswig-Holstein. Die ehemals preußische Provinz Westfalen schloß sie mit dem Nordteil der Rheinprovinz, zu dem das gesamte Ruhrgebiet gehörte, zum Land Nordrhein-Westfalen zusammen. Damit verhinderte sie die von Frankreich gewünschte Herauslösung des Ruhrgebiets aus Gesamtdeutschland und sicherte sich die Verfügungsgewalt über dieses Industriezentrum, was ihr bei der Entnahme von Reparationen zugute kam. Da Großbritannien keine geschriebene Verfassung kennt, erachtete die Militärregierung solche auch für die Länder ihrer Zone als überflüssig. Daher hatten diese erst nach Gründung der Bundesrepublik die Möglichkeit, sich Verfassungen zu geben.

Am systematischsten gingen die **USA** beim Aufbau der Verwaltungseinrichtungen von unten nach oben vor. Im September 1945 proklamierte ihre Militärregierung die Errichtung der Länder Bayern, das seine historische Gestalt, sieht man vom linksrheinischen Landesteil Pfalz ab, weitgehend bewahrte, Hessen und Württemberg-Baden, bestellte in ihnen Regierungen und übertrug diesen unter Vorbehalt der übergeordneten Befugnisse der Militärregierungen und einer späteren gesamtdeutschen Regierung "volle gesetzgebende, richterliche und vollziehende Gewalt". Zur zonenweiten Koordination der Versorgung der Bevölkerung und der Verteilung der Heimatvertriebenen errichtete sie kurz danach den "Länderrat" mit Sitz in Stuttgart als Vorstufe für ein föderalistisches Gesamtdeutschland. Er setzte sich aus den Ministerpräsidenten und aus Fachleuten zusammen und war als Übergangslösung bis zur Bildung gesamtdeutscher Verwaltungskörperschaften gedacht.

1946 fanden **freie Wahlen** statt, zunächst in den Gemeinden, Städten und Kreisen, dann für verfassunggebende Versammlungen in den Ländern. Deren Verfassungsentwürfe wurden im Spätherbst zunächst von den Militärregierungen, dann durch die Bevölkerung über erneute Wahlen gebilligt, mit denen sich gleichzeitig Landtagswahlen verbanden, bei denen sich alle zugelassenen Parteien bewarben. In Bayern trat die Verfassung am 8. Dezember 1946 in Kraft, nachdem sie am 1. Dez. durch einen Volksentscheid gebilligt worden war. Die Parlamente setzten Regierungen ein. Damit bestanden seit Ende 1946 in der amerikanischen Zone politisch voll durchgestaltete Länder, die den in Potsdam festgelegten Prinzipien der Dezentralisierung und Demokratisierung entsprachen. Bremen, 1945 als Zugangshafen den USA versprochen, wurde 1947 als eigenes Land organisiert.

Für ebenso wichtig wie den **Neuaufbau staatlicher Körperschaften** und ihre demokratische Legitimation hielten die USA die Behebung der wirtschaftlichen Notlage der Bevölkerung. Als Voraussetzungen hierfür betrachteten sie die im Potsdamer Abkommen vorgesehene wirtschaftliche Vereinigung der vier Besatzungszonen. Erforderlichenfalls wollten sie ihre Zone auch nur mit einzelnen anderen wirtschaftlich zusammenschließen.

Diesen Plan trug der US-Außenminister *James Byrnes* am 6. September 1946 in Stuttgart vor. Gleichzeitig beschuldigte er den Alliierten Kontrollrat, seine Aufgaben gegenüber der deutschen Bevölkerung durch fortgesetzte Untätigkeit zu vernachlässigen. Bis dahin hatten die USA der Zusammenarbeit mit den anderen Besatzungsmächten stets den Vorrang gegenüber den deutschen Interessen gegeben. Daher gilt Byrnes' Stuttgarter Rede als Wendepunkt in der amerikanischen Deutschlandpolitik.

Auf das amerikanische Angebot einer wirtschaftlichen Vereinigung der Zonen ging nur England ein. Beide Zonen wurden mit Beginn des Jahres 1947 zur "Bizone" vereinigt. Ihre zentrale Exekutive in Wirtschaftsfragen bestand aus fünf "Verwaltungsämtern" (Wirtschaft, Landwirtschaft, Finanzen, Verkehr, Post). In ihnen saßen Vertreter der Länder beider Zonen, die der Kontrolle der amerikanischen und britischen Militärregierung unterlagen. Wirtschaftliches Legislativorgan der Bizone war der von den Länderparlamenten entsprechend der Stärke ihrer Fraktionen beschickte "Wirtschaftsrat". Er gab Gesetze, kontrollierte die Verwaltungsämter und wählte deren Direktoren. Damit nahm er die Aufgaben eines Parlaments war. In seiner Mitte bildeten sich Fraktionen, wobei die bürgerlichen Parteien dominierten. Außerdem wurden das "Deutsche Obergericht" und die "Bank deutscher Länder" geschaffen. Alle diese Körperschaften hatten ihren Sitz in Frankfurt am Main und bildeten die institutionelle Voraussetzung für die Schaffung eines deutschen Staates.

Die französische Zone durchlief eine Sonderentwicklung, die aus dem französischen Sicherheitsbedürfnis resultierte. Die eigene Zone sollte wirtschaftlich ausgebeutet, das Ruhrgebiet internationalisiert, das Saargebiet wirtschaftlich Frankreich angegliedert und dann erst der Weg zu deutschen Zentralbehörden gegangen werden. Doch zum 1. April 1949 schloß sich die französische Besatzungszone mit der Bizone zur Trizone zusammen.

### 2.3.6 Pluralistischer Aufbau des politischen Lebens in den Westzonen

Als Staats- und Gesellschaftstheorie geht das pluralistische Demokratieverständnis nach E. Fraenkel vom Konzept der Parteienkonkurrenz, der Vorstellung eines gewissen Interessenverbandsausgleichs und einem unstreitigen Sektor aus, wie er später in den Grundrechten und den Grundprinzipien der Bundesrepublik Deutschland für sakrosankt erklärt wurde. Jenseits aller Definitionsdebatten des Begriffs sehen die Theoretiker als Voraussetzung für die Funktionsfähigkeit des pluralistischen Systems fünf Minimalbedingungen als notwendig an: verbandsmäßige Organisiertheit der Interessen, Offenheit des Systems für neu sich artikulierende Interessen, Machtgleichgewicht und Chancengleichheit dieser verbandsmäßig organisierten Interessen, Garantie der Gegenverbands- und Gegenmachtsbildung für den Fall einseitiger Interessendurchsetzung und eine grundsätzliche Übereinstimmung über das der pluralistischen Idee zugrunde liegende "Wettbewerbssystem".

Die Westalliierten erlaubten in den Nachkriegsjahren die weitgehend ungehinderte und gleichberechtigte Artikulation vieler verschiedener gesellschaftlicher Interessen und ihre organisatorische Vertretung in der Willensbildung, wobei sie u. a. folgende Spielregeln im Ringen um demokratischen Einfluß festlegten: freie Wahlen von der kommunalen bis zur Landesebene, Garantie von Vereinigungsfreiheit, z. B. von demokratisch geführten Gewerkschaften, Vereinen und besonders Parteien, Tarifautonomie und Streikrecht sowie Pressefreiheit, freilich nach Lizenz und unter Kontrolle der Besatzungsmächte, die den unstreitigen Sektor sicherten.

Die westlichen Besatzungsmächte ließen Partei- und Gewerkschaftsgründungen zunächst nur auf Orts- bzw. Landkreisebene zu. Im allgemeinen mischten sie sich nach erfolgter Genehmigung in die Politik der Parteien nicht ein. Die beiden Arbeiterparteien SPD und KPD behielten bei ihrer Wiedergründung ihre früheren Namen bei.

Für die **SPD** schuf *Kurt Schumacher* in Hannover ein Büro, um die Zusammenfassung der Sozialdemokratie in den Westzonen in die Wege zu leiten. Zu seinem hohen Ansehen trug neben dieser Initiative die Tatsache bei, daß er 10 Jahre lang in Konzentrationslagern hatte verbringen müssen. Während er immer engere Kontakte zu den führenden Sozialdemokraten der Westzonen knüpfte, entwarf er ein Programm für seine Partei, das folgende Hauptpunkte enthielt:

- klares Bekenntnis zur freiheitlich-pluralistischen Demokratie
- Antikommunismus

- daher Ablehnung eines Zusammenschlusses mit der KPD
- Sozialisierung von Großindustrie und Großbanken
- innerbetriebliche Mitbestimmung der Arbeitnehmer in der übrigen Wirtschaft.

Im Mai 1946 bestätigte der erste zonenübergreifende Parteitag der SPD nach dem Zweiten Weltkrieg dieses Programm und wählte Schumacher zum Vorsitzenden. Die weitgehend erzwungene Vereinigung von KPD und SPD in der Sowjetzone zur SED wurde verurteilt.

Infolge der Kriegs- und Nachkriegszeit war der größte Teil der deutschen Bevölkerung verarmt. Daher glaubte Schumacher, seine Partei, die er als "Partei der kleinen Leute" bezeichnete, werde die Mehrheit des deutschen Volkes für sich gewinnen. Doch bei den ersten drei Wahlen zum Bundestag bewegte sich ihr Stimmenanteil um 30 Prozent, und es fiel ihr die Rolle der Opposition zu. Daher gab die SPD 1959 in ihrem **"Godesberger Programm"** die Forderung nach Sozialisierung der Großindustrie auf und erklärte die Westintegration der Bundesrepublik zu einer der Grundlagen ihrer außenpolitischen Konzeption. Seitdem wuchs ihr Stimmenanteil bei Bundestagswahlen stetig bis 1972, wo sie zum ersten und bisher einzigen Mal die stärkste Fraktion des Bundestags stellte.

Der **KPD,** die mit der SPD als erste Partei zugelassen wurde, brachten zuerst alle Besatzungsmächte Sympathien entgegen, denn ihre Anhänger waren vom NS-Regime am härtesten verfolgt worden. Doch wegen der politischen und wirtschaftlichen Entwicklung in der Sowjetunion bzw. der DDR ging bei den Wahlen ihr Stimmenanteil gegenüber der Weimarer Republik erheblich zurück. 1956 wurde sie in der Bundesrepublik wegen Verfassungsfeindlichkeit verboten. Der später an ihrer Stelle gegründeten "Deutschen Kommunistischen Partei" (DKP) gelang aufgrund der Fünf-Prozent-Klausel bei keiner Wahl der Einzug in ein Landesparlament oder in den Bundestag.

Die bürgerlichen Parteien wollten nach den bitteren Erfahrungen der Weimarer Republik eine erneute verhängnisvolle Zersplitterung vermeiden. Daher vereinigten sich bürgerliche Gruppierungen, die in wesentlichen Fragen übereinstimmten, zu Sammelparteien, und zwar in allen Zonen.

Bei der Gründung der **"Christlich-Demokratischen Union" (CDU)** fanden sich Katholiken und Protestanten mit unterschiedlichen Vorstellungen über Wirtschafts- und Sozialpolitik zusammen. Zunächst setzte sich der linke Flügel durch, in dem Männer mit gewerkschaftlichem Engagement, unter ihnen *Jakob Kaiser,* vertreten waren. Dieser Flügel prägte das Anfang 1947 veröffentliche **"Ahlener Programm"**. Es enthielt folgende Hauptforderungen:

- Vergesellschaftung des Bergbaus und der eisenschaffenden Großindustrie unter breiter Streuung des Eigentums und des Verfügungsrechts durch Beteiligung von Ländern, Gemeinden, Genossenschaften und der Betriebsbelegschaft
- Auflösung der Kartelle und Verhinderung ihrer Neubildung
- innerbetriebliche Mitbestimmung der Arbeitnehmer
- besondere Förderung des Klein- und Mittelbetriebe.

Wie in der SPD verlangte zuerst auch in der CDU eine Berliner Gruppe die Führung. Doch erlangte der Kölner *Konrad Adenauer* entscheidenden Einfluß in der Partei. 1946 wurde er zum Vorsitzenden der CDU der britischen Zone, 1949 zum Bundeskanzler gewählt. Schon 1946 vertrat er die Auffassung, daß durch die unterschiedliche partei-, sozial- und wirtschaftspolitische Entwicklung im östlichen und westlichen Teil Deutschlands eine staatliche Einheit zunächst nicht erreichbar sei. Daher setzte er sich für eine Westintegration der Westzonen bzw. der Bundesrepublik ein. Besonderen Wert legte er darauf, die deutsch-französische "Erbfeindschaft" zu überwinden und allmählich an ihre Stelle eine auf beiderseitigem Interesse beruhende enge und vertrauensvolle Zusammenarbeit treten zu lassen. In wirtschafts- und sozialpolitischer Hinsicht gab die CDU unter Adenauers und Erhards Einfluß das Ziel einer Vergesellschaftung des Bergbaus und der eisenschaffenden Großindustrie auf und erhob das Prinzip der **sozialen Marktwirtschaft** (vgl. S. 91 ff.) noch vor den Wahlen zum ersten Bundestag im August 1949 zu ihrem Programm.

In Bayern gründeten Anhänger der christlichen Sammlungsbewegung eine eigene Partei, die **"Christlich-Soziale Union" (CSU)**. Damit wollten sie die Eigenständigkeit Bayerns zum Ausdruck bringen. Die Partei war und ist föderalistischer eingestellt als die CDU. Davon abgesehen stimmt sie in den wesentlichen Fragen zumeist mit ihrer Schwesterpartei überein und bildet bis heute mit ihr im Bundestag eine Fraktionsgemeinschaft (CDU/CSU). Diese Fraktionsgemeinschaft bildete von 1949 bis 1966 mit bürgerlichen Parteien, 1967 bis 1969 mit der SPD die Bundesregierung. Von 1969 bis 1982 war sie in der Opposition, 1982 bildete sie mit der FDP die Bundesregierung.

1945 entstanden in den drei westlichen Besatzungszonen auch liberale Parteien mit unterschiedlichen Namen. Sie schlossen sich 1948 bundesweit unter dem Namen **"Freie Demokratische Partei" (FDP)** zusammen. Die FDP trat für eine möglichst weitgehende Freiheit der Bürger und für die wirtschaftlichen Belange des Mittelstandes ein. Sozialisierung und Mitbestimmung lehnte sie ab. Seit 1949 ist sie fast an jeder Bundesregierung beteiligt. Mit ihrem ersten Vorsitzenden, *Theodor Heuss,* stellte sie den ersten Bundespräsidenten.

Andere Parteien, die nach Kriegsende gegründet wurden, waren nur kurze Zeit im Bundestag vertreten. Ein besonderes Problem warf die parteipolitische Vertretung der Flüchtlinge und Heimatvertriebenen auf. Von allen Besatzungsmächten wurde eine solche nicht genehmigt. Erst als mit der Gründung der Bundesrepublik, die Zuständigkeit für Innenpolitik auf deutsche Stellen übergegangen war, konnte der "Bund der Heimatvertriebenen und Entrechteten" (BHE) gegründet werden. Mit der fortschreitenden Eingliederung seiner Anhänger in die Gesellschaft der Bundesrepublik verlor er seine Bedeutung, erhielt bei der Bundestagswahl 1957 kein Mandat mehr und verschwand später ganz.

In vielem parallel verlief die Neugründung der lokalen und betrieblichen Gewerkschaften in den Westzonen. Während die Franzosen jedoch starke Vorbehalte gegenüber deutschen Initiativen auf Zonenebene anmeldeten, die Amerikaner Betriebsgewerkschaften favorisierten, förderten die Briten das Industrieverbandsprinzip, das dann 1946 vom Kontrollrat für verbindlich erklärt wurde. Die einzelnen Industrieverbände sollten autonom sein und dann, wie es 1949 im Deutschen Gewerkschaftsbund geschah, in einem lockeren Dachverband zusammengefaßt werden.

### 2.3.7 Die Sowjetisierung Mitteldeutschlands

In der Sowjetzone errichtete die **"Sowjetische Militär-Administration in Deutschland" (SMAD)** im Juli 1945 als Verwaltungseinheiten mit eigenen Regierungen die Länder Mecklenburg, Sachsen und Thüringen sowie die Provinzen Brandenburg und Sachsen-Anhalt, die nach der Auflösung Preußens durch den Alliierten Kontrollrat Länderstatus erhielten. Gleichzeitig setzte die SMAD schon damals zonenweite Zentralverwaltungen nicht nur für Wirtschaftsfragen, sondern auch für Volksbildung und Justiz ein. Sie hatten die Aufgabe, die Politik der Länderregierungen zu koordinieren.

Kommunistische Emigranten, die aus dem Moskauer Exil zurückkehrten, spielten eine bedeutende Rolle beim politischen Neuaufbau. Als wichtigste operierte die **Gruppe "Ulbricht"** in Berlin, die Instruktionen aus Moskau erhielt und es als ihre Aufgabe ansah, die sowjetische Demokratiereform zu unterstützen, in der neuen Verwaltung mitzuarbeiten und, sobald eine politische Betätigung möglich sei, einen "Block der kämpfenden Demokratie" als antifaschistische Massenorganisation unter kommunistischer Führung zu organisieren, was die Verschmelzung der Arbeiterparteien SPD und KPD implizierte. In den führenden Positionen der Zentralverwaltungen der sowjetischen Zone dominierten von Anfang an Kommunisten, die die völlige Neustrukturierung der gesellschaftlichen, administrativen und politischen Verhältnisse zu ihrem Programm gemacht hatten.

Im Herbst 1946 fanden in den Gemeinden, Städten, Kreisen und Ländern bzw. Provinzen **Wahlen** statt, wobei die SED trotz massiver Hilfen der SMAD sich nicht überall, gar nicht in Berlin, mit Mehrheit durchsetzen konnte. Die Ergebnisse bildeten die Grundlage für die Besetzung der Führungsposten der Exekutivorgane. Die **"Sozialistische Einheitspartei Deutschlands" (SED)** nahm freilich die wichtigsten Positionen in den Regierungen ein. Die Verfassungen der fünf Länder, die 1947 verabschiedet wurden, folgten teilweise noch demokratisch-parlamentarischen Traditionen (Verankerung der Grundrechte, Funktion der Landtage), realisierten aber bereits, etwa bei der Rolle des Staates in der Wirtschaft, Konzeptionen der SED. Durch den unmittelbaren Eingriff der SMAD und die Anpassung der Parteien und Massenorganisationen, meist unter Zwang, wurde 1947 die Hegemonie der SED weiter gestärkt.

Ebenfalls 1947 wurden die mit Wirtschaftsfragen befaßten Zentralverwaltungen zur "Deutschen Wirtschaftskommission" zusammengefaßt und erweitert. Ihre Aufgabe war die zentrale Planung und Lenkung der inzwischen großenteils sozialisierten Produktion. Den Länderregierungen gegenüber hatte sie Weisungsbefugnis. Damit wurde die institutionelle Voraussetzung für einen zentralistisch strukturierten Staat sozialistischer Prägung geschaffen.

### 2.3.8 Die politische Neuordnung in der Sowjetzone

Während die Westmächte Parteien zunächst nur auf örtlicher Ebene zuließen, genehmigte die Sowjetunion Mitte Juni 1945, also noch vor der Potsdamer Konferenz, Parteigründungen auf Zonenebene. Durch diesen zeitlichen Vorsprung und die Gründung dieser Parteien in der ehemaligen Reichshauptstadt Berlin sollten deren Führungsgremien auf die gleichen Parteien in den Westzonen entscheidenden Einfluß gewinnen.

Als erste Partei konstituierte sich in der Sowjetzone die **"Kommunistische Partei Deutschland" (KPD)** unter dem maßgeblichen Einfluß von *Walter Ulbricht*. In der Weimarer Republik war sie wegen ihrer Abhängigkeit von Moskau isoliert gewesen. Um dem entgegenzuwirken, erklärte ihre Führung in einer öffentlichen Proklamation, sie beabsichtige nicht, Deutschland das Sowjetsystem aufzuzwingen. Ihr Ziel war der Kampf gegen den Faschismus und ein eigener Weg

Deutschlands zum Sozialismus. Die bürgerliche Revolution sollte nun zu Ende geführt, eine parlamentarisch-demokratische Republik errichtet werden. Auf sozial- und wirtschaftspolitischem Gebiet stellte sie vor allem folgende Forderungen auf:

- entschädigungslose Enteignung des Großgrundbesitzes zugunsten von Landarbeitern und Kleinbauern, Bodenreform
- Enteignung und Sozialisierung des Eigentums der Kriegsverbrecher und Nutznießer des NS-Regimes
- Sozialisierung der für die öffentlichen Interessen wichtigen Wirtschaftszweige.

Schließlich rief sie dazu auf, die Spaltung der Arbeiterschaft zu überwinden. Kurz danach erfolgte die Gründung der SPD. Sie erhob ähnliche sozial- und wirtschaftspolitische Forderungen wie die KPD. Ihr Zentralausschuß unter Leitung von *Otto Grotewohl* beanspruchte bis zur Abhaltung eines Gesamtparteitags der SPD die Führung dieser Partei in ganz Deutschland. Zugleich war sie über den künftigen Kurs der KPD gegenüber zerstritten, wobei die verschiedenen Konzepte von "Einheit der Arbeiterklasse" in einer Sozialdemokratie bis hin zu paritätischer Vereinigung mit der KPD reichten. Etwa gleichzeitig entstanden mit der "Christlich-Demokratischen Union" (CDU) und der "Liberal-Demokratischen Partei Deutschlands" (LDPD) zwei bürgerliche Parteien. Gegenüber den Linksparteien betonten sie die persönlichen Rechte des einzelnen bei gleichzeitiger Anerkennung der Notwendigkeit sozialer Reformen. Beide wurden in der Bevölkerung, z. B. bei den Gemeindewahlen 1946, durchaus als Alternativen zur SED gesehen.

Die russischen Besatzungsbehörden machten für die Zulassung bei allen Parteien die Beteiligung am "Block antifaschistisch-demokratischer Parteien" zur Voraussetzung. Dieses Blocksystem forderte von allen Parteien gemeinsames Handeln aufgrund einstimmig gefaßter Beschlüsse, Beteiligung an der Regierung und Enthaltung von Opposition.

Unter sowjetischem Druck schlossen sich im April 1946 SPD und KPD der Sowjetzone zur "Sozialistischen Einheitspartei Deutschlands" (SED) zusammen, obwohl eine Urabstimmung der West-Berliner SPD – die Ost-Berliner SPD durfte nicht teilnehmen – eine überaus große Mehrheit gegen die Vereinigung ergab. Die Führungsposten wurden paritätisch besetzt, doch hatten die Kommunisten den entscheidenden Einfluß. Sie brachten die Partei allmählich auf den Weg der marxistisch-leninistischen Ideologie.

## Marxismus-Leninismus

Der Marxismus-Leninismus ist eine Weiterentwicklung der Lehre von Marx. Dieser ging davon aus, daß der Kapitalismus durch wachsende Konzentration der Wirtschaftsmacht in wenigen Händen eine unerträgliche Verelendung und damit eine spontane Revolution der Arbeiter mit sich bringe, die nach einer kurzen Diktatur des Proletariats zur klassenlosen kommunistischen Gesellschaft führe. Doch die wachsende Verelendung der Arbeiter trat gerade in den hochindustrialisierten Ländern nicht ein. Dies erklärte Lenin damit, daß der Staat seine ursprüngliche Zurückhaltung gegenüber dem Wirtschaftsgeschehen aufgegeben und sich immer mehr zu einem "ideellen Gesamtkapitalisten" entwickelt habe. Zur Behebung der für den Kapitalismus gefährlichen Absatzkrisen gingen viele Industriestaaten zu einer imperialistischen Politik über, um durch Ausbeutung unterentwickelter Völker den Lebensstandard ihrer eigenen Arbeiter zu verbessern und sie so zu korrumpieren, das heißt gegen ihre Interessen an sich zu binden. Dieser Imperialismus vermindere zwar den revolutionären Elan des Proletariats in den hochindustrialisierten Ländern, führe aber zu einer wachsenden gegenseitigen Konfrontation dieser Staaten, aus der sich zwangsläufig ein gewaltiger Krieg entwickle. Dieser bringe ebenso unerträgliche Zustände wie die von Marx vorausgesagte Verelendung der Arbeiter mit sich und damit auf diesem Wege die proletarische Revolution und den Zusammenbruch des Kapitalismus.

Der müsse aber keinesfalls in den am weitesten entwickelten Industrieländern erfolgen. Vielmehr werde die "Kette des Kapitalismus" zuerst an ihrem schwächsten Glied zerbrochen. Als solches komme auch ein industriell wenig entwickeltes Land wie Rußland in Frage. In solchen Ländern aber sei bei der Arbeiterschaft das Bewußtsein ihrer revolutionären Sendung noch wenig ausgeprägt. In den hochindustrialisierten Ländern dagegen sei es durch kapitalistisch-imperialistische Korrumpierung teilweise verlorengegangen. Daher müsse eine vom klaren Bewußtsein des notwendigen Gangs der Menschheitsentwicklung erfüllte und zum unerbittlichen Kampf entschlossene Elite von Berufsrevolutionären den Sturz des Kapitalismus und den Aufbau des Sozialismus als Vorstufe der klassenlosen kommunistischen Gesellschaft herbeiführen. Sie schaffe als "klassenbewußte Vorhut des Proletariats" für den revolutionären Kampf und nach dessen Erfolg für den Aufbau des Sozialismus eine "Partei neuen Typs", deren Aufgabe die Führung und Erziehung der werktätigen Massen sei. Ihr Strukturprinzip des "demokratischen Zentralismus" und die straffe Disziplin der Parteimitglieder gäben der Führungsspitze eine sehr starke Stellung.

Nach Marx führt also das spontane revolutionäre Handeln der verelendeten Massen zum Sieg des Proletariats, dieser nach einer kurzen Zwischenstufe der Diktatur des Proletariats und des Sozialismus zum Absterben des Staates und zu seiner Ablösung durch die klassenlose kommunistische Gesellschaft. Nach Lenin aber bedürfen die Massen der Führung durch eine Elite. Nach dem Sieg der Revolution könne der Staat nicht in kurzer Zeit absterben, denn Voraussetzung für die Verwirklichung der kommunistischen Gesellschaft sei eine gewaltige Produktionssteigerung und die Schaffung eines "neuen Menschen". Beides lasse sich nur durch Übernahme und Steigerung der Staatsmacht durch die kommunistische Partei verwirklichen. Diese kenne die Gesetze des "wissenschaftlichen Sozialismus" und wende sie zielbewußt im Interesse des Volkes an. Eine Opposition gegen die "Volksdemokratie" durch politische Parteien oder Gewerkschaften sei daher nicht nur überflüssig, sondern sogar verbrecherisch.

Als nun mitgliederstärkste Partei erhob die SED den Führungsanspruch im Parteiensystem der SBZ, in der auch "Antifa-Block" genannten "Einheitsfront" der vier zugelassen Parteien. Im Frühjahr 1948 inszenierte die SMAD die Gründung von NDPD (National-Demokratische Partei Deutschlands) und DBD (Demokratische Bauernpartei Deutschlands), um CDU und LDPD, die noch Mehrheiten in verschiedenen Landtagen und Kommunalparlamenten hatten, Wähler und Mitglieder zu entziehen. Diese Parteien und der nun von der SED beherrschte FDGB wurden in die Blockarbeit aufgenommen, was CDU und LDPD weiter schwächte.

## 2.4 Entscheidungen für die Wirtschaftsordnung

| | | |
|---|---|---|
| 1947 | Bizone mit Verwaltungsämtern und Wirtschaftsrat (föderalistisch) | |
| | Deutsche Wirtschaftskommission für zentrale Planung und Lenkung in der Sowjetzone | |
| | **Sozial- und wirtschaftspolitische Vorentscheidungen** | |
| 1945/46 | Sowjetzone: | Enteignung des Großgrundbesitzes und Sozialisierung eines großen Teils der Wirtschaft |
| 1945–1953 | | sehr umfangreiche Reparationen |
| 1945–1951 | Westzonen: | erheblich geringere Reparationen, vorläufiges Sozialisierungsverbot durch Besatzungsmächte |
| 1948 | | Einbeziehung in den Marshall-Plan |
| | | Einführung der sozialen Marktwirtschaft |

### 2.4.1 Demontage und Reparationen

Hinter dem Potsdamer Formelkompromiß der Alliierten, "Deutschland als eine einzige wirtschaftliche Einheit" zu behandeln, verbarg sich der Beschluß, Deutschland in **zwei Reparationsgebiete** zu teilen: Die Siegermächte sollten ihre Reparationen jeweils ihren eigenen Zonen entnehmen, die UdSSR sollte zudem einen Teil der Demontagen aus den Westzonen im Austausch gegen Waren aus ihrer Zone erhalten. Damit war eine wirtschaftliche Teilung de facto beschlossen. Der Konflikt um die deutsche Wirtschaftseinheit zeichnete sich schon Ende 1945 Anfang 1946 ab. Die Amerikaner stellten die Reparationslieferungen aus ihrer Zone bereits 1946 ein, als die Lebensmittellieferungen aus der Ostzone ausblieben und die Ansicht der USA und Großbritanniens sich verfestigt hatte, ihre eigenen Steuerzahler müßten für die Ernährung der Deutschen zahlen.

Die wegen der Ansprüche von 18 Staaten an die drei Westzonen verzögerte Veröffentlichung der Demontageliste schockierte im Oktober 1947 die Deutschen. Doch blieb der materielle Schaden, der durch den Abbau industrieller Anlagen entstand, begrenzt, da z. T. ältere Anlagen abtransportiert wurden. Zudem setzten die Westalliierten bereits auf Wirtschaftshilfe zur Selbsthilfe (zum Marshall-Plan vgl. Kapitel 2.5.3).

## Sozialpolitische Vorentscheidungen in den westlichen Zonen

Sozialpolitik im engeren Sinn sorgt im Rahmen der gegebenen Möglichkeiten für menschenwürdige Lebensverhältnisse der arbeitenden, arbeitsunfähigen und arbeitslosen Menschen und für die Optimierung der Arbeitsbedingungen. Sie basiert auf freiheitlich-sozialen Wertgrundsätzen und will auch die personale Entfaltung des Menschen verwirklichen und eine leistungsgerechte Teilhabe ermöglichen. Staatliche Interventionen zielen auf Wahrung bzw. Mehrung von Sicherheit und Gleichheit. Sozialpolitik im weiteren Sinn regelt darüber hinaus die Beteiligung und Mitverantwortung der Arbeitnehmervertreter an innerbetrieblichen personalen und sozialen Angelegenheiten, in Großbetrieben außerdem an der Unternehmensleitung. Sozialpolitik wird von Gewerkschaften und Unternehmen durch Vereinbarungen und von den Parlamenten durch Gesetze gestaltet.

Vor der Wiedergründung der Gewerkschaften waren sich die meisten beitrittswilligen Arbeiter und angehenden Funktionäre mit den vier Besatzungsmächten darin einig, daß an die Stelle der früheren sozialistisch, christlich und liberal orientierten Gewerkschaften eine parteipolitisch neutrale **Einheitsgewerkschaft** treten müsse.

In den westlichen Besatzungszonen wurden die Gewerkschaften ebenso wie die Parteien stufenweise von unten nach oben aufgebaut und zwar als parteipolitisch neutrale Einheitsorganisationen. Die Besatzungsmächte bestanden auf einer föderalistischen Struktur: Die Untergliederungen, die einzelnen Industriegewerkschaften, bekamen weitgehende Entscheidungsfreiheit. Der Bundesvorstand, in dem die Industriegewerkschaften vertreten sind, kann nur bei deren Übereinstimmung koordinierend tätig werden. Die Zusammenfassung der Gewerkschaften der Westzonen zum Deutschen Gewerkschaftsbund (DGB) erfolgte erst im Herbst 1949. Anders als der FDGB betrachtet der DGB bis heute das Aushandeln von kollektiven Tarifverträgen zur Erhöhung der Löhne und Verkürzung der Arbeitszeit als eine seiner wichtigsten Aufgaben. Dabei wird erforderlichenfalls der Streik als Kampfmittel eingesetzt.

Bis zur Gründung der Bundesrepublik kamen wegen der katastrophalen Versorgungslage Streiks nicht in Frage. Dagegen forderten die Gewerkschaften bald nach ihrer Gründung die paritätische Besetzung der Aufsichtsräte der Großindustrie durch Vertreter der Kapitalseigner und der Arbeitnehmer. In den Aufsichtsräten fallen die grundlegenden unternehmerischen Entscheidungen. Hier war ihnen aufgrund der Nachkriegssituationen ein Erfolg beschieden. Die Großbetriebe sollten nämlich einem Beschluß des Alliierten Kontrollrats zufolge entflochten,

d. h. in Mittelbetriebe aufgeteilt werden, um jene wirtschaftliche Machtkonzentration zu beseitigen, durch die Hitlers Machtergreifung unterstützt worden war. Die deutschen Manager aber fürchteten ebenso wie die Gewerkschaften bei einer Entflechtung den Verlust ihrer Konkurrenzfähigkeit gegenüber der ausländischen Großindustrie und einigten sich daher im Bereich der Montanindustrie, das heißt des Bergbaus und der Schwerindustrie, auf das von den Gewerkschaften geforderte Mitbestimmungsmodell. Danach wurden die Aufsichtsräte paritätisch mit Vertretern der Kapitalseigner und Arbeitnehmer sowie einer Person in unabhängiger Position besetzt. Der Vorstand, der bislang aus je einem technischen und kaufmännischen Direktor bestand, wurde durch einen Arbeitsdirektor erweitert, der das Personalwesen leitet. Er wird im Einvernehmen mit den Betriebsräten und den Gewerkschaften berufen. Dieses Mitbestimmungsmodell wurde später in seinen Grundzügen auf alle Unternehmen mit über 2000 Beschäftigten ausgedehnt.

### 2.4.2 Wirtschaftspolitik und wirtschaftlicher Zusammenschluß im Westen

Staatliche Wirtschaftspolitik regelt die Eigentumsverhältnisse in der Gesellschaft und schafft Gesetze, die den Rahmen für unternehmerische Entscheidungen bilden. Während das westliche Modell weitgehend strukturpolitische Enthaltsamkeit verlangte, forderte das sowjetische System zentralistische Umstrukturierung der Wirtschaft in Form einer Verstaatlichung.

In den Westzonen gab er nur wenige Großgrundbesitzer. Sie mußten einen Teil ihrer Ländereien gegen Entschädigung zur Schaffung neuer Bauernhöfe abtreten. Auf dem Sektor des Bankwesens und der Industrie gab es keine staatlichen Enteignungen. Die Besatzungsmächte untersagten auch eine von den Landtagen Hessens und Nordrhein-Westfalens beschlossene Sozialisierung von Großbetrieben mit der Begründung, eine solche Maßnahme müsse einem gesamtdeutschen Parlament vorbehalten bleiben.

Industriereform bedeutete für die Amerikaner anders als für die Sowjets Entflechtung übermäßig konzentrierter Unternehmensgruppen. Der regionalen Wirtschaftsförderung in den einzelnen westlichen Zonen bzw. Ländern folgte die wirtschaftliche Vereinigung der Zonen mit der **Bizone** (1. Januar 1947) und der **Trizone** (1. April 1949), wobei die komplexe Wirtschaftspolitik mit verschiedenen Ebenen (Bi-/Trizone, später Bund; Länder, Gemeinden) und gesetzlich festumrissenen Kompetenzen erhalten blieb, was dem Ziel der Dezentralisierung entsprach.

Voraussetzung für die Einbeziehung der westlichen Besatzungszonen in das Wirtschaftsgeschehen war die Wiederherstellung des völlig zerrütteten Gleichgewichts von Warenangebot und Kaufkraft durch eine **Währungsreform.** Deren Planung lag in den Händen der westlichen Besatzungsmächte, die von deutschen Fachleuten beraten wurden. Sie trat am 19. Juni 1948 in Kraft. Jeder Bewohner der Westzonen erzielt als "Kopfgeld" 40 Deutsche Mark (DM), einige Wochen darauf weitere 20 DM. Die Bank- und Sparguthaben wurden auf 6,5 Prozent reduziert, die Schulden auf 10 Prozent. Die Eigentümer von Sachwerten konnten ihren Besitz nahezu vollständig behalten, sie mußten lediglich im Rahmen des Lastenausgleichs für Kriegsgeschädigte Sonderabgaben leisten, die sich über einen sehr langen Zeitraum verteilten. Sozialpolitisch war diese Regelung äußerst ungerecht, wirtschaftspolitisch aber optimal, denn Arbeit und Leistung lohnten sich wieder.

Am gleichen Tag gab *Ludwig Erhard,* Wirtschaftswissenschaftler und Direktor der Verwaltung für Wirtschaft des Vereinigten Wirtschaftsgebietes der Bizone, das Ende der in Deutschland 1936 in Ansätzen eingeleiteten und seit Kriegsbeginn vollständig durchgeführten Zwangsbewirtschaftung bekannt. Er tat dies ohne Genehmigung der hierfür zuständigen Besatzungsbehörden und ohne hinreichende Information der zuständigen deutschen Parlamentarier. Maßgebend waren für ihn Grundsätze der neoliberalen Wirtschaftstheorie, deren Verwirklichung als "soziale Marktwirtschaft" bezeichnet wird.

Diese Richtung der Volkswirtschaft wendet sich einerseits gegen das völlig freie Spiel der Kräfte im Wirtschaftsleben, das der Liberalismus des 19. Jahrhunderts befürwortete, da es zu Monopolen führte, die das freie Spiel der Kräfte ausschalteten. Gerade aber dieses gilt in der liberalen Theorie als unerläßlich für eine optimale Entfaltung der Wirtschaft. Die von sozialistischer Seite vorgeschlagenen Abhilfen in Form staatlich gelenkter Preise oder gar der Sozialisierung der Großbetriebe lehnt der Neoliberalismus als konkurrenzvernichtend und damit als wirtschaftshemmend ab. Stattdessen gelte es, "den Kapitalimus gegen die Kapitalisten zu verteidigen" und diese daran zu hindern, "sich einen bequemeren Weg als den durch das Leistungsprinzip vorgezeichneten zur Rentabilität zu bahnen und ihre Verluste auf die Allgemeinheit abzuwälzen" (Röpke).

Daher fordert der Neoliberalismus vom Staat die Verhinderung von Kartellen, das heißt von marktbeherrschenden Firmenzusammenschlüssen und Preisabsprachen, durch Kartellgesetze, und er bejaht eine soziale Unterstützung der wirtschaftliche Schwachen. Aber er lehnt ein darüber hinausgehendes Eingreifen des Staates in das Wirtschaftsgeschehen ab.

Marshall-Plan und Währungsreform gaben der Bundesrepublik die Chance, den durch die Kriegsfolgen bedingten großen Abstand zu Wirtschaftskraft und Lebensstandard der anderen westlichen Industrieländer zu verringern. Die von Erhard schlagartig und konsequent durchgeführte Anwendung der Grundsätze einer sozialen Marktwirtschaft aber schuf die entscheidenden Voraussetzungen für das in aller Welt bestaunte "deutsche Wirtschaftswunder". Dieses ermöglichte der Bundesrepublik den Aufstieg zu einer der größten Wirtschaftsmächte der Welt und brachte ihrer Bevölkerung einen Wohlstand, der nur in wenigen anderen Staaten übertroffen wird.

### 2.4.3 Anfänge der Planwirtschaft in der Sowjetzone

Noch vor der Potsdamer Konferenz begann die sowjetische Besatzungsmacht auf Zonenebene mit der Gründung einer zentralen Einheitsgewerkschaft und ihrer Organisation von oben nach unten. Diese erhielt den Namen "Freier Deutscher Gewerkschaftsbund" (FDGB). Dem in der Sowjetunion praktizierten "demokratischen Zentralismus" entsprechend unterstellte man die einzelnen Industriegewerkschaften einer zentralen Spitze. Die entscheidenden Positionen erhielten Kommunisten. Unter ihrem Einfluß erklärte der FDGB Streiks für überflüssig, da die meisten Betriebe Volkseigentum seien. Bei den 1946 aufgrund des Beschlusses des Alliierten Kontrollrats durchgeführten Wahlen zu den Betriebsräten wurden vorwiegend SED-Mitglieder gewählt. Doch als die Leistungsnormen, gleichzeitig Maßstab für die Festsetzung der Löhne, erhöht werden sollten, widersetzten sich die meisten Betriebsräte. Ende 1948 traten deshalb an ihre Stelle die Betriebsgewerkschaftsleitungen des **FDGB,** der sich im Sinne des Marxismus-Leninismus als "Transmissionsriemen" der SED in den Betrieben verstand. In der Sowjetzone wurde unter der Losung "Junkerland in Bauernhand" schon 1945 und 1946 ein tiefgreifender **Wandel in den Besitzverhältnissen** eingeleitet. Mit Zustimmung aller Parteien enteignete man den Großgrundbesitz über 100 Hektar, der etwa ein Drittel der landwirtschaftlichen Nutzfläche ausmachte. Davon erhielten Bauern aus den Ostgebieten und Landarbeiter Höfe von 2,5 bis 10 Hektar, die kaum lebensfähig waren. Gerade sie waren es, die sich dann 1952 als erste in **Landwirtschaftliche Produktionsgenossenschaften** (LPG) zusammenschlossen. Viele Unternehmer, die man als Kriegsgewinnler oder NS-Aktivisten bezeichnete, verloren im industriellen Bereich ihre Betriebe. Den größeren Teil davon übernahmen die Länder und Gemeinden als **"Volkseigene Betriebe"** (VDB), den kleineren Teil wandelte die SMAD zwecks Befriedigung russischer

Reparationsansprüche in "Sowjetische Aktiengesellschaften" (SAG) um. Nachdem **Banken und Sparkassen** bereits verstaatlicht waren, stellte man auf diese Weise bereits die Weichen für eine sozialistische Wirtschaftstruktur.

Von großer Bedeutung für die wirtschaftliche Entwicklung war die **Reparationspolitik** der Sowjetunion. Angesichts der ungeheuren Schäden, die sie durch Hitlers Angriffskrieg erlitten hatte, entnahm sie aus ihrer Zone an Reparationen was sie von ganz Deutschland beanspruchte, also auch aus den westlichen Zonen, und zugleich ein Vielfaches dessen, was die Westmächte aus ihren Zonen forderten. Daher stellte sich in der DDR die wirtschaftliche Erholung und der anschließende Aufschwung später, vor allem aber wesentlich langsamer als in der Bundesrepublik ein.

## 2.5 Teilung und Integration im Zeichen weltpolitischer Blockbildung

| | |
|---|---|
| 1945 | Zunahme der Konflikte zwischen den Westalliierten und der Sowjetunion |
| 1946 | Rede von Byrnes in Stuttgart (September) |
| 1947 | Eindämmungspolitik des Westens: Truman-Doktrin, Marshall-Plan<br>Zwei-Lager-Theorie der Sowjetunion<br>Viermächte-Konferenzen in Moskau und London ohne Ergebnis<br>Beginn des Kalten Krieges |
| 1948 | Ende des Alliierten Kontrollrats in Berlin |

### 2.5.1 Von der Anti-Hitler-Koalition zum Kalten Krieg

Nachdem sich bereits zu Kriegsende Risse in der Anti-Hitler-Koalition gezeigt hatten, als die baldige Niederwerfung der Achsenmächte sich abzeichnete und hinter dem Zweckbündnis die Verschiedenheit der Gesellschaftssysteme, der politischen Herrschaftsordnungen, geopolitischen Bedingungen und ökonomischen Interessen deutlicher zutage traten, nahmen die Spannungen zwischen den Westalliierten einerseits, besonders den USA, und der UdSSR andererseits im **Kampf**

**um globale Vorherrschaft** und um die Behandlung Deutschlands 1946/47 stark zu. Noch schwankten die USA zwischen Konfrontation und Kooperation, bis sie im Frühjahr 1947 allen freien Völkern Beistand gegen eine gewaltsame Sowjetisierung versprachen. Mit der Blockbildung begann ein offener Kalter Krieg mit einem Rüstungswettlauf und einem Ringen um wirtschaftliche und politische Einflußgebiete.

### 2.5.2 Die Sowjetisierung Osteuropas

Von den osteuropäischen Ländern aus hatte Hitler 1941 die Sowjetunion angegriffen, seine Truppen waren bis kurz vor Moskau vorgedrungen. Aus dieser Tatsache resultierte die Forderung der Sowjetunion, daß es künftig in diesem Teil Europas, der gegen Kriegsende von der Roten Armee besetzt worden war, nur Regierungen geben dürfe, die auf freundschaftliche Beziehungen mit ihr Wert legten. Die USA und England gestanden ihr das unter der Voraussetzung zu, daß das Selbstbestimmungsrecht der osteuropäischen Völker durch Abhaltung freier Wahlen respektiert werden. Dabei kam es zu Meinungsverschiedenheiten zwischen den Westmächten und der Sowjetunion über Zeitpunkt und Durchführung von Wahlen, die sich aus der unterschiedlichen Auffassung über das Wesen der Demokratie und die Bedeutung von Wahlen ergaben.

Die Legitimationsgrundlage der westlichen Demokratien bilden periodische Wahlen, bei denen sich unterschiedliche Parteien in ungehinderter Konkurrenz um die Gunst der Wähler bemühen. Die Mehrheit der gewählten Abgeordneten bestimmt dann mit der von ihnen getragenen Regierung den politischen Kurs. Dieser ist bei veränderten Mehrheitsverhältnissen revidierbar. So bleibt für die Wähler der Weg für alle denkbaren Lösungen offen. Den Wahlen kommt daher eine entscheidende Bedeutung zu. Aus diesen Gründen wird die westliche Demokratie als freiheitlich-pluralistisch bezeichnet. Der Kommunismus dagegen geht gemäß den Theorien von Marx und Engels sowie deren Weiterentwicklung durch Lenin davon aus, daß angesichts des engen Kontakts ihrer Mitglieder mit den Werktätigen Wahlen nur eine bestätigende Funktion hätten. Die Auswahl der Kandidaten für Wahlen sei Sache der Kommunistischen Partei oder von Massenorganisationen, die deren Führungsrolle anerkennen.

Die Westmächte setzten sich, ihrem Demokratieverständnis entsprechend, dafür ein, daß in Ost- und Südosteuropa möglichst bald freie Wahlen mit ungehinderter Konkurrenz aller Parteien stattfänden. Vor den dann fälligen Regierungsbildungen sollten keine grundlegenden politischen, wirtschaftlichen und gesellschaftlichen Entscheidungen getroffen werden. Doch die Sowjetunion hielt sich nicht daran; sie verfolgte vielmehr die Politik einer allmählichen Sowjetisierung, bei der sie anfangs im allgemeinen sehr deutlich erkennbare Abweichungen von der Praxis westlicher Demokratien vermied.

Entscheidender Ansatzpunkt für die Sowjetisierung war die von der Sowjetunion ausgegebene Parole des Antifaschismus. Durch die Betonung der gemeinsamen Gegnerschaft zu Hitler-Deutschland und seinen Verbündeten trat der früher unüberwindbare Gegensatz zwischen dem Demokratieverständnis der bürgerlichen und sozialistischen Parteien auf der einen und der Kommunisten auf der anderen Seite in den Hintergrund. Zugleich ermöglichte diese Parole die weitgehende Ausschaltung der bisherigen Führungsschicht, die großenteils mit Deutschland und den mit ihm verbündeten Regierungen zusammengearbeitet hatte und nun der Kollaboration beschuldigt wurde.

In Polen war ein erheblicher Teil des nichtkommunistischen Widerstands bei Kämpfen in Warschau im August 1944 gegen die deutsche Besatzungsmacht umgekommen, auch weil Stalin sich nur zögernd zu zurückhaltender Unterstützung der Polen entschließen konnte. Auf Vorschlag und teilweise unter erheblichem Druck der Sowjetunion fand sich ein großer Teil der Parteien in Ost- und Südosteuropa zur Zusammenarbeit mit den Kommunisten in einem "Antifaschistischen Block" oder in einer "Volksfront" bereit und beteiligte sich an provisorischen Regierungen. Diese ersetzten in allen Staatsstellungen die Kollaborateure durch Anhänger aus den eigenen Reihen. Dabei begnügten sich die Kommunisten zumeist mit wenigen Positionen, aber sie besetzten solche, die ihnen entscheidenden Einfluß auf Polizei und Rechtswesen gaben. Dann beschloß man auf Initiative der Kommunisten die entschädigungslose Enteignung der Deutschen und der Kollaborateure, die Aufteilung des Großgrundbesitzes an Landarbeiter und Kleinbauern und die Sozialisierung der Großindustrien und des Bergbaus. So schwächte man das bürgerliche Lager und untergrub weithin die Respektierung des Privateigentums.

Erst nach diesen Maßnahmen fanden Wahlen statt, zuerst in Ungarn (November 1945), zuletzt in Polen (Januar 1947). Dabei bildete der "Antifaschistische Block" bzw. die "Volksfront" in einigen Ländern, z. B. in Polen und Rumänien, Einheitslisten, in denen der Anteil der Mandate für die einzelnen Parteien von vornherein festgelegt war. Parteien außerhalb des "Antifaschistischen Blocks" bzw. der "Volksfront" wurden beim Aufbau ihrer Organisationen und beim Wahlkampf behindert. Wahlen mit getrennten Listen fielen für die Kommunisten unterschiedlich aus: In der Tschechoslowakei erhielten sie 36,7, in Ungarn dagegen nur 17 Prozent, während die Partei der kleinen Landwirte mit 57 Prozent die absolute Mehrheit errang.

## Das sowjetische Vordringen nach Westen

Bei der anschließenden Regierungsbildung mußten nach dem Prinzip des Blocksystems die bedeutenden Parteien an der Regierung beteiligt werden. Die Kommunisten erhielten fast ausnahmslos das Innen- und Justizministerium. Die Ausweitung des kommunistischen Einflusses in den Regierungen erfolgte meist hinter den Kulissen. Gegner der Kommunisten in den Regierungen und Parteien wurden von Polizei- und Gerichtsbehörden, wo immer möglich, der Kollaboration oder ungesetzlichen Verhaltens in der allgemeinen Notlage der Kriegs- und Nachkriegsjahre beschuldigt, aus ihren Positionen entfernt; damit wurde Macht und Ansehen ihrer Partei geschwächt. Auch nützte man persönliche Rivalitäten zwischen nichtkommunistischen Politikern aus. So entstand allmählich in den Regierungen und bei den Behörden ein Übergewicht der Kommunisten und derjenigen, die deren Führungsrolle akzeptierten. In der Tschechoslowakei erfolgte die kommunistische Machtübernahme im Februar 1948 durch einen Staatsstreich.

Alleinigen Einfluß auf die Arbeiterschaft gewannen die Kommunisten durch den organisatorischen Zusammenschluß mit Sozialdemokraten, den sie teils durch Appelle an die Solidarität der Arbeiterklasse, teils mit Druck durchsetzten. Auch hier errangen Kommunisten allmählich die Führung. Sobald es die kommunistische Machtposition erlaubte, ging man generell zu Einheitslisten über, und es entstanden Verfassungen, die im wesentlichen der sowjetischen entsprachen.

Schließlich entfernte man aus den kommunistischen Parteien alle jene Mitglieder, die Moskaus Führungsanspruch nicht bedingungslos anerkannten. Allerdings konnte die Kommunistische Partei Jugoslawiens, welche ohne russische Hilfe die Macht im Land gewonnen hatte, ihre Eigenständigkeit gegenüber Moskau behaupten. Zur gleichen Zeit griff eine großangelegte Umorientierung von westlichen Märkten auf den östlichen Markt über, d. h. auf die sowjetische Wirtschaftspolitik, die auf die Bedürfnisse des eigenen Wiederaufbaus hinwirkte. Mit ihr einher gingen große Kriegsbeuteaktionen in allen Staaten, in die die Rote Armee vorgerückt war, mit beträchtlichen Reparationsleistungen der ehemaligen Feindstaaten Rumänien, Ungarn und Bulgarien sowie in der Errichtung gemischtnationaler Konzerne unter sowjetischer Leitung.

### 2.5.3 Entstehung und Grundlagen des Kalten Krieges

Neben der Sowjetisierung Osteuropas und der Sowjetzone, die dem westlichen Verständnis alliierter Abmachungen widersprach, führten auch andere Faktoren zu einer Veränderung der Politik der Westmächte gegenüber der Sowjetunion. In Griechenland drohte der Bürgerkrieg zwischen den Kommunisten und ihren Gegnern die Wirtschaft völlig zu zerrütten und die Bevölkerung für das marxistisch-leninistische System anfällig zu machen. Die Türkei fühlte sich durch eine sowjetische Forderung nach Stützpunkten an den Meerengen bedroht. Zugleich mußte Großbritannien wegen interner wirtschaftlicher Schwierigkeiten ihre militärische und wirtschaftliche Hilfe für die beiden Staaten einstellen. Sowjettruppen blieben nach Kriegsende im Norden des während des Zweiten Weltkriegs gemeinsam mit England besetzten Iran. Im chinesischen Bürgerkrieg zeichnete sich ein Sieg der Kommunisten ab. Und in Westeuropa schien sich mit der fortschreitenden Verelendung durch den Verfall der Wirtschaft eine Radikalisierung breiter Bevölkerungsschichten anzubahnen.

Dies alles führte dazu, daß *George F. Kennan,* einer der besten Rußlandkenner unter den US-Diplomaten, der die Ergebnisse der Potsdamer Konferenz sofort heftig kritisiert hatte, im Außenministerium entscheidenden Einfluß erhielt. Im März 1947 sagte US-Präsident Truman in der nach ihm benannten **"Truman-Doktrin"** den Völkern, die sich dem Expansionsstreben der Sowjetunion bzw. einer gewaltsamen Machtergreifung durch Kommunisten widersetzten, die Unterstützung seines Landes zu und leitete damit die Politik der **"Eindämmung" (Containment)** ein. Sie begann mit Anleihen und Waffenlieferungen an Griechenland und die Türkei.

Das wichtigste Instrument dieser Eindämmungspolitik war das im Juni 1947 vom amerikanische Außenminister *George C. Marshall* verkündete und nach ihm benannte "Europäische Wiederaufbauprogramm" (European Recovery Program, ERP): der **"Marshall-Plan"**. Dieser sollte den Schub zur Aufwärtsentwicklung der westeuropäischen Wirtschaft und zur Integration der drei westlichen Besatzungszonen in die westalliierte Politik verstärken, zugleich die Anerkennung amerikanischer Führung bewirken. Die UdSSR wies das Angebot, Hilfen aus dem Programm des Marshall-Plans zu bekommen, für sich und ebenso für die Sowjetzone zurück – eine Entscheidung, der die Staaten in ihrem Machtbereich auf Druck hin folgen mußten. Daher konnten in den Westzonen anders als in der Sowjetzone mit Hilfe des Marshall-Planes dringend benötigte Lebensmittel und Investitionsgüter eingeführt, außerdem die Produktions- und Infrastruktur

(Transport, Energie, Bergbau, Wohnungsbau) gefördert werden, also Bereiche, in denen die Krise den Menschen am schärfsten zusetzte. Im Rahmen dieses Hilfsprogramms erhielt Westdeutschland etwa 1,5 Milliarden Dollar teils als langfristige und zinsgünstige Darlehen, teils als Zuschüsse, die nicht zurückgezahlt werden mußten.

Das Programm sah für die europäischen Länder von 1948 bis 1952 eine Wirtschaftshilfe von rund 13 Milliarden Dollar in Form langfristiger Anleihen und nicht rückzahlungspflichtiger Zuschüsse vor. Bedingung hierfür war die Zusammenarbeit aller beteiligter Regierungen bei der Erstellung gemeinsamer Pläne für den wirtschaftlichen Wiederaufbau. Damit sollte auch ein entscheidender Schritt zur Überwindung der in der Vergangenheit verhängnisvollen nationalen Egoismen Europas getan werden. Handelsschranken sollten abgebaut und der Zahlungsverkehr verbessert werden. Hierzu schuf man 1948 die "Organisation für europäische wirtschaftliche Zusammenarbeit" (Organization for European Economic Cooperation, OEEC). 1961 trat an ihre Stelle die "Organisation für wirtschaftliche Zusammenarbeit und Entwicklung" (Organization for Economic Cooperation and Development, OECD). Ihr gehören neben den westeuropäischen Ländern die USA, Japan, Kanada, Australien und Neuseeland an. Sie ist die Spitzenorganisation der westlichen Industrieländer, fördert die wirtschaftliche Zusammenarbeit ihrer Mitglieder und koordiniert ihre Entwicklungshilfe.

Die Sowjetunion sah in der Truman-Doktrin das Ende der Kooperation zwischen Ost und West, im Marshall-Plan den Versuch der USA, Einfluß in ihrem osteuropäischen Machtbereich zu bekommen. Daher gründete sie im September 1947 zwecks Koordination aller kommunistischen Parteien unter Moskaus Führung das "Kominform" (Kommunistisches Informationsbüro) als Nachfolgeorganisation der 1943 im Interesse einer vertrauensvollen Zusammenarbeit mit den Westmächten aufgelösten "Komintern" (Kommunistische Internationale). Bei dieser Gelegenheit proklamierte die Sowjetunion die **"Zwei-Lager-Theorie"**. Danach zerfalle die Welt in ein imperialistisches, antidemokratisches Lager unter Führung der USA und ein antiimperialistisches, demokratisches unter Führung der Sowjetunion. Als Konsequenz aus dieser Theorie verbot Stalin den osteuropäischen Ländern die Beteiligung am Marshall-Plan. Daher blieb dieser auf Westeuropa einschließlich der drei Westzonen Deutschlands beschränkt.

Truman-Doktrin, Zwei-Lager Theorie und die Einschränkung des Marshall-Plans auf Westeuropa signalisierten den Beginn des "Kalten Krieges" zwischen Ost und West. Er wurde mit propagandistischen und wirtschaftlichen Mitteln, manchmal auch durch "Stellvertreter-Kriege" wie in Korea, Indochina und im

Nahen Osten ausgefochten und führte gelegentlich an den Rand eines neuen Weltkriegs. Er endete erst mit der Überwindung der **Kuba-Krise** von 1962 (vgl. S. 218 f.) und machte einem Klima beiderseitiger Verhandlungsbereitschaft trotz des Weiterbestehens tiefgreifender Gegensätze Platz.

Zur militärischen Absicherung schlossen 1948 England, Frankreich und die Benelux-Länder ein Verteidigungsbündnis, den "Brüsseler Pakt". 1949 erfolgte die Gründung des **"Nordatlantikpakts"** (North Atlantic Treaty Organization, NATO) in Washington. Die **NATO** ist eine von den USA, Kanada, England, Frankreich, Belgien, den Niederlanden, Luxemburg, Dänemark, Norwegen, Island, Portugal und Italien 1949 errichtete militärische Defensivorganisation. Später traten Griechenland und die Türkei (beide 1952), die Bundesrepublik (1955) und Spanien (1982) bei. Das Abkommen beinhaltet, daß die Mitgliedsstaaten ihre Land-, Luft- und Seestreitkräfte einer gemeinsamen Organisation unterstellen. Oberstes Führungsorgan ist der Ständige Nordatlantikrat mit Sitz in Brüssel, der aus Regierungsvertretern aller Mitgliedsstaaten besteht. Er wird von militärischen und zivilen Organen bei der Koordinierung und Vereinheitlichung von Rüstung und strategischer Planung unterstützt.

Ferner gilt, daß im Falle eines Angriffs auf ein Mitgliedsland alle anderen Mitglieder Beistand leisten, "indem jede[s] von ihnen unverzüglich für sich und im Zusammenwirken mit den anderen Parteien (Mitgliedsländern) die Maßnahmen, einschließlich der Anwendung von Waffengewalt, trifft, die [es] für erforderlich erachtet, um die Sicherheit des nordatlantischen Gebiets wiederherzustellen und zu erhalten". Eine automatische Beistandsverpflichtung ist also nicht gegeben.

### 2.5.4 Das Scheitern der Außenminister-Konferenzen von Moskau und London

Auf der Potsdamer Konferenz sahen die beteiligten Siegermächte einen **"Rat der Außenminister"** vor, der Vorschläge für die Lösung europäischer Nachkriegsprobleme erarbeiten sollte, deren wichtigstes die Entscheidung über die Zukunft Deutschlands war. Im März und April 1947 fand eine Konferenz der Außenminister der vier Besatzungsmächte in Moskau statt. Hier ging es vor allem um die politische und wirtschaftliche Einheit, die Reparationen und die Ostgebiete Deutschlands.

Die politische Einheit schien theoretisch möglich zu sein, als die vier Außenminister den schrittweisen Aufbau einer provisorischen deutschen Regierung beschlossen. Doch das Projekt scheiterte an Frankreichs Forderung, daß die Gouverneure der Besatzungszonen in die Tätigkeit der vorgesehenen deutschen Zentralverwaltungen eingreifen dürfen. Bezüglich der künftigen politischen Struktur Deutschlands bestanden die Westmächte auf dem Föderalismus, da Hitler in imperialistischer Absicht Deutschland in einen zentralistischen Staat umgewandelt habe. Die Sowjetunion hingegen forderte unter Berufung auf das Selbstbestimmungsrecht der Völker, es der deutschen Bevölkerung zu überlassen, sich gegebenenfalls auch für einen zentralistischen Staat zu entscheiden, der den kommunistischen Vorstellungen eher entsprach. So setzten sich Sowjets, Briten und Amerikaner zwar verbal für die Bildung einer deutschen Regierung ein, doch verstand jede Seite hinsichtlich der Verfassungsfragen darunter etwas anderes.

Ähnliches gilt für die wirtschaftliche Behandlung. Deutschlands wirtschaftliche Einheit war auf der Potsdamer Konferenz beschlossen worden. Ihre Verwirklichung machte die Sowjetunion von ihrer Beteiligung an der internationalen Kontrolle des Ruhrgebiets abhängig. Doch da die Sowjetunion in ihrer Besatzungszone eine tiefgreifende Veränderung der Besitzverhältnisse vorgenommen hatte, ohne die Westmächte zu konsultieren, lehnten diese eine sowjetische Einflußnahme auf das weitaus wichtigste Industriegebiet ihrer Zonen ab. Dagegen erklärte die Sowjetunion, die zum 1. Januar 1947 gebildete Bizone stünde im Gegensatz zum Potsdamer Abkommen. Bei den Reparationen forderte die Sowjetunion auch Entnahmen aus der laufenden Produktion der Westzonen für sich. Dies verweigerten die Westmächte mit der Begründung, sie finanzierten schon jetzt ohne entsprechende Gegenleistungen in großem Umfang Lebensmittelimporte in ihre Zonen, um eine Hungerkatastrophe zu verhindern. Voraussetzung für eine Einigung über die Höhe der deutschen Reparationsleistungen sei die Einbeziehung aller deutschen Gebiete in den Grenzen von 1937 in das alliierte Kontrollsystem. Bezüglich der Ostgebiete forderten die USA und England eine Revision der Oder-Neiße-Linie zugunsten Deutschlands. Das lehnte die Sowjetunion ab und bezeichnete diese Grenze als endgültig.

Angesichts der Ergebnislosigkeit der Verhandlungen einigte man sich auf eine **Vertagung.** Die nächste Konferenz fand im November und Dezember 1947 in London statt. Da sich diesmal die Außenminister darauf beschränkten, ihre schon in Moskau vorgetragenen Standpunkte zu wiederholen, brach man die Konferenz vorzeitig ab. Die **Unvereinbarkeit der westlichen und sowjetischen Deutschlandpolitik** zeigte sich in aller Deutlichkeit.

Im Hinblick auf die rapide Verschlechterung der Wirtschaftslage in Westeuropa und der Situation in Deutschland, betrachteten die Westmächte die rasche Einbeziehung ihrer Zonen in den Marshall-Plan und ihre politische Zusammenfassung als unumgänglich. Im Februar 1948 begann die **Londoner Sechs-Mächte-Konferenz**, auf der die Bildung eines westdeutschen Staates beschlossen wurde ("Weststaatslösung"). Die Sowjetunion reagierte im März 1948 darauf mit ihrem Auszug aus dem Alliierten Kontrollrat in Berlin, der seitdem nicht mehr in Tätigkeit trat. Die Gründung zweier deutscher Staaten und damit die Spaltung Deutschlands zeichneten sich ab. Mit der Einigung über die **internationale Ruhrkontrolle** und **gegenseitige militärische Schutzgarantien** bei jedwedem Angriff, besonders von deutscher Seite – Kernpunkte für die noch zögernden Franzosen – war dann der Weg von der Bi- zur Trizone frei, die zum 1. April 1949 gebildet wurde.

# 2.6 Gründung der beiden Staaten in Deutschland

| | | |
|---|---|---|
| | **Die erste Berlin-Krise** | |
| 1948 | März | Auszug der Sowjetvertreter aus dem Kontrollrat wegen Londoner Sechs-Mächte-Konferenz |
| | Juni | Beginn der völligen Berlin-Blockade (bis Mai 1949) |
| | Dez. | politische Spaltung Berlins |
| | **Entstehung der Bundesrepublik Deutschland** | |
| 1948 | Juli | Übergabe der Frankfurter Dokumente |
| | Sept. | Zusammentreten des Parlamentarischen Rates |
| 1949 | April | Übergabe des Besatzungsstatus |
| | 23. Mai | Inkrafttreten des Grundgesetzes |
| | Aug. | Wahlen zum ersten Bundestag |
| | Sept. | Wahl des ersten Bundespräsidenten und des ersten Bundeskanzlers, Bildung der ersten Bundesregierung |
| | **Entstehung der DDR** | |
| 1947 | Dez. | erstes Zusammentreten des Volkskongresses für Einheit und gerechten Frieden |
| 1948 | März | Bildung eines Verfassungsausschusses durch den Volkskongreß |
| 1949 | Mai | kurz nach Inkrafttreten des Grundgesetzes Annahme des Entwurfs des Verfassungsausschusses und Wahl des Volksrats durch den Volkskongreß |
| | 9. Okt. | Volksrat erklärt sich zur Provisorischen Volkskammer<br>Bildung der ersten Regierung<br>Inkrafttreten der Verfassung der DDR durch Provisorische Volkskammer |
| 1950 | Oktober | Wahlen zur Volkskammer nach Einheitsliste |

## 2.6.1 Die erste Berlin-Krise

In Berlin, der ehemaligen Hauptstadt des Deutschen Reiches, erhielt 1945 jede der vier Besatzungsmächte einen eigenen Sektor. Obwohl die Stadt vom Gebiet der Sowjetzone umgeben war, bestanden die Westalliierten nicht auf einer Regelung mit der Sowjetunion, die den zivilen Verkehr zwischen Berlin und den Westzonen rechtlich absicherte. Lediglich über die Bildung von drei Luftkorridoren kam ein Abkommen zustande.

Als sich im Frühjahr 1948 eine Einbeziehung der drei Westzonen in den Marshall-Plan und ihr Zusammenschluß zu einem Staatswesen abzeichnete, warf die Sowjetunion den Westalliierten eine Verletzung des Potsdamer Abkommens vor und begann, den Verkehr zwischen Berlin und den Westzonen zu behindern. Damit sollten die Westmächte in ihrem Ansehen geschädigt und dadurch, daß sie entweder auf Berlin oder auf die Gründung eines westdeutschen Staates verzichteten, in ihrer Glaubwürdigkeit erschüttert werden.

Durch die Währungsreform in den Westzonen am 19. Juni desselben Jahres erreichten die Spannungen ihren Höhepunkt. Die **SMAD** führte daraufhin ebenfalls eine Währungsreform durch und bezog ganz Berlin ein, da es wirtschaftlich ein Teil ihrer Zone sei. Die Westmächte aber führten in ihren Sektoren die Westwährung ein, ohne allerdings die Ostwährung auszuschließen. Diese nahm die SMAD zum Anlaß, alle Zufahrtswege zu Wasser und zu Lande zu sperren und alle Lieferungen aus ihrer Zone nach West-Berlin einzustellen. So blieben den Westmächten zur Versorgung ihrer Truppen und der deutschen Zivilbevölkerung nur die Luftkorridore übrig. Sie errichteten die sogenannten **"Luftbrücke"**, über die sie zwei Millionen Menschen versorgten. Diszipliniert und opferbereit unterstützten die West-Berliner von Ende Juni 1948 bis Anfang Mai 1949 den Einsatz der Westalliierten.

Die Lage war im Dezember 1948 unverändert, als Neuwahlen zur Stadtverordnetenversammlung stattfinden sollten. Doch einige Tage zuvor trat auf Betreiben der SED im Ostsektor eine "außerordentliche Stadtverordnetenversammlung" zusammen. Sie hatte keine Legitimation, da weitaus die meisten amtierenden Stadtverordneten nicht teilnahmen. Trotzdem erklärte sie staatsstreichartig den gewählten Magistrat für abgesetzt, wählte an seiner Stelle einen neuen und setzte einen SED-Politiker als Oberbürgermeister ein, die jedoch von den Westmächten nicht anerkannt wurden. Die für Dezember 1948 vorgesehenen Neuwahlen zur Stadtverordnetenversammlung konnten wegen eines Verbots der Sowjetbehörden nur in den Westsektoren stattfinden. Die SED, obwohl in der ganzen Stadt zugelassen, beteiligte sich nicht daran und rief die Bevölkerung zum Boykott auf. Trotzdem gaben 86 Prozent der Wahlberechtigten ihre Stimmen ab. Die neuen Stadtverordneten setzten einen neuen Magistrat und einen neuen Oberbürgermeister, *Ernst Reuter* (SPD), ein, die ihrerseits nicht die Anerkennung der sowjetischen Besatzungsmacht fanden. Somit existierten fortan in Ost- und West-Berlin zwei Stadtregierungen nebeneinander. Außerdem bestimmten die Westmächte im Frühjahr die DM zum einzig gültigen Zahlungsmittel in ihren Sektoren, so daß es in beiden Teilen der Stadt nunmehr auch unterschiedliche Währungen gab. Damit war die Spaltung Berlins vollzogen.

### 2.6.2 Die Entstehung der Bundesrepublik Deutschland

Die Westzonen und die Sowjetzone entfernten sich hinsichtlich ihrer politischen, wirtschaftlichen sowie gesellschaftlichen Entwicklung immer weiter voneinander. Mit Wirkung vom 1. Januar 1947 erfolgte der wirtschaftliche Zusammenschluß der amerikanischen und der britischen Zone zur "Bizone". Die beiden anderen Besatzungsmächte wurden eingeladen, sich mit ihren Zonen anzuschließen, doch sie lehnten ab.

Nach dem Scheitern der Moskauer Außenminister-Konferenz lud der bayerische Ministerpräsident *Hans Ehard* (CSU) im Juni 1947 die Ministerpräsidenten aller deutschen Länder nach München ein, "um ein weiteres Abgleiten des deutschen Volkes in ein rettungsloses wirtschaftliches und politisches Chaos zu verhindern". Doch schon bei den Vorbereitungen gab es unüberbrückbare Meinungsverschiedenheiten darüber, ob auch die Forderung nach Bildung einer deutschen Zentralverwaltung auf die Tagesordnung gesetzt werden solle. Auf Anweisung der SED machten die Ministerpräsidenten der Sowjetzone ihre Teilnahme davon abhängig, während es die westlichen Militärregierungen ihren Ministerpräsidenten ausdrücklich verboten. Auch *Kurt Schumacher* (SPD) sprach sich strikt gegen die Behandlung dieses Themas aus. An dieser Kontroverse scheiterte die Konferenz. Bereits nach wenigen Stunden verließen die Ostzonenvertreter die von den Besatzungsmächten teilweise unter Bedingungen genehmigte Zusammenkunft der Regierungschefs, die Restkonferenz beriet ohne konkrete Ergebnisse. Die entscheidenden Initiativen gingen weiter von den Besatzungsmächten aus.

Im März 1948 einigten sich die drei westlichen Besatzungsmächte und die Beneluxstaaten auf der Londoner Sechs-Mächte-Konferenz darauf, in Zusammenarbeit mit den Ministerpräsidenten der westdeutschen Länder als den politischen Repräsentanten der Bevölkerung einen westdeutschen Staat zu gründen und ihn in den Marshall-Plan einzubeziehen (vgl. S. 98). Im Juli 1948 übergaben die Militärgouverneure der drei Westzonen den Ministerpräsidenten die **"Frankfurter Dokumente"**. Diese enthielten den Auftrag, eine verfassunggebende Nationalversammlung aus den Länderparlamenten zu berufen, räumten die Möglichkeit zur Neugliederung der Länder ein und kündigten ein "Besatzungsstatut" an, mit dem die westlichen Besatzungsmächte ihre Rechte gegenüber dem zu schaffenden westdeutschen Staat sicherten. Die Verfassung sollte demokratisch und föderalistisch sein und die individuellen Rechte und Freiheiten garantieren. Ihre Genehmigung behielten sich die Westmächte vor, lehnten auch wiederholt Entwürfe ab.

Die Ministerpräsidenten ihrerseits legten größten Wert darauf, mit der Ausarbeitung einer Verfassung die Möglichkeit zur Wiedervereinigung nicht auszuschließen, obwohl *Ernst Reuter,* der Bürgermeister der abgeriegelten Westsektoren, die Teilung Deutschlands als Tatsache lapidar feststellte. Um den provisorischen Charakter ihrer Verfassung zu betonen, setzten sie gegenüber den Militärgouverneuren durch, daß sie nur "Grundgesetz" genannt und nicht durch Volksabstimmung, sondern nur durch Mehrheitsentscheid der Länderparlamente ratifiziert werden sollte.

Zur Ausarbeitung des Grundgesetzes beriefen die Ministerpräsidenten einen **"Parlamentarischen Rat"** aus 65 Abgeordneten und fünf beratenden Mitgliedern der Berliner Westsektoren ein, die von den Länderparlamenten entsprechend der Stärke der in ihnen vertretenen Parteien bestellt wurden. Dessen Arbeit bereitete ein ebenfalls von den Ministerpräsidenten berufener "Ausschuß von Sachverständigen für Verfassungsfragen" vor, der in **Herrenchiemsee** tagte. Dieser griff in seinem Verfassungsplan auf die Verfassung von 1919 zurück, legte aber unter Berücksichtigung der Erfahrungen aus der Weimarer Republik und der NS-Zeit besonderen Wert darauf, die Grundrechte stärker als 1919 zu sichern, Machtkonzentrationen zu verhindern und einen funktionsfähigen Staat auf der Basis eines **demokratischen Mehrparteiensystems** zu schaffen.

Bei der Arbeit des Parlamentarischen Rates, als dessen Präsident *Konrad Adenauer* gewählt wurde, gab es erhebliche Meinungsverschiedenheiten über die Gestaltung des Verhältnisses von Bund und Ländern. SPD, FDP und die CDU der britischen Zone waren größtenteils für ein Übergewicht des Bundes. Nach ihren Vorstellungen sollte die zweite Kammer ein Senat sein, dessen Mitglieder von den Wählern der Länder bestimmt würden. Dies lehnten die meisten Vertreter der süddeutschen Länder, vor allem aus Bayern, entschieden ab. Sie forderten im Interesse einer ausgeprägten föderalistischen Struktur die zweite Kammer als Bundesrat, beschickt mit weisungsgebundenen Vertretern der Länderregierungen. Er sollte, wie in der Reichsverfassung von 1871, bei der Gesetzgebung Gleichberechtigung mit dem Bundestag erhalten.

Man einigte sich schließlich darauf, daß die zweite Kammer als **Bundesrat** eingerichtet würde, in der weisungsgebundene Vertreter der Länderregierungen sitzen. Allerdings erhielt er in der Bundesgesetzgebung, die sich auf die meisten wichtigen Gebiete erstreckt, nur das Einspruchsrecht mit aufschiebender Wirkung. Den Ländern wurde das ausschließliche Gesetzgebungsrecht in Kultur-, Bildungs-, Justiz- und Polizeiangelegenheiten zugesprochen. Sie sind für die Ausführung fast aller Bundesgesetze zuständig. Die Verteilung der Steuereinnahmen zwischen Bund und Ländern regelte man so, daß beide aus eigener Kraft funktionsfähig sind. Bei der konkurrierenden Gesetzgebung haben die Länder die Befugnis, die jeweiligen Materien gesetzlich zu regeln, solange und soweit der Bund von seinem Gesetzgebungsrecht keinen Gebrauch macht. Damit kam es zu einer dem **föderalistischen Prinzip** entsprechenden Machtverteilung zwischen Bund und Ländern. Freilich wurde schon bald der Gegensatz Bund–Länder von der Parteienkonkurrenz überlagert.

Einigkeit zwischen den wichtigsten im Parlamentarischen Rat vertretenen Parteien und den Westmächten bestand darüber, unter Auswertung der Erfahrungen während der Weimarer Republik und der NS-Herrschaft ein Grundgesetz zu schaffen, daß die **Grundrechte,** die **demokratische Grundordnung** und die **Funktionsfähigkeit des Staates** sichert. Daher gab man den Grundrechten absolute Geltung, machte sie vorstaatlich und ermöglichte allen Bürgern, ihre Einhaltung einzuklagen. Die Grundrechte hatten in der Weimarer Verfassung nur deklamatorischen Charakter. Nun erhielten diese klassischen Menschen- und Freiheitsrechte als vorrangige Leitnormen für Legislative, Exekutive und Judikative bindende Kraft. Ihre Einhaltung kann von allen Bürgern beim Bundesverfassungsgericht eingeklagt werden. Der Judikative gewährleistete man die Unabhängigkeit und schuf das Bundesverfassungsgericht als unabhängigen Hüter der Verfassung.

Der Reichspräsident wurde in der Weimarer Republik unmittelbar vom Volk gewählt und hatte durch das Notverordnungsrecht, das Recht zur Berufung und Ablösung des Reichskanzlers und zur Auflösung des Reichstags ein überragendes politisches Gewicht. Nun übertrug man die Wahl des Bundespräsidenten der Bundesversammlung, die je zur Hälfte vom Bundestag und von den Länderparlamenten beschickt wird. Die Kompetenzen des Bundespräsidenten beschränkte man auf vorwiegend repräsentative Aufgaben.

An Stabilität der Reichsregierungen fehlte es in der Weimarer Republik, da der Reichstag ein uneingeschränktes Recht hatte, eine Regierung zum Rücktritt zu zwingen. Daher enthält das Bonner Grundgesetz das **konstruktive Mißtrauensvotum.** Demzufolge kann der Bundestag den Kanzler und damit die Regierung nur dann abberufen, wenn er zugleich mit der Mehrheit seiner Mitglieder einen Nachfolger wählt, der in der Lage ist, eine neue Regierung zu bilden. Das konstruktive Mißtrauensvotum gibt dem Regierungssystem Stabilität und Effizienz.

Die Parteien erhielten im Grundgesetz erstmals in der deutschen Geschichte den Auftrag, bei der politischen Willensbildung des Volkes mitzuwirken. Gleichzeitig verpflichtete man sie, sich eine innere Ordnung zu geben, die demokratischen

Grundsätzen entspricht. Wenden sie sich gegen die freiheitlich demokratische Grundordnung, dann können sie vom Bundesverfassungsgericht wegen Verfassungswidrigkeit verboten werden.

Die plebiszitäre Komponente der Weimarer Verfassung gab den Wählern das Recht, über Volksbegehren und Volksentscheid legislative Befugnisse wahrzunehmen. Diese Möglichkeit mißbrauchten in der Weimarer Republik Demagogen zu antidemokratischer Agitation. Daher verzichtete man auf die plebiszitäre Komponente und entschied sich nach dem Beispiel anderer Demokratien westlicher Prägung für eine konsequent durchgeführte parlamentarisch-repräsentative Staatsordnung.

Die "Verfassungsväter" verstanden die Ordnung des neuen Staates zwar nur als "Provisorium", aber auch als Kern eines freiheitlich demokratischen Deutschlands und damit – abgesehen von der KPD – als Beitrag zur Wiedervereinigung. In der Frage der Wiedervereinigung Deutschlands wird in der **Präambel des Grundgesetzes** "das gesamte deutsche Volk aufgefordert, in freier Selbstbestimmung die Einheit und Freiheit Deutschlands zu vollenden".

Der Parlamentarische Rat nahm keine Bestimmungen über das Wahlrecht in das Grundgesetz auf, verabschiedete aber ein bundeseinheitliches Wahlgesetz. Um eine gefährliche Parteienzersplitterung zu verhindern, führte er die **Fünf-Prozent-Klausel** ein. Nach späteren Abänderungen durch den Bundestag beinhaltet sie derzeit, daß eine Partei nur dann in den Bundestag gelangt, wenn sie mindestens fünf Prozent der Wählerstimmen im ganzen Bundesgebiet oder drei Direktmandate erhält. Außerdem wurde das Verhältnis der Direkt- zu den Listenmandaten auf 50 : 50 festgesetzt. Damit soll eine bessere Verbindung zwischen den Abgeordneten und ihren Wählern als in der Weimarer Republik erreicht werden. Für die Wahl des Bundestages im Jahr 1990 nach Vollendung der **staatlichen Wiedervereinigung Deutschlands** galt die Ausnahme, daß die Fünf-Prozent-Klausel für das Beitrittsgebiet getrennt galt.

Nicht festgelegt wurde die Wirtschaftsverfassung. Während der Deutsche Gewerkschaftsbund "eine zwingende Vorschrift zur Sozialisierung der Schlüsselindustrien" forderte, waren sich die bürgerlichen Parteien mit der SPD darin einig, die Ausgestaltung der Wirtschafts- und Sozialpolitik einer künftigen Gesetzgebung zu überlassen.

## Entscheidungsstrukturen in der Bundesrepublik

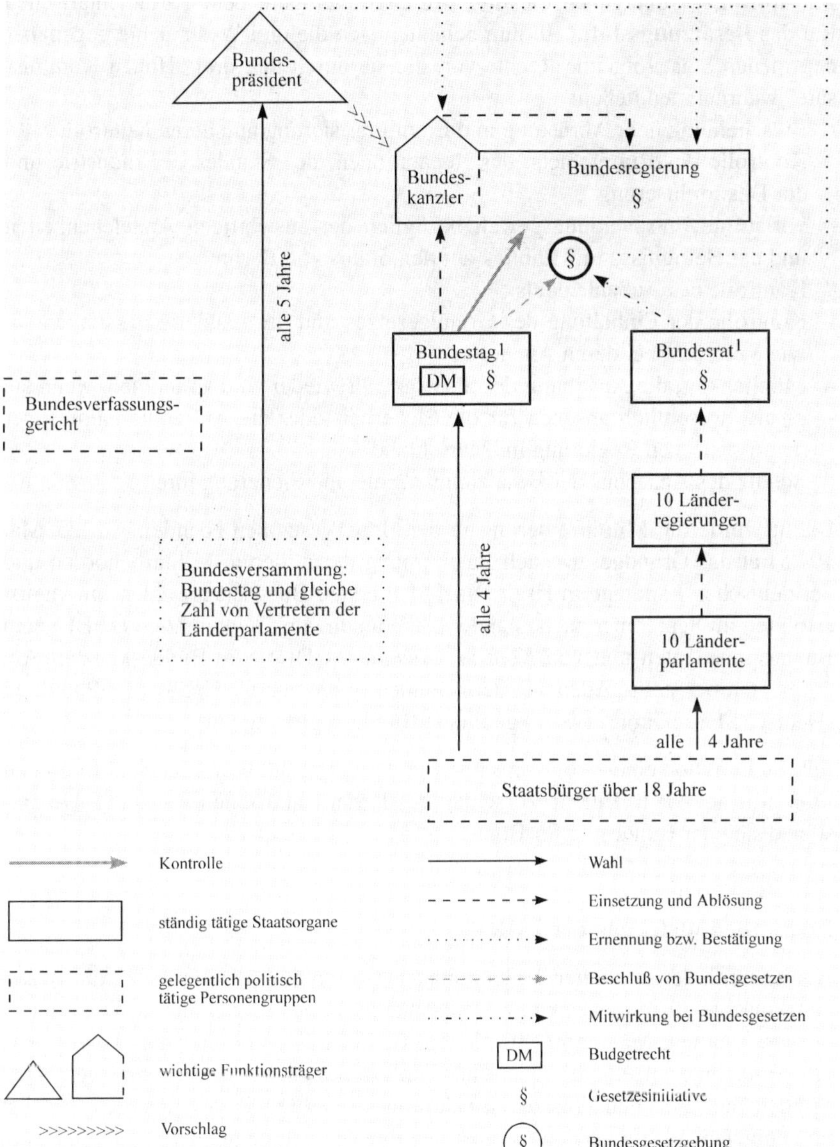


[1] dazu Vertreter Westberlins mit beratender Stimme

### Das Besatzungsstatut

Im April 1949 übergaben die drei Militärgouverneure dem Parlamentarischen Rat das **Besatzungsstatut.** In ihm behielten sich die drei Westmächte gegenüber dem neuen Staat folgende Rechte vor, die sie durch ihre drei "Hohen Kommissare" wahrnehmen ließen:

- Entscheidung über Abrüstung und Entmilitarisierung und deren Kontrolle
- Kontrolle des Ruhrgebiets, der Reparationen, des Standes der Industrie und der Dekartelliserung
- vorläufige Entscheidungsgewalt bezüglich der auswärtigen Angelegenheiten und der Befugnisse im Hinblick auf den Status von Berlin
- Kontrolle des Außenhandels
- Kontrolle der Einhaltung des Grundgesetzes und der Länderverfassungen sowie Vetorecht bei deren Änderung
- Möglichkeit, die Ausübung der Staatsgewalt wieder zu übernehmen, wenn sie es als "wesentlich ansehen für die Sicherheit oder die Aufrechterhaltung der demokratischen Regierung in Deutschland"
- Schutz des Ansehens der Besatzungsmächte und Sicherung ihrer Bedürfnisse.

Damit wurde die Militärregierung in den drei Westzonen beendet. Am 23. Mai 1949 trat das Grundgesetz nach Zustimmung der alliierten Militärbehörden und der deutschen Landtage in Kraft. Nach den ersten Bundestagswahlen im August erfolgten im September nacheinander die Wahlen von *Theodor Heuss* (FDP) zum Bundespräsidenten und von *Konrad Adenauer* (CDU) zum Bundeskanzler. Am 20. September stellte Adenauer dem Bundestag die von CDU/CSU, FDP und DP (Deutsche Partei, konservativ) gebildete Bundesregierung vor.

Für die Funktion einer provisorischen Bundeshauptstadt bewarben sich Bonn und Frankfurt am Main. Einem Vorschlag des Parlamentarischen Rates zufolge entschied sich der Bundestag für Bonn.

## 2.6.3 Die Entstehung der DDR

Als während der Londoner Außenminister-Konferenz im Herbst 1947 die Besatzungsmächte über die Zukunft Deutschlands berieten, rief die SED Parteien, Gewerkschaften, Massenorganisationen, Betriebsräte, Vertreter der Bauern usw. zur Teilnahme an einem "Deutschen Volkskongreß für Einheit und gerechten Frieden" auf. Aus den Westzonen nahm nur die KPD teil. Alle anderen Parteien und eingeladenen Organisationen lehnten ihre Teilnahme mit der Begründung ab, daß diesem Kongreß die Legitimation durch Wahlen fehlte. Der erste Volkskongreß fand Ende 1947, der zweite Anfang 1948, dem Jahrestag des Beginns der Revolution von 1848 in Berlin statt. Sie sollten Einfluß auf das Parteiensystem der Ostzone nehmen, den Einfluß der Parteien CDU und LDPD weiter einschränken, die Hegemonie der SED weiter ausgestalten. Am ersten Kongreß, deren Teilnehmer SMAD und SED bestimmten, wollte die LDPD-Führung teilnehmen, die CDU-Führung hingegen nicht. Darauf setzte die SMAD die CDU-Vorsitzenden, unter ihnen Jakob Kaiser, ab und bestimmte eine neue Führung. Die Volkskongresse bereiteten das totalitäre System der DDR vor. Der zweite Volkskongreß setzte einen Verfassungsausschuß ein, der auf der Grundlage einer SED-Denkschrift einen Verfassungsentwurf ausarbeitete. Diesen billigte die SMAD im Herbst 1948. Über seine endgültige Annahme sollte 1949 ein dritter Volkskongreß entscheiden. Für dessen Wahl wurde in der Sowjetzone erstmals eine **"Einheitsliste der Nationalen Front"** erstellt, die alle Parteien und Massenorganisationen umfaßte. Sie räumte den Kandidaten der SED und der von ihr geleiteten Massenorganisationen die absolute Mehrheit ein und konnte von den Wählern nur als Ganzes angenommen oder abgelehnt werden.

Bei der Wahl des dritten Volkskongresses im Mai 1949 erhielt trotz Manipulationen die Einheitsliste nur 66,3 Prozent der Wähler der SBZ. Ende Mai 1949, eine Woche nach Verabschiedung des Bonner Grundgesetzes, legte der dritte Volkskongreß, dem auch Vertreter der westdeutschen KPD angehörten, die Verfassung vor. Sie erhob – wie auch das Grundgesetz – Anspruch, vom deutschen Volk gegeben worden zu sein.

Diese weitgehend nach den Vorstellungen der SED konzipierte Verfassung verfolgte zwei Hauptziele. Einerseits sollte sie durch die Übernahme der Grundrechte und der Verfassungsorgane der Weimarer Verfassung möglichst vielen Anhängern der pluralistisch-westlichen Demokratie in ganz Deutschland annehmbar erscheinen, andererseits durch die Gewaltenkonzentration auf die von der SED dominierte Volkskammer, die zentrale Repräsentativkörperschaft des Volkes, später eine allmähliche vollständige Durchsetzung der **marxistisch-leninistischen Staats-, Wirtschafts- und Gesellschaftsordnung** ermöglichen. Daher wurden die herkömmlichen Grundrechte zwar aufgeführt, aber nur "innerhalb der Schranken der für alle geltenden Gesetze gewährleistet"; sie waren also durch Beschluß der Volkskammer einschränkbar. Artikel 6 gab die Möglichkeit (Boykotthetze gegen demokratische Einrichtungen und Organisationen), jeden demokratischen Widerstand gegen die immer deutlicher werdende Vorherrschaft der SED zu bestrafen.

## Entscheidungsstrukturen der DDR (Stand 1968)

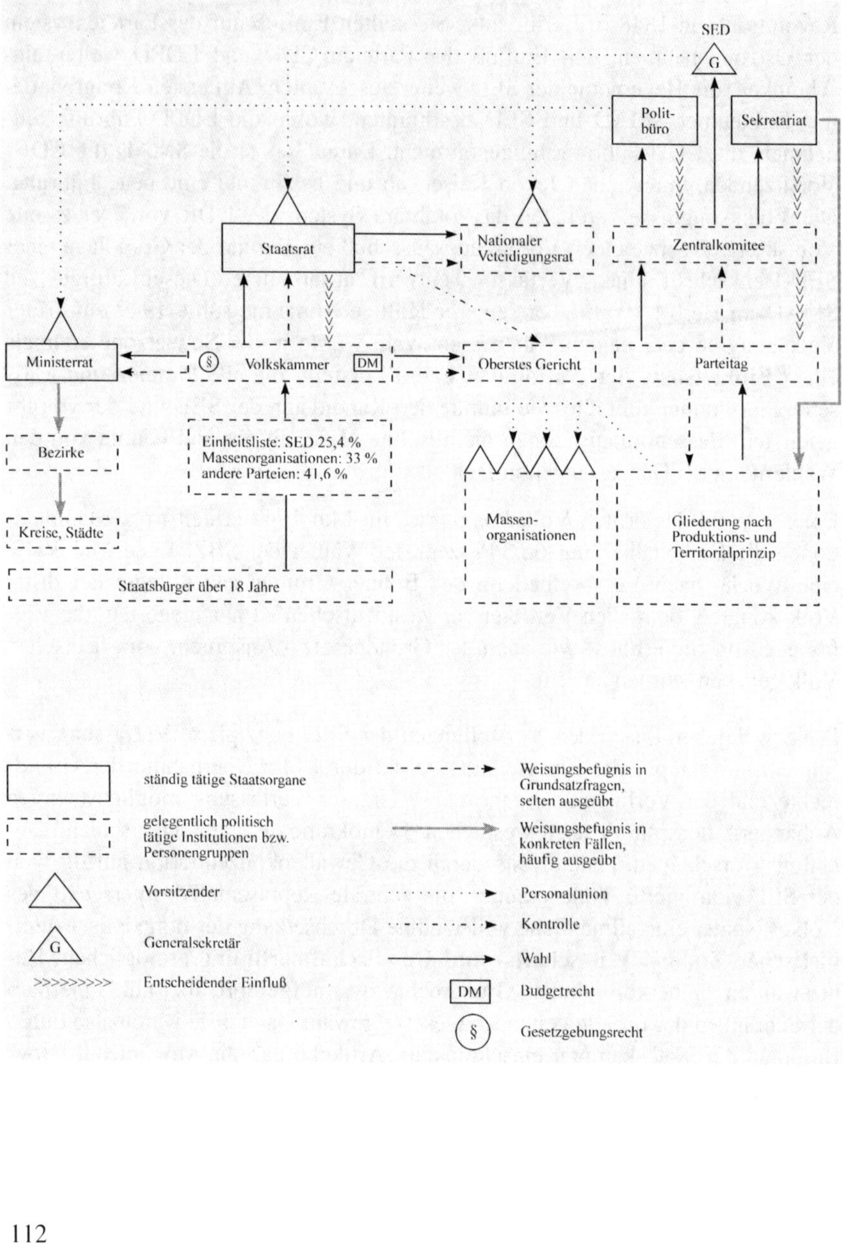

Die Judikative wurde der Kontrolle der Volkskammer unterstellt. Diese erhielt das Recht, Richter nicht nur bei Verstößen gegen die Verfassung abzuberufen, sondern auch bei "gröblicher Pflichtverletzung", einem Tatbestand, der einen sehr weiten Interpretationsspielraum offenläßt. Damit verlor die Judikative ihre Unabhängigkeit und Gleichberechtigung gegenüber Legislative und Exekutive und damit die Möglichkeit, die Rechte der Bürger gegenüber dem Staat zu schützen. Die Volkskammer erhielt das Recht der Gesetzgebung, der Verabschiedung des Staatshaushalts, der Einsetzung und Kontrolle der Regierung und deren Abberufung durch das konstruktive Mißtrauensvotum. Dazu kam, anders als in den Demokratien westlicher Prägung, das Recht der Überwachung der Gerichte und der Absetzung der Richter. Das bedeutete eine im Westen nicht übliche Machtkonzentration. Ebenfalls anders als in den Ländern der westlichen Demokratie hob die Verfassung die Rollenverteilung zwischen Regierungs- und Oppositionsparteien innerhalb des Parlaments auf, denn sie bestimmte, daß jede Fraktion, die mindestens zehn Prozent der Abgeordneten umfaßt, entsprechend ihrer Stärke Mitglieder in die Regierung entsandte. Damit galt der Wille aller wichtigen Gruppierungen der Volkskammer und damit des Volkes als in der Regierung repräsentiert. Opposition erschien demgemäß als überflüssig und destruktiv und war daher nicht vorgesehen.

Wie das Bonner Grundgesetz beschränkte die Verfassung der DDR von 1949 die Kompetenz des Präsidenten vorwiegend auf repräsentative Aufgaben. Auch die Machtverteilung zwischen Gesamtstaat und Ländern schien auf den ersten Blick ähnlich zu sein: Der Erlaß von Gesetzen in den meisten wichtigen Angelegenheiten wurde der Volkskammer, ihre Ausführung vorwiegend den Ländern zugesprochen. Doch erhielt die Volkskammer im Gegensatz zum Bundestag das Recht, zusätzlich zentrale Verwaltungen einzurichten und so die Position der Zentrale gegenüber den Ländern zu stärken. In wirtschaftspolitischer Hinsicht legte die Verfassung staatliche Planwirtschaft und Sozialisierung der wichtigsten Wirtschaftszweige fest.

Kurz nach Bildung der ersten Regierung der Bundesrepublik wurde im Oktober 1949 der "Volksrat" einberufen, ein Ausschuß, den der dritte Volkskongreß aus seiner Mitte gebildet hatte. Er erklärte sich zur "Provisorischen Volkskammer" und damit zum provisorischen Parlament, weil er, wie dann auch die Regierung, nicht durch freie Wahlen bestätigt worden war. Auf Druck des SMAD wurden sie trotz der Proteste der CDU gegen die staatsstreichartige Gründung der DDR und sowjetischer Zusagen nicht abgehalten. Die "Provisorische Volkskammer" und die ebenfalls errichtete Länderkammer beriefen *Wilhelm Pieck* (SED, ehemals KPD) zum Präsidenten der Republik und *Otto Grotewohl* (SED, ehemals SPD) zum Ministerpräsidenten. Beide waren zugleich Vorsitzende der SED. Der wichtigste Mann aber war *Walter Ulbricht,* als einer der stellvertretenden Ministerpräsidenten. Er besaß das Vertrauen Stalins und gestaltete die SED und die DDR nach dem Vorbild der Sowjetunion um. Diese übergab der neuen Regierung, in der die SED nicht personell, aber politisch dominierte und im wesentlichen die Politik bestimmte, die bisher von der SMAD wahrgenommenen Verwaltungsfunktionen. Dabei behielt sie sich etwa die gleichen Rechte vor wie die drei Westmächte gegenüber der Regierung der Bundesrepublik.

Zur nachträglichen Legitimierung von Legislative und Exekutive durch das Volk fanden im Oktober 1950 Wahlen statt. Man legte den Wählern wiederum eine Einheitsliste vor und veranlaßte sie teilweise zur offenen Stimmabgabe. So erhielt die Einheitsliste 99,7 % der abgegebenen Stimmen. Die Flüchtlingszahlen bewiesen jedoch, daß die Wähler mit dem System nicht einverstanden waren.

In den folgenden Jahren schwanden mit dem raschen wirtschaftlichen Aufschwung in der Bundesrepublik die Chancen für den Osten, in Gesamtdeutschland eine Weichenstellung für den Marxismus-Leninismus zu erreichen. So trat für die SED die Rücksichtnahme auf die öffentliche Meinung des Westens, die nicht systemkonformen Teile der Bevölkerung im eigenen Staat und die sozialdemokratisch eingestellten Mitglieder der SED in den Hintergrund. Die SED wurde von ihrem Generalsekretär Ulbricht nach sowjetischem Vorbild zu einer "Partei neuen Typs" umgeformt, für die der Marxismus-Leninismus (vgl. S. 87 f.) maßgeblich war. Oberstes Prinzip der Parteiarbeit war der "demokratische Zentralismus": Gewählt wurde von unten nach oben, entscheidenden Einfluß auf die Kanditatenbenennung nahmen allerdings die übergeordneten Parteiinstanzen, die absolute Weisungsbefugnis hatten. Kritikpunkte durften nicht von Gruppen der Parteimitglieder diskutiert, sie mußten vielmehr von Einzelmitgliedern den übergeordneten Gremien mitgeteilt werden. Diese bestimmten, ob und in welchem Umfang Aussprachen darüber stattfanden. Alle Parteimitglieder wurden verpflichtet, sich aktiv für die Durchführung der Parteibeschlüsse einzusetzen.

Die untersten Organisationseinheiten, "Grundorganisationen" genannt, bestanden nach dem "Produktionsprinzip" in allen Betrieben und Dienststellen. Sie wurden auf Gemeinde- und Kreisebene nach dem "Territorialprinzip" zusammengefaßt und entsandten zu den in der Regel alle vier Jahre stattfindenden Parteitagen Delegierte. Diese beschlossen die jeweilige (bereits von der SED-Führung festgelegte) "Generallinie" der Partei und wählten das Zentralkomitee, welches nominell das höchste Organ der SED zwischen den Parteitagen war. Es trat in der

Regel aber nur zweimal im Jahr zusammen und wählte die zwei eigentlichen Führungsorgane der Partei: Das Politbüro traf Entscheidungen für den politischen und wirtschaftlichen, gesellschaftlichen und kulturellen Bereich. Dem Sekretariat oblag es, die Durchführung der Beschlüsse der leitenden Parteigremien zu kontrollieren und die Parteifunktionäre auszuwählen. Alle Mitglieder des Politbüros gehörten zugleich dem Sekretariat an und hatten außerdem Schlüsselstellungen in Staat und Gesellschaft inne. Dem 1950 gebildeten Politbüro unterstand das **"Ministerium für Staatssicherheit" (MfS),** das mit seinem Agentennetz das gesamte öffentliche Leben überwachte und oppositionelle Kräfte ausschaltete.

## Die Grundzüge der weiteren Entwicklung der DDR

In den folgenden Jahren erfuhren auch Staat, Wirtschaft und Gesellschaft entsprechende Veränderungen nach dem Prinzip des in der SED praktizierten demokratischen Zentralismus. Im staatlichen Bereich löste man im Jahre 1952 die 1945 eingerichteten Länder samt ihren Organen auf und ersetzte sie durch 14 kleinere, von den Zentralkörperschaften abhängige Bezirke im Sinne einer staatlichen Zentralisierung. Auch die Kompetenzverteilung innerhalb der Staatsmacht erfuhr in Anlehnung an die Sowjetunion eine Änderung. Ein Präsidium des Ministerrats, das als kleines Führungsgremium die Volkswirtschaft und die staatlichen Organe operativ zu leiten hatte, wurde 1952 geschaffen. Die Aufgaben des Präsidenten übernahm 1960 nach dem Tod Wilhelm Piecks der Vorsitzende des neugeschaffenen Staatsrats. Diese Körperschaft wurde von der Volkskammer gewählt. Sie bereitete die zeitlich weit auseinanderliegenden Tagungen der Volkskammer vor und nahm zwischen deren Sitzungen ihre Aufgaben wahr. Der Staatsrat ernannte die Mitglieder des Nationalen Verteidigungsrats und erteilte ihm sowie dem Ministerrat Weisungen. Außerdem legte er die Verfassung und die Gesetze verbindlich aus und kontrollierte das Oberste Gericht. De facto war er das wichtigste Staatsorgan. Durch die Personalunion zwischen seinem Vorsitzenden und dem Generalsekretär der SED wurde die Führungsrolle der Partei gewährleistet. Die Funktion übernahm *Walter Ulbricht.*

Im wirtschaftlichen Bereich wurde die Sozialisierung von Industrie, Handel und Handwerk weiter vorangetrieben, die Landwirtschaft wurde kollektiviert. Außerdem gewann die SED wachsenden Einfluß auf das Leben der Gesellschaft, beginnend mit den Kindergärten über Jugend-, Berufs-, Kultur- und Freizeitorganisationen bis hin zu den Altersheimen.

Diese Veränderungen, v. a. die Führungsrolle der SED, schrieb man in der neuen Verfassung des Jahres 1968 fest. In ihr zeigte sich auch ein Wandel im Selbstverständnis der DDR. Die Verfassung von 1949 bezeichnete die DDR als Repräsentantin des ganzen deutschen Volkes. Die Verfassung von 1968 dagegen ging von der Teilung Deutschlands als einer historischen Gegebenheit aus, die es "durch schrittweise Annäherung der beiden deutschen Staaten" zu überwinden galt.

Als die bundesdeutsche Regierung der sozialliberalen Koalition 1969 versuchte, in der DDR einen "Wandel durch Annäherung" einzuleiten, reagierte die SED mit dem Programm der "Abgrenzung". Dementsprechend fehlte in der 1974 abermals geänderten Verfassung das Ziel der Wiedervereinigung des deutschen Volkes.

## 2.7 Der Weg zur Souveränität

| | |
|---|---|
| 1949 | Petersberger Abkommen |
| 1950 | Beitritt der DDR zum RGW (COMECON) |
| 1951 | Beitritt der Bundesrepublik zum Europarat<br>Montanunion |
| 1952 | Stalin-Note |
| 1953 | Niederschlagung des Aufstandes in der DDR |
| 1954/55 | Westeuropäische Union mit Einschluß der Bundesrepublik |
| | Pariser Verträge (5. Mai): Beitritt der Bundesrepublik zur NATO (1949 gegründet), fast völlige Souveränität der Bundesrepublik |
| 1955/56 | Beitritt der DDR zum Warschauer Pakt |

### 2.7.1 Weltpolitische Bedingungsfaktoren

Im Jahre 1949 kam es nicht nur zur Gründung zweier deutscher Staaten, sondern auch zur Proklamation der Volksrepublik China nach dem Sieg der Kommunisten und zur Zündung der ersten russischen Atombombe.

Durch die Ereignisse in China stieg die Zahl der Menschen in kommunistisch regierten Ländern von etwa 170 Millionen vor dem Zweiten Weltkrieg auf etwa 850 Millionen. Und der erste erfolgreiche russische Atombombenversuch 1949 leitete das Ende des bisher auf diesem Gebiet bestehenden Monopols der USA ein. Da die konventionellen Streitkräfte der westlichen Länder denen der kommunistisch regierten erheblich unterlagen waren, bedeutete das bei Gleichziehen der Sowjetunion in der Atomrüstung eine Gefährdung des militärischen Gleichgewichts. Verstärkt wurden diesbezügliche Befürchtungen durch den **Koreakrieg,** der nach Räumung des zweigeteilten Landes von amerikanischen und russischen Besatzungstruppen durch einen Angriff des kommunistischen Nordkorea auf seinen südlichen Nachbarn im Juni 1950 eingeleitet wurde. Man schloß einen ähnlichen Angriff in Europa nicht aus.

### 2.7.2 Die Westintegration der Bundesrepublik Deutschland

Als ein Mittel, das Gleichgewicht zu erhalten, betrachteten maßgebliche Politiker des Westens, vor allem der USA, die wirtschaftliche und militärische Integration der Bundesrepublik in den Westen.

Bundeskanzler Adenauer sah in der Westintegration den einzigen Weg zur militärischen Sicherung der Bundesrepublik, zu ihrem wirtschaftlichen Aufschwung, zur Gewinnung der Souveränität und schließlich auf weite Sicht zur Wiedervereinigung Deutschlands. Die Westintegration sollte zum einen ein Beitrag zur Zusammenarbeit der westeuropäischen und atlantischen Staaten sein, zum anderen den Nachbarn, insbesondere Frankreich, die Furcht vor den Deutschen nehmen, denn eine freiheitlich-demokratische und in wirtschaftlicher Hinsicht erfolgreiche Bundesrepublik würde außerdem, wie Adenauer erklärte, eine unwiderstehliche Sogwirkung auf die Bevölkerung der DDR ausüben (**Magnettheorie**). Alternativen, Deutschland als Brücke und Ausgleich zwischen West- und Osteuropa zu begreifen, konnten sich dagegen nicht durchsetzen.

Bei seinen Verhandlungen mit den Hohen Kommissaren der drei Westmächte ging Adenauer davon aus, daß diese als Vertreter der Sieger und Inhaber der wichtigsten Verfügungsrechte über die Bundesrepublik die stärkere Verhandlungsposition hatten. Andererseits war er überzeugt, daß Zugeständnisse der Westmächte nie mehr, solche der Bundesrepublik aber sehr wohl rückgängig gemacht werden konnten, denn als einem der wichtigsten Partner des westlichen Wirtschafts- und Verteidigungssystems konnten ihr auf Dauer mehr Rechte und schließlich die Gleichberechtigung nicht versagt werden. So war er bereit, zunächst kleinen Fortschritten zur Souveränität zuzustimmen, würden die nächsten Schritte zur Integration in Westeuropa abgesteckt werden.

Beides zeigte sich beim "Petersberger Abkommen", das er zehn Wochen nach seiner Wahl zum Bundeskanzler mit den drei Hohen Kommissaren abschloß. Diese erklärten sich zu einem weitgehenden Stopp der Demontagen bereit, wodurch der Bundesrepublik nicht nur wichtige industrielle Anlagen, sondern auch Zehntausende von Arbeitsplätzen erhalten blieben. Außerdem durfte die Bundesrepublik in den Ländern des Westens Konsulate errichten, ein wichtiger Schritt nicht nur zur internationalen Anerkennung, sondern auch zur Intensivierung der Handelsbeziehungen. Im Gegenzug sagte Adenauer den Eintritt der Bundesregierung in die "Internationale Ruhrbehörde" zu, womit er sie anerkannte. Hier entschied eine vorwiegend von den drei Westmächten gestellte ausländische Mehrheit über wirtschaftliche Grundfragen des weitaus bedeutendsten deutschen Industriegebiets, unter anderem über die Preise für Kohle, Koks und Stahl und ihre Zuteilung an deutsche und ausländische Abnehmer. Auch erklärte Adenauer die Bereitschaft des Bundesrepublik, zusammen mit dem Saargebiet, das Frankreich nach Kriegsende von Deutschland abgetrennt hatte, dem Europarat beizutreten. Damit verband sich die bundesdeutsche Anerkennung der Eigenstaatlichkeit des Saargebiets. Viele Bundesbürger waren darüber empört. Doch bereits nach knapp drei Jahren stellte die Internationale Ruhrbehörde mit der Gründung der **Montanunion** ihre Tätigkeit ein. Ihr trat die Bundesrepublik bei und war damit ein gleichberechtigtes Mitglied in einer übernationalen Wirtschaftsvereinigung. Das Saargebiet wurde nach einer Volksabstimmung 1957 in die Bundesrepublik aufgenommen.

Adenauers Strategie, über die Westintegration zur Souveränität der Bundesrepublik zu kommen, d. h. die jeweiligen Souveränitätsgewinne als Pfandstücke einer wachsenden Gleichberechtigung in supranationale Organisationen einzubringen, fand günstige Bedingungen besonders während des Koreakrieges, der den Ost-West-Konflikt verschärfte. Bereits 1951 fanden sich die Westalliierten zu einer Revision des Besatzungsstatus bereit. Der junge Staat gewann mit der Errichtung des Auswärtigen Amtes, dessen Führung Adenauer selbst übernahm, und selbständigen diplomatischen Beziehungen außenpolitische Hoheitsrechte. Außerdem hoben nacheinander Großbritannien, Frankreich und die USA formell den Kriegszustand mit Deutschland auf, was den deutschen Geschäftsleuten im Ausland wieder größere Sicherheit einräumte.

### Die Diskussion um den deutschen Wehrbeitrag

Kurz nach Ausbruch des Koreakrieges im Juni 1950 schlug Churchill die Schaffung einer "Europa-Armee" mit Kontingenten der Bundesrepublik vor, obwohl die Siegermächte, vor allem Frankreich, 1945 fest entschlossen waren, eine deutsche Wiederbewaffnung in absehbarer Zeit nicht zuzulassen. Im August forderte Adenauer in einem Memorandum über die Sicherheit der Bundesrepublik von den drei Westmächten eine Verstärkung der Besatzungstruppen. Gleichzeitig bot er deutsche Kontingente für die geplante Europa-Armee an. Im Oktober entwickelte der französische Ministerpräsident *René Pleven* den Plan einer **"Europäischen Verteidigungsgemeinschaft" (EVG)**, der die Aufstellung einer gemeinsamen europäischen Armee im Sinne Churchills zum Ziel hatte. Danach durfte die Bundesrepublik Truppenverbände nur bis zu Bataillonsstärke aufstellen. Diese sollten auf internationale Brigaden verteilt werden, um jeden deutschen militärischen Alleingang unmöglich zu machen.

Dieses Projekt fand in den USA und in England ebenso Zustimmung wie bei der Bundesregierung. Im deutschen Bundestag aber forderte der SPD-Vorsitzende Schumacher als Voraussetzung für einen deutschen Verteidigungsbeitrag die volle politische und wirtschaftliche Gleichberechtigung der Bundesrepublik. Er wollte auf Zeit spielen, lange die Tür für eine zukünftige Wiedervereinigungspolitik offen halten. Für die grundsätzliche Ablehnung einer Wiederbewaffnung setzte sich Bundesinnenminister *Gustav Heinemann* (damals CDU) ein, der deshalb aus dem Kabinett ausschied. Er sah in ihr, wie die SPD und Abgeordnete anderer Parteien, die endgültige Zerstörung aller Chancen für eine deutsche Wiedervereinigung.

Auch in Frankreich stieß das Projekt wegen nationaler Sicherheitsinteressen und Mißtrauen gegenüber einem neuen deutschen militärischen Machtpotential auf schwere Bedenken der Nationalversammlung, obwohl die USA und England das Verbleiben ihrer Besatzungstruppen in der Bundesrepublik garantierten.

### Die Stalin-Noten

Als sich bei den Verhandlungen zwischen den westlichen Regierungen unter Einschluß der Bundesregierung über die Europäische Verteidigungsgemeinschaft eine Einigung abzeichnete, machte die Sowjetunion ein aufsehenerregendes Angebot. Sie ließ am 10. März 1952 den drei Westmächten den Entwurf eines Friedensvertrags mit Deutschland zukommen, die erste **"Stalin-Note"**.

Der Plan sah die **Wiederherstellung der staatlichen Einheit** Deutschlands in den Vierzonengrenzen mit freier Betätigungsmöglichkeit für demokratische Parteien vor. Dazu sollte die Oder-Neiße Grenze anerkannt werden. Der neue Staat sollte **eigene Streitkräfte** begrenzten Umfangs haben, allerdings unter der Verpflichtung, sich an keinem Militärbündnis zu beteiligen, das gegen eine der Siegermächte des Zweiten Weltkriegs gerichtet sei. Dies bedeutete **Neutralisierung**. Ein Jahr nach Abschluß des Friedensvertrags sollten alle Besatzungstruppen abziehen. Die Aufnahme in die UNO würden die Sowjets unterstützen. Dieses Angebot führte zu einem mehrmonatigen Notenwechsel zwischen den drei Westmächten und der Sowjetunion sowie zu einer eingehenden Diskussion, vor allem in der Bundesrepublik, da sich plötzlich Aussichten auf eine Wiedervereinigung zu eröffnen schienen.

Das russische Zugeständnis einer freien Betätigungsmöglichkeit aller demokratischen Parteien in ganz Deutschland überraschte die meisten westlichen Politiker und Journalisten, denn die Zulassung der SPD in der DDR konnte das Ende der dortigen SED-Vorherrschaft bedeuten. Andererseits kritisierte man im Westen, daß in der **ersten Note** freie Wahlen in ganz Deutschland mit keinem Wort erwähnt seien, obwohl sie von den Westmächten wie von der Bundesregierung immer wieder als unabdingbare Voraussetzung für die Bildung eines gesamtdeutschen Staates bezeichnet worden waren. Die **Kriterien** der "demokratischen Ordnung", die in der diplomatischen Note genannt waren, blieben unklar. Außerdem paßten die Vorschläge nicht in das amerikanische Kalkül der Containment-Politik.

In ihrer **zweiten Note** stellte die Sowjetunion zwar **freie Wahlen** in Aussicht, doch nicht unter Kontrolle einer Kommission der Vereinten Nationen, die bereits gebildet worden war, sondern unter Kontrolle der vier Besatzungsmächte, von denen jede das Vetorecht besaß. Daher vermutete man im Westen, Stalins Angebot sei nur ein taktisches Manöver, um durch langwierige Deutschland-Verhandlungen den Abschluß des EVG-Vertrags, das heißt eine militärische Stärkung Westeuropas und eine militärische Westintegration der Bundesrepublik, zu vereiteln, ohne am Ende an den Herrschaftsverhältnissen in der DDR etwas ändern zu müssen. Schließlich brachten die Gegner der Stalin-Noten noch folgenden Gesichtspunkt vor: Nach dem Rückzug der Besatzungstruppen, wie ihn der russische Entwurf vorsah, blieben die Sowjettruppen weiterhin in Deutschlands Nähe, während die US-Streifkräfte, die nirgendwo in Westeuropa außer in der Bundesrepublik Stützpunkte hätten, den Kontinent verlassen müßten. Bei dieser Konstellation könne sich der gesamtdeutsche Staat gegen den Druck der übermächtigen Sowjetunion auf die Dauer nicht behaupten.

Dies war auch die Meinung Adenauers, die er vehement vertrat. Dagegen sah er für die Wiedervereinigung auch im Falle einer Ablehnung des russischen Angebots auf weite Sichte eine Chance. Er setzte darauf, daß die Sowjetunion durch die wachsende Stärke des Westens und durch eigene Schwierigkeiten in Osteuropa, vor allem in der DDR, dazu veranlaßt werde, einer Wiedervereinigung unter Beibehaltung der Westintegration zuzustimmen.

Andere Politiker der Bundesrepublik, vor allem *Gustav Heinemann,* bezeichneten dies als wirklichkeitsfremd und forderten, durch eingehende Verhandlungen mit der Sowjetunion auszuloten, ob Stalins Angebot der Wiedervereinigung auf freiheitlich-demokratischer Grundlage ehrlich gemeint sei oder nicht. Jedenfalls müsse die eventuell mögliche Wiedervereinigung den Vorrang vor der Westintegration haben.

Die Entscheidung auf der westlichen Seite lag in der Hand der drei Westmächte, denn sie hatten sich die Zuständigkeit für gesamtdeutsche Fragen im Besatzungsstatut vorbehalten. Sie forderten mit Zustimmung Adenauers von der Sowjetunion die Abhaltung freier Wahlen schon vor den Friedensverhandlungen und lehnten die Verpflichtung Gesamtdeutschlands zur Bündnislosigkeit ab. Darauf ging die Sowjetunion nicht ein, und es kam zu keinen ernsthaften Verhandlungen.

### Die Einbindung in das atlantische Bündnis

Bei den westlicherseits geführten Verhandlungen über die Westintegration der Bundesrepublik wurde ein gleichzeitiges Inkrafttreten ihres Beitritts zur EVG und des **"Deutschlandvertrags"**, der ihr die fast völlige Souveränität bringen sollte, vorgesehen.

Ende Mai 1952 unterzeichnete die Bundesregierung den EVG-Vertrag. Im September brachten die Bundestagswahlen den Regierungsparteien vor allem aufgrund des wirtschaftlichen Aufschwungs einen Erfolg und den Befürwortern der Wiederbewaffnung die Zweidrittelmehrheit im Bundestag. Sie war erforderlich für eine Verfassungsänderung, welche die Einführung der Wehrpflicht möglich machte. Aber 1954 scheiterte die Errichtung der EVG an der Ablehnung des französischen Parlaments. Es war nicht zum Verzicht auf militärische Hoheitsrechte bereit.

Die drei Westmächte suchten unter Beteiligung der Bundesrepublik eine Ersatzlösung. Das Ergebnis dieser Verhandlungen wurde in den **"Pariser Verträgen"** zusammengefaßt, die am 5. Mai 1955 in Kraft traten. Die Westmächte erklärten ihre Besatzungsherrschaft für beendet. Die Bundesrepublik trat in den nun erweiterten "Brüsseler Vertrag", die "Westeuropäische Union (WEU) ein. Sie ist ein

Defensivbündnis zwischen England, Frankreich, der Bundesrepublik, Italien, Belgien, den Niederlanden und Luxemburg ohne Integration der Verteidigungskräfte, aber mit Beistandspflicht im Falle eines Angriffs auf eines der Mitglieder. Dabei verzichtete die Bundesrepublik auf atomare, biologische, chemische und weitreichende Offensivwaffen. Ferner verpflichtete sie sich, "die Wiedervereinigung Deutschlands oder die Änderung der gegenwärtigen Grenzen der Bundesrepublik Deutschland niemals mit gewaltsamen Mitteln herbeizuführen." Die WEU wurde in die **NATO** eingegliedert. Westdeutschland wurde auch Mitglied der NATO und erhielt entsprechend den Bestimmungen des Deutschlandsvertrags, der Bestandteil der Pariser Verträge wurde, gleichzeitig die fast völlige Souveränität. Diese wurde durch folgende Rechte und der drei Westmächte in den wesentlichen nationalen Fragen eingeschränkt:
- Truppenstationierung in der Bundesrepublik,
- Intervention im Falle eines inneren und äußeren Notstandes (1968 nach Inkrafttreten der Notstandsgesetze der Bundesrepublik aufgehoben),
- alleinige Entscheidungsbefugnis der Vier Mächte bezüglich des Status von Berlin und Abschlusses eines Friedensvertrages mit Gesamtdeutschland, was alle Belange der Wiedervereinigung einschloß.

### Die Beteiligung an westeuropäischen Zusammenschlüssen

Die Bundesrepublik trat im Zuge ihrer Westintegration und ihrer Bemühungen um Anerkennung als gleichberechtigter Partner zuerst in den **Europarat** ein, 1950 als assoziiertes Mitglied ohne Stimmrecht, 1951 als Vollmitglied.

Durch die Beteiligung an der Montanunion 1951 vollzog sie den entscheidenden Schritt zur wirtschaftlichen Gleichberechtigung. Denn mit der Gründung der Montanunion wurde die bislang auf die Kohle- und Stahlproduktion des Ruhrgebietes beschränkte supranationale Verwaltung auf das gesamte Gebiet der Bundesrepublik, Frankreichs, Italiens, Belgiens, der Niederlande und Luxemburgs bei voller Gleichberechtigung aller Partner übertragen.

Als 1957 die Montanunion zur Europäischen Wirtschaftsgemeinschaft (EWG) erweitert wurde, hatte die Bundesrepublik ihre volle Gleichberechtigung mit den westlichen Partnerländern auf allen Gebieten erreicht. Das "Provisorium" Bundesrepublik konnte sich trotz der schmerzhaften Teilung Deutschlands dauerhaft auf der Grundlage allgemeiner internationaler Zustimmung installieren, was der Spaltung teilweise auch den "Charakter der Vorläufigkeit" nahm. Deshalb konnten viele Bürger der Bundesrepublik die Spaltung leichter akzeptieren.

### 2.7.3 Die Integration der DDR in den Ostblock

Nach Anlaufen des Marshall-Planes für Westeuropa gründeten 1949 die Sowjetunion, Polen, die Tschechoslowakei, Ungarn, Rumänien und Bulgarien den **"Rat für gegenseitige Wirtschaftshilfe" (RGW,** engl: Council for Mutual Economic Assistance, **COMECON**), dem die DDR 1950 beitrat. Sein Ziel war die gegenseitige Förderung des wirtschaftlichen Wachstums durch Koordinierung der staatlichen Wirtschaftspläne, wissenschaftlich-technische Kooperation, Standardisierung der Industrieprodukte sowie Spezialisierung einzelner Länder auf bestimmte Produktionszweige.

Die grundlegenden Entscheidungen trafen die meist jährlich stattfindenden Konferenzen der Regierungschefs sowie der Vorsitzenden der kommunistischen Parteien der RGW-Länder. Ihre Vorbereitung und Durchführung in den einzelnen Wirtschaftssektoren oblag den von allen Mitgliedsländern mit Experten beschickten "Ständigen Kommissionen". Um die partnerschaftliche Zusammenarbeit hervorzuheben, war die Hauptstadt jedes Mitgliedslandes Sitz mindestens einer solchen Kommission.

Die einzelnen Länder hatten im Rahmen der marxistisch-leninistischen Prinzipien bei der Gestaltung der Wirtschaftspolitik einen großen Spielraum. Sie waren darauf bedacht, ihrer Bevölkerung einen möglichst hohen Lebensstandard zu bieten. Das setzte der wirtschaftlichen Integration deutliche Grenzen. Aufgrund des unterschiedlichen Entwicklungsstandes der verschiedenen Volkswirtschaften wies das Bruttosozialprodukt je Einwohner erhebliche Unterschiede auf. Am höchsten war es in der DDR, am niedrigsten in Rumänien.

In ähnlicher Weise entstand der Warschauer Pakt als Gegenstück zur NATO. Er wurde kurz nach dem Eintritt der Bundesrepublik in die NATO 1955 von den Gründerstaaten des RGW und der DDR geschlossen. Wie die NATO auch war er ein Defensivbündnis. Viele seiner Bestimmungen waren mit Blick auf die NATO formuliert. Sein Sitz war Moskau. An seiner Spitze stand bis 1969 das "Vereinigte Kommando", danach nahm das "Komitee der Verteidigungsminister" die Leitung wahr, bis er 1991 aufgelöst wurde. Wie bei der NATO arbeiteten politische, militärische und zivile Organe dem Spitzenorgan zu.

Beide deutschte Staaten erlangten aufgrund ihrer wirtschaftlichen Entwicklung und geographisch-strategisch wichtigen Lage in ihrem jeweiligen Block wachsendes Gewicht. Dadurch verringerten sich die Chancen für eine Wiedervereinigung Deutschlands.

Die deutsche Eiche

Aus: Informationen zur politischen Bildung 232, S. 38

## Zusammenfassung

Nach der bedingungslosen deutschen Kapitulation übernahmen die Siegermächte die gesamte Staatsgewalt für Deutschland in den vier Besatzungszonen und dort die getrennte Kontrolle. Es gelang auf der Potsdamer Konferenz nicht, zu einer gemeinsamen und in gleicher Weise akzeptierten europäischen Nachkriegsordnung zu kommen. Jede der vier Besatzungsmächte gestaltete die Verhältnisse in ihrem Machtbereich nach eigenen Vorstellungen.

Die Anti-Hitler-Koalition zerfiel kurz nach der Niederlage des gemeinsamen Gegners. Bei der Erledigung einzelner Probleme, die sich aus dem Krieg ergeben hatten, arbeitete man zwar noch zusammen (z. B. Nürnberger Kriegsverbrecherprozeß), doch in den entscheidenden Fragen der Neuordnung Europas gingen Ost und West bald getrennte Wege: Schon früh zeichnete sich mit der Sowjetisierung Mitteldeutschlands und dem demokratisch-pluralistischen Aufbau in den Westzonen ein politischer Bruch mitten durch Deutschland ab.

Die wirtschaftliche Teilung Deutschlands, zuerst in zwei Reparationsgebiete, dann in zwei Wirtschaftszonen mit getrennten Währungen und der Entscheidung zur sozialen Marktwirtschaft auf der einen und der sozialistischen Zwangswirtschaft auf der anderen Seite sowie die Berliner Blokkade als Zuspitzung des Kalten Krieges ließen die in Potsdam vereinbarten Einheitsabsichten in immer weitere Ferne rücken.

Nachdem das Verhältnis der beiden Weltmächte von 1945 bis 1947 noch zwischen Konfrontation und Kooperation schwankte, die Spannungen in dieser Zeit jedoch immer mehr Zeit zunahmen, setzten die USA 1947 dem globalen Machtanspruch der UdSSR die Politik des "Containment" entgegen. Der Ost-West-Konflikt wurde zum Grundmuster der Weltpolitik künftiger Jahrzehnte und führte zum offenen Kalten Krieg, dessen Auswirkungen sich in Europa besonders in Deutschland, einem Objekt der Rivalität, mit einem "Eisernen Vorhang" quer durch Deutschland zeigten.

Es entstanden in Deutschland zwei Teilstaaten: zum einen die Bundesrepublik Deutschland als ein freiheitlich demokratischer Rechtsstaat mit einer als Grundgesetz bezeichneten Verfassung und im Gegenzug die Deutsche Demokratische Republik auf dem Boden der sowjetischen Besatzungszone, die dem Diktat Stalins unterworfen war. Beide Staaten verstanden sich gleichwohl mit Rücksicht auf die spätere Wiedervereinigung Deutschlands als Provisorien und zugleich als politische Modelle für ganz Deutschland.

Unter Adenauer kam die Bundesrepublik bald zu erweiterter Souveränität, gleichzeitig führte ihre Westorientierung zur Einbindung in supranationale Zusammenschlüsse militärischer, wirtschaftlicher und rechtlicher Art (WEU, NATO), was eine zunehmende internationale Anerkennung des jungen bundesdeutschen Staates zur Folge hatte. Die DDR hingegen wurde in den Ostblock integriert (1950 COMECON, 1955 Warschauer Pakt).

# 3 Deutschland seit den fünfziger Jahren

## 3.1 Die Bundesrepublik in den 50er Jahren

| | |
|---|---|
| ab Sept. 1949 | Konsolidierung der Staatsorgane |
| 1952 | Verbot der "Sozialistischen Reichspartei"<br>Lastenausgleichsgesetz<br>Wirtschaftswunder und seit Mitte der 50er Jahre allgemein wachsender Wohlstand<br>Kontroversen zwischen Regierung und Opposition um den Weg der Bundesrepublik zur erweiterten Souveränität |
| 1956 | Verbot der KPD |
| 1957 | Rückgliederung des Saarlandes in den westdeutschen Staat<br>CDU/CSU mit absoluter Mehrheit im Bundestag |
| 1959 | Godesberger Programm der SPD |
| 1961 | erhebliche Stimmengewinne der SPD bei der Bundestagswahl |
| 1962 | Schaffung der wirtschaftlichen Voraussetzungen für einen Wohlfahrtsstaat durch Ludwig Erhard<br>Sozialgesetzgebung |
| 1963 | Rücktritt Konrad Adenauers |

### 3.1.1 Innenpolitische und soziale Stabilität der Adenauerzeit

Während der Adenauer-Ära etablierte sich ein institutionelles System auf der Verfassungsgrundlage, das die überwältigende Mehrheit der Bürger/innen in ihrem politischen Engagement unterstützte, kaum innenpolitische Anfechtungen seiner Legitimität erleben mußte und das seine anfänglich unvollständige Souveränität zur vollen Macht über ihre inneren und äußeren Angelegenheiten ausgestaltete.

Wie auf Gemeinde- und Landesebene suchten die Bürger/innen auch bei den Bundestagswahlen 1949 die Chance zum gemeinsamen demokratischen Neubeginn und erteilten radikalen linken und rechten Bestrebungen eine deutliche Absage. Bei den folgenden Wahlen konzentrierten sie ihre Stimmen zunehmend auf die Parteien CDU/CSU, SPD und FDP, wenngleich es noch zu früh war, diesen hoffnungsvollen Start als Garantie für die Etablierung demokratischen Denkens in breiten Schichten des Volkes zu sehen. Doch die Mehrheit der Bürger/innen vertraute zunächst dem patriarchischen Stil des ersten von CDU/CSU, FDP und DP gewählten Bundeskanzlers Konrad Adenauer und machte damit die SPD zu einer Opposition, die ihre verfassungsrechtliche Aufgabe wahrnahm und zahlreiche politische Korrekturen erreichte. Konrad Adenauers Regierungsstil formte die Anordnung der Insitutionen im Rahmen der Verfassung zur **Kanzlerdemokratie.** Seine klaren Grundgedanken zur Rolle (West-)Deutschlands in (West-) Europa, langjährige Erfahrungen als Oberbürgermeister Kölns (1917–1933), die unumstrittene Führung der CDU als Kanzlerpartei sowie der Rückhalt in der effektiv organisierten und wirkenden Verwaltung des Bundeskanzleramtes als Zentrale der Regierungsarbeit ließen an seiner persönlichen Autorität und seiner Gesamtverantwortlichkeit im Kabinett kaum Zweifel aufkommen. Er konnte sich so in der Frage der Geschäftsordnung der Bundesregierung, ob die Organisationsgewalt über die Zuständigkeitsbereiche der einzelnen Ressorts und Behörden beim Bundeskanzleramt oder beim Kabinett läge, durchsetzen und die Vorrangstellung seiner Behörde festschreiben. Er umgab sich zudem mit Ministern, die seine Richtlinienkompetenz – mit Ausnahme Gustav Heinemanns – absolut anerkannten und sich völlig auf ihr Ressort konzentrierten.

Unbedingte Unterstützung erwartete er auch von der Bundestagsfraktion, die er über den Fraktionsvorstand völlig beherrschte und der er keine eigenständige politische Rolle zugestand. Gleichermaßen nahm er Einfluß auf die Bildung der Landesregierungen, um eine Lahmlegung seiner Politik über eine oppositionelle Mehrheit im Bundesrat, dem zweiten Gesetzgebungsorgan, zu verhindern. Bundespräsident *Theodor Heuß* respektierte die Amtsführung Adenauers und gab sich mit seinen repräsentativen Aufgaben zufrieden. Ebenso akzeptierte die Öffentlichkeit in ihrer Mehrheit diesen autoritativen Führungsstil, was sich in den Wahlen immer wieder deutlich zeigte. Der tiefere Grund dieses Wählerverhaltens findet sich freilich im Wirtschaftsaufschwung.

Autonomie und Unabhängigkeit errang sich dagegen das Bundesverfassungsgericht als Hüter der Verfassung seit Anfang der 1950er Jahre. Es bezog Position in der streitbaren Demokratie, als es 1952 die neonazistische Sozialistische Reichspartei (SRP), 1956 die KPD für verfassungswidrig erklärte und auflöste. "Machtverteilend und -begrenzend" wirkte es auf die Verfassungsorgane ein, als es 1959 ein von der Regierung gelenktes Fernsehen als verfassungswidrig verbot.

Wichtigstes Organ unserer parlamentarischen Demokratie ist eigentlich der Bundestag, doch übergibt dieser mit der Wahl des Bundeskanzlers ihm und der von ihm gebildeten Regierung die Exekutivgewalt. Die überwiegende Zahl der Gesetzesinitiativen geht nicht vom Bundestag und Bundesrat aus. Aufgrund der Mehrheitsverhältnisse im Bundestag ist die Kraft der Kontrollfunktion, die die Opposition ausübt, eingeschränkt. Die SPD suchte in der Adenauer-Ära dennoch ihre Rolle als starke Gegenspielerin der Regierung, besonders bei grundsätzlichen Entscheidungen über den künftigen Weg der Bundesrepublik. Kurt Schumachers Kontroversen mit Konrad Adenauer bieten dafür anschauliche Beispiele. In der parlamentarischen Ausschußarbeit gelang aber für die überwiegende Zahl der Gesetzesvorhaben der Konsens zwischen den Parteien. Der Bundesrat konnte als die Vertretung der föderalen Interessen zu einem mit dem Bundestag konkurrierenden Organ aufsteigen, das die Regierungspolitik bei entsprechenden Mehrheiten korrigieren konnte. Die **Opposition der SPD** schärfte jedoch durch ihre Arbeit in der Öffentlichkeit das Verständnis für ihre Rolle; eine Chance zur Ablösung der Regierung hatte sie vor dem Hintergrund der wirtschaftlichen Entwicklung aber vorläufig nicht.

Mit dem Bundespräsident *Theodor Heuß*, der von 1949 bis1959 an der Spitze des Staates stand, sich weitgehend aus der Politik heraushielt und vor allem auf geistig-kulturellen Konsens bedacht war, formierte sich unter Konrad Adenauer als Kanzler ein stabiles politisches System, in dem die Institutionen bald ihr Profil fanden. Die Länder des Bundesstaates, seit 1951 mit dem neu entstandenen Baden-Württemberg an der Stelle von Baden, Württemberg-Baden und Württemberg-Hohenzollern und seit 1957 mit dem Saarland, verflochten sich finanziell, in der Verwaltung, Gesetzgebung und auch personell in regem Austausch eng mit dem Bund und mit den Gemeinden. Die Länder strebten danach, ihren Wirkungsbereich zu behalten, was ihnen im Bereich der Erziehung, Kultur und Polizei auch gelang. In Streitfragen der Staatsorgane und Konfliktfällen bewährte sich der Rechtsstaat mit den Gerichten. Auf der Grundlage des Grundgesetzes fand eine Form des demokratischen Zusammenwirkens von Staatsorganen, -ebenen und -prinzipien in der Wirklichkeit eine Umsetzung, die von der großen Mehrheit der Bürger/innen als gelungen empfunden wurde.

### 3.1.2 Programmatische Kontroversen zwischen den Parteien

Um den Weg zur Erweiterung deutscher Souveränität kam es zu einer heftigen parlamentarischen Auseinandersetzung zwischen der Regierung (CDU/CSU, FDP, DP) und Bundeskanzler Adenauer (CDU) einerseits und Kurt Schumacher (SPD) andererseits. Während der Bundeskanzler für seine Politik des Entgegenkommens durch Verhandlungen und gegebenenfalls Vorleistungen auf dem Weg nach Europa eintrat, plädierte Schumacher für ein kompromißloses Ringen mit den Mächten um Gleichberechtigung, denn erst dann sei die Grundlage für echte Partnerschaft gegeben. In der Debatte um das Petersberger Abkommen und die Aufnahme der Bundesrepublik in den Europarat als minderberechtigtes Mitglied kulminierte der parlamentarische Streit. Kaum weniger erhitzte die **Wiederbewaffnungsdebatte** von 1950 bis 1952 die Deutschen und ihre Parteien zu einer Zeit, als auch der Koreakrieg die Fronten zwischen Ost und West verschärfte. Während Adenauer die Wiederbewaffnung aus Sicherheitsgründen und zur Gewinnung der westdeutschen Souveränität für erforderlich hielt, protestierte die Sozialdemokratie gegen sie, weil für sie die deutsche Wiedervereinigung Priorität genoß. Auch als die Sowjetunion unverzügliche Verhandlungen über die Wiedervereinigung Deutschlands und den Abschluß eines Friedensvertrages vorschlug, überwog das Mißtrauen Adenauers. Freilich wies auch Schumacher bei unveränderter Grundkonzeption auf die Gefahr der Sowjetisierung hin.

Das Jahr 1953 brachte dann die Entscheidung: Die brutale Niederschlagung des Aufstandes in der DDR durch Sowjetpanzer am 17. Juni und Adenauers Sieg bei den Bundestagswahlen im September führten zur Klärung der politischen Verhältnisse. Als die französische Nationalversammlung die EVG-Verträge ablehnte – die Bundesrepublik hätte in der EWG einen Wehrbeitrag zu leisten gehabt –, trat die Bundesrepunblik der NATO bei.

Adenauer war zwar an einer Wiedervereinigung interessiert, doch unter Bedingungen, die angesichts der weltpolitischen Lage in dieser Zeit des Kalten Krieges nicht zu realisieren waren. Auch wenn sein Konzept der Magnettheorie in diesen Jahren nicht zum Erfolg führte, so behielt er doch angesichts der deutschen und europäischen Verhältnisse mit dem eingeschlagenen Weg, dem die Überzeugung zugrundelag, daß die Bundesrepublik die faktische Teilung Deutschlands aus eigener Kraft ohnehin nicht hätte korrigieren können, Recht.

Die CDU stand als Kanzlerpartei über das Jahr 1957, das ihr bei den Bundestagswahlen die absolute Mehrheit der Wählerstimmen (Zweitstimmen) brachte, hinaus unter der unumstrittenen Führung Adenauers. Kleinere Parteien wie die DP und der BHE (Bund der Heimatvertriebenen und Entrechteten) unterlagen dem Integrationssog von CDU/CSU. Es etablierte sich ein duales Parteiensystem mit der FDP als Erweiterung und möglichem Koalitionspartner. Wie sehr sich Debatten in den rechtsstaatlich an der Verfassung orientierten Rahmen fügten, zeigte der Streit um den Versuch von Volksbefragungen zur atomaren Ausrüstung der Bundeswehr. Als das Bundesverfassungsgericht diese für verfassungswidrig erklärte, respektierte die SPD den Karlsruher Beschluß, und die Protestbewegung ebbte ab.

Andere wichtige **Gesetze** erfolgten in der Frage der **Gleichberechtigung von Mann und Frau,** der **Finanz-** und **Steuerreform,** darunter etwa die Familienförderung und die Finanzhilfe des Bundes für West-Berlin. Nachdem die saarländische Bevölkerung in einer Volksabstimmung das Saarstatut abgelehnt und Bundeskanzler Adenauer mit dem französischen Ministerpräsidenten *Mollet* endgültige Übereinkommen getroffen hatte, konnte das Saarland 1957 als neues Bundesland in die Bundesrepublik eingegliedert werden, wofür sich auch dessen Bevölkerung aussprach.

Stabilität, Kontinuität und erfolgreiche Politik prägten die Arbeit von Regierung und Opposition in den 50er Jahren: Nach dem Tod Kurt Schumachers 1952 setzte *Erich Ollenhauer* die bislang verfolgte politische Linie fort, Konrad Adenauer und Theodor Heuß, der allseits geachtet das Bundespräsidentenamt zwei Perioden lang bis 1959 führte, galten als personelle Stabilitätsgaranten; das parteipolitische und das Verfassungssystem wirkten gefestigt, Experimente erschienen der Mehrheit der Bürger/innen für nicht angebracht.

Die Deutschen mußten sich nach dem Scheitern der Genfer Konferenz 1954 auf die zunächst andauernde Existenz zweier deutscher Staaten einstellen, was sich 1955 in der Aufnahme diplomatischer Beziehungen mit der Sowjetunion niederschlug. In diesem Jahr wurden auch die deutschen Kriegsgefangenen, die sich noch im sowjetischen Gewahrsam befanden, nach Vereinbarungen zwischen der sowjetischen Führung und Adenauer in Moskau, freigelassen.

1952 regelte die Bundesregierung in einem Globalvertrag mit Israel die **Wiedergutmachung** für die jüdischen Opfer des NS-Regimes. Das Bundesentschädigungsgesetz für die Einzelentschädigung wurde 1954 vom Bundestag verabschiedet. Beide Maßnahmen dienten der Herstellung des stabilen politischen Ansehens des neuen Staates.

Innenpolitisch hingegen überwogen Kontinuitätsstrukturen aus der Weimarer Republik und dem Dritten Reich, da Regierung und Opposition kaum an einer gründlichen Auseinandersetzung mit der deutschen Vergangenheit interessiert waren. NS-Opfer fanden wiederholt keine fürsorgliche Beachtung, während oft Beamte, Richter und Fachkräfte aus dem Dritten Reich wieder in ihre alten Positionen zurückkehrten. Dessen ungeachtet war es der Politik der Regierung Adenauer gelungen, wieder eine bürgerliche Gesellschaft auf einer demokratischen Basis zu etablieren, die von der Mehrheit der Bürger/innen in den Bundestagswahlen auch legitimiert wurde. Damit war das Fundament für wachsendes innen- und außenpolitisches Vertrauen sowie für eine anhaltende demokratische Entwicklung gelegt.

## Auflockerung des starren politischen Lebens

Als Konrad Adenauer Mitte 1959 auf die Präsidentschaftskandidatur verzichtete, weil er die politischen Befugnisse dieses Amtes überschätzt hatte und letztlich auch seine Macht nicht aufgeben wollte, zeichnete sich das Ende einer Ära ab. Statt des hochbetagten Bundeskanzlers wurde Landwirtschaftsminister *Heinrich Lübke* ins Amt gewählt. Schon aufgrund des Alters Adenauers stand auch für das Bundeskanzleramt die Nachfolgefrage an. Bei den Bundestagswahlen im Herbst 1961 verloren CDU/CSU überdies die absolute Mehrheit. Adenauer verpflichtete sich in einem Koalitionsabkommen mit der FDP, auch aufgrund des Autoritätsverlustes in der eigenen Partei, zu seinem Rücktritt im Herbst 1963, um dem Nachfolger *Ludwig Erhard* seinen Platz einzuräumen.

Nach dem für die SPD enttäuschenden Ausgang der Bundestagswahl 1957 entschieden sich die Sozialdemokraten zu einem grundsätzlichen Wandel ihrer politischen Vorstellungen, der im November 1959 seinen Niederschlag im **Godesberger Programm** fand. Die SPD öffnete sich einer pluralistischen Gesellschaft, verzichtete ausdrücklich auf die Idee eines Sozialismus als Endziel und zeigte sich als moderne Volkspartei, die das bestehende europäische und atlantische Vertragssystem und damit die Westintegration der Bundesrepublik wie die Nachrangigkeit der deutschen Wiedervereinigung gegenüber der gesicherten Freiheit zu Eckdaten der eigenen Außen- und Deutschlandpolitik bestimmte. Die bislang wesentlichen Unterscheidungsmerkmale zwischen SPD und CDU/CSU auf diesem Feld entfielen somit. Der Regierende Bürgermeister von Berlin, *Willy Brandt,* wurde Kanzlerkandidat der SPD bei den Bundestagswahlen 1961. Mit ihrem Erfolg (36,2 %) konnte die SPD aus dem "Turm der 30 %" ausbrechen. Auch in den Ländern war die Erfolgskurve der SPD deutlich festzustellen.

Adenauer stand mit den Repräsentanten von Kultur und Kunst kaum im Gespräch. Hohe Erwartungen an die Politik, daß sie eine geistige Reform fördere, fanden kaum eine Erfüllung in Adenauers Realpolitik. Anders Willy Brandt: Viele Intellektuelle setzten sich kritisch mit der restaurativen Politik des Kanzlers auseinander, und politisch engagierte Autoren, wie z. B. *Günter Grass,* traten sogar aktiv für eine sozialdemokratische Politik ein, indem sie 1961 die SPD in ihren Reformabsichten unterstützten und sie als Alternative zu den Regierungsparteien sahen. Die **Spiegel-Affäre,** in die die Regierung verstrickt war, gab im Herbst 1962 Anlaß zu Demonstrationen gegen die Unterdrückung der Pressefreiheit. Die Proteste vieler Deutscher und die Ministerrücktritte bewiesen das gewachsene Demokratieverständnis der Deutschen und das Funktionieren der parlamentarischen Staatsform.

### 3.1.3 Das Wirtschaftswunder und seine soziokulturellen Auswirkungen

Konrad Adenauer berief 1949 den damals noch parteilosen Wirtschaftsfachmann *Ludwig Erhard* zum Wirtschaftsminister. Bereits nach kurzer Zeit führte sein **Konzept der sozialen Marktwirtschaft** bzw. des Ordo-Liberalismus, das dem Staat durchaus eine aktive Rolle zugunsten der Wirtschaft und der wirtschaftlich Schwachen zuwies, zu ersten Erfolgen. Dies motivierte die CDU, sich in den "Düsseldorfer Leitsätzen" an Erhards Zielen neu zu orientieren. Bald beendete der Staat alle Rationierungsmaßnahmen, etwa die Lebensmittelbewirtschaftung am 1. Juni 1950, und überließ die Wirtschaft dem freien Markt. Nur noch der Wohnungsmarkt stand unter seiner Kontrolle. Der Produktionsindex überschritt bereits 1950 den des Jahres 1936. Die wichtigste Schubkraft des wirtschaftlichen Aufschwungs war die starke Nachfrage nach Investitions- und Konsumgütern. Arbeitskräfte, die qualifiziert und billig waren, standen in ausreichender Zahl zur Verfügung; die massenhafte Abwanderung aus der DDR, die bis zum Bau der Berliner Mauer (1961) dauerte, erhöhte das Arbeitskräftepotential. Aufgrund der gemäßigten Lohnpolitik der Gewerkschaften blieben die Arbeitskosten vorläufig niedrig, was sich positiv auf die seit den frühen 50er Jahren stetig ansteigende Arbeitslosigkeit auswirkte. Technisch fortschrittliche und produktive Anlagen konnten errichtet werden. Der Marshall-Plan und der Boom im Zuge des Koreakrieges aufgrund kräftig gestiegener Preise für industrielle Erzeugnisse auch aus der Bundesrepublik gaben der Wirtschaft zusätzliche Impulse von außen.

Das Ausland gewann bald Vertrauen in die deutsche Mark, der Außenhandel stieg rasch, bereits 1952 erreichte die Bundesrepublik eine aktive Handelsbilanz. Die **Londoner Schuldenkonferenz** legte im gleichen Jahr die Höhe der jährlichen Verpflichtungen auf 600 Millionen, für spätere Jahre auf 750 Millionen DM, insgesamt auf 14,3 Milliarden DM fest. Zugleich hoben die Westalliierten wichtige Bestimmungen für die deutsche Industrie auf, die Demontagen endeten mit dem Abbau von Industrieanlagen in Salzgitter-Watenstedt. Gezielte Steuervergünstigungen boten Industrie, Handel, Gewerbe und Landwirtschaft entscheidende Starthilfen, während die Stundenlöhne der Arbeitnehmer anfangs kaum stiegen. Der Anteil der Investitionen von seiten der Unternehmer in die deutsche Wirtschaft – ihr Einkommen verzehnfachte sich in kurzer Zeit – war sehr hoch, deutscher Konsum nach der Zeit der Entbehrungen und schnelle technologische Entwicklung führten zu wachsender Dynamik. Auch das Einkommen der beschäftigten Arbeitnehmer konnte sich so zwischen 1950 und 1962 um das Zweieinhalbfache erhöhen. Bereits Ende der 50er Jahre überholte die Bundesrepublik, gemessen an wirtschaftlicher Kraft, Großbritannien und Frankreich als Industrienationen. Zur gleichen Zeit erreichte sie die Vollbeschäftigung, nachdem die anfänglich hohe Arbeitslosenzahl von über zwei Millionen und ihr nur allmählicher Abbau das Bild des deutschen Aufschwungs zu Beginn stark getrübt hatten.

Kurz nach Gründung der Bundesrepublik hatten sich die bereits bestehenden 16 Einzelgewerkschaften im **DGB** (Deutscher Gewerkschaftsbund) zu einer Einheitsgewerkschaft zusammengeschlossen und sich damit von der Tradition der politischen Richtungsgewerkschaft abgekehrt. Programmatisch zielte der DGB auf eine sozialistische Neuordnung des Staates, was er erst 1963 aufgab. Nachdem es ihm 1951 gelungen war, die paritätische Mitbestimmung in der Montanunion, die die britische Militärregierung eingeführt hatte, aufrechtzuerhalten, konzentrierte er seine weitere Arbeit auf die **Tarifpolitik.** Dies ergab sich auch aus der Politik der Arbeitgeber (Bundesverband der Deutschen Arbeitgeberverbände, Deutscher Industrie- und Handelstag, Bundesverband der Deutschen Industrie), die die Gewerkschaften gezähmt sehen wollten.

Aufgrund der Kriegsfolgen bedurfte die staatliche Sozialpolitik allerdings vordringlicher Regelungen. Der **Lastenausgleich,** verabschiedet 1952, sollte einen sozialen Ausgleich zwischen den Bevölkerungsgruppen schaffen, die der Krieg besonders und jenen, die er weniger hart getroffen hatte. Vor allem die rund acht Millionen Flüchtlinge und Vertriebenen (Stand Volkszählung vom 13. September 1950) erhielten Leistungen in verschiedenen Formen, die von Wohnraumhilfen über Hausratsentschädigungen bis zu Renten reichten. Sozial zu integrieren waren außerdem ca. 3,6 Mio. Menschen, die bis zum Mauerbau am 13. August 1961 aus dem anderen deutschen Staat in die Bundesrepublik kamen. Weitere wichtige gesetzgeberische Maßnahmen waren die Heimkehrerentschädigung, die Kriegsopferversorgung sowie die Wiedergutmachung. Im Bereich des Arbeits- und Sozialrechts waren das Tarifvertragsgesetz, die Mitbestimmung in der Montanindustrie und das Betriebsverfassungsgesetz wichtige Marksteine. Eine durchschlagend neuartige Reform stellte die Einführung der **dynamischen Rente** 1957 dar, die dadurch an die allgemeine Lohnentwicklung gekoppelt wurde.

Konrad Adenauer war sich bewußt, daß nur der gesicherte soziale Friede in der Bundesrepublik Grundlage für deren politische und wirtschaftliche Aufwärtsentwicklung und Integration in den Westen Europas sein konnte. Freilich verlief die Vermögensentwicklung zunächst einseitig zugunsten von Unternehmern und öffentlicher Hand, doch allmählich wuchsen auch das Einkommen und der Lebensstandard der privaten Haushalte, wenn auch nicht gleichermaßen rasch und stark. Die Volksaktie, das Sparprämiengesetz, das Lohnfortzahlungsgesetz im

Krankheitsfall (1961) und das Bundesurlaubsgesetz (1963) trugen jedoch außer zur Vermögensbildung besonders zur Sicherung und zum Ausbau des Schutzes der Arbeitnehmer erheblich bei. Seitdem die Vollbeschäftigung 1955 praktisch erreicht war, bot sich den Gewerkschaften in der Zeit anhaltender Hochkonjunktur die Chance, in harten Lohnkämpfen, jedoch ohne Streiks, die Arbeitszeit zu senken und die Tariflöhne zugleich zu erhöhen. Erhards Wahlkampfparole **"Wohlstand für alle"** wurde in Form eines allgemein steigenden Lebensstandards bald Wirklichkeit.

Der großen Wohnungsnot, entstanden durch Kriegszerstörungen und die Zuwanderung von Flüchtlingen und Heimatvertriebenen nach dem Zweiten Weltkrieg, konnten private und staatliche Maßnahmen nur allmählich abhelfen. Zwei Wohnungsbaugesetze (1950, 1956) und das Gesetz zur Förderung der Vermögensbildung der Arbeitnehmer (1961) ließen das Wohnungsangebot mit 500 000 bis 600 000 Wohnungen pro Jahr allerdings beachtlich wachsen, so daß die öffentliche Zwangswirtschaft allmählich gelockert oder aufgehoben werden konnte, wobei nach dem Wohngeldgesetz von 1965 einkommensschwächeren Familien Wohngeld zustand. Zu Beginn der 60er Jahre war es der Bundesrepublik gelungen, die Heimatvertriebenen und Flüchtlinge beruflich und sozial zu integrieren und die Westdeutschen an den Leitbildern von Arbeit und Unternehmergeist zu motivieren sowie soziale Errungenschaften durchzusetzen. Zugleich konnten die Bundesbürger/innen nach und nach auch langgehegte Konsumwünsche befriedigen: Gutes Essen, die Einrichtung der Wohnung mit Nierentisch, Konzerttruhe und einem Fernseher, die Ausstattung mit Kühlschrank und Waschmaschine und später mit dem eigenen Auto. Die 5-Tage-Woche begann sich allmählich durchzusetzen, die Arbeitszeit ließ sich seit Mitte der 60er Jahre allmählich für breite Bevölkerungsschichten auf die 40-Stunden-Woche verkürzen; Urlaubsregelungen traten in Kraft, was die Alltags- und Freizeitkultur veränderte. Viele Menschen orientierten sich stark an materiellen Gütern, ein verhältnismäßig einheitlicher Lebensstil entwickelte sich mit einer Selbstzufriedenheit, die über vorhandene Probleme, etwa den Materialismus, der in die Familien eingriff, oder die fehlende Vergangenheitsbewältigung, hinwegtäuschte.

### 3.1.4 Auseinandersetzung mit dem Kommunismus

Konrad Adenauer war ein erklärter Gegner jeder Art von Sozialismus, ob er nun im kommunistischen oder demokratischen Gewande auftrat. Nur eine freie Wirtschaftsordnung und eine liberale Demokratie, eingebunden in den europäischen

Westen, könnten das politische System der Bundesrepublik stabilisieren. Größtes Mißtrauen hegte Adenauer gegenüber der Sowjetunion, deren Vorgehen er für imperialistisch, expansiv und dynamisch, auf das Endziel einer Weltherrschaft gerichtet, hielt. Einer allmählichen Sowjetisierung ganz Deutschlands sollte durch die **Containment-Politik** vorgebaut werden.

Vor diesem Hintergrund hatte die Auseinandersetzung mit dem Kommunismus einige außenpolitische und innenpolitische Funktionen. Vom antikommunistischen Integrationsmuster gingen starke Wirkungen aus: Die Westintegration und die sicherheitspolitische Verankerung der Bundesrepublik im westlichen Bündnis waren teilweise Ergebnisse davon, ebenso die Verfestigung der parlamentarischen Demokratie nach westlichem Vorbild im politischen Bewußtsein der Bevölkerung. Forderungen nach Veränderungen der Eigentumsverhältnisse und der Wirtschaftsordnung konnten vor dem Hintergrund dieser Entwicklungen abgewehrt werden. Die von Adenauer als notwendig erkannte Rangfolge der politischen Prioritäten, Frieden und Freiheit vor Einheit, bewirkte nach der Blockbildung eine starke Abgrenzung zur DDR. Der Antikommunismus zeigte auch als innenpolitisches Disziplinierungsmittel seine Kraft. Als in personeller Kontinuität zur Weimarer Republik und NS-Zeit Fachleute der Verwaltung, der Justiz und des Militärs rekrutiert wurden, waren diese erstmals bereit, die Spielregeln eines demokratischen Staates zu akzeptieren, auch weil sie im Antikommunismus eine konsensfähige Integrationsideologie fanden. Das Verbot der KPD, wie bereits vorher der rechtsextremen SRP, zielte darauf ab, der Öffentlichkeit klar zu machen, daß verfassungsfeindliche Parteien im parlamentarisch-demokratischen System der Bundesrepublik keinen Platz hatten.

Die Auseinandersetzung mit dem Kommunismus beeinflußte auch die Parteienlandschaft: Vor dem Godesberger Programm erschien die SPD vielen Wählern immer noch als sozialistische Klassenpartei, die für den demokratischen Sozialismus, aber gegen den Kommunismus kämpfte und Front gegen die wichtigsten Positionen der Politik Adenauers machte.

Im Zeichen des Ost-West-Konfliktes entstand ein teilweise stereotyper, wenig differenzierter Antagonismus zwischen Regierung und Opposition, der besonders vor Wahlen zu Verzerrungen führte. Konservativen Erklärungen nach dem Mauerbau, westdeutsche Spielpläne seien von Bert Brechts Werken "zu säubern", zeigten diese erstarrten Fronten auf. Erst zu Beginn der 60er Jahre begann eine differenziertere Auseinandersetzung der Intellektuellen und Parteien mit der deutschen Vergangenheit, dem Neubeginn sowie den restaurativen Tendenzen und dem Kommunismus.

## 3.2 Die Bundesrepublik in den 60er Jahren

| | |
|---|---|
| 26. 6. 1963 | Empfang des US-Präsidenten John F. Kennedy in Berlin ("Ich bin ein Berliner.") |
| 15. 10. 1963 | Ende der Ära Adenauer: Konrad Adenauer tritt als Bundeskanzler zurück, Nachfolger: Ludwig Erhard (CDU) |
| seit 1965 | verstärktes Engagement der USA im Vietnamkrieg |
| Mitte der 60er Jahre | Wirtschaftsrezession in Deutschland, Wahlgewinne der Rechtsradikalen |
| 1967/1968 | Höhepunkt der Studentenrevolte |
| 30. 11. 1966 | Rücktritt Erhards; Große Koalition unter Bundeskanzler Kiesinger (CDU) und Außenminister Brandt (SPD) |
| 20. 5. 1968 | Annahme der Notstandsgesetze im Bundestag |
| 21. 8. 1968 | Ende des "Prager Frühlings" (Einmarsch der Warschauer-Pakt-Staaten in die Tschechoslowakei) |

Binnen weniger Jahre wurde aus dem Wirtschaftswunderland Bundesrepublik mit ihren scheinbar stabilen und wohlgefestigten Strukturen eine Nation innerer Unruhe und Zerwürfnisse. Hatten noch 1963 die Menschen in Deutschland begeistert den US-Präsidenten Kennedy empfangen und amerikanische Fahnen geschwenkt, häuften sich nun überall im Staat antiamerikanische Parolen. Selbst in West-Berlin, das seine Freiheit nicht zuletzt dem Engagement der Westmächte zu verdanken hatte, waren "Amy go home" und "Ho Ho Ho Tschi-Minh"-Rufe auf der Straße vorherrschend.

Kanzler jener Zeit des beginnenden gesellschaftlichen Umbruchs war Ludwig Erhard, der Vater des "Wirtschaftswunders" und seit 1963 Nachfolger Konrad Adenauers, der mit seiner Forderung nach "Maßhalten" und der von ihm in die öffentliche Diskussion gebrachten Idee einer "formierten Gesellschaft" die Gemüter noch mehr erregte. Neben ihm stand ein Bundespräsident, Heinrich Lübke (CDU), gegen den eine Hetzkampagne wegen einer angeblichen Verwicklung in den Bau von Konzentrationslagern im Gange war und der (krankheitsbedingt) die deutsche Öffentlichkeit nur wenig zu überzeugen verstand.

Aus der alten, von Adenauer recht autoritär geführten Bundesrepublik war ein Ort politischer Unruhe und antiautoritären Aufbegehrens geworden.

### 3.2.1 Irritation und Aufbruchstimmung

Bis zum Beginn der 60er Jahre war die feste Bindung Westdeutschlands an die westlichen Schutzmächte ein unverbrüchlicher Bestandteil bundesdeutscher Außenpolitik gewesen. Der Streit zwischen "Europäern" und "Atlantikern" hatte so weit geführt, daß der Bundestag 1963 einseitig eine Ergänzung zum deutsch-französischen Freundschaftsvertrag verfügte, in der sich die "Atlantiker" durchsetzten und die weiterbestehende Bindung der Bundesrepublik an ihre atlantischen Partner trotz der Abmachung mit Frankreich betonten. Wenige Jahre später sollten sich dennoch erste "Schrammen" im deutsch-amerikanischen Verhältnis zeigen.

Ein erster Hinweis darauf waren die Schwierigkeiten, die der neue Kanzler Erhard, ein erklärter "Atlantiker", mit seinen amerikanischen Partnern hatte. Zwar wurde er von US-Präsident *Johnson,* Nachfolger des 1963 ermordeten Präsidenten John F. Kennedy, freundlichst in den USA empfangen, politisch aber waren seine Gespräche ohne große Substanz, da er meist nicht mehr als vage gehaltene Angebote aus den USA mitbrachte. Andererseits verschlechterten sich gerade unter seiner Leitung auch die Beziehungen nach Paris, so daß es zu Irritationen in der westdeutschen Außenpolitik kam.

In den Jahren bis 1968 vollzogen sich weitere Veränderungen in der internationalen Politik, die zu zusätzlichen Verunsicherungen und letztlich auch zum Aufbegehren einer ganzen Generation führten: So gerieten zunächst die USA, dem Selbstverständnis ihrer Bürger/innen nach bislang Vorkämpferin der Freiheit, Demokratie und Gerechtigkeit in der Welt, ins Zwielicht, als sich die Probleme zwischen Weißen und Schwarzen mehrten. Immer häufiger kam es zu Auseinandersetzungen, besonders im Süden der USA. Unter Führung von *Martin Luther King* entstand eine Bürgerrechtsbewegung (Civil Rights Movement), die sich der Gewaltlosigkeit verpflichtet hatte, aber um so mehr durch spektakuläre Aktionen (friedlicher Massenprotest, Ostermärsche usw.) von sich reden machte und damit zeigte, daß ein beherztes Vorgehen gegen Mißstände durch Aktivitäten "von unten" durchaus Erfolg haben konnte.

Hinzu kam das zunehmende Engagement der Vereinigten Staaten in **Vietnam**. Nordvietnamesische Truppen, denen es 1954 gelungen war, die französische Kolonialherrschaft abzuschütteln, und von ihnen unterstützte Guerillakämpfer im Süden des Landes, genannt Vietcong, versuchten auf dem Wege der Gewalt und Infiltration eine zwangsweise Vereinigung mit Südvietnam zu erreichen. Schon unter US-Präsident Kennedy waren amerikanische "Berater" nach Südvietnam entsandt worden, um die Ausweitung des kommunistischen Einflußgebietes zu verhindern. Unter seinem Nachfolger *Lyndon B. Johnson* (1963–1969) wurde das amerikanische Engagement in Vietnam verstärkt. Zeitweise kämpften bis zu 400 000 US-Soldaten an der Seite ihrer südvietnamesischen Verbündeten gegen das kommunistische Vietnam unter seinem populären Anführer *Ho Tschi-minh.*

Zunächst engagierten sich dort die amerikanischen Soldaten voller Idealismus und in dem Glauben, die Demokratie zu schützen. Zermürbender Guerillakrieg im unwegsamen Dschungel ohne gesicherte Fronten, zunehmende Härte und Rücksichtslosigkeit der Kriegsführung und alarmierende Nachrichten über Korruption und Mißwirtschaft bei den Saigoner Verbündeten beraubten viele schnell ihrer Illusionen. Auch weite Teile der Bevölkerung der USA und der restlichen westlichen Welt wurden durch Nachrichten über Grausamkeiten beider kriegführender Parteien aufgeschreckt. Das Massaker von My Lay, bei dem auf Befehl eines US-amerikanischen Offiziers ein ganzes vietnamesisches Dorf niedergebrannt und seine Bewohner rücksichtslos ermordet worden waren, erschütterte die Glaubwürdigkeit der USA ebensosehr wie Berichte über den verheerenden Einsatz von Napalmbomben im Kampf gegen den Vietcong. Die Diskussion in den USA und in Westeuropa über Sinn und Zweck des Krieges in Fernost wurde mit zunehmender Dauer immer heftiger, die öffentlichen Proteste immer zahlreicher.

Vor allem junge Menschen traten vehement gegen den Krieg ein. Ausgehend von der kalifornischen Universität Berkeley verstärkte sich der Widerstand gegen das amerikanische Engagement in Vietnam und fand in Anti-Vietnamkrieg-Kampagnen und -Demonstrationen seinen Niederschlag. Auch Martin Luthers Civil Rights Movement bekam dadurch weiteren Zulauf.

Doch in den meisten Demonstrationen der 60er Jahre ging es nicht nur um politische Fragen, sondern ebenso um gesellschaftliche. Eine Jugendbewegung lehnte sich gegen die (ihrer Meinung nach) verkrusteten, autoritären kleinbürgerlichen Strukturen des "Establishments", der tonangebenden Schicht in Staat und Gesellschaft, auf und stellte traditionelle Werte und Normen der Elterngeneration in Frage. Dieser Protest zeigte vielfältige Formen: Eine neue Generation von Rockmusikern, allen voran die Beatles und die Rolling Stones, gingen in der Musik zum Entsetzen vieler älterer Menschen einen vollkommen anderen Weg. Kleidungskonventionen wurden durchbrochen (z. B. durch den Minirock), neue Vorstellungen über "freie" Sexualität und Partnerschaft machten die Runde, und bürgerlichen Erziehungsvorstellungen wurde das vielbeachtete Konzept der "antiautoritären Erziehung" entgegengestellt. Forderungen nach Emanzipation von Frauen und bisher Benachteiligten kamen auf, neue Formen der Religiosität (z. B. Öffnung zu fernöstlichen religiösen Weltanschauungen und Sekten) wurden gesucht, und viele stellten sich gänzlich gegen den bürgerlichen Wertekodex: Statt Leistungsgesellschaft und bürgerliche Tugenden sahen viele junge Menschen ihr "Heil" darin, ihre Lebensträume in der Hippie-Bewegung ("Blumenkinder") und durch den "Ausstieg" aus der bestehenden Gesellschaft zu verwirklichen. In der schleichenden Popularisierung des Rauschgiftkonsums zeigten sich jedoch auch erste Vorboten einer Gefährdung und Wirklichkeitsferne jener neuen Bewegung. Die neue "Jugendkultur" hatte einen enormen Wertewandel provoziert, der über kurz oder lang zu ernsthaften Auseinandersetzungen mit den staatstragenden Kräften führen mußte.

Den Höhepunkt der Unruhen markierte das Jahr 1968. Ein Ende des Vietnamkrieges war nicht abzusehen, die "Tet-Offensive" bescherte der siegesbewußten US-Armee erstmals empfindliche Verluste. In den USA kam es zu massenweisen Demonstrationen. Die Krisenstimmung wurde zudem durch zwei aufeinanderfolgende Attentate verstärkt, denen der Bürgerrechtler Martin Luther King und der demokratische Präsidentschaftskandidat *Robert Kennedy* zum Opfer fielen. Vietnamtrauma und innenpolitische Schwierigkeiten hatten das Selbstbewußtsein der westlichen Führungsmacht nachhaltig erschüttert.

Das Aufbegehren gegen Vietnam und die Suche nach neuen, offenen Lebensformen fanden auch in Europa einen guten Nährboden. Während in England mehr nichtpolitische Formen des Widerstands vorherrschten (Beatmusik, alternativer Lebensstil), wurden zunächst in Frankreich politische Themen aufgegriffen. Frankreich war seit 1958 in der V. Republik durch den Ex-Weltkriegsgeneral *de Gaulle* relativ autoritär geführt worden. Die "gehobene" französische Gesellschaft unterstützte diesen Kurs in der Regel rückhaltlos. Dies erklärt, warum sich in Frankreich schnell ein reger Zulauf für den Jugendprotest ergab, nicht zuletzt auch wegen des immer noch vorhandenen und als fragwürdig empfundenen französischen Kolonialengagements. So konnte der von der Pariser Universität (Sorbonne) und einzelnen Aktivisten, unter ihnen der Deutschfranzose *Daniel Cohn-Bendit,* ausgehende Widerstand sehr schnell an Boden gewinnen. Als der Staat versuchte, mit autoritären Mittel gegen die Protestbewegung vorzugehen, provozierte dies einen massenhaften Protest, der in Studentenunruhen seinen Niederschlag fand. Erst unter de Gaulles 1969 gewählten Nachfolger *Pompidou* beruhigte sich die Lage zusehends.

Auch die sozialistische Bewegung bekam immer weiteren Zulauf. Vorstellungen von menschlicher Gleichheit, Abschaffung der "Ausbeutung" und die Vision einer "klassenlosen" Gesellschaft hatten schon viele Menschen den Sozialisten und Kommunisten zugeführt. Neuen Zulauf bekam die Bewegung durch die Idealisierung von "Befreiungskämpfern" der Dritten Welt, die, von Moskau im Zuge des weltumfassenden "Klassenkampfes" reichlich unterstützt, Erfolge verbuchen konnten bzw. sehr populär wurden. Zu ihnen gehörten u. a. die Lateinamerikaner *Fidel Castro* und *Che Guevarra,* der Kongolese *Lumumba,* Ägyptens neuer Staatspräsident *Nasser* und die Repräsentanten der algerischen Befreiungsbewegung, unter ihnen *Ben Bella.* Ähnlich wie Ho Tschi-minh wurden diese Politiker zu Idolen der Jugendbewegung, die in ihrer überwiegenden Mehrheit linksorientiert war. Die Romantisierung mancher kommunistischer Führer, wie zum Beispiel *Mao Tse Tungs* in Rotchina, verstärkte diesen Trend.

Außerdem schien das bisher verkrustete und für die jungen Menschen wenig attraktive System östlich des "Eisernen Vorhanges" Anlaß zu neuer Hoffnung zu geben. In Prag hatte sich im Frühjahr 1968 eine Gruppe von Politikern um *Alexander Dubček* gegen die bisherige "Betonriege" im Politbüro durchgesetzt und einen "menschlichen Sozialismus" mit weniger Zwang, mehr Freiheit und nur noch wenig Ideologie angestrebt. Dieser "Prager Frühling" weckte neue Hoffnungen auf eine Belebung der "guten" Seiten des Sozialismus, die vielen im Westen in ihrer Kritik an der "kapitalistischen Leistungs- und Konsumgesellschaft" als eine erfolgversprechende Alternative erschien.

Obwohl das Prager Experiment, das viele Formen der Reformpolitik Michail Gorbatschows im Sowjetrußland der 80er Jahre vorweggenommen hatte, durch den Einmarsch linientreuer Armeen der übrigen Warschauer-Pakt-Staaten am 21. August 1968 brutal gestoppt wurde, war im allgemeinen Klima jener Jahre "links in", so daß der Jugendprotest zunehmend unter kommunistisch-sozialistischen Einfluß geriet.

Diese Entwicklung konnte natürlich auch an der Bundesrepublik Deutschland, in den Jahren unter Adenauer und Erhard ein festverwurzelter Teil des "freien" Europas geworden, nicht spurlos vorübergehen. Ganz Westdeutschland wurde mehr oder minder von der neuen Bewegung erfaßt, und auch die DDR blieb, was die Jahre 1988 bis 1990 zeigten, von den Spätfolgen dieser Erscheinungsformen nicht unberührt.

### 3.2.2 Wirtschaftskrise und ihre Auswirkungen

Einer der wichtigsten Auslöser für den Umbruch in Westdeutschland war neben der oben skizzierten internationalen Entwicklung die erste große (Rezession) in Westdeutschland seit 1949. An stetige Zuwachsraten und florierende Produktion im Zeichen des von Ludwig Erhard mit den Mitteln der sozialen Marktwirtschaft und einer stabilen Deutschen Mark erreichten "Wirtschaftswunders" gewöhnt, traf die Bundesbürger/innen dieser erste Rückschlag im Wirtschaftsleben nachhaltig und unvorbereitet. Es war Erhards Schicksal, ausgerechnet während seiner Kanzlerschaft (1963–1966) mit dieser Entwicklung konfrontiert zu werden. Daß es ihm nicht gelang, mit dieser Krise fertigzuwerden bzw. seine Vorstellungen durchzusetzen, hat nicht nur das Vertrauen in seine Regierungsfähigkeit nachhaltig erschüttert, sondern auch zu einer teilweise ungerechtfertigten Verunglimpfung der bundesdeutschen Demokratie und der sozialen Marktwirtschaft geführt, die erst in den 80er Jahren wieder überwunden wurde.

"Der Mohr hat seine Schuldigkeit getan, der Mohr kann gehen." Aus: Industriekurier vom 16. Februar 1963; Zeichnung von Klaus Pielert

Was waren nun die Ursachen dieser ersten großen deutschen Wirtschaftskrise nach der Währungsreform, die aus heutiger Sicht nicht viel mehr war als eine kurzfristige Wachstumsstörung? Wie aus der beigefügten Karikatur hervorgeht, führte die zu Beginn der 60er Jahre verstärkt zu beobachtende Umstellung auf den Energieträger Erdöl zu einer Krise im Ruhrbergbau. Der bisherige Energieträger Nummer 1 hatte scheinbar ausgedient; Zechenstillegungen und Stellenabbau waren die Folge. Durch die in der Wirtschaft wirkenden Akzelarator- und Multiplikator-Effekte (z. B. durch Rückwirkungen der Kohlekrise auf verarbeitendes und zulieferndes Gewerbe) verstärkten sich die Schwierigkeiten. Zeichen der Krise waren die Arbeitslosenzahlen; innerhalb eines halben Jahres stiegen die Erwerbslosenzahlen von 350 000 auf rund 635 000, was einer Quote von 2,5 Prozent entspricht. Außerdem schieden rund 290 000 Arbeitskräfte aus dem Erwerbsleben aus, ohne in der Statistik der Arbeitslosen erfaßt zu werden. In der Bundesrepublik gab es 1967 rund 345 000 Kurzarbeiter, außerdem verdoppelte sich die Anzahl der Konkurse gegenüber 1962.

Neben der Kohlekrise machten sich vor allem folgende Faktoren krisenverschärfend bemerkbar:

- *Mangel an qualifizierten Arbeitskräften:*
  Die nahezu vollständige Schließung der Interzonengrenze nach dem Bau der Berliner Mauer ließ den Zustrom an Arbeitskräften versiegen, außerdem zeigten sich Engpässe im Ausbildungswesen (nicht mehr ausreichende Zahl an Ausbildungsplätzen, nicht ausgeschöpfte "Bildungsressourcen" in vielen Regionen des Landes).

- *Schwierigkeiten bei der Umsetzung neuer Technologien:*
  Einerseits war der erste technische Nachholbedarf gestillt (Marktsättigung), andererseits ließen sich neuere Technologien aufgrund technischer Probleme nicht so schnell auf dem Markt umsetzen.

- *Sinkende Kapitalproduktivität:*
  Die DM war voll konvertibel geworden, und die Exportüberschüsse der deutschen Wirtschaft waren hoch; daher ergaben sich im Inland inflationäre Tendenzen, die immer mehr zum Problem wurden.

- *Trend zu einer zyklischen Konjunkturschwankung:*
  Ganz allgemein wurde die westdeutsche Wirtschaft von einer Tendenz zu periodisch auftretenden Konjunkturkrisen erfaßt, die in vielen der Marktwirtschaft verpflichteten Systemen auftreten.

– *Mängel in der Haushalts- und Fiskalpolitik:*
  Seit den 50er Jahren gab es in der Bundesrepublik ein relativ ungeregeltes Wachstum, das im wesentlichen den Marktkräften innerhalb der Bahnen des sozialen Elementes der westdeutschen Wirtschaftsordnung überlassen war. Dadurch wurde eine mittelfristige Finanzplanung erschwert. Ein Stabilitäts- und Außenwirtschaftsgesetz gab es nur in Ansätzen.

Wichtig sind vor allem die Schlußfolgerungen aus der Krise. Während die meisten Wirtschaftsinstitute und auch der "geistige Vater" der Sozialen Marktwirtschaft, *Alfred Müller-Armack,* in den wirtschaftlichen Problemen nur eine vorübergehende und zudem durch Reformmaßnahmen zu überwindende Krisenerscheinung sahen, schien einer kleinen Gruppe "systemkritischer" Analytiker das Ende des Kapitalismus nahe: So sah unter anderem der neomarxistische Wissenschaftler *Ernest Mandel* darin eine tiefgreifende und grundstürzende Krise des westlichen Wirtschaftssystems. Auch der *Club of Rome* ("Die Grenzen des Wachstums") äußerte sich kritisch zu der wirtschaftlichen Situation und fand damit vor allem regen Zuspruch bei der „linken" Studentenbewegung.

Ludwig Erhard hatte nicht zuletzt mit Rücksicht auf die Wählerschaft bei der Bundestagswahl 1965 auf tiefergreifende Einschnitte verzichtet und reagierte auf die wirtschaftlichen Herausforderungen zunächst mit seinen eingangs erwähnten "Maßhalteappellen". Außerdem verhinderte die politische Entwicklung in manchen Bereichen einen Durchbruch in den Bemühungen, die Krise zu überwinden: In diesem Zusammenhang müssen Erhards Schwierigkeiten genannt werden, eine für Deutschland politisch erträgliche Regelung über den Devisenausgleich für die Stationierung amerikanischer Truppen zu erreichen. Eine Randerscheinung zeitigte in diesem Kontext auch eine Negativwirkung: Eine Unfallserie des aus den USA stammenden Kampfflugzeuges der Bundeswehr, des *"Starfighters",* erschwerte einen Kompromiß in der Frage der Stationierungskosten.

Dazu kamen noch politische Erschütterungen. Bei den Landtagswahlen in Nordrhein-Westfalen verlor die CDU nicht nur 3,6 % der Stimmen, sondern auch ihre Regierungsmehrheit an eine Koalition aus SPD und FDP. In der öffentlichen Diskussion wurde behauptet, Erhard habe als "Wahllokomotive" versagt; das schmälerte seinen ohnehin schwachen Rückhalt in der eigenen Partei. Schließlich nahm die FDP den Streit um den Haushalt 1967 zum Anlaß, aus der Regierung auszutreten und eine Regierungskrise heraufzubeschwören.

Bei der Hessischen Landtagswahl am 6. November 1966 kam ein weiterer, unerwarteter Rückschlag: Die rechtsradikale Nationaldemokratische Partei Deutschlands (NPD) überwand mit 7,9 % der Stimmen die 5%-Hürde und zog mit 8 (von

100) Abgeordneten in den Hessischen Landtag ein. Im In- und Ausland herrschte Bestürzung: Der Anfang vom Ende der zweiten deutschen Demokratie zeichne sich ab, so wurde zum Teil vorschnell argumentiert. Das Ergebnis der Bayerischen Landtagswahl vom 20. November 1966 schien diese Voraussagen zu bestätigen: Die NPD erreichte 7,4 % der Stimmen (in Mittelfranken 11,2 %) und gewann 15 der 204 Abgeordnetensitze.

Vor diesem Hintergrund konnte sich die Regierung Erhard nicht mehr halten. Obwohl der Kanzler noch im Amt war, wurden selbst von seiner eigenen Partei Ersatzkandidaten gehandelt (Barzel, Gerstenmaier, Kiesinger, Schröder), schließlich wurde der baden-württembergische Ministerpräsident *Kurt Georg Kiesinger* zum Kandidaten nominiert. Die SPD, lange Zeit in Koalitionsverhandlungen mit der FDP, entschied sich vor dem Hintergrund der für die Demokratie katastrophalen letzten Landtagswahlergebnisse für eine Koalition mit der CDU/CSU. Am 30. November 1966 trat Ludwig Erhard zurück.

### 3.2.3 Große Koalition und "Außerparlamentarische Opposition"

Die neu gebildete Große Koalition aus CDU/CSU und SPD trat mit dem erklärten Ziel ihre politische Arbeit an, die oben beschriebenen Krisenerscheinungen zu überwinden. Am 1. Dezember 1966 wählte der Deutsche Bundestag Kurt Georg Kiesinger zum Nachfolger Ludwig Erhards. Noch am gleichen Tag stellte der neu gewählte Bundeskanzler sein Kabinett vor: Außenminister und Vizekanzler wurde der frühere Regierende Bürgermeister Berlins, *Willy Brandt* (SPD); den Herausforderungen der Rezession sollten sich vor allem Wirtschaftsminister *Karl Schiller* (SPD) und der bayerische CSU-Vorsitzende *Franz-Josef Strauß* als Finanzminister widmen. Die neue Bundesegierung ging sofort mit Elan an die gestellten Aufgaben heran. Zu ihren wichtigsten Aktivitäten zählten:

- *Maßnahmen zur Überwindung der Wirtschaftskrise:*
  Die Wirtschaftskrise wurde durch eine Reform der Finanz- und Stabilitätspolitik zu überwinden versucht. Es sollte danach getrachtet werden, "im Rahmen der marktwirtschaftlichen Ordnung gleichzeitig zur Stabilität des Preisniveaus, zu einem hohen Beschäftigungsgrad und außenwirtschaftlichem Gleichgewicht bei stetigem und angemessenem Wirtschaftswachstum" beizutragen (§ 1 des Gesetzes zur Förderung der Stabilität des Wachstums und der Wirtschaft vom 8. Juni 1967). Mittel dieser Politik waren die sogenannte **"Konzertierte Aktion"**, d. h. enge Beratungen zwischen den Vertretern des Staates, der Tarifpartner und der Wissenschaft; ferner das zitierte Stabilitätsgesetz, die

Einführung einer "Mittelfristigen Finanzplanung" und die Reform der Finanzverfassung des Bundes. Diese Maßnahmen wurden von den Ministern Schiller und Strauß, im Volksmund mit "Plüsch und Plum" tituliert, mit deutlichem Erfolg durchgesetzt. Die Investitionen 1968/69 stiegen um 12,1 % und erreichten damit den höchsten Stand seit 1955. Bei den Arbeitslosen konnte erst 1969/70 eine nachhaltige Verbesserung erreicht werden; immerhin aber fanden zwischen Januar und Juni 1967 wieder über 221 000 Menschen eine Arbeit. Neue Belastungen traten im Verlauf des Jahres 1968 ein, als die Produktionsausfälle im Gefolge der Unruhewelle in Frankreich 1968 zu einer raschen Abwertung des Franc führten. Daraufhin wurde die DM zum erstenmal Spekulationsobjekt des internationalen Währungssystems. Durch die von nun an immer häufiger werdenden Aufwertungen der DM wurden neue Belastungen für die Wettbewerbsfähigkeit und die damit verbundenen Exportbeziehungen der deutschen Wirtschaft hervorgerufen.

- *Neue Ansätze in der Außenpolitik:*
  Auf außenpolitischem Terrain wurde versucht, einerseits das Verhältnis zu den Bündnispartnern und den europäischen Nachbarn zu verbessern (vgl. Kapitel 4.2), andererseits wurden aber auch erste Kontakte Richtung Osten geknüpft: Es kam zu einem Briefwechsel mit der DDR-Führung, außerdem wurden die Beziehungen zu Rumänien und Jugoslawien wieder aufgenommen. Der Einmarsch der Warschauer-Pakt-Staaten in die CSSR im August 1968 und die fortbestehenden Schikanen an der innerdeutschen Grenze zeigten jedoch die Grenzen dieser Politik.

- *Diskussion um ein neues Wahlrecht:*
  Um künftig leichter zu einer regierungsfähigen Mehrheit zu gelangen, wurde die Einführung des Mehrheitswahlrechtes nach englischem Vorbild erwogen. Dies hätte das sichere politische "Aus" für die FDP bedeutet, die ihre Bundestagsmandate (bis heute) nur über die Landeslisten, nie aber direkt über die Erststimme "eroberte". Dieser Plan wurde diskutiert, dann aber im Zusammenhang mit der Bundespräsidentenwahl 1969, die den Sozialdemokraten *Gustav Heinemann* (früher CDU) mit den Stimmen der SPD und der FDP an die Macht brachte, wegen politischer Undurchsetzbarkeit fallengelassen. Der Machtwechsel bei den Bundestagswahlen 1969 kündigte sich bereits an.

- *Notstandsgesetzgebung:*
  Mit dem Deutschlandvertrag von 1955 hatte die Bundesrepublik zwar prinzipiell ihre Souveränität erreicht, aber immer noch hatten die drei Westalliierten, abgesehen von der Verantwortung der vier Siegermächte des Zweiten Welt-

krieges für Deutschland als Ganzes und Berlin, das Recht, im Falle eines inneren Notstandes oder einer allgemeinen Krise in der Bundesrepublik die Macht wieder zu übernehmen. Nach Auffassung der neuen Bundesregierung war es dringend notwendig, diese Bestimmung dadurch zu umgehen, indem Vorkehrungen getroffen werden sollten, die die Bundesrepublik in die Lage versetzen sollten, in einem solchen Fall selbst die notwendigen Maßnahmen zu ergreifen. Mit der Mehrheit der Großen Koalition war die für die Verfassungsänderung notwendige Zweidrittelmehrheit kein Problem mehr, und so wurden die Notstandsgesetze am 20. Mai 1968 mit 384 von 100 Stimmen beschlossen. Geregelt wurden die Verfahrensweisen im Verteidigungsfall (GG Art. 11a–1), im Spannungsfall (GG Art. 80 a, 12 a/5 und 6, 87/3), im Katastrophenfall (GG Art. 35/2 und 3, 11/2) und bei innerem Notstand (GG Art. 10/2, 87 a/4, 91).

Gerade diese letzte Maßnahme erregte die Gemüter der westdeutschen Öffentlichkeit in nie geahntem Maße. Erinnerungen an Weimar (Notverordnungsartikel 48) und die Aushöhlung der Demokratie wurden in der öffentlichen Diskussion und in den Medien belebt, das Land geriet in Aufruhr wie seit den Tagen der Wiederbewaffnungsdiskussion und der "Kampagne gegen den Atomtod" (vgl. S. 165) nicht mehr.

Die Kampagne gegen die Notstandsgesetze, die durch die Wahlgewinne der NPD bei Kommunal- und Landtagswahlen noch eine indirekte psychologische Aufheizung erfuhr, brachte gewissermaßen als Nebeneffekt die Studentenbewegung in Deutschland noch mehr ins Rampenlicht. Zwar gab es mit dem Sozialistischen Deutschen Studentenbund (SDS) und dem Sozialistischen Hochschulbund (SHB) schon seit geraumer Zeit zwei "systemkritische" Gegenbewegungen. Ihre Ziele blieben einer größeren Öffentlichkeit aber weitgehend unbekannt, obwohl 1965 die Proteste an der Freien Universität (FU) Berlin gegen die bestehende Hochschulverfassung bereits mit markigen und griffigen Politsprüchen wie "Unter den Talaren der Muff von 1000 Jahren" oder "Alle reden vom Wetter, wir von Vietnam" aufwarteten. SDS, SHB und kritische Studenten der FU wurden zur Keimzelle des von den USA (vgl. S. 138 f.) nach Europa hinüberschwappenden Studentenprotests.

Die Gründung der Großen Koalition und die Diskussion um die Notstandsgesetze ließen Zweifel an der demokratischen Ordnung in der Bundesrepublik Deutschland aufkommen. War nicht eine Mehrheit von 447 Sitzen, die der FDP mit nur 49 Abgeordneten die Oppositionsrolle überließ, ein Beleg für das schwindende Demokratieverständnis in Deutschland? Zeigten nicht die (angebliche) Verwicklung des Bundespräsidenten in den KZ-Bau, die Nazi-Vergangenheit von Bundeskanzler Kiesinger, die Wahlgewinne der NPD und die bereits einsetzende Debatte um die Verjährung von NS-Kriegsverbrechen (obwohl erst in den 60er Jahren die großen Prozesse gegen die Peiniger von damals anliefen) überdeutlich die innere Gefährdung der Republik?

Vom gewählten Parlament erhoffte man sich keine Hilfe, zu fest erschien den linken Kritikern der in der "Konzertierten Aktion" symbolisierte "staatsmonopolistische Kapitalismus" schon verwurzelt zu sein. Der studentische Protest mußte auf die Straße verlegt werden, forderten die Anführer der neuen Bewegung, unter ihnen *Rudi Dutschke, Fritz Teufel* oder der auch in Frankreich aktive *Daniel Cohn-Bendit*. Die studentischen Führer erhielten Unterstützung durch eine Reihe kritischer Professoren der "Frankfurter Schule", die um 1930 als Instrument der "Neuen Linken" am Institut für Sozialforschung der Universiät Frankfurt von *Max Horkheimer, Herbert Marcuse, Theodor W. Adorno* u. a. begründet und nach der Rückkehr dieser Wissenschaftler aus der Emigration fortgeführt worden war. Die Straße sollte der Ort der Opposition sein, außerparlamentarisch sollten die "wahren Belange" der Bürger durchgesetzt werden. Damit war der Gedanke der **Außerparlamentarischen Opposition (APO)** geboren.

Die erste Großaktion war 1967 eine Demonstration von 2000 Berliner Studenten gegen die amerikanische Vietnampolitik. Aktionen gegen die Große Koalition, gegen Amerikahäuser und gegen die Universitätsstruktur folgten. Die studentischen Aktivitäten wurden u. a. durch die damals noch "etablierte" Chefredakteurin der Zeitschrift "Konkret", *Ulrike Meinhoff*, publizistisch wohlwollend und effektiv verbreitet. Einen Höhepunkt der Maßnahmen stellte der Staatsbesuch des persischen Schahs *Reza Pahlevi* in Berlin am 2. Juni 1967 dar, den die APO als Diktator und Ausbeuter seines Volkes bekämpfte. Es kam zu gewaltsamen Ausschreitungen, in deren Gefolge die Polizei mit Schlagstöcken gegen die Demonstranten vorging. Auf dem Berliner Opernplatz wurde bei den Protestaktionen der Student *Benno Ohnesorg* erschossen. An seiner Beerdigung nahmen 15000 Menschen teil. Die Protestwelle erfaßte nunmehr nahezu alle Universitätsstädte und die Bereitschaft zur Gewaltanwendung wuchs, wie sich bei dem Brandanschlag auf das Verlagshaus des Springer-Konzerns in Berlin zeigte. In *Axel Springer* sah man aufgrund seines Zeitungskonzerns einen "rechten Demagogen". Am 3. April 1968 ging erstmals ein Frankfurter Kaufhaus in Flammen auf, da Kaufhäuser als Zentren des "kapitalistischen Konsumterrors" galten. Die verhängnisvolle Unterscheidung zwischen Gewalt gegen Sachen und Menschen, die *Herbert Marcuse* popularisiert hatte, zeigte erste Negativerscheinungen und fand ihren Höhepunkt im Terrorismus der 70er Jahre (vgl. Kapitel 3.3.2). "Besetzungen" von Hörsälen, Vorlesungsboykott und "sit-ins" gehörten zum allgemeinen Repertoire des Durchschnittsprotestes. Die ersehnte Verbindung mit der Arbeiterschaft gelang jedoch nicht: Der größte Teil der Bevölkerung stand dem studentischen Kampf skeptisch gegenüber. Wohl aber wurden viele höhere Schulen von der "68er Bewegung" erfaßt. Spätestens seit dem Mordanschlag auf Rudi Dutschke am 11. April 1968 und dem massiven Polizeieinsatz gegen seine Anhänger fanden auch in den Schulen Formen des Protests (Schulstreiks, Leistungsverweigerung, Auflehnung gegen die "autoritären Typen" usw.) Eingang.

Demonstration gegen die Notstandsgesetze 1968 in Nürnberg; aus: Informationen zur politischen Bildung, Nr. 191, S. 3

Während der zweiten und dritten Lesung der Notstandsgesetze im Bundestag im Mai 1968 erreichte die Demonstrationswelle ihren Höhepunkt: 30 000 Menschen unternahmen einen Sternmarsch in die Hauptstadt, im ganzen Land kam es zu gleichgesinnten Aktionen. Sie dauerten bis 1969 mit unverminderter Heftigkeit an. Der mangelnde Rückhalt in der Bevölkerung führte jedoch dazu, daß sich allmählich eine zunehmende Anzahl von Menschen enttäuscht von der Bewegung abwandte. Es kam bei den Verbliebenen zum Streit um den richtigen Weg, und so zerfiel die studentische Bewegung zu Beginn der 70er Jahre in mehr und mehr rivalisierende Gruppen mit unterschiedlichen Strategien. Während die einen den "Marsch durch die Institutionen" antreten wollten, um den Staat von innen heraus auszuhöhlen, was schließlich zum "Radikalenerlaß" als staatlicher Abwehrmaßnahme führte, fristeten andere ein Sektiererdasein oder versuchten noch zu Beginn der 70er Jahre, durch "Basisgruppen" an den Universitäten den studentischen Protest am Leben zu halten. Eine ganz kleine Gruppe, von vielen "Sympathisanten" heimlich unterstützt, ging schließlich den Weg des Terrorismus.

### 3.2.4 Suche nach neuen Lebensformen

Während der politische Erfolg des Studentenprotestes zumindest fraglich erscheint, haben sich doch "alternative" Lebensformen, die die "68er Generation" populär machte, durchgesetzt bzw. sind einer breiteren Öffentlichkeit geläufig geworden. Der heute vergleichsweise "lockere" Umgangston zwischen Lehrenden und Lernenden an Schulen und Universitäten hat ebenso seinen Ursprung in jenen Jahren wie Einrichtungen zur studentischen oder schulischen Mitbestimmung. Auch das Bewußtsein, durch öffentliche Aktionen auf sich aufmerksam zu machen und damit politische Dinge zu bewegen, wurde durch die 68er Bewegung gefördert: Eine Vielzahl von Bürgerinitiativen, Aktionskomitees oder "Demos" unserer Tage wäre ohne die Vorgänge von 1967 bis 1969 praktisch undenkbar. Auch auf dem Gebiet der Erziehung haben sich zumindest im Ansatz antiautoritäre Tendenzen durchgesetzt: Das Verhältnis von Eltern und Kindern wurde in der Regel "demokratischer", an den Schulen wurde in den 70er Jahren das Relikt der Prügelstrafe abgeschafft, auch freiere und alternative Formen des Lernens gehören heute zum selbstverständlichen Repertoire moderner Schulpädagogik.

Andererseits ließ der Jugendprotest auch problematische Denkweisen entstehen. So erscheint heute vielen eine unreflektierte Ablehung des Leistungsprinzips angesichts der Herausfoderungen des internationalen wirtschaftlichen Konkurrenzkampfes und der Erhaltung des Wirtschaftsstandortes Bundesrepublik als bedenklich. Darüber hinaus klagen Universitäten über zunehmend schlechtere Allgemeinbildung bei den Studenten, was u. a. als Folge einer übermäßigen Spezialisierung an den Schulen begriffen wird. Im übrigen muß, nach Meinung vieler, zunehmende Gewaltbereitschaft und "Wohlstandsverwahrlosung" wenigstens zum Teil auch auf negative Nachwirkungen jener Jahre zurückgeführt werden. Die Diskussion um die Folgen des "Wertewandels" hält jedenfalls heute noch an und beschäftigt nach wie vor die Öffentlichkeit.

Selbstverständlich war es auch nicht die Studentenbewegung allein, die zur Suche nach neuen Lebensformen aufforderte, aber sie war ganz sicher ein entscheidender Faktor auf dem Weg aus der die Realität doch allzu gern und zu schnell verklärenden Wirtschaftswunderwelt der 50er Jahre, die u. a. in "Sissi"- und harmlos-heiteren Familienfilmen ihren Niederschlag fand. Überall ist seit Ende der 60er Jahre ein Weg zu neuen Lebensformen feststellbar, die sich deutlich von denen vorangegangener Jahre unterscheiden.

Neben der zunehmend "materialisierten" und als sehr angenehm empfundenen Alltagswelt haben sich auch vielfältige Formen der Kunst bzw. Kultur entwickelt, die im Umbruch der 60er Jahre ihren Ursprung haben und damit einen Teil jenes soziokulturellen Hintergrunds darstellen, der zu Beginn der 70er Jahre zu weitreichenden gesellschaftspolitischen Reformen führte.

## 3.3 Die Bundesrepublik seit den 70er Jahren

| | |
|---|---|
| seit 1968/69 | Beginn des Terrorismus in der Bundesrepublik Deutschland |
| 19. Juli 1970 | Herabsetzung des aktiven Wahlalters auf 18 Jahre |
| 1969–1982 | Sozialliberale Koalition in Bonn: Ära Brandt/Scheel (1969–1974) und Schmidt/Genscher (1974–1982) |

### 3.3.1 Gesellschaftspolitische Reformen zu Beginn der 70er Jahre

Nach Übernahme der Regierungsverantwortung wandte sich der neue Bundeskanzler *Willy Brandt* am 28. Oktober 1969 mit einer programmatischen Rede an den Deutschen Bundestag. In ihrem innenpolitischen Teil kündigte er an, seine Regierung werde "mehr Demokratie wagen". Damit läutete er eine Phase der innenpolitischen Reformen ein, die sowohl die sozialliberale Koalition als auch später (ab 1982) die Kabinette unter dem christdemokratischen Regierungschef *Helmut Kohl* prägen sollten. Ansatzpunkt für diese Vorstellung waren die sich zuspitzenden gesellschaftlichen Konflikterscheinungen der 60er Jahre (vgl. vorherige Kapitel).

Besonders bedeutsam waren folgende Neuerungen:

- *Herabsetzung des aktiven Wahlalters auf 18 Jahre:*
  Diese am 19. Juli 1970 verabschiedete Maßnahme war eines der ersten Reformgesetze der Regierung Brandt/Scheel und ein deutliches Zugeständnis an die politisierte Jugend.

- *Mitbestimmung in Arbeitnehmerhand:*
  Zu den bedeutsamsten, zugleich aber auch umstrittensten Reformvorhaben der sozialliberalen Koalition gehörte der Versuch der Einführung der paritätischen Mitbestimmung in Großbetrieben, welche das Modell der Montanmitbestimmung in modifizierter Form auf andere Wirtschaftsbereiche übertragen sollte. Der Streit entbrannte vor allem an der Frage, ob auf Arbeitnehmerseite nur Gewerkschaftsmitglieder als beteiligte Gruppe in Frage kämen und ob die sogenannten "Leitenden Angestellten", also das Management der Firmen, zu den Anteilseignern oder den Arbeitnehmern zu zählen seien. Das parlamentarische Ringen um die Mitbestimmung überdauerte die Regierung Brandt. Erst unter seinem Nachfolger *Helmut Schmidt* wurde 1976 ein Mitbestimmungsgesetz verabschiedet, das einen Vertreter der "Leitenden Angestellten" auf die Arbeitnehmerseite brachte und die Gewerkschaften bei der Besetzung der übrigen Sitze leicht begünstigte.

- *Vermögensbildung in Arbeitnehmerhand:*
  Mit einem System der staatlichen Förderung über Bausparprämien und vermögenswirksamen Leistungen wurde Erhards altes Konzept vom "Wohlstand für alle" forciert und ausgebaut. Dafür mußten allerdings erhebliche Steuermittel aufgebracht werden. Genauso für die

- *Hebung der Bildungschancen für alle:*
  Ziel dieser Maßnahme war, die Bildungsreserven im Interesse der Konkurrenzfähigkeit der Wirtschaft und der Chancengleichheit zu mobilisieren. Aus dem "Honnefer Modell" wurde das breit angelegte Bundesausbildungs-Förderungsgesetz (BAFöG), das vielen Studenten, abhängig vom Einkommen der Eltern, Studienbeihilfen zahlte. Mit zunehmender Zahl der Studierenden mußte die ursprüngliche Direktförderung ab den 80er Jahren in eine weitgehende Darlehensregelung umgewandelt werden.

Weitere Reformmaßnahmen sind auf folgenden Gebieten zu finden:

- eine Reform des *Steuerrechts*, vor allem zugunsten der kleinen und mittleren Einkommen;
- der (leider nicht geglückte) Versuch, durch eine Reform des *Bodenrechts* die Bodenspekulation einzudämmen;

- Mit einer Rechtsreform wurde versucht, das Strafrecht zu liberalisieren (menschlicher Strafvollzug, Wiedereingliederung als wichtigstes Strafziel); außerdem wurden das Sexualstrafrecht (Homosexualität gelockert, härtere Strafen für sexuellen Mißbrauch) und das Scheidungsrecht (Zerrüttungs-, statt Schuldprinzip) reformiert;
- Die Tradition der *Leistungsgesetze* wurde ebenfalls in den Kabinetten nach Brandt fortgeführt. So galt 1979 der sechsmonatige Mutterschutzurlaub als fortschrittlich. In den 80er Jahren wurde der Mutterschutz zu einem mehrjährigen Erziehungsurlaub (ab 1985) ausgeweitet und die Erziehungszeiten ab 1986 für die Rentenzahlungen erhöht.

Als atmosphärisches Signal an die entstehende **Frauenbewegung** (vgl. S. 166) war die Wahl *Annemarie Rengers* (SPD) am 13. Dezember 1972 zur Bundestagspräsidentin zu sehen. Damit hatte erstmals eine Frau eines der Spitzenämter der Bundesrepublik inne; mit diesem Amt war weit mehr Beachtung verbunden als die Besetzung des Bundesgesundheitsministeriums durch eine Frau (Käte Strobel) in den Tagen der Großen Koalition.

Als 1983 die Diskussion um die 35-Stunden-Woche von den Gewerkschaften ins Spiel gebracht wurde, galt die Bundesrepublik als einer der modernsten Sozialstaaten in Europa, der auch einen Vergleich mit dem sozialen "Musterland" Schweden nicht zu scheuen brauchte. Es gab aber auch kritische Stimmen: Die einen warnten davor, daß der Sozialstaat zur "sozialen Hängematte" mit allen seinen negativen psychologischen Folgen wurde, andere fürchteten (und fürchten) um den "Industriestandort Deutschland", der durch immer höhere Lohnstückkosten zunehmend an Attraktivität für Investoren verliere. Andererseits haben die beschriebenen Reformen ganz sicher zur Stabilisierung des sozialen Friedens in der Bundesrepublik beigetragen.

### 3.3.2 Herausforderung des Staates durch den Terrorismus

Überwindung der Wirtschaftskrise der späten 60er Jahre, Weg in den modernen Sozialstaat, Neuansätze und Erfolge in der Außenpolitik – vor dem Hintergrund solcher Entwicklungstendenzen schien die Bundesrepublik auf dem besten Weg in ein "goldenes Zeitalter". Durch eine Reihe von Entwicklungen wurden Staat und Gesellschaft jedoch so weit ernsthaft herausgefordert, daß das Bewußtsein für die positiven Errungenschaften teilweise in den Hintergrund trat. Eine dieser Herausforderungen rührte von enttäuschten und/oder radikalisierten Gruppen der 68er Generation her, deren harter Kern aus einer kleinen Anzahl radikaler Einzelgänger bestand, die den Rechtsstaat herauszufordern und ihre Ideen mit Bomben und Mord einzutrichtern versuchten und weder den "Marsch durch die Institutionen" anstrebten noch sich mit den sich verändernden und verbessernden soziopolitischen Verhältnissen arrangieren wollten. Wie sich nach der Vereinigung herausstellte, wurde der Terrorismus linker Gruppen auch dadurch prekär, daß er ab den späten 70er Jahren zumindest teilweise vom Ost-Berliner Ministerium für Staatssicherheit und damit der SED-Führung unterstützt wurde. Dessen ungeachtet gilt es jedoch, auch die Existenz terroristischer Gruppen aus der rechtsradikalen Szene (u. a. Wehrsportgruppe Hofmann, Verantwortliche des Attentats beim Münchner Oktoberfest 1980) zu bedenken.

Die ersten terroristischen Maßnahmen erfolgten noch ohne allzu große Resonanz in der Öffentlichkeit oder standen noch im Zusammenhang mit dem Studentenprotest, so die Brandstiftungen in zwei Frankfurter Kaufhäusern im April 1968, die einen Schaden von über 600 000 DM anrichteten und von den Brandstiftern als Teil des Kampfes gegen die Konsumwelt betrachtet wurden. Die Täter, *Thorwald Proll, Horst Söhnlein, Gudrun Ensslin* und *Andreas Baader* waren nur einem kleinen Kreis der Öffentlichkeit bekannt. Mehr beeindruckten zunächst internationale Terrormaßnahmen palästinensischer Gruppen um PLO-Führer *Arafat,* die durch spektakuläre Flugzeugentführungen und Bombenattentate Aufsehen erregten. Auch die Entführung und Ermordung des deutschen Botschafters in Guatemala, *Karl Maria Graf von Spreti,* im April 1970 wurde noch als Phänomen des internationalen Terrorismus begriffen.

Die Situation änderte sich schlagartig, als am 14. Mai 1970 die Frankfurter Kaufhausbrandstifter unter Mithilfe der damals angesehenen Journalistin *Ulrike Meinhof* aus der Haft befreit wurden. Schlagartig wurde vielen bewußt, daß die organisierte Terrorszene auch in der Bundesrepublik Fuß gefaßt hatte. Dieser Tag gilt seither als Geburtsstunde der "Baader-Meinhof-Bande", die sich 1971 in "Rote Armee Fraktion" umbenannte und deren Gewalttaten (Bombenanschläge, Raubüberfälle etc.) die Republik bis 1972 erschütterten. Nur scheinbar kam der Terrorismus durch die Verhaftung der führenden Mitglieder der RAF im Frühsommer 1972 zum Erliegen.

In diesem Jahr wurde die Aufmerksamkeit der Öffentlichkeit wieder mehr auf den internationalen Terrorismus gerichtet. Während der Olympischen Spiele in München war es arabischen Geiselgangstern gelungen, die israelische Olympiamannschaft in ihre Hand zu bekommen. Sie verlangten die Freilassung arabischer Häftlinge aus israelischen Gefängnissen. Nach der Ablehnung der Forderungen versuchten die Terroristen, mit einem Flugzeug zu entkommen. Beim Versuch der Befreiung durch die Polizei starben alle neun Geiseln, daneben ein Polizist und fünf Terroristen. Trotzdem gingen auf Beschluß des IOC die Olympischen Spiele weiter.

Wenig später brachte sich die RAF wieder in Erinnerung. Ihr "Kampf" bekam eine neue Richtung: Von nun an wurden verstärkt Einzelpersonen zum Ziel ihrer terroristischen Aktionen. Erstes Opfer war 1974 der Berliner Kammergerichtspräsident *Drenkmann*, später wurden Bundesanwalt *Buback* und der Bankier *Jürgen Ponto* (1977) ermordet. Die angeblich schweren Haftbedingungen für die Terroristen (u. a. in Stuttgart-Stammheim) wurden zur Pseudo-Rechtfertigung für die Mordaktionen. In Teilen der Öffentlichkeit kam es sogar zu Solidaritätsgesten mit den sich in "Isolationshaft" befindlichen Terroristen. In dieser Zeit versuchten auch *Heinrich Böll* und der Berliner Pastor *Heinrich Albertz*, Verständnis für die Terroristen zu erwecken; ihr menschlich verständlicher Ansatz wurde jedoch bald durch die Eskalation der Gewalt konterkariert.

Ein Hinweis auf die sich ausweitende Terroristenszene in Deutschland war der Überfall bislang unbekannter Anarchisten auf die deutsche Botschaft in Stockholm 1975, wenige Monate nach der (unblutig verlaufenen) Entführung des Berliner CDU-Politikers *Peter Lorenz*. Trauriger Höhepunkt dieser Entwicklung war zweifellos die gewaltsame Entführung und Ermordung des Arbeitgeberpräsidenten *Hanns-Martin Schleyer* im September 1977.

Nur wenige Stunden nach der erfolgreichen Geiselbefreiuung aus einem deutschen Flugzeug in Mogadischu (Somalia) durch die deutsche Spezialeinheit GSG 9 am 18. Oktober 1977 wurden *Andreas Baader*, *Jan-Carl-Raspe*, *Irmgard Möller* und *Gudrun Ensslin* in ihren Zellen tot aufgefunden. Wie später geklärt wurde, handelte es sich ähnlich wie 1976 im Falle des Freitods von Ulrike Meinhof um Selbstmord. "Sympathisanten" der Terroristen versuchten, den Tod als Mord hinzustellen; erst nach 1990 konnte der kollektive und politisch motivierte Selbstmord der Terroristen eindeutig bewiesen werden.

Um dem wachsenden Terror Herr zu werden, wurden eine Reihe von Gegenmaßnahmen beschlossen, so unter anderem

- im Oktober 1977 ein befristetes **Kontaktsperregesetz,** das eine zeitlich begrenzte Unterbrechung des Kontaktes zwischen inhaftierten Terroristen und ihren Anwälten ermöglichte und
- im Februar 1978 ein **Anti-Terror-Gesetz,** das die Möglichkeiten der Fahndung gegen Terroristen verbesserte.

Doch schon die Flucht der Terroristen *Christian Klar, Adelheid Schulz* und *Willy Peter Schulz* aufgrund einer Fahndungspanne der Polizei im August 1978 führte zu einem erneuten Rückschlag. Außerdem brachte der Anschlag auf das Münchner Okoberfest 1980 in Erinnerung, daß sich in der Bundesrepublik nicht nur eine links-, sondern auch eine rechtsradikale "Terroristenszene" gebildet hatte, die dazu noch (trotz ideologischer Gegensätze!) stellenweise miteinander kooperierte.

1985 war das "Lebenslang"-Urteil für die Terroristen Klar und Monhaupt der Anlaß für eine Serie weiterer Mordanschläge, die 1991 in der Ermordung des Industriellen und Bankiers *Herrhausen* und des "Chefs" der Berliner Treuhandanstalt, *Rohwedder,* gipfelten. Erst im Gefolge einer Kronzeugenregelung, mit aufgrund des Anwachsens eines rechtsradikalen Potentials in der deutschen Bevölkerung und wohl auch durch den Wegfall "logistischer" Hilfen durch den SED-Staat flachte der RAF-Terrorismus etwas ab. Dafür droht der verstärkte Aktivismus von Rechtsradikalen gegen Ausländer (Hoyerswerda 1991, Rostock 1992, Solingen 1993), erstmals im Ansatz einen "Schulterschluß" zwischen Gewalttätern und Teilen der rechtsnational denkenden Bevölkerung zu bewirken.

### 3.3.3 Entwicklungen und Probleme einer modernen Industriegesellschaft

Mitte der 70er Jahre wuchs in der Bundesrepublik das Bewußtsein, daß die Nachkriegszeit (mit Ausnahme der ungelösten nationalen Frage und der Relikte der Besatzungszeit) vorüber war. Die inneren Entwicklungstendenzen des Staates ähnelten jenen ähnlich strukturierter europäischer Nachbarstaaten wie Frankreich, England oder die Benelux-Staaten. Ein Stück politische "Normalität" kehrte ein, die jedoch nicht gleichbedeutend war und ist mit innerer Ruhe und Stabilisierung, sondern auch Herausforderungen und innere Probleme brachte. Einerseits erreichte die bundesdeutsche Gesellschaft in den späten 70er und beginnenden 80er Jahren wohl den Höhepunkt des allgemeinen Wohlstands, andererseits forderten neben den bereits geschilderten Vorgängen neue Entwicklungen Staat und Bürger/innen heraus. Unter den vielen Phänomenen seien folgende besonders hervorgehoben:

#### Ressourcenknappheit

Die Abhängigkeit der Bundesrepublik Deutschland von den internationalen Rohstoffmärkten und die Interdependenz der Staaten der Welt wurde schlagartig durch den Yom-Kippur-Krieg 1973/74 bewußt. Israel war ein viertes Mal nach 1948, 1956 und 1967 in einen Krieg mit seinen arabischen Nachbarstaaten verwickelt worden. Anders als in den Kriegen zuvor konnten die Araber in der Anfangsphase des Kampfes militärische Erfolge verbuchen. Zur Unterstützung der Palästinenser unter ihrem Anführer *Jasir Arafat* und als Ausdruck eines gestiegenen Selbstbewußtseins wurde eine Waffe eingesetzt, die den Lebensnerv vieler Industriestaaten treffen sollte: Mitte Oktober 1973 beschlossen die in der OPEC zusammengeschlossenen erdölfördernden arabischen Staaten, die Erdölproduktion zu drosseln und Staaten, die eine pro-israelische Position einnahmen, nicht mehr mit Erdöl zu beliefern.

Auch die Bundesrepublik, die damals noch 75 Prozent ihres Erdöls aus arabischen Staaten bezog und vor allem aus historischen Gründen besondere Beziehungen zu Israel unterhält, wurde stark in Mitleidenschaft gezogen. Öl als Energieträger drohte in vielen Industriezweigen knapp zu werden. Um die Versorgung der Wirtschaft sicherzustellen, wurde beschlossen, Einsparungen an anderer Stelle vorzunehmen: Neben einer Tempobegrenzung (80 km/h auf Landstraßen und 100 km/h auf Autobahnen) wurde Ende November 1973 an drei Sonntagen ein Fahrverbot für Autos verfügt. Bundesregierung und Industrie setzten zur Überwindung der Krise und zur Sicherstellung der Energieversorgung auf folgende Konzepte:

- Förderung von energiesparenden Technologien (Wärmedämmung, Verbrauchssenkung etc.),
- schrittweiser Abbau der Abhängigkeit von arabischen Lieferanten,
- Suche nach alternativen Möglichkeiten der Energiegewinnung,
- verstärkte Nutzung der heimischen Kohle und
- Einsatz der Kernenergie.

Gerade die beiden letzten Konzepte sind jedoch aufgrund ihrer erheblichen, wenn auch qualitativ unterschiedlichen Umweltbelastung sehr umstritten.

## Umweltproblematik

Zu Beginn der 70er Jahre machte ein Gutachten des *Club of Rome* Furore, in dem die Ansicht geäußert wurde, daß durch den ständig steigenden Energieverbrauch und die sich entwickelnde Industrie die Basistemperatur auf der Erde erhöht werde. Schmelzende Gletscher, Springfluten, aber auch Klimaveränderungen bis hin zur Versteppung weiter Landstriche seien die markantesten Folgen. Die Autoren des Berichtes forderten eindringlich, von der bisherigen quantitativen Wachstumsphilosophie abzugehen, weil Wirtschaftswachstum im bisherigen Stile die Tendenz zur Veränderung des Erdklimas mit katastrophalen Folgen nur verschlimmere. Statt dessen solle man sich entweder auf qualitatives Wachstum besinnen oder die Produktion generell einschränken, um der Menschheit eine Überlebenschance zu bieten. In einer Zeit, in der die meisten Volkswirtschaften der Industrieländer durch Wirtschaftskrisen gebeutelt waren, stießen diese Analysen natürlich auf den Widerstand der Ökonomen. Zwischen diesen beiden Antipoden, der ökonomischen und der ökologischen Position, bewegte sich zunächst die Diskussion. Es dauerte nahezu ein Jahrzehnt, bis sich beide Standpunkte aufeinander zubewegten und bei einer breiten Masse der Bevölkerung die Einsicht wuchs, daß eine intakte Umwelt und ein florierendes Wirtschaftssystem sich nicht widersprachen, sondern – unter Berücksichtigung gewisser Grundfaktoren beider Aspekte – auf lange Sicht sogar bedingten. Die Bereitschaft, diese Grundeinsicht zu akzeptieren, wurde aufgrund einer Reihe alarmierender Berichte über den Zustand der Umwelt im Laufe der 70er und beginnenden 80er Jahre unausweichlich.

Längst vor der großen Reaktorkatastrophe von Tschernobyl am 26. April 1986 wurde damit die Problematik der Umweltzerstörung bewußt. Die Bundesregierung bemühte sich, der zunehmenden Umweltbelastung zu begegnen. So wurde 1985 die Einführung und steuerliche Förderung des Katalysators beschlossen. Darüber hinaus verschärfte man die teilweise schon in den Tagen Ludwig Erhards gefaßten Beschlüsse zum Gewässerschutz und zur Reinhaltung der Luft. Ein deutliches Zeichen dafür, daß man den Umweltschutz ernst nahm, war auch die Einsetzung *Walter Wallmanns* (CDU) als ersten Umwelt-Bundesminister am 6. Juni 1986.

Seit Beginn der 90er Jahre gibt es auch Bestrebungen, den Umweltschutz als globale Aufgabe bewußt zu machen (z. B. auf der weltumfassenden Umweltkonferenz in Rio de Janeiro 1992). Befriedigende Ergebnisse konnten bislang noch nicht erzielt werden, obwohl der technologische Fortschritt in den führenden Industrienationen viele neue Chancen eröffnete.

### Entwicklungsschub durch neue Technologien

Die erste Landung von Menschen auf dem Mond am 21. Juni 1969 wurde zum Symbolbild einer Epoche. Zwar haben sich die großen Erwartungen im Hinblick auf die Möglichkeiten der Raumfahrt nur z. T. erfüllt, aber die ungeheure innovative Kraft des menschlichen Geistes, fast Unmögliches zu leisten, war damit bewiesen. Selbst das Ende des Kalten Krieges kündigte sich dort symbolträchtig an, als sich am 17. Juli 1975 sowjetische Kosmonauten und amerikanische Astronauten zu einem Rendezvous im Weltall trafen: 15 Jahre später sollte der Gegensatz der Supermächte auch im Weltmaßstab überwunden sein.

In den westlichen Industrienationen und damit auch in der Bundesrepublik kam es neben anderen vor allem in zwei Bereichen zu einem ungeheuren Entwicklungsschub: im Bereich der friedlichen Nutzung der Kernenergie und der Mikroelektronik.

*Friedliche Nutzung der Kernenergie*
Nachdem es gelungen war, Kernkraftwerke zur "Serienreife" zu entwickeln, wurde in der Bundesrepublik (auch vor dem Hintergrund der wachsenden Ressourcenknappheit) ein systematischer Ausbau der Kernenergie betrieben. An vielen Stellen im Lande wurden Einrichtungen zur "sauberen" Energiegewinnung geschaffen; der Ausbau der Kernkraft wurde zum allgemeinpolitischen Kredo vieler Verantwortlicher in Politik und Wirtschaft. Dennoch gab es von Beginn an auch Widerstand gegen diese neue Form der Energiegewinnung, wie etwa die Demonstrationen vor den Kernkraftwerken in Wyhl (1975) belegen. Später wurden Brokdorf (1981) und die geplante Wiederaufbereitungsanlage in Wackersdorf zu Symbolen des Protests, der durch den Störfall im US-amerikanischen Atommeiler Harrisburg und die Havarie im ukrainischen Tschernobyl eine gewichtige Legitimation bekam. Den Argumenten der Kernkraftgegner – Gefahr atomarer Verseuchung bei Leckagen und sonstigen Störfällen, Umweltbelastung durch erhöhte radioaktive Strahlung, ungeklärte Endlagerung atomarer Brennstäbe – standen die ihrer Befürworter gegenüber. Diese verwiesen zum einen auf die Chancen, die die Kernkraft einer modernen Industriegesellschaft bei immer knapper werdenden Energieressourcen bot, und zum anderen auf den hohen Sicherheitsstandard bundesdeutscher Kernkraftwerke. Immerhin deckt Atomstrom heute bis zu 40 Prozent unseres Energiebedarfs. Allerdings gibt es seit Mitte der 80er Jahre in der Bundesrepublik keine konkreten neuen Baupläne mehr für die Errichtung neuer Atommeiler, und auch die vielumkämpfte Wiederaufbereitungsanlage in Wackersdorf wurde nicht gebaut.

*Entwicklungen in der Mikroelektronik*
Mindesten gleichbedeutend sind für die Menschheit die Fortschritte in der Mikroelektronik. Durch die Fähigkeit, Mikrochips mit großen Kapazitäten zu fertigen, wurden neue Dimensionen der Technologie erreicht. Viele sprechen daher von einer neuen industriellen Revolution, die die Lebensverhältnisse der Menschen grundlegend ändert. Der Homcomputer oder Personal Computer (PC), ein "Abfallprodukt" der Forschung auf dem Sektor der Weltraumfahrt und Militärtechnologie, ist aus der Lebens- und Arbeitswelt heute nicht mehr wegzudenken. Bezeichnenderweise gerieten Staaten, die diese neue Entwicklung "ver-

schliefen" ab Mitte der 80er Jahre schnell in existenzbedrohende Krisen (z. B. die frühere DDR). In vielen Betrieben übernehmen seit den 70er Jahren computergesteuerte Einrichtungen, sogenannte Roboter, unabhängig vom menschlichen Lebensrhythmus Aufgaben mit einer Präzision und Ausdauer, die oft menschliches Vermögen übersteigen. Verständlicherweise befürchten viele, daß sich die neu eingesetzten Automaten zum "Jobkiller" entwickeln könnten. Auf der anderen Seite wird mit Recht darauf hingewiesen, daß der PC auch viele neue Arbeitsplätze schafft (Fertigung und Entwicklung, Programmierer, Informatiker, neue Berufe). Unbestritten aber ist, daß die neue Technologie von den Menschen mehr Flexibilität im Berufsleben verlangt.

Im Zusammenhang mit der Computerwelt und anderen Neuerungen ist auch der Begriff der **"Neuen Medien"** geprägt worden. Im Zuge der hochtechnologischen Entwicklung fanden Produkte der Unterhaltungselektronik (Video, Stereo, CD) in einem nie geahnten Ausmaß Zugang zum privaten Markt; außerdem sind mittlerweile auch die zu Beginn der 80er Jahre entwickelten Medien wie Video- und Bildschirmtext, Kabel- und Satellitenfernsehen nahezu Standard in vielen bundesdeutschen Haushalten. Bezeichnenderweise war es gerade auch den Bürgerinnen und Bürgern der ehemaligen DDR nach der Grenzöffnung ein Bedürfnis, diese Möglichkeiten so schnell wie möglich ebenfalls zu nutzen.

Daß diese technologischen Neuerungen nicht nur auf breite Zustimmung stießen, lag nahe, denn Ansatzpunkte zur kritischen Auseinandersetzung gibt es viele: Allzu schnell wird aus einer sinnvollen Nutzung des PC eine überdurchschnittliche Abhängigkeit. Durch die ungeheure Menge an statistischem Material, das mit einem Computer über Menschen gesammelt werden kann, wächst auch die Notwendigkeit des Daten- und Persönlichkeitsschutzes. Manche Kritiker sprechen vom "gläsernen Menschen", den die Datenüberwachung mit dem Computer schaffe – deutliche Zeichen, daß auch diese an sich erfreuliche technologische Entwicklung ihre Schattenseiten hat.

### Arbeitslosenproblem

Seit Beginn der 70er Jahre hatte jede Bundesregierung mit dem Problem der Arbeitslosigkeit zu kämpfen. Die alten Zeiten der Vollbeschäftigung mit unter 200 000 Arbeitslosen wie 1969 schienen vorbei. Trotz vieler konjunktureller Erholungsphasen mußte man sich an einen ständigen "Sockel" von eineinhalb bis zwei Millionen Arbeitslosen gewöhnen. Zwar waren die Zahlen durch einen höheren Beschäftigungsgrad der Frauen nicht ganz mit früher zu vergleichen, dennoch gab es Problemkreise, die neben der hohen Zahl von Beschäftigungslosen beunruhigten, so die überdurchschnittliche Anzahl von Frauen und Nichtgelernten an den Arbeitslosen und Kurzarbeitern oder die wachsende Zahl an Dauerarbeitslosen.

Bei der Frage nach den auslösenden Krisenfaktoren wurden zunächst meist folgende Aspekte genannt:
- Auswirkungen der Energie- und Rohstoffkrise der 70er Jahre (vgl. Abschnitt "Ressourcenknappheit", S. 156 ff.);
- Belastungen des internationalen Währungssystems (durch eine andauernde Dollarschwäche wurde die DM zum Spekulationsobjekt; Zinserhöhungen und mehrere den Export belastende Aufwertungen waren die Folge);
- wenig maßvolle Tarifabschlüsse und Streiks (z. B. 1974) mit ihren Folgen.

Erst mit der Zeit wurde bewußt, daß sich hinter dem Arbeitslosenproblem auch das Phänomen einer **"strukturellen Arbeitslosigkeit"** verbarg. Technologische Veränderungen, Rationalisierung, Automatisierung und Modernisierung vieler Betriebe hatten dazu geführt, daß viele traditionelle Arbeitsplätze verlorengingen (vgl. Abschnitt "Entwicklungsschub durch neue Technologien", S. 158 ff.). Hinzu kam ein allmählicher Wandel der Bedürfnisse in einer hochmodernen Industriegesellschaft hin zu mehr Dienstleistungen. Auf diesem Wege wurden viele Arbeitsplätze im Bereich des produzierenden Gewerbes überflüssig, während im tertiären Sektor teilweise neue geschaffen wurden. Das Problem dabei ist, diesen Wandel für die Menschen erträglich zu machen.

Selbstverständlich fehlte es nicht an Versuchen, die Arbeitslosigkeit zu überwinden. Von staatlicher Seite wurden neben finanzieller Unterstützung für die Betroffenen vor allem Umschulungsmaßnahmen und flexiblere Arbeitszeitregelungen (Teilzeit) in die Wege geleitet. Die von den Gewerkschaften geforderte und zum Teil durchgesetzte Verkürzung der Wochenarbeitszeit auf 35 Stunden ist unter beschäftigungspolitischen Gesichtspunkten bis heute umstritten. Entscheidenden Anteil an einer teilweisen Überwindung der Krise hatte sicher die seit Anfang der 80er Jahre verbesserte Gesamtkonjunktur.

Die Hochkonjunktur Mitte der 80er Jahre half, einen Restsockel an Arbeitslosen trotz aller menschlichen Probleme im Detail erträglich zu machen. Die mit der Wiedervereinigung 1990 verbundene Notwendigkeit, jenen Teil Deutschlands wieder aufzubauen, der den westlichen Standards der Wirtschaft nicht genügt, schuf neue Probleme und Belastungen, die durch eine sich abzeichnende Konjunkturflaute ab 1992/93 noch verschärft wurden. Damit war eine "Neue soziale Frage" entstanden.

## Verstärkte Migrationsbewegungen

Im Zeichen der Hochkonjunktur der späten 60er und beginnenden 70er Jahre herrschte tendenziell in vielen Berufszweigen ein Arbeitskräftemangel. Dieser wurde hauptsächlich durch den Zuzug von ausländischen Arbeitnehmern, sogenannten **Gastarbeitern,** ausgeglichen. Auf diesem Wege gab es zunächst eine verstärkte Zuwanderung von Italienern, Spaniern, Jugoslawen und später auch Türken nach Deutschland. 1975 lebten rund 2,5 Millionen Gastarbeiter in der Bundesrepublik, was einem Anteil von 9,4 Prozent an den Arbeitskräften insgesamt entsprach. Nach der Schweiz war die Bundesrepublik das Land mit dem höchsten Gastarbeiteranteil.

Erste Konflikte und Auseinandersetzungen zwischen Ausländern und Deutschen, das Austragen gewisser Vorurteile blieben nicht aus. Um gegen die latente Ausländerfeindlichkeit vorzugehen, wurde viel Bildungs- und Aufklärungsarbeit betrieben. Kontakte zwischen Deutschen und Gastarbeitern am Arbeitsplatz und in der Freizeit förderten mit der Zeit die Akzeptanz. Allmählich gewöhnte man sich vor allem an die aus europäischen Ländern kommenden Mitbürger, zumal man deren Länder und Kultur auch von vielen Urlaubsreisen her kannte. Lediglich mit der türkischen Bevölkerung gab es Ende der 70er Jahre gewisse, aber nicht unüberwindliche Probleme.

Nachrichten über einen dramatischen Geburtenrückgang bei den Deutschen seit 1967 ("Pillenknick") und ein zunehmender Zuzug von Ausländern in die Bundesrepublik führten zu Beginn der 80er Jahre zu ebenso propagandistischen wie populistischen Formulierungen wie: "Sterben die Deutschen aus?" Verstärkt wurde die latenten Ressentiments gegen Ausländer in Westdeutschland auch noch durch die zunehmende Zuwanderung weiterer Nationalitäten, die im "Wirtschaftswunderland Deutschland" Zuflucht oder bessere Lebenschancen suchten. Vor allem zwei Gruppen sorgten neben **Übersiedlern** aus der DDR für eine verstärkte Einwanderungsbewegung:

- Zum einen die **Asylanten,** Menschen aus allen Teilen der Welt, die sich auf den Grundgesetzartikel 19 ("Politisch Verfolgte genießen Asyl.") beriefen und um politisches Asyl in der Bundesrepublik nachsuchten. Unter ihnen waren oft auch sogenannte "Wirtschaftsflüchtlinge", die sich auf das Asylrecht beriefen, in Wahrheit aber wohl eher einen Ausweg aus der hoffnungslosen Lage in ihren kriegs- und krisengeschüttelten Heimatländern suchten. Alle Asylanten mußten (und müssen) sich einem **Asylverfahren** unterwerfen, das teilweise sehr langwierig war und oft viele menschliche Härten aufwarf.

- Die zweite Gruppe war die der **Aussiedler,** Deutschstämmige aus den ehemaligen deutschen Ostgebieten oder deutschen Siedlungsräumen in Südost- und Osteuropa, die vor allem im Zuge der Entspannungspolitik der 70er und 80er Jahre in die Bundesrepublik ausreisen durften.

Vor allem der Zuzug der Asylanten wurde von vielen in Deutschland als Problem empfunden. Zum einen war es für viele nur schwer verständlich, daß in der Bundesrepublik aufgrund der liberalen Asylpraxis überdurchschnittlich viele Asylbewerber registriert wurden. Zum anderen aber wurden die Ängste der Bevölkerung auch durch rechtsextremistische Kreise in der Bundesrepublik geschürt. Ausdruck dieser auf Unmenschlichkeit beruhenden **Ausländerfeindlichkeit** radikaler Gruppen ist einer der ersten Anschläge auf ein Ausländerwohnheim in Hamburg am 22. August 1980, bei dem zwei Vietnamesen getötet und mehrere verletzt wurden.

Der Selbstmord eines türkischen Asylbewerbers, des 23jährigen *Cemal Kemal Altun,* der sich aus dem sechsten Stock des Kölner Verwaltungsgerichtes stürzte, weil ihm die Abschiebung in die Türkei drohte, machte viele Menschen betroffen und verstärkte die starke Gruppe derjenigen, die zu Besonnenheit und Vernunft mahnten. Kirchliche Kreise, Schulen, andere staatliche Organe, Medien und viele Privatpersonen bemühten sich um Verständnis und mehr Menschlichkeit. Auch auf den wirtschaftlichen Nutzen der Ausländer für die Bundesrepublik (Kaufkraft, Leistungen für die Renten- und Sozialversicherung) wurde verwiesen.

Trotzdem gelang es einer Gruppe von Radikalen, den Ausländerhaß in Teilen der Bevölkerung weiter zu schüren. Die Forderung nach Abschaffung des Asylrechts wurde lauter, ausländerfeindliche Parolen nahmen zu, und schließlich gipfelte die Entwicklung in schrecklichen Gewalttaten gegen ausländische Mitbürger in Hoyerswerda, Rostock und Mölln im Jahre 1992.

Diese Welle der Gewalt rief erstmals deutlich die berühmte "schweigende Mehrheit" der Bevölkerung auf den Plan. Überall in der Bundesrepublik fanden Solidaritätsveranstaltungen und Demonstrationen ("Lichterketten") zugunsten der ausländischen Mitbürger statt, an denen sich Millionen von Menschen beteiligten.

Auf politischer Ebene versuchten die großen Parteien in Deutschland (CDU/CSU, SPD, FDP) durch eine gemeinsam erarbeitete Änderung des Asylrechts in Deutschland, einen Beitrag zur Entschärfung des Problems unter Wahrung rechtsstaatlicher Verhältnisse zusätzlich zu leisten (Grundgesetzänderung 1993).

## Neue politische Strömungen

Die im Zusammenhang mit der drohenden Ausländerfeindlichkeit entstandene Massenbewegung für mehr Menschlichkeit im Umgang mit Ausländern mobilisierte wie in den Tagen des Protests gegen die Notstandsverfassung eine ungeheure Anzahl von Menschen – ein Zeichen dafür, daß in der Bundesrepublik unter gewissen Voraussetzungen die **"Demokratie von unten"** durchaus funktioniert. Als Reaktion auf gesellschaftspolitische Veränderungen in der Bundesrepublik in den letzten zwei Jahrzehnten entstanden nicht nur weitere neue Massenbewegungen (Friedens-, Anti-Kernkraft- und Frauenbewegung), sondern es wurden auch neue Formen der politischen Mitarbeit (Bürgerinitiativen) und neuen Parteien (DIE GRÜNEN, Die Republikaner) ins Leben gerufen.

*Friedensbewegung*

Im Laufe der 70er Jahre hatte die Sowjetunion trotz offizieller Entspannungspolitik mit dem Westen ihre Nuklearmacht durch Aufstellung neuer Mittelstreckenraketen (SS-20) mit bisher nicht üblichen Reichweiten verstärkt. Als sowjetische Truppen zudem noch 1979 in Afghanistan einfielen, sah sich der Westen zu einer Gegenreaktion veranlaßt, die vor allem auf den deutschen Bundeskanzler Helmut Schmidt zurückging: Am 12. Dezember 1979 faßten die Partner der nordatlantischen Allianz den unter dem Namen **NATO-Doppelbeschluß** in die Geschichte eingegangenen Plan,

1. Ende des Jahres 1983 als Gegenmaßnahme bodengestützte Mittelstreckenwaffen (Pershing II und Cruise Missiles) in Europa zu dislozieren und
2. gleichzeitig aber Verhandlungen zwischen den USA und der Sowjetunion mit dem Ziel aufzunehmen, um die sowjetische "Vorrüstung" rückgängig zu machen und auf eine NATO-"Nachrüstung" verzichten zu können.

Die amerikanisch-sowjetischen Verhandlungen begannen am 30. November 1981 in Genf und kamen nur sehr schleppend voran. Als sich im Laufe des Jahres 1982 zeigte, daß ein Scheitern der Verhandlungen im Bereich des Möglichen war, verstärkte sich die öffentliche Auseinandersetzung. Während die neue Bonner Regierungskoalition aus CDU/CSU und FDP weiterhin zu den Vereinbarungen stand, sprach sich beispielsweise im November 1983 die SPD auf ihrem Kölner Parteitag mit überwältigender Mehrheit gegen die Raketenstationierung aus. Mit veranlaßt wurde dieser Schritt der SPD durch wachsenden Widerstand aus Kreisen der Bevölkerung gegen den ersten Teil des NATO-Doppelbeschlusses. So hatten sich bei großen Demonstrationen in Bonn 1981 und 1982 jeweils rund 300 000 Menschen beteiligt, und im Oktober 1983 fanden sich bei einer Ak-

tionswoche rund 3,3 Millionen Menschen bereit, ihre ablehnende Haltung öffentlich zu bekunden. Damit war in der Bundesrepublik eine gewaltige Friedensbewegung "von unten" entstanden. Verstärkt wurde der Widerstand in der Bevölkerung noch durch die wieder deutlicher bewußt gewordenen Gefahren einer atomaren Auseinandersetzung, auf die Wissenschaftler immer wieder hingewiesen hatten. Außerdem wuchs die Befürchtung, daß ein nuklearer Konflikt über die Köpfe der Europäer hinweg zwischen den USA und der UdSSR geführt werden könnte.
Auch wenn die Friedensbewegung ihr Ziel, die Aufstellung der Raketen zu verhindern, nicht erreichte und die Abrüstungsverhandlungen 1983 vorübergehend abgebrochen wurden, hat sie doch einen großen Beitrag zur Mobilisierung von Menschen für Fragen der Sicherheitspolitik geleistet.
In der früheren DDR entwickelten sich ebenfalls Ansätze einer Friedensbewegung. Unter dem Motto *"Schwerter zu Pflugscharen"* organisierte sich ein vor allem christlich geprägter Widerstand, der zu beiderseitiger Abrüstung aufrief. Aus dieser Bewegung und den Friedensgebeten in der Leipziger Nikolaikirche erwuchs die Hauptschubkraft des Massenprotestes, der 1989 den Zusammenbruch des DDR-Regimes mit herbeiführte (vgl. Kapitel 3.5.3).

*Anti-Atomkraft-Bewegung nach Tschernobyl*
Am 26. April 1986 kam es in dem sowjetischen Kernkraftwerk Tschernobyl (in der Ukrainischen SSR) zu einem schweren Störfall, in dessen Verlauf der Reaktorkern schmolz, das Kernkraftwerk brannte und große Mengen radioaktiven Materials freigesetzt wurden. In vielen Teilen Europas sowie in der Sowjetunion selbst wurde radioaktiver Niederschlag verzeichnet.
Schon in den 50er Jahren hatte es eine Anti-Kernkraft-Bewegung gegeben, die sich allerdings mehr auf den militärischen Aspekt der Atomtechnologie konzentrierte ("Kampagne gegen den Atomtod"). Durch Tschernobyl und die Folgen wurde die öffentliche Debatte über die Nutzung der Kernenergie in der Bundesrepublik wieder neu belebt. Während die Grünen in der Katastrophe von Tschernobyl eine Bestätigung ihrer seit jeher erhobenen Forderung nach sofortiger Stillegung aller Kraftwerke sahen, trat die SPD nun für den schrittweisen Ausstieg aus der Kernenergienutzung ein. CDU/CSU und FPD schränkten ihre Zustimmung zur Nutzung der Atomkraft ein, hielten an ihr aber als "Übergangstechnologie" über das Jahr 2000 hinaus fest.
Weit mehr als andere Atomanlagen – wie etwa der "Schnelle Brüter" in Kalkar – wurde die im Bau befindliche Wiederaufarbeitungsanlage (WAA) in Wackersdorf (Oberpfalz) in der Zeit nach Tschernobyl zum Ziel des Protestes. Bei zahl-

reichen Massendemonstrationen kam es zu gewaltsamen Auseinandersetzungen zwischen Demonstranten und der Polizei. Dabei wurde die Kritik an der WAA mit unterschiedlichen Argumenten vorgebracht. Neben der grundsätzlichen Ablehnung der Kernenergie standen der Einwand, daß die Aufarbeitung von abgebrannten Kernbrennstäben viel teurer sei als die unmittelbare Endlagerung, und der Protest gegen die Zerstörung eines umfangreichen Waldgebietes.
Doch dann bewirkte nicht der Protest von Tausenden Atomkraftgegnern die Einstellung der Bauarbeiten an der WAA am 30. Mai 1989, sondern die kaufmännische Überlegung der deutschen Energiewirtschaft unter Führung der VEBA. Sie vereinbarten mit der französischen Firma Cogema eine Zusammenarbeit, in deren Rahmen abgebrannte deutsche Brennelemente in la Hague weit billiger entsorgt werden sollen, als dies in Wackersdorf möglich gewesen wäre.
Besonders bedeutsam wurde in Ostdeutschland die vergleichbare Bürgerprotestbewegung unter dem Schlagwort "Schwerter zu Pflugscharen" in den Leipziger Friedensgebeten, die die Wende in der ehemaligen DDR herbeiführte und heute zum Beispiel im **Bündnis 90** fortlebt.

*Frauenbewegung*
Im Zuge des Auf- und Umbruchs Ende der 60er Jahre formierte sich auch eine autonome *Frauenbewegung*, die u. a. das Ziel der Verwirklichung der Gleichberechtigung von Frauen vertritt. Der Staat hat hier durch die Einrichtung und Förderung von Frauenhäusern, Gleichstellungsstellen (d. h. Frauenbeauftragte in Bund, Ländern und Gemeinden) und sogar durch Einführung eines neuen Ministeriums (Familie und Frauen) reagiert.

*Bürgerinitiativen*
Als Ausdruck und Folge der politischen Aktivierung der Bürger/innen seit den Tagen des Studentenprotests formierten sich überall in der Bundesrepublik Bürgergruppen, die es sich zum Ziel machten, Maßnahmen durchzusetzen, die als von einer Mehrheit von Bürgern gewünscht betrachtet wurden: so vor allem auf dem Gebiet des Umweltschutzes (z. B. **Bürgerinitiative Umweltschutz**) sowie auf breiterer Ebene im Bereich der Kultur und Lokalpolitik.

*Neue Parteien*
Als neue Partei auf der Suche nach neuen Ausdrucksformen und Mitteln der Politik sind vor allem **Die GRÜNEN** zu nennen, eine neue Parteiengruppierung, die 1979 in Bremen erstmals in ein Landesparlament und 1983 erstmals in den Deutschen Bundestag einzog. Ursprünglich eine Sammlungsbewegung aus ökologisch orientierten Kreisen, Mitgliedern der Friedens- und Anti-Kernkraft-Bewegung

und "alternativen" Zirkeln, die vor allem mehr Basisdemokratie und andere Ausdrucksformen der Politik suchten, etablierten sich die GRÜNEN 1980 als Partei. Eine Auseinandersetzung zwischen kompromißbereiten "Realos" und auf "Totalopposition" ausgerichtete "Fundamentalisten" scheint zugunsten des gemäßigten Flügels ausgegangen zu sein. Mittlerweile stehen "grüne" Politiker in einzelnen Bundesländern in Regierungsverantwortung.
Neu formiert hat sich auch das rechtsradikale oder rechtskonservative Parteienspektrum. **Republikaner** und **Deutsche Volksunion (DVU)** haben weitgehend das "Erbe" der alten NPD der 60er Jahre übernommen und Mandate in vielen Landtagen erobert.
Ebenso haben mittlerweile die ehemaligen DDR-Parteien einen Wandel erfahren und sich entweder als neue Parteien (z. B. **Demokratischer Aufbruch** oder **Bündnis 90**) oder als mehr oder weniger getarnte Nachfolgeorganisationen der alten Blockparteien (z. B. **PDS** als Nachfolgerin der SED) demokratischen Zielen verschrieben.

Trotz dieser weitreichenden und vielfältigen Mitbestimmungsmöglichkeiten wird zu Beginn der 90er Jahre in Deutschland über eine noch weitergehende Einbeziehung der Bürger/innen in Form von Einführung mehr plebiszitärer Elemente auf Bundesebene (z. B. Volksbegehren) diskutiert. Die Argumente der Befürworter (u. a. mehr Bürgernähe und Partizipation) und Gegner solcher Maßnahmen (Hinweis auf Negativerfahrungen in der Weimarer Republik, Kompetenzproblem, Frage des Minderheitenschutzes) werden derzeit in der öffentlichen Diskussion vielfach ausgetauscht, während Vorstellungen der 70er und 80er Jahre ("imperatives Mandat" statt Gewissensverpflichtung für Abgeordnete oder etwa die Einführung eines Rotationsprinzips) aufgrund von verfassungsrechtlichen Bedenken und Problemen bei der praktischen Durchführung wohl nur mehr am Rande als Alternative ins Spiel gebracht werden.

Dieser positive Grundbefund wird durch Nachrichten über eine zunehmende Politikverdrossenheit unter den Bundesbürgern getrübt. Vor allem junge Menschen wenden sich – ganz anders als in den 60er und 70er Jahren – offensichtlich verstärkt von der Politik ab. Die Motive sind dabei unterschiedlich. Wahrscheinlich haben verschiedene politische Affären der letzten Jahre, Unzufriedenheit mit manchen Entscheidungen und Äußerungen, aber oft wohl auch falsche Vorstellungen über die politische Realität zu dieser erstaunlichen Wendung geführt. Manche befürchten auch ein Abgleiten in politischen Radikalismus. Um so mehr hat hier die im Grundgesetz fest verankerte "wehrhafte Demokratie" eine neue und ernstzunehmende Herausforderung zu bestehen.

## 3.4 Die Entwicklung in der DDR

| | | |
|---|---|---|
| 1945 | ab Sept. | Enteignung und Verstaatlichung von Großbetrieben in der SBZ |
| 1946 | 22. April | Gründung der SED |
| 1949 | 7. Okt. | Gründung der DDR |
| 1950 | 25. Juli | Ulbricht Generalsekretär der SED |
| 1953 | 17. Juni | Aufstand in der DDR |
| 1961 | 13. Aug. | Bau der Berliner Mauer |
| 70er Jahre | | Die DDR erreicht den Höhepunkt ihrer wirtschaftlichen Entwicklung. |
| 1971 | 24. Juni | Honecker Generalsekretär der SED |
| 1989 | Aug./Sept. | Flüchtlingswellen von DDR-Bürgern in bundesdeutsche Botschaften und aus Ungarn |
| | 25. Sept. | Beginn der Montagsdemonstrationen in Leipzig |
| | 18. Okt. | Sturz Honeckers |
| | 9. Nov. | Grenzöffnung |
| | 11. Nov. | Hans Modrow Ministerpräsident der DDR |

Nach dem Zusammenbruch des Dritten Reiches einigten sich die Siegermächte auf der Gipfelkonferenz der "Großen Drei" in Potsdam noch einmal auf gemeinsame Absichtserklärungen. Richtungsweisend für die deutsche Frage wurde aber nur ein Teil dieser Beschlüsse. So wurde die Aufteilung Deutschlands und Berlins in jeweils vier Besatzungszonen und die Bildung des für alle Zonen zuständigen Alliierten Kontrollrats tatsächlich auch sofort in die Tat umgesetzt.

Entscheidend war aber vielmehr die unterschiedliche Interpretation und Durchführung der vier allgemeinen Ziele des Abkommens (Denazifizierung, Demilitarisierung, Demontage, Demokratisierung) innerhalb der einzelnen Zonen durch die jeweilige Besatzungsmacht und das Scheitern der Einrichtung zentraler deutscher Verwaltungsämter zur Durchsetzung einer gemeinsamen Wirtschaftspolitik für Gesamtdeutschland. Diese Entwicklung bewirkte, daß in der Sowjetischen Besatzungszone (SBZ) mit der Zeit große Unterschiede gegenüber den westlichen alliierten Zonen zu beobachten waren.

### 3.4.1 Die sozialistische Umgestaltung der Sowjetzone

Wie in den westlichen Zonen begann die Politik auch hier zunächst mit der Bildung von "antifaschistischen Ausschüssen", die von während des Dritten Reiches im Untergrund lebenden Deutschen gegründet wurden und zu einer Lösung der auftauchenden Problemen des neu zu organisierenden öffentlichen Lebens beitragen wollten. Vor allem in der SBZ wurde diese Bewegung aus ideologisch-politischen Gründen von den Besetzern zunächst unterstützt, was dazu führte, daß dort bereits nach wenigen Monaten politische Parteien erneut zugelassen wurden. Da sich Stalin von einer vollkommen funktionierenden politischen Ordnung in seinem Sinne ein weitaus größeres Gewicht bei einer möglichen Wiedervereinigung Deutschlands versprach, wurden die Grundlagen des späteren sozialistischen Staates in der sowjetisch beherrschten Zone entsprechend rasch und zielstrebig geschaffen.

Vor allem die **Entnazifizierung** wurde von den Sowjets als geeignetes Mittel für die Umgestaltung der Gesellschaft im kommunistischen Sinn benutzt. Die sowjetische Besatzungsmacht wollte, ähnlich wie auch die Amerikaner, einen möglichst weiten Personenkreis erfassen. Eng verbunden mit der Entnazifizierung waren in der SBZ **Enteignungsmaßnahmen**, die sich gegen das Bürgertum und den Adel richteten. Nach kommunistischer Auffassung waren diese beiden Schichten Überreste des Faschismus, deren Macht unbedingt gebrochen werden mußte. Auch in staatlichen Behörden und Institutionen fanden großen Änderungen statt. Angehörige der Arbeiterklasse oder linientreue junge Leute ersetzten etwa 80 % des Personals in Verwaltung, Rechts- und Bildungswesen. So wurden 80 % aller Justizbeamten und 79 % aller Lehrer durch gesinnungstreue Gefolgsleute der SED ersetzt. Damit war ein möglicher Widerstand gegen eine kommunistische Herrschaft von der Basis her wesentlich erschwert worden.

Daß die Entnazifizierungspraxis der ideologischen Umstrukturierung der Gesellschaft diente, wird durch die Tatsache deutlich, daß gegen nur nominelle Mitglieder von NS-Organisationen nicht vorgegangen wurde, soweit sie wegen ihrer Position keine Bedrohung darstellten. Ihnen wurde vielmehr schon im Herbst 1946 das aktive und passive Wahlrecht zugestanden.

Auf dem Gebiet der SBZ entstanden bereits im Juli 1945 die Länder Mecklenburg, Sachsen, Thüringen und die Provinzen Brandenburg und Sachsen-Anhalt, die nach der Auflösung Preußens durch den Alliierten Kontrollrat Länderstatus erhielten. Zusätzlich setzte die SMAD (sowjetische Militäradministration) zonenweite Zentralverwaltungen nicht nur für Wirtschaftsfragen, sondern auch für

Volksbildung und Justiz ein. Diese sollten einer Eigenständigkeit der Länder entgegenwirken, indem sie die Politik der Länderregierungen koordinierten (vgl. auch S. 84 f.). Die Parteien KPD, SPD, CDU und LDPD wurden im Juni und Juli 1945 zugelassen, also noch vor der Potsdamer Konferenz. Die erste Partei, die sich in der SBZ konstituierte, war die KPD unter dem Einfluß *Walter Ulbrichts*. Da die Partei in der Weimarer Republik wegen ihrer Abhängigkeit zu Moskau isoliert gewesen war, betonte das neue Parteiprogramm demokratische Grundsätze. Die Parteiführung erklärte öffentlich, Deutschland nicht das sowjetische System aufzwingen zu wollen. Als zweite Partei wurde die SPD gegründet. Ihr Zentralausschuß unter der Leitung von *Otto Grotewohl* beanspruchte bis zur Abhaltung eines Gesamtparteitages die Führung der Partei in Gesamtdeutschland. Auf sozial- und wirtschaftspolitischem Gebiet stellten die Sozialdemokraten ähnliche Forderungen wie die KPD. Mit der Christlich-Demokratischen Union und der Liberal-Demokratischen Partei Deutschlands folgten den Linksparteien zwei bürgerliche Parteien nach. Auch sie betonten die Notwendigkeit sozialer Reformen, aber auch die persönlichen Rechte des einzelnen.

Allerdings wurden alle diese Parteien auf Anordnung der sowjetischen Militäradministration zum "antifaschistisch-demokratischen Block" zusammengeschlossen. Das Blocksystem erzwang dabei nun ein gemeinsames Handeln aller, das auf einstimmig gefaßten Beschlüssen, Beteiligung an der Regierung und der Enthaltung von jeglicher Opposition beruhte.

Eine weitere Vereinheitlichung der Parteienpolitik fand im April 1946 statt. Die SMAD ordnete an, daß aus der KPD und der SPD eine einzige Partei gebildet werden sollte, die "Sozialistische Einheitspartei" SED. Der Druck der SMAD wurde durch die gesamtpolitische Lage in Deutschland begünstigt. Bei vielen Arbeitern und Gewerkschaftlern war die These lebendig, daß Hitler die Machtergreifung nicht gelungen wäre, wenn die durch erbitterte Feindschaft getrennten Sozialdemokraten und Kommunisten zusammengehalten hätten. Außerdem hatte die SPD seit Ende des Krieges mehr Mitglieder angezogen als die Kommunisten. *Kurt Schuhmacher* gelang es innerhalb der SPD seine Autorität in den Westzonen durchzusetzen, so daß Grotewohl immer weniger Einfluß auf die Gesamtpartei ausüben konnte. So fand am 19. und 20. April in Berlin der Vereinigungsparteitag nach längeren Verhandlungen zwischen *Wilhelm Pieck* und *Otto Grotewohl* statt, ohne daß vorher innerparteilich abgestimmt wurde. Aus zwei Parteien war eine einzige entstanden und somit die Möglichkeit einer pluralistischen Interessenvertretung weiterhin eingeschränkt worden.

## Gründung und Funktion des FDGB

Die früheren Gewerkschaften der Weimarer Republik waren politisch unterschiedlich orientiert, entweder sozialistisch, christlich oder liberal. Nach dem Untergang des Dritten Reiches waren sich nun ein Großteil der beitrittswilligen Arbeiter und Funktionäre im gesamten Deutschland einig, daß an die Stelle der alten Organisationen eine parteipolitisch neutrale Einheitsgewerkschaft treten müsse. Auch auf diesem Gebiet begannen die sowjetischen Behörden noch vor der Potsdamer Konferenz aktiv zu werden. Der "Freie Deutsche Gewerkschaftsbund" (FDGB) wurde ins Leben gerufen. Die entscheidenden Positionen wurden mit Kommunisten besetzt. Sowohl die Geschichte als auch die Struktur des FDGB belegen seine Funktion als Machtinstrument des Marxismus-Leninismus auf sozialpolitischer Ebene (vgl. auch S. 93 f.)

## Die Wirtschaftspolitik in der Sowjetzone: Verstaatlichung und Demontage

Die alten Besitzverhältnisse wurden in der SBZ bereits ab September 1945 vollkommen umgewandelt. Der erste Schritt hierzu war die Enteignung von Großgrundbesitzern, der zweite die Verstaatlichung vieler Industriebetriebe. Durch die Verstaatlichung von Banken und Sparkassen ging privates Kapital bis auf unbedeutende Summen vollständig verloren.

Neben der Umgestaltung der Besitzverhältnisse prägte vor allem die Reparationspolitik der UdSSR das Wirtschaftsleben in der SBZ und der späteren DDR. Durch rücksichtslose Forderungen wurde dieser Teil Deutschlands in seiner wirtschaftlichen Entwicklung weit zurückgeworfen (vgl. auch S. 93 f.).

Somit wurden die Weichen für eine separate Wirtschaftspolitik der SBZ schon frühzeitig gestellt: Zum einen wurde durch die Enteignung und Verstaatlichung von Boden und Industrie der Weg für eine sozialistische Wirtschaftsstruktur geschaffen. Zum anderen stellte sich durch die unbeugsame Haltung der Sowjetunion in der Reparationsfrage die wirtschaftliche Erholung und der anschließende Aufschwung der späteren DDR erst wesentlich später und vor allem langsamer ein als in der Bundesrepublik.

Am deutlichsten unterschied sich das Wirtschaftssystem der späteren DDR von der Bundesrepublik durch den Aufbau einer **sozialistischen Planwirtschaft.** Seit den 50er Jahren wurde die Wirtschaftspolitik der DDR durch eine zentrale Kommission unter Einflußnahme des Politbüros der SED und des Ministerrats gesteuert. Somit setzte das System selbst die Verteilung von Rohstoffen, Produktionszahlen und auch die Preise in Fünfjahresplänen fest. Die Nachteile dieser zentralen Planwirtschaft traten besonders deutlich nach dem Juli 1952 hervor, in dem die SED den Aufbau der Grundlagen des Sozialismus propagiert hatte. Der beschleunigte Aufbau der Schwerindustrie, dem besondere Aufmerksamkeit gewidmet werden mußte, band so viele Kräfte, daß die Versorgung mit Konsumgütern für die Bevölkerung nur mit Einschränkungen möglich war und die Lebensqualität erheblich sank.

### 3.4.2 Die Krise der DDR und der Aufstand von 1953

Unter Stalin war die SBZ bzw. die spätere DDR kontinuierlich nach dem sowjetischen Vorbild aufgebaut worden. Nach Stalins Tod am 5. März 1953 zwang die neue sowjetische Führung die SED, ihren bisherigen Kurs zu ändern und Fehler zuzugeben. Als dennoch gegen sowjetische Empfehlungen Arbeitsnormenerhöhungen verordnet wurden, was in der Praxis nichts anderes bedeutete als eine weitere Absenkung des ohnehin geringen Lebensstandards, streikten Arbeiter am 16. und 17. Juni in Ost-Berlin und in anderen Städten der DDR, nach westlichen Schätzungen an etwa 270 Orten. Zunächst wurde lediglich eine Rücknahme der Normenerhöhung gefordert. Schon bald aber wurden die Forderungen auf den Rücktritt der Regierung und die Abhaltung freier Wahlen mit dem Ziel der Wiedervereinigung ausgedehnt. In Ost-Berlin, Halle, Leipzig und Magdeburg wurden sogar Büros der SED gestürmt und politische Häftlinge aus Gefängnissen befreit. Die Regierung und die SED konnte sich schließlich nur durch das Eingreifen sowjetischer Truppen an der Macht halten. Die Anzahl der Opfer kann nur grob geschätzt werden, man rechnet mit ungefähr 300 Toten und etwa anschließenden 100 Todesurteilen.

Trotz des Aufstandes wurde in der Sowjetunion an der von Chruschtschow vertretenen Richtung einer gemäßigten Liberalisierung des Systems festgehalten.

### 3.4.3 Fluchtbewegung und Mauerbau

In der SBZ und späteren DDR war ab 1945 von Beginn an durch die sowjetische Besatzungsmacht und die linientreuen deutschen Kommunisten konsequent ein autoritärer Staat errichtet worden. Wer eine andere politische Meinung als die offiziellen Lehren von Marx, Engels und Lenin vertrat, mußte mit strafrechtlicher Verfolgung rechnen. Die SED-Parteiführung lag völlig in der Hand von *Walter Ulbricht,* der durch Parteikontrollkommissionen unerwünschte Personen aus der

Partei ausschließen ließ. Kritische Bürger mußten mit Bespitzelung und Verhaftung rechnen. Ulbrichts scharfer sozialistischer Kurs und die gespannte wirtschaftliche Lage führten zu einer ständigen Fluchtbewegung von Bewohnern der DDR in den Westen. Der Aufstand von 1953 machte in dramatischer Weise die Diskrepanz zwischen den Zielen der DDR-Führung und den Wünschen und Hoffnungen der Bevölkerung deutlich. Nach seiner brutalen Niederschlagung wurden auch die Maßnahmen zur Begrenzung der Flüchtlinge immer schärfer. An der Grenze sollten Flüchtlinge durch eine Sperrzone sowie Stacheldraht, Wachttürme und Minenfelder abgeschreckt werden. So führte der Weg in den Westen für die meisten "Republikflüchtlinge" über Berlin, das wegen seines Viermächtestatus einen weitaus sichereren Fluchtweg über die Sektorengrenzen bot.

Der starke Flüchtlingsstrom in die Bundesrepublik führte 1958 zur **zweiten Berlin-Krise** und schließlich zum Mauerbau. Vor allem durch die immense Zahl junger Flüchtlinge sah die SED-Führung die wirtschaftliche Zukunft ihres Staates bedroht und sich zum Handeln gezwungen (vgl. auch S. 216 f.).

Mit dem Mauerbau am Morgen des 13. August 1961 hatte die DDR-Führung nur mit Zwang erreicht, was ihr auf friedlichem Wege nicht gelang: Für DDR-Bürger war eine Flucht in den Westen so gut wie unmöglich, Familien waren auseinandergerissen und die Reisebedingungen zwischen beiden deutschen Staaten erheblich erschwert worden. Viele Fluchtwillige stürzten sich in verzweifelte Unternehmen, die oft entweder mit dem Tod oder langjährigen Haftstrafen sowie schweren gesellschaftlichen Nachteilen für ihre Verwandten endeten. Die zurückbleibenden "eingesperrten" Bürger/innen waren gezwungen, sich mit dem bestehenden System zu arrangieren, was ihnen wenigstens etwas durch eine jetzt spürbare Hebung des Lebensstandards erleichtert wurde. Mit der gewaltsamen Trennung einer ganzen Nation stellte der Mauerbau einen schmerzlichen Einschnitt in der deutschen Nachkriegsgeschichte dar.

### 3.4.4 Ansätze zur wirtschaftlichen Stabilisierung

Walter Ulbricht hatte im Juli 1952 auf der Zweiten Parteikonferenz der SED verkündet, daß der Sozialismus planmäßig aufgebaut werde, wohl wissend, daß die Voraussetzungen für eine funktionierende Wirtschaft alles andere als günstig waren. Nicht umsonst hatten die Siegermächte noch im Potsdamer Abkommen beabsichtigt, Deutschland als wirtschaftliches Ganzes zu behandeln, da die Kluft in bezug auf Agrar- und Industriestruktur zwischen den einzelnen Zonen viel zu groß war. So fehlte in der Sowjetzone vor allem die Grundstoff- und Schwerindustrie.

Eine zweite schwere wirtschaftliche Bürde hatte die junge DDR an der Last der erfolgten Reparationsleistungen zu tragen, die erst 1953 eingestellt wurden. Die Besatzungsmacht Sowjetunion hatte bestehende Betriebe demontiert und als Ausgleich für die erlittenen Kriegsschäden im eigenen Land verwendet. Was der DDR an Betrieben verblieb, wurde verstaatlicht. Die Planungsbehörden aber arbeiteten streng nach sowjetischem Vorbild. Anders als im Westen, wo Eigeninitiative und freier Wettbewerb neue Ideen, Wirtschaftlichkeit, technische Neuerungen und Qualität förderten, waren diese Behörden an der Quantität der Produktion interessiert. Die Motivation für die Werktätigen sollte durch den sozialistischen Wettbewerb gewährleistet werden, wobei Belobigungen und Auszeichnungen für Aktivisten und die Übererfüllung von vorgegebenen Normen vergeben wurden. Die Verarbeitungsindustrien in Sachsen und Thüringen konnten nicht auf Hochleistung arbeiten, da Grundstoff- und Schwerindustrie nicht vorhanden waren. Auf deren Aufbau legte nun die SED-Führung um Walter Ulbricht besonderen Wert, worunter andere Wirtschaftszweige aber zu leiden hatten. So blieben die Lebensmittel rationiert und im täglichen Leben des DDR-Bürgers fehlten zahlreiche Konsumgüter. Dafür entstanden gewaltige Braunkohlekraftwerke und daneben wurde die chemische Industrie ausgebaut. Lebenswichtige Rohstoffe wurden der DDR durch die 4 200 km lange Erdölleitung aus der Sowjetunion und den neu ausgebauten Überseehafen in Rostock zugeführt.

Zweifellos aber hatte die schlechte wirtschaftliche Versorgung des einzelnen nicht unwesentlich zur Unzufriedenheit mit dem politischen System und zum starken Flüchtlingsstrom der 50er Jahre beigetragen.

Nach dem Mauerbau schenkte Ulbricht nun der Notwendigkeit der Befriedigung auch von individuellen Bedürfnissen mehr Aufmerksamkeit. 1962 wollte er die Bürger kraft Überzeugung für seine "gute Sache" gewinnen. Seit 1963 wurden mehrere Wirtschaftsreformen beschlossen, die das Ziel hatten, mehr Waren von besserer Qualität zu produzieren. Dafür wurde eine Lockerung der Planwirtschaft vorgenommen. Die volkseigenen Betriebe wurden nun von Generaldirektoren geleitet, die teilweise für die Planung der Produktion und den Absatz selbst verantwortlich waren. Selbstverständlich erwartete man von ihnen Gewinne, die dem Betrieb selbst zugute kamen. Löhne und Prämien der Mitarbeiter, aber auch die Sozialleistungen hingen nun von der Effizienz des einzelnen Betriebes ab.

Bis zu den siebziger Jahren war der DDR der Anschluß an die führenden Industrienationen der Erde gelungen. Verglichen mit den anderen Staaten des Ostblocks, die im Comecon zusammengefaßt waren, war der Lebensstandard der DDR-Bürger beachtlich. Zwar tauchten immer wieder Versorgungsengpässe und Rückschläge auf, aber auch anspruchsvollere Konsum- und sogar Luxusgüter, wie Waschmaschinen und Fernsehen, waren erhältlich.

Frauen waren in das Arbeitsleben vollkommen integriert. Über 90 % aller Frauen waren berufstätig. Das verlangte aber die Versorgung der Kinder durch den Staat. Die Kleinkinder wurden in Kinderkrippen betreut, die größeren in Schulküchen versorgt. Der Staat war damit umgekehrt aber auch in der Lage, wesentlichen Einfluß auf die Erziehung der Kinder zu nehmen.

### 3.4.5 Zunehmende innere Erstarrung des Systems

Der wirtschaftlichen Stabilisierung und dem außenpolitischen Tauwetter der 70er Jahre stand eine rigide Haltung der SED-Führung im innenpolitischen Bereich gegenüber. Wie in den 50er Jahren stand ideologisch die "Diktatur des Proletariats" im Vordergrund, die keinen anderen Anspruch außer dem der "marxistisch-leninistischen Partei der Arbeiterklasse" duldete. Oppositionelle Tätigkeiten und selbst bloße Kritik am System wurden strafrechtlich verfolgt. Trotzdem wagten es einzelne Personen oder ganze Gruppen immer wieder mehr oder weniger offen, gegen das Regime zu opponieren. Die Maßnahmen, mit denen sie rechnen mußten, waren hart. Sie reichten von willkürlichen Schikanen und Behinderungen, wie z. B. dem Versagen eines Studienplatzes, bis hin zu Gefängnis- oder Zuchthausstrafen unter z. T. menschenunwürdigen Bedingungen. Prominente Oppositionelle wurden mit Schreibverbot belegt oder zwangsweise ausgebürgert. Verdächtige wurden oft jahrelang vom "Ministerium für Staatssicherheit" bespitzelt, oftmals wurde auch versucht, sie ihren Familien zu entfremden.

Um Opposition von vorne herein möglichst gering zu halten, sollte vor allem die Jugend für das SED-Regime eingenommen werden. Der Nachfolger Walter Ulbrichts, *Erich Honecker,* war in jüngeren Jahren FDJ-Führer gewesen. So änderte sich auch in den 70er Jahren die Erziehung zur "sozialistischen Persönlichkeit" nicht wesentlich. Noch immer wurde den Kindern und Jugendlichen ein klares "Feindbild" vermittelt, das ihnen eine Bedrohung der sozialistischen Errungenschaften durch die "imperialistischen" Staaten USA und BRD weismachen sollte. Hatten die "Jungen Pioniere" noch in den 50er Jahren auf Pappfiguren mit den

Zügen Adenauers geschossen, so nahmen jetzt die Fächer Staatsbürgerkunde und Wehrkunde ab der 7. und 9. Klasse eine besondere Bedeutung im Schulalltag ein. Um die Erziehung im sozialistischen Sinn zu vertiefen und zu vervollkommnen, wurden die meisten Kinder und Jugendlichen auch neben der Schule noch zusätzlich von den Massenorganisationen der Partei erfaßt. Von der 1. bis 8. Klasse waren sie bei den "Jungen Pionieren", später trat man in die FDJ ein. Verantwortungsvolle Berufe und Führungspositionen waren nicht allein vom Notendurchschnitt abhängig. Entscheidend für den Übertritt in die "Erweiterte Oberschule" und einen Studienplatz war vor allem die Linientreue gegenüber dem Staat.

Den Errungenschaften der DDR und der ständigen Propaganda über die vollbrachten Leistungen stand der oftmals triste Alltag gegenüber. Die DDR-Bürger verglichen ihren Lebensstandard mit dem der Bundesrepublik, den sie durch das "Westfernsehen" kannten, das die meisten empfangen konnten. Was nutzten die niedrigen Preise für Grundnahrungsmittel, wenn man stundenlang in einer Schlange stehen mußte? Viele Produkte waren schon nach kurzem ausverkauft oder erst gar nicht erhältlich. Oftmals war die Ware auch von minderwertiger Qualität, und wer gar ein Auto kaufen wollte, mußte oft bis zu 15 Jahre warten.

Zwar wurde der Wohnungsneubau unter Beibehaltung der niedrigen Mieten verstärkt, doch konnte das die herrschende Wohnungsnot nicht abwenden. Eine Verbesserung der Situation war nicht in Sicht, weil die DDR nach ihrem erfolgreichen wirtschaftlichen Aufschwung stagnierte. Für Löhne und Sozialleistungen wurde mehr ausgegeben als für dringend notwendige Investitionen. Immer häufiger war das Regime auf westliche Leistungen und Kredite angewiesen.

Verschlimmert wurde die Stimmung in der Bevölkerung auch durch die Privilegierten des Systems, hauptsächlich Parteifunktionäre, die sich Devisen beschaffen und in den speziellen Intershop-Läden bessere Waren aus dem Westen gegen Devisen erstehen konnten. Für politische Ideen und Reformen, die seit 1985 unter Gorbatschow in der UdSSR propagiert wurden, oder eine Bewegung ähnlich der polnischen Solidarność, ließ die SED-Führung keinen Raum zu. So versuchten die einfachen Leute dem tristen Alltag hauptsächlich durch den Rückzug ins Privatleben, aber auch durch Engagement in nichtstaatlichen Organisationen und Vereinen zu entfliehen. Es entstand eine Gesellschaft, in der jeder versuchte, staatlicher Beeinflussung und Propaganda durch den Rückzug in private "Nischen" zu entgehen. Im positiven Sinn bedeutete dies aber auch Zulauf für wertkonservative, nichtlinientreue Organisationen, wie z. B. die Kirche.

### 3.4.6 Wachsende Protest- und Fluchtbewegung bis zum Zusammenbruch

Bis 1989 hatte sich die Situation in der Form entwickelt, daß sich die Spitze der DDR, die Führungselite um Erich Honecker, strikt weigerte, dem Volk neue politische Perspektiven zu eröffnen; sie wollte weiterhin am Sozialismus alter Prägung festhalten. 1989 war ein Jahr voller Ereignisse, die man im Rückblick schon fast als Symbole einer neuen Weltordnung betrachten kann: Man feierte den 200. Geburtstag der Französischen Revolution und mit der Beerdigung *Gromykos* wurden auch die alten Reste der aggressiven sowjetischen Außenpolitik zu Grabe getragen. Der letzte russische Soldat verließ Afghanistan. Gorbatschow war Staatsgast in Bonn. Doch die DDR-Führung bereitete die Feiern zum 40. Jahrestag der Staatsgründung im Oktober vor, ohne die Zeichen der Zeit und vor allem ohne die Bedürfnisse des Volkes zu sehen. Als im Juni der Studentenaufstand auf dem Platz des Himmlischen Friedens in Peking von Panzern blutig niedergewalzt worden war, wurde dies von der DDR-Führung noch als das richtige Vorgehen gegen konterrevolutionäre Elemente begrüßt.

In der DDR hatte sich der angestaute Unmut der Bevölkerung bereits im Frühjahr ungestüm Bahn gebrochen. Bei der Volkskammerwahl im Mai war klar geworden, daß das Ergebnis durch massive Wahlfälschungen manipuliert worden war. Die Proteste und Forderungen der Bevölkerung nach mehr Demokratie wurden von der Führung dennoch rigoros unterdrückt.

Im August und September kam die Lawine der Revolution langsam ins Rollen, ohne daß die dramatische Entwicklung zunächst absehbar gewesen wäre. Tausende von DDR-Bürgern nutzten zunächst einen relativ gefahrlosen Weg der Flucht über die Botschaften der Bundesrepublik in den "sozialistischen Bruderländern" der DDR. Vor allem auf dem Gelände der Botschaften in Budapest und Prag suchten die Menschen Schutz, aber auch in Warschau und selbst in Ost-Berlin. Die Botschaften mußten wegen Überfüllung geschlossen werden. In der DDR wurden die Forderungen der oppositionellen Gruppen immer lauter. In den zähen Verhandlungen um das Schicksal der Flüchtlinge platzte am 11. September die Nachricht, daß das am meisten reformwillige Ungarn seine Grenzen nach Österreich geöffnet und den "Eisernen Vorhang" damit zerrissen hatte. 25 000 DDR-Bürger/innen nutzten dieses Schlupfloch, um in den Westen zu gelangen. Durch den inneren und äußeren Druck sah sich die DDR-Führung nunmehr gezwungen, die etwa 50 000 "Botschaftsflüchtlinge" ausreisen zu lassen. Um den Schein zu wahren, wurden die Sonderzüge über DDR-Territorium geleitet, damit die DDR die Flüchtlinge legal "ausweisen" konnte. Nicht bedacht hatten die Offiziellen aber die Vorgänge, die sich in den Herzen der in der DDR Zurückbleibenden abspielten; einige von ihnen hatten sich sogar auf die Gleise vor die Sonderzüge gelegt, um ebenfalls in den Westen zu gelangen.

Diese Vorgänge ermutigten die Opposition zu noch lauterem Protest. Im September wurden die neugegründeten Bürgerrechtsbewegungen "Neues Forum", "Demokratie Jetzt" und "Demokratischer Aufbruch" von der SED als staatsfeindlich erklärt. Die Massenbewegungen waren aber nicht mehr aufzuhalten. Ab 25. Sept. begannen in Leipzig die berühmten **Montagsdemonstrationen,** die von anfangs 6 000 auf 70 000 Teilnehmer/innen am 9. Okt. anwuchsen. Entscheidenden Anteil an dieser Bewegung hatte auch die Kirche, die Mahnwachen und Friedensgebete organisierte, wie das traditionelle Montagsfriedensgebet in der Leipziger Nikolai-Kirche.

"Wir sind das Volk" – Nikolaikirche und demonstrierende Bürger/innen
Sonderbriefmarke der DDR (Februar 1990)

Am 40. Jahrestag der DDR-Gründung schlug das DDR-Regime noch einmal mit brutaler Härte zu: Während die Staatsführung sich selbst mit militärischem Pomp feierte und aus den Parolen Honeckers hervorging, daß er auf jeden Fall am vorbildlichen sozialistischen Staat festhalten wollte, wurden von der Polizei und Stasibeamten in Zivil Demonstranten vor allem in Leipzig und Dresden zusammengeschlagen und über 1 000 von ihnen verhaftet. Die Hoffnungen der Demonstranten richtete sich vor allem auf den sowjetischen Generalsekretär und Reformer Gorbatschow, der zu der offiziellen Feier erschienen war, aber deutliche Kritik am starren Kurs des Regimes geübt hatte. "Wer zu spät kommt, den bestraft das Leben!", so hatte er mahnend verkündet, während Honecker trotzig meinte, daß "Totgesagte länger leben".

Der 9. Oktober brachte die Wende. Trotz der Androhung eines Blutbades durch die SED-Führung gingen 70 000 Menschen ungeachtet der immensen Gefahr und der Erinnerung an den 17. Juni 1953 auf die Straße. Daß es nicht zum Blutvergießen kam, ist der Zivilcourage einflußreicher Persönlichkeiten, wie z. B. des Leipziger Gewandhausintendanten *Kurt Masur* und der Zurückhaltung der Verantwortlichen der Einsatzkräfte zu verdanken. Nach der eindrucksvollen Willensbekundung des Volkes mit Parolen wie "Wir sind das Volk", "Freiheit, Gleichheit, Brüderlichkeit" und "Wir brauchen die SED so dringend wie der Fisch ein Fahrrad" etc. wurde der SED-Führung deutlich, daß sie handeln mußte. Sie versuchte, das System und sich selbst zu retten, indem der starrsinnige Honecker am 18. Oktober gestürzt und durch *Egon Krenz* ersetzt wurde, der den Dialog mit der Bürgerrechtsbewegung und Reformen versprach. Seine Versprechungen stießen aber auf Mißtrauen, da seine Vergangenheit und die sich überschlagenden Ereignisse zu deutlich machten, daß er aus der Not heraus und nicht aus Überzeugung handelte. Beispiele für Slogans und Parolen nach der Wahl Krenz' zum Staatsratsvorsitzenden machen dies deutlich: "Egon – Deine Wahl nicht zählt, denn Dich hat nicht das Volk gewählt", "Oben Krenz – unten brennt's" oder "Wer war Egon Krenz?" So war Krenz machtlos gegen immer größere Massenkundgebungen und immer deutlichere Forderungen. Am 23. Oktober kamen über 200 000 Menschen in Leipzig zusammen, die den Fall der Mauer forderten, am 4. November versammelten sich 500 000 Demonstranten auf dem Berliner Alexanderplatz.

Die DDR, die nun im "sozialistischen Lager" fast isoliert war und nicht mehr, wie 1953, auf die Hilfe sowjetischer Panzer rechnen konnte, sah ihr einziges Heil in einem neuen Reisegesetz, um den Forderungen der Demonstranten entgegenzukommen. Die Bevölkerung war mit den Bedingungen dieses neuen Gesetzes aber nicht mehr einverstanden. Der langjährige Ministerpräsident *Stoph* und das Politbüro traten unter diesem Druck zurück.

Als am Abend des 9. November der Sprecher des Politbüros Reisefreiheit ankündigte, machten sich sehr viele DDR-Bürger auf den Weg zur Berliner Mauer und der übrigen Grenze. Auf beiden Seiten warteten die Deutschen aus Ost und West auf den Fall des Bollwerks, das die Deutschen seit dem 13. August 1961 getrennt hatte. Schließlich wurde die Grenze geöffnet, aber nicht durch eine offizielle Anordnung der DDR-Führung, sondern durch die Grenzposten, die dem Druck der Bevölkerung nichts mehr entgegenzusetzen hatten. Überall entlang der ehemaligen Grenze kam es zu bewegenden Szenen. In den folgenden Wochen überschwemmte eine ungeheure Reise- und Besuchswelle die grenznahen Gebiete der Bundesrepublik. Somit hatte das Volk selbst die Voraussetzungen für eine Wiedervereinigung geschaffen. Es lag nun an den Politikern, diese staatsrechtlich zu vollziehen.

Die SED hatte in ihrer führenden Rolle als staatstragende Partei ausgespielt. Am 11. November war der ehemalige SED-Chef des Bezirks Dresden, *Hans Modrow*, zum Ministerpräsidenten gewählt worden. Er versuchte, der SED möglichst viel Macht zu erhalten und propagierte einen eigenständigen Kurs der DDR. Er hatte eine Vertragsgemeinschaft beider deutscher Staaten im Sinn, die an der Zweistaatlichkeit der DDR und der Bundesrepublik nichts geändert hätte. Inzwischen wurden von der Bevölkerung in immer größer werdendem Umfang Enthüllungen über die ehemalige Mißwirtschaft, Korruption und Unterdrückung durch die SED und der Staatsorgane gemacht. Die SED hatte sich zwar zwischenzeitlich in "Partei des demokratischen Sozialismus" (PDS) umbenannt, aber auch dadurch konnte sie nicht verhindern, daß etwa 75 % ihrer Mitglieder aus der Partei austraten. Unter diesem öffentlichen Druck mußte Modrow seine Macht teilen. Am sogenannten **"Runden Tisch"** saßen nun zusammen mit ihm Vertreter der oppositionellen Gruppen und der sich ebenfalls verändernden alten Blockparteien. Nun erst war durch die pluralistische Meinungsbildung auch im Führungsgremium der Weg zu einer schnelleren Wiedervereinigung der beiden deutschen Staaten aus der Sicht der DDR frei, auch wenn viele der am "Runden Tisch" vertretenen Gruppierungen nach wie vor für einen eigenständigen Kurs der DDR plädierten.

## 3.5 Die innerdeutschen Beziehungen von den Staatsgründungen bis zur deutschen Einheit

| | |
|---|---|
| 1949 | Grundgesetz der Bundesrepublik (23. Mai)<br>Gründung der DDR (7. Okt.) |
| 50er Jahre | Westintegration der Bundesrepublik unter Adenauer<br>Ostintegration der DDR unter Ulbricht |
| 1952 | Stalin-Noten |
| 1955 | Hallstein-Doktrin untermauert den Alleinvertretungsanspruch der Bundesrepublik |
| 1961 | Bau der Berliner Mauer (13. Aug.) |
| 1970–1973 | Ostverträge der sozial-liberalen Koalition Brandt/Scheel |
| 1970 | DDR-Reise Willy Brandts<br>Moskauer Vertrag und Warschauer Vertrag |
| 1971 | Viermächteabkommen über Berlin |
| 1973 | Grundlagenvertrag |
| ab 1975 | Abkühlung in den gegenseitigen Beziehungen |
| ab 1985 | Reformen in der UdSSR unter Gorbatschow |
| 1989 | Fall der Mauer (9. Nov.)<br>Volkskammerwahlen (18. März) |
| 1990 | Staatsvertrag (18. Mai)<br>Einigungsvertrag (Beitritt nach Art. 23 GG; 31. Aug.)<br>"Zwei-Plus-Vier"-Vertrag (12. Sept.)<br>Wiedervereinigung der beiden deutschen Staaten (3. Okt.) |

### 3.5.1 Die Beziehungen beider deutscher Staaten bis 1969

Von Anfang an gestalteten sich die Beziehungen beider deutscher Staaten zueinander äußerst schwierig. Bundeskanzler Adenauer beschritt für die Bundesrepublik konsequent den Weg der **Westintegration.** Für Adenauer gab es angesichts der Sowjetisierung Osteuropas und der politischen Verschlagenheit des Diktators Stalin keinen anderen Weg, um die demokratische Freiheit wenigstens eines Teils des deutschen Volkes zu bewahren. Von einer Politik der Stärke im sicheren Verband mit dem Westen erhoffte er sich auch Freiheit für den anderen Teil Deutschlands, denn als die Bundesrepublik 1955 der NATO beitrat, erklärte er öffentlich, daß die Mitgliedschaft in diesem starken Bündnis die Wiedervereinigung möglich machen könnte. Sein großes Ziel der Wiedervereinigung beider deutscher Staaten stellte er hinter die Sicherung der Freiheit und der äußeren Souveränität zurück, die er nur durch die westlichen Siegermächte und damit auch durch eine Eingliederung in den westlichen Staatenbund erlangen konnte. Als Konsequenz dieser Politik war bereits 1952 der **Deutschlandvertrag,** dem die Stalinnote vom 10. März 1952 vorausgegangen (vgl. Kapitel 2.7.2), mit den USA, England und Frankreich zustande gekommen, der den Besatzungszustand in der Bundesrepublik aufhob und ihr die volle innere Souveränität zurückgab. Von diesem Vertrag ausgenommen war die Berlin-Frage, Deutschland als Ganzes und der Abschluß eines Friedensvertrages.

In gleichem Maße, in dem die Bundesrepublik sich immer enger an das westliche Europa band, wurde die DDR immer weiter in das östliche Bündnis unter der Vorherrschaft der Sowjetunion integriert.

Die Bundesrepublik beanspruchte, der einzige rechtmäßige deutsche Staat zu sein. Da ein Friedensvertrag mit den Siegermächten nach 1945 nicht zustande gekommen war, bestand die Bundesregierung zunächst darauf, daß das Deutsche Reich völkerrechtlich in den Grenzen von 1937 weiterbestehe. Die konsequente Auslegung dieses Standpunktes hatte außenpolitisch weitreichende Konsequenzen.

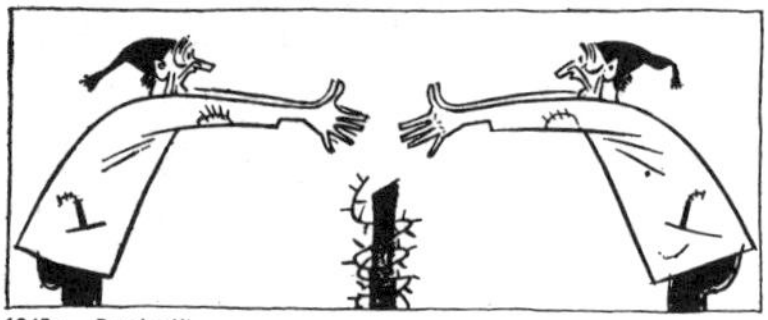

1945: „Bruder!“

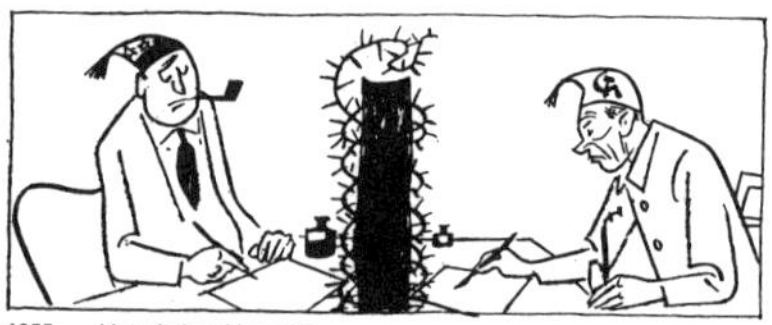

1955: „Mein lieber Vetter!“

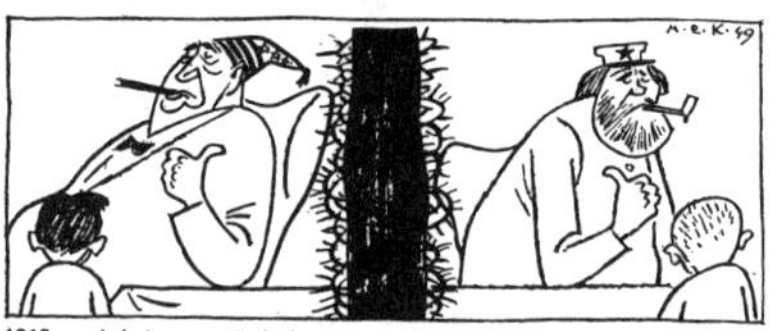

1965: „Ach ja, — wir haben irgendeinen entfernten Verwandten im Ausland . . .“

Aus: Köhler/Süskind: "Wer hätte das von uns gedacht". Jugendjahre der Bundesrepublik Deutschland. Boppard: Harald Boldt Verlag, 1961, S. 9

Da erst ein Friedensvertrag über tatsächliche Gebietsverluste Deutschlands rechtmäßig entscheiden könne, weigerten sich bis 1970 alle deutschen Regierungen, die in der Realität bestehende Oder-Neiße-Linie als polnische Westgrenze anzuerkennen. Die DDR dagegen hatte diese Grenze bereits 1950 als Staatsgrenze anerkannt. Des weiteren bestand die Bundesrepublik darauf, daß die während des Krieges bzw. kurz danach erfolgte Vertreibung von Deutschen aus Schlesien,

Pommern, Ostpreußen und dem Sudetenland ein nicht zu rechtfertigendes Unrecht darstelle. Auch hier hatte die DDR in Verträgen mit Polen und der Tschechoslowakei diese Vertreibung als rechtmäßig anerkannt.

Das größte Hindernis zu einem geregelten Verhältnis zwischen den beiden deutschen Staaten bestand aber darin, daß die Bundesrepublik die Existenz des zweiten deutschen Staates nicht anerkennen wollte. Nachdem 1954/55 die jeweiligen Besatzungsmächte den beiden deutschen Staaten fast vollständige Souveränität zugestanden hatten, verband sich damit die Möglichkeit, mit anderen Staaten diplomatische Beziehungen aufzunehmen. Da eine weltweite Anerkennung beider deutscher Staaten die faktische Trennung zementiert hätte, bemühte sich die Bundesrepublik darum, eine völkerrechtliche Anerkennung der DDR so weit wie möglich zu verhindern. Man legte deswegen in der **"Hallstein-Doktrin"**, die nach dem damaligen Staatssekretär im Auswärtigen Amt benannt wurde, fest, daß man diplomatische Beziehungen zu den Staaten, die die DDR völkerrechtlich anerkennen, entweder abbrechen oder gar nicht erst aufnehmen werde.

Diese Haltung bestimmte die Außenpolitik der Bundesrepublik bis 1970, eine Ausnahme hiervon wurde nur bei der Sowjetunion gemacht. Als im Jahr 1955 die Rückkehr von 10 000 deutschen, noch immer in der Sowjetunion gefangenen Soldaten aus sowjetischen Lagern in die Bundesrepublik vereinbart wurde, mußte die Bundesrepublik diplomatische Beziehungen zur UdSSR aufnehmen. Dies wertete die UdSSR als Beweis für die Richtigkeit ihrer These, daß man diplomatische Beziehungen zu beiden deutschen Staaten aufrechterhalten könne. Für die Sowjetunion existierten zwei gleichberechtigte, völlig voneinander unabhängige deutsche Staaten in Europa.

Für die DDR ergab sich daraus die Konsequenz, die gewollte Einheit Deutschlands über gesamtdeutsche Gespräche wiederherzustellen. Die SED ging dabei von der Prämisse aus, daß das wiedervereinigte Deutschland sozialistisch sein müsse. "Die Spaltung der deutschen Nation" sollte auch nach dem Parteiprogramm der SED überwunden werden. So wollten zwar beide deutsche Staaten die Wiedervereinigung, aber zu ihren jeweiligen eigenen Bedingungen. Da westliches Demokratieverständnis und marxistische Ideologie zu unterschiedlich waren, mußte man auf beiden Seiten in der Realität längerfristig mit der Existenz zweier deutscher Staaten rechnen.

### 3.5.2 Das Verhältnis beider deutscher Staaten von 1969 bis 1989

Seit dem Mauerbau waren die jeweiligen Bundesregierungen bereits vom harten Konfrontationskurs mit der DDR abgewichen und zur "Politik der kleinen Schritte" übergegangen. Das Passierscheinabkommen von 1963, das Westberlinern den Besuch ihrer Verwandten in Ost-Berlin ermöglichte, und die Reiseerlaubnis für Rentner hatten die Grenze durchlässiger gemacht. Im gegenseitigen Verhältnis herrschte nach wie vor Mißtrauen, das sich durch Schikanen im Transitverkehr oftmals manifestierte. Auf internationaler Ebene wurde dies noch zusätzlich u. a. durch das Engagement der Amerikaner in Vietnam und das Scheitern des "Prager Frühlings" unter der Bedrohung durch Panzer der Warschauer-Pakt-Staaten verschärft.

Dieser politischen Realität von der Existenz zweier deutscher Staaten trug die neue Ostpolitik *Willy Brandts* Rechnung. Als dieser 1969 zum Kanzler der ersten sozial-liberalen Koalition gewählt wurde, wollte er "mehr Demokratie wagen". Im Oktober 1969 erklärte er, daß er das gespannte Ost-West-Verhältnis durch eine Annäherung an östliche Positionen entschärfen wolle. Wichtig war ihm dabei die Aussöhnung mit den östlichen Nachbarn und der Sowjetunion mit dem konkreten Ziel einer Verbesserung der Lage West-Berlins und der deutschen Bevölkerung im Ostblock. Diese Art der Politik hatte ihr Pendant auch hier auf größerer politischer Ebene, denn der neue US-Präsident *Richard Nixon* setzte ebenfalls auf die Entspannungspolitik. Er versuchte, durch Verhandlungen mit der Sowjetunion und China allmählich zu einer Beendigung des Vietnamkrieges zu kommen. Die Ost- und Deutschlandpolitik Brandts führte über mehrere Stationen: Zunächst waren Verhandlungen mit der Sowjetunion notwendig, da diese als Supermacht des Ostblocks entscheidenden Einfluß auf die Politik der DDR-Regierung hatte. Zudem war die Sowjetunion als Siegermacht des Zweiten Weltkriegs verantwortlich für die Westverschiebung Polens und damit der Abtrennung der deutschen Gebiete östlich der Oder-Neiße-Linie. Neben den drei Westmächten war die UdSSR außerdem noch immer herrschende Macht in Berlin. Brandt war vor allem darauf bedacht, deutlich zu machen, daß von deutschem Boden aus keine Gefahr eines neuen Krieges mehr ausgehen würde. Deshalb unterzeichnete die Bundesregierung 1969 den Vertrag über die Nichtverbreitung von Kernwaffen, bevor der Kanzler zunächst nach Moskau reiste.

Im August 1970 schlossen die Bundesrepublik und die UdSSR den **Moskauer Vertrag.** Beide Staaten erkannten die bestehenden Grenzen in Europa, einschließlich der Oder-Neiße-Linie und der Grenze zur DDR, als unverletzlich an.

Weiterhin verzichteten sie auf jegliche Art der Gewaltanwendung oder -androhung sowie auf Gebietsansprüche. Die Bundesrepublik dagegen behielt sich in Wahrung der Position des Grundgesetzes das Recht auf den Versuch einer friedlichen Wiedervereinigung durch einen dem Vertrag hinzugefügten "Brief zur deutschen Einheit" ausdrücklich vor.

Mit diesem Vertrag war der Weg frei für den zweiten Schritt. Im Dezember 1970 machte Willy Brandt als erster westdeutscher Politiker einen Staatsbesuch in Polen. Weltweites Aufsehen erlangte er mit seinem **Kniefall** vor dem Mahnmal des ehemaligen Warschauer Ghettos. Der **Warschauer Vertrag** beinhaltete eine Anerkennung der Oder-Neiße-Linie und regelte die Ausreise deutscher Volksangehöriger aus Polen.

Durch diese beiden Verträge mit Polen und der Sowjetunion wurden die schwierigen Verhandlungen um Berlin beeinflußt. Im September 1971 kam schließlich das **Viermächteabkommen** über Berlin zustande. Die Sowjetunion erkannte die besonderen Beziehungen West-Berlins mit der Bundesrepublik an und verbürgte sich für die Lebensfähigkeit der Stadt durch die Versicherung des freien Zugangs über die Transitwege.

Erst die **Ostverträge** machten eine Annäherung auch zwischen den beiden deutschen Staaten selbst möglich. Bereits zu Beginn des Jahres 1970 kam Bewegung in die deutsche Frage. Willy Brandt war in die DDR gereist und dort von einer jubelnden Menschenmenge, die sich neue Hoffnung versprach, begeistert empfangen worden. Brandts Gespräche mit dem Vorsitzenden des Ministerrates der DDR, *Willi Stoph,* die zunächst in Erfurt und später in Kassel stattfanden, bereiteten den sogenannten **"Grundlagenvertrag"** vor.

Der "Vertrag über die Grundlagen der Beziehungen zwischen der Bundesrepublik Deutschland und der Deutschen Demokratischen Republik" trat im Juni 1973 in Kraft. Er enthielt u. a. folgende Punkte: Die Bundesrepublik erkannte erstmals die DDR als gleichberechtigten Staat an. Umgekehrt bestand sie darauf, daß die DDR trotz der anerkannten eigenen Staatlichkeit kein Ausland sei, deswegen wurden zwischen beiden Staaten auch keine Botschafter ausgetauscht, sondern nur sogenannte "Ständige Vertretungen" errichtet. Damit war das Kernproblem der Frage der nationalen Einheit umgangen und – wie in der Präambel festgehalten – der Vertrag "... ausgehend von den historischen Gegebenheiten und unbeschadet der unterschiedlichen Auffassungen der Bundesrepublik und der Deutschen Demokratischen Rebublik zu grundsätzlichen Fragen, darunter zur nationalen Frage ..." geschlossen worden (zitiert nach: "Zehn Jahre Deutschlandpolitik", hrsg. v. Bundesministerium für innerdeutsche Beziehungen. Melsungen 1980, S. 205). Für die Bevölkerung erreichte Brandt mit diesem Vertrag erhebliche Verbesserungen in der Frage der Familienzusammenführung, der Zusammenarbeit in Verkehr- und Postwesen und die Zollfreiheit des innerdeutschen Handels.

Willy Brandt hatte seine Politik der Entspannung gegen den heftigen Widerstand der Opposition, aber auch eines Teils der Bevölkerung, z. B. der Vertriebenenverbände, durchgesetzt. Das Land Bayern erhob sogar eine erfolglose Klage vor dem Bundesverfassungsgericht. Zwar hatte Brandt mit dem Verzicht auf den Alleinvertretungsanspruch und der Respektierung bestehender Grenzen wesentliche Rechtspositionen aufgegeben, aber die Bundesrepublik betonte weiterhin ihre Auffassung, daß sie nur einen Teil der deutschen Nation repräsentiere und die Deutschen in der DDR eines Tages über eine zukünftige Gestaltung Deutschlands frei entscheiden sollten.

Die DDR dagegen wandte sich unter der Führung Erich Honeckers von dem früher ebenfalls verfolgten Ziel der Wiedervereinigung (unter sozialistischen Voraussetzungen) ab. Die DDR-Verfassung von 1968 betonte noch einen "sozialpolitischen Staat deutscher Nation". 1974 war die DDR ihrer Verfassung gemäß nur noch ein "sozialistischer Staat der Arbeiter und Bauern". Die Nationalhymne sollte nur noch instrumental intoniert werden, um das Wort "deutsch" zu vermeiden.

Nach dieser einschneidenden Veränderung in den deutsch-deutschen Beziehungen veränderte sich die Haltung in der deutschen Frage auf beiden Seiten nicht mehr. Während die Bundesrepublik in den folgenden Jahren sich mit den Problemen des Terrorismus, der wirtschaftlichen Stagnation, der Ökologiebewegung und der Frage des NATO-Doppelbeschlusses auseinandersetzen mußte, erstarrte das politische System in der DDR immer mehr. Die Wirtschaft stagnierte und seit 1976 begann das Regime wieder verstärkt gegen Oppositionelle vorzugehen. Schüsse an der Mauer, eine erneute internationale Spannung zwischen den beiden verschiedenen Blöcken, wie sie z. B. durch die sowjetische Invasion in Afghanistan deutlich wurde, Grenzschikanen, aber auch eine unterschiedliche Kultur und divergierender Sprachgebrauch zu beiden Seiten der Grenze schienen die Wiedervereinigung immer unwahrscheinlicher werde zu lassen. 1984 gaben zwei Drittel aller Jugendlichen in der Bundesrepublik bei einer Meinungsumfrage an, daß für sie Deutschland mit der Bundesrepublik identisch sei. Die Menschen im Osten aber hatten nie aufgehört durch das Guckloch zumindest des

Fernsehens voller Sehnsucht nach dem Westen zu schauen. Honecker hatte diese Hoffnungen aber immer wieder zerstreut. Noch 1987 hatte er auf seiner Reise nach Westdeutschland betont, daß Sozialismus und Kapitalismus unvereinbar seien.

Die Reformbestrebungen *Michail Gorbatschows* in der UdSSR gingen auch an der DDR nicht spurlos vorüber. Seit 1985 versuchte der für sowjetische Verhältnisse sehr junge Politiker zuerst als Generalsekretär der KPdSU und später auch in der Position des Präsidenten der Sowjetunion die Gesellschaft seines Landes umzugestalten (Perestroika: Umgestaltung). Dies wollte er im Gegensatz zu seinen Vorgängern durch eine Tolerierung Andersdenkender erreichen. Gorbatschow wollte die Gesellschaft offen gestalten (Glasnost: Offenheit), d. h. Meinungs- und Pressefreiheit zugestehen. So wurden ehemalige Regimegegner nicht mehr verfolgt oder sogar freigelassen, andere Parteien neben den Kommunisten zugelassen und die Kirche wieder offen geduldet. Für die SED unter der Führung Honeckers waren Reformen dieser Art staatsgefährdend und somit steuerte die Partei ihren alten Kurs nach wie vor weiter.

### 3.5.3 Der Einigungsprozeß in seinen nationalen und internationalen Dimensionen

Nachdem die friedliche Revolution durch das Volk ihren vorläufigen Höhepunkt im Fall der Mauer und dem Sturz der SED als staatstragender Partei im November 1989 erreicht hatte, stellte sich nun den verantwortlichen Politikern auf beiden Seiten die deutsche Frage erneut unter ganz anderen Vorzeichen. So nahe eine mögliche Wiedervereinigung auch gerückt schien, für die Politiker schien sie konkret zunächst nur längerfristig möglich zu sein. Eine besondere Rolle spielte dabei Ministerpräsident *Hans Modrow*. Er entwickelte einen Plan für eine "Vertragsgemeinschaft" beider deutscher Staaten, bei der die Souveränität sowohl der DDR als auch der Bundesrepublik gewahrt werden sollte. Bundeskanzler *Helmut Kohl* und seine Regierung arbeiteten einen eigenen Plan aus, der zehn Punkte umfaßte und der erst nach einer Übergangszeit von mehreren Jahren die Wiedervereinigung ermöglicht hätte. Doch selbst diese langsame Lösung stieß auf Widerstand, nicht bei der DDR-Regierung, sondern bei der Sowjetunion, respektive Gorbatschow. Die sich überschlagenden Ereignisse in Deutschland, aber auch in den anderen osteuropäischen Staaten, bereiteten der 45jährigen stabilen Nachkriegsordnung in Europa innerhalb kürzester Zeit ein jähes Ende. In der Sowjetunion hatten Gorbatschows Schwierigkeiten bei der Durchsetzung seines

Reformkurses zugenommen, als Folge davon mußte er auf bestimmte konservative Kreise, darunter auch das Militär, Rücksicht nehmen. So hatte der sowjetische Führer noch im November den 10-Punkte-Plan des Bundeskanzlers als Destabilisierung ganz Europas abgelehnt. Damit führte die deutsche Frage erneut über eine Einigung mit Moskau.

Aber schon im Dezember 1989 zeichnete sich eine Wandlung in der sowjetischen Meinung ab, als der russische Außenminister *Schewardnadse* erklärte, daß vor einer Wiedervereinigung Deutschlands sieben Fragen zur allgemeinen Zufriedenheit aller Beteiligten geklärt sein müßten. Diese Fragen betrafen vor allem sicherheitspolitische und militärische Aspekte. Zu Beginn des folgenden Jahres signalisierte Gorbatschow dem Bundeskanzler nach Gesprächen in Moskau die Möglichkeit einer Wiedervereinigung. Bundeskanzler Kohl und Außenminister *Genscher* erkannten, daß das Tor zu einem vereinten Deutschland weit geöffnet war. Deswegen steuerten sie jetzt einen klaren Kurs zur schnellen Wiedervereinigung an.

Inzwischen hatte sich auch die Lage in der DDR verändert. Durch die innenpolitische Opposition war Modrow gezwungen worden, auch mit Vertretern der anderen Parteien und Bürgerrechtsbewegungen zusammenzuarbeiten. Zwar waren auch diese Gruppierungen zunächst für einen eigenständigen Weg eines ostdeutschen Staates, mußten aber schon bald erkennen, daß der DDR die Ausblutung durch die Abwanderung vieler ihrer Bürger/innen in den Westen drohte, die nach dem Wohlstand der Bundesrepublik verlangten. Unter dem massiven Druck der prekären politischen Lage, der durch Enthüllungen über das ehemalige SED-Regime verstärkt wurde, schlug die Regierung Modrow der Bundesrepublik eine Währungsunion vor. Bereits am 1. Februar hatte der Ministerpräsident eine Aussprache mit Gorbatschow, nach der er ebenfalls zu einem Stufenplan für die Wiedervereinigung umschwenkte. Unter dem Druck der Bevölkerung wurden die Volkskammerwahlen, nicht wie ursprünglich geplant Ende des Jahres 1993 durchgeführt, sondern schon auf den 18. März 1990 vorgezogen. Diese sollten die ersten freien und geheimen Wahlen auf dem Boden der DDR sein, die Anzahl der Sitze in der Kammer sollte nach dem Verhältniswahlrecht bestimmt werden. Bestimmt wurde der kurze, aber um so erbitterter geführte Wahlkampf durch zwei Kriterien: Zum einen waren die Chancen ungleich verteilt. Die alten DDR-Parteien mit ihrer besseren Infrastruktur waren den oppositionellen Gruppen bei weitem überlegen, da diese unter dem ehemals totalitären Regime keine flächendeckende Organisation hatten aufbauen können. Zudem drängten die westdeutschen Parteien mit immenser finanzieller und personeller Unterstützung für ihre jeweilige östliche Schwesterpartei über die Grenze und griffen offen in den Wahlkampf ein. Zum anderen bestanden Differenzen in der Auseinandersetzung über das Procedere der Wiedervereinigung. Während die PDS und viele der ehemaligen Oppositionsgruppen für eine eigenständige DDR eintraten und die SPD für eine langsame und allmähliche Wiedervereinigung im Sinne des Artikels 146 GG (Erarbeitung einer neuen Verfassung als politischer Grundlage) stimmte, schloß sich die DDR-CDU der Linie der CDU/CSU in der Bundesrepublik an. Man wollte die Wiedervereinigung so schnell wie möglich über Artikel 23 GG (Beitritt der DDR zum Geltungsbereich des GG) vollziehen.

In diesem Wahlkampf wurden erregte Debatten geführt, die die Probleme und Chancen der Wiedervereinigung in den Weltanschauungen der jeweiligen Beteiligten widerspiegelten. So sahen Bürgerrechtsbewegungen wie das Bündnis 90 in einer schnellen Wiedervereinigung die Gefahr eines kritiklosen Anschlusses der DDR an die Bundesrepublik, ohne daß man die Chance zu einer verbesserten Gesellschaft durch positive Impulse aus dem Osten wahrnehmen könne. Die Allianz für Deutschland dagegen wollte eine Verbesserung der Lebensbedingungen der DDR-Bürger durch die rasche Übernahme der bundesdeutschen Wirtschafts- und Gesellschaftsordnung erreichen.

Das Ergebnis der Wahlen brachte eine Überraschung, da die SPD in Umfragen allgemein favorisiert worden war. Die Allianz für Deutschland, der die CDU, DSU und DA (Demokratischer Aufbruch) angehörten, errang 48 % der Stimmen. Die SPD war mit 21,8 % die Verliererin der Wahl, die PDS brachte es auf erstaunliche 16,4 %. Den Wortführern der Revolution blieb nur ein bitterer Nachgeschmack. Das Bündnis 90, in dem die oppositionellen Gruppen zusammengeschlossen waren, erreichte nur 2,9 %. Die neue Regierung unter *Lothar de Maizière* konnte mit diesem Wahlergebnis im Rücken zusammen mit der Bundesregierung die Lösung der deutschen Frage nun sehr schnell angehen.

Im Mai wurde der Staatsvertrag ausgehandelt. In ihm wurde die Einführung der sozialen Marktwirtschaft in der DDR sowie die Übernahme der sozialpolitischen Grundlagen der Bundesrepublik, wie Privateigentum, freier Wettbewerb und freie Preisbildung beschlossen. Mit dem Inkrafttreten dieses "Vertrags über die Währungs-, Wirtschafts- und Sozialunion" am 1. Juli 1990 verlor als einschneidenste Maßnahme die Mark der DDR ihre Gültigkeit. Die DM stellte ab jetzt die einheitliche Währung in ganz Deutschland dar, wobei besonders der Umtauschkurs von 1 : 1 gegenüber der alten Mark der DDR umstritten war. Beide Parlamente hatten diesen Vertrag nach heftigen Debatten gebilligt.

Somit war ein erster wesentlicher Schritt zur staatlichen Einheit getan. Im nächsten Schritt handelten die Vertragspartner die Einzelheiten des staatlichen Zusammenschlusses aus.

Am 31. August wurde der "Vertrag zwischen der Bundesrepublik Deutschland und der Deutschen Demokratischen Republik über die Herstellung der Einheit Deutschlands" (Staatsvertrag) unterzeichnet. Am 20. September wurde dieser Einigungsvertrag von beiden Parlamenten gegen den Widerstand der PDS und des Bündnisses 90 in der Volkskammer und der Grünen im Bundestag verabschiedet. In dem Vertragswerk wurde das Procedere des Beitritts der DDR zur Bundesrepublik geregelt. Mit dem Beitritt nach Artikel 23 GG sollte das bisherige DDR-Recht seine Gültigkeit verlieren und durch Bundesrecht abgelöst werden. Als Hauptstadt des vereinigten Deutschlands wurde Berlin bestimmt. Der Tag der Wiedervereinigung wurde auf den 3. Oktober 1990 gelegt. Damit hatten die Deutschen das im Rahmen ihrer Möglichkeiten Liegende getan.

In bezug auf ihre internationalen Dimensionen war die deutsche Frage damit aber noch nicht geklärt. Ein vereinigtes Deutschland veränderte die politische Situation mitten in Europa erheblich: Es war nach dem Ende des Zweiten Weltkrieges zwischen Deutschland und den Siegermächten kein Friedensvertrag ausgehandelt worden. Zwar hatte die DDR 1954 und die Bundesrepublik mit den Pariser Verträgen 1955 ihre Souveränität zugestanden bekommen, aber es bestanden noch weiterhin alliierte Vorbehalte hinsichtlich der Truppenstationierung, der Frage der Wiedervereinigung und des besonderen Berlin-Status. So mußte sich die Bundesregierung mit den Siegermächten einerseits um die Lösung der Modalitäten der völkerrechtlichen Stellung der Bundesrepublik einschließlich Berlins bemühen, zum anderen detaillierte friedens- und sicherheitspolitische Fragen regeln. Deshalb fanden seit Mai 1990 die sog. **"Zwei-plus-Vier"-Treffen** statt.

Eine zentrale Rolle nahm darin das Verhältnis zur Sowjetunion ein. Gorbatschow wollte auf jeden Fall die Mitgliedschaft eines vereinten Deutschlands in der NATO verhindern. Im Juli gab er dennoch seinen Widerstand auf, als sich eine NATO-Konferenz in London für eine Zusammenarbeit mit der UdSSR ausgesprochen hatte. Weiterhin mußten die Aspekte des alliierten Truppenabzugs aus Deutschland und des finanziellen Ausgleichs abgehandelt werden. Die Oder-Neiße-Linie wurde als endgültige Grenze zu Polen anerkannt. Beide deutschen Parlamente hatten sich am 21. Juni dafür ausgesprochen. Nach mehreren Treffen der jeweiligen Außenminister der beteiligten Länder, die auf vier Konferenzen in Bonn, Ost-Berlin, Paris und Moskau stattgefunden hatten sowie nach Gesprächen

Kohls und Gorbatschows, die in der Sowjetunion abgehalten wurden, war das Vertragswerk unterschriftsreif. Am 12. September wurde es in Moskau unterzeichnet und am 1. Oktober 1990 von den Parlamenten der Westmächte ratifiziert. Die Sowjetunion schloß sich nach der bereits erfolgten Wiedervereinigung Deutschlands am 4. März 1991 an.

Da dieser Vertrag einen Friedensvertrag ersetzt, war erst jetzt, nach 40 Jahren, das Kapitel des Zweiten Weltkrieges endgültig abgeschlossen. Deutschland hatte damit seine volle Souveränität wiedererlangt und ganz Berlin war ein vollwertiger Teil des wiedervereinigten Landes. Mit dem 3. Oktober 1990 um 0.00 Uhr wurde das historische Ereignis besonders in Berlin, aber auch in den anderen Teilen des Landes begeistert gefeiert. Als "Tag der deutschen Einheit" löste der 3. Oktober den zum Gedenken des Arbeiteraufstands in der DDR begangenen 17. Juni als gesetzlichen Feiertag ab.

**Zusammenfassung**

Nach einer raschen Konsolidierung des institutionellen Systems der Bundesrepublik in der Verfassungswirklichkeit in den 50er Jahren – wozu personelle Kontinuität, klare Mehrheitsverhältnisse in Bund und Ländern sowie der autoritäre Regierungsstil Konrad Adenauers beitrugen – bewiesen die Parteien im Bundestag in den Debatten um den außenpolitischen Weg (Westintegration) und die Ausgestaltung des Rechts-, Wirtschafts- und Sozialstaates ("Wohlstand für alle") bereits hohe Demokratiebereitschaft. Der Antikommunismus war ein gemeinsames Band zwischen den Parteien in vielen Krisen, besonders um Berlin. Als Adenauer Mitte Oktober 1963 von seinem Amt zurücktrat, hatte sich die gesamtpolitische Großwetterlage bereits verändert. Eine deutsche Nachkriegsepoche ging zu Ende. In den beiden deutschen Staaten entwickelte sich zunehmend ein unterschiedliches staatliches Selbstverständnis.

Wirtschaftsrezession, Aufbegehren der Jugend sowie Kritik an manchen Erscheinungsformen des gesellschaftlichen und politischen Lebens führten Mitte der 60er Jahre zu einer Entwicklung, die in den Studentenunruhen von 1968 gipfelte. Die Regierung Erhard wurde durch eine Große Koalition von CDU/CSU und SPD abgelöst, die einerseits sehenswerte Erfolge vorzuweisen hatte (u. a. Überwindung der Wirtschaftskrise), deren Politik jedoch andererseits durch organisierten Protest auf der Straße (Außerparlamentarische Opposition) diskreditiert wurde.

Nach den Bundestagswahlen von 1969 wurde ein sozialliberales Bündnis geschlossen, das – auch als Antwort auf den Jugendprotest – eine Reihe gesellschaftspolitischer Reformen verwirklichte. Zu einer innenpolitischen Herausforderung ganz neuer Dimension für Staat und Gesellschaft wurde allerdings der Terrorismus, der in den 70er Jahren die Bundesrepublik erfaßte. Dessen ungeachtet entwickelte sich Westdeutschland zu einer modernen Industriegesellschaft mit den dazugehörigen positiven und negativen Erscheinungsformen, wie einerseits die Entwicklung moderner Technologien, verbunden mit weiter wachsendem Wohlstand bis Ende der 80er Jahre, sowie Ressourcenknappheit, Umweltproblematik, Arbeitslosigkeit und verstärkte Migrationsbewegungen andererseits. Vor diesem Hintergrund sich immer komplexer gestaltender Lebensverhältnisse entstanden auch neue politische Strömungen sowohl im linken wie auch im rechten Spektrum der bundesdeutschen Parteienlandschaft.

In der DDR führte die durch die totalitäre Struktur und die Anlaufschwierigkeiten der Planwirtschaft bedingte niedrige Lebensqualität schon zu Beginn der 50er Jahre zur Unzufriedenheit der Bevölkerung mit dem herrschenden System. Der durch diesen Zustand ausgelösten Fluchtwelle in den Westen und dem Arbeiteraufstand vom 17. Juni 1953 konnte die DDR-Führung nur mit Moskauer Hilfe und Gewalt begegnen.

Nach dem Mauerbau besserte sich die wirtschaftliche Lage der DDR zusehends und erreichte in den 70er Jahren einen vorläufigen Höhepunkt. Parallel dazu entwickelte sich die politische Normalisierung der Beziehungen zum Westen, die der DDR internationale Anerkennung und die Mitgliedschaft in der UNO einbrachten. Im Innern aber blieb die starre Haltung der SED-Führung gegenüber Andersdenkenden bestehen. Die ständig von Bespitzelung bedrohten Bürger/innen zogen sich daher in politikfreie Nischen zurück. Irgendeine Hoffnung auf Wiedervereinigung bestand jedoch nicht, zumal sich mit Beginn der 80er Jahre das Ost-West-Klima verschärfte und die DDR-Führung unter Honecker ab 1985 den in der UdSSR begonnenen Reformkurs Gorbatschows rigoros ablehnte.

Im Sommer 1989 entluden sich die im Laufe der Zeit angestauten, aber stets enttäuschten Hoffnungen der Menschen in einer Massenflucht über die der Reformbewegung offen gegenüberstehenden "sozialistischen Bruderländer". Die oppositionellen Gruppierungen in der DDR wagten nun einen offensiven Kurs gegenüber dem SED-Regime, das sich aber noch am 40. Jahrestag der DDR trotzig präsentierte. Die Führung verlor jedoch immer mehr die Kontrolle über die Bevölkerung, die dank ihrer Zivilcourage und anderer glücklicher Umstände die friedlich verlaufende Revolution ermöglichte.

Nach der Öffnung der Grenzen und dem Ende der SED als staatstragender Partei plädierten viele Vertreter der Parteien und Bürgerrechtsbewegungen für einen eigenständigen ostdeutschen Staat; sie mußten aber nach den Volkskammerwahlen vom März 1990 erkennen, daß die Mehrheit der DDR-Bevölkerung eine möglichst rasche Übernahme der bundesdeutschen Wirtschafts- und Gesellschaftsordnung wünschte. Nachdem auch auf internationalem Parkett die Hindernisse für eine rasche Wiedervereinigung Deutschlands ausgeräumt waren, hörte die DDR mit dem 3. Oktober 1990 um 0.00 Uhr auf zu bestehen.

# 4 Europäische Einigung und neuere weltpolitische Konstellationen

## 4.1 Einigung Europas seit 1948

| | |
|---|---|
| 1948 | OEEC |
| 1949 | Europarat |
| 1950 | Schuman-Plan |
| 1952 | EGKS ("Montanunion") |
| 1957 | Römische Verträge: EWG, Euratom |
| 1962 | Agrarunion der EWG |
| 1967 | EG |
| 1970 | Beginn der Europäischen Politischen Zusammenarbeit (EPZ) in der Außenpolitik |
| 1972 | Beginn der Wirtschafts- und Währungsunion (WWU) |
| 1973 | Beitritt Großbritanniens, Irlands und Dänemarks |
| 1975 | 1. Lomé-Abkommen |
| 1979 | erste Direktwahl zum Europäischen Parlament<br>Europäisches Währungssystem (EWS) |
| 1981 | Beitritt Griechenlands |
| 1982 | Austritt Grönlands |
| 1985 | Schengener Abkommen |
| 1986 | Beitritt Spaniens und Portugals<br>Einheitliche Europäische Akte |
| 1990 | 3. Oktober: Beitritt der DDR zur BRD und damit zur EG |
| 1992 | 7. Februar: Vertrag von Maastricht über die Europäische Union |
| 1992 | Geplante Vollendung des Binnenmarktes |

Schon 1923 hatte sich die Paneuropa-Bewegung (unter der Leitung von Coudenhouve-Kalergie) mit Sitz in Wien zum Ziel gesetzt, den Nationalismus zu überwinden und einen europäischen Staatenbund zu schaffen. Der Zweite Weltkrieg machte einen solchen Ansatz nicht nur zunichte, sondern teilte den gesamten europäischen Kontinent in einen amerikanischen und einen sowjetischen Einflußbereich.

Kurz nach Kriegsende, im September 1946, appellierte *Winston Churchill* in einer Rede in Zürich an die Politiker, nun endlich die **Vereinigten Staaten von Europa** zu gründen. Gemeint waren die Staaten des "freien" Kontinentaleuropas, die sich in zwei Weltkriegen bekämpft hatten. Großbritannien mit seiner Einbindung in den Commenwealth wurde von Churchill nicht einbezogen.

Der aufkommende Kalte Krieg erhöhte das Interesse auch der USA an einem wirtschaftlich und politisch gestärkten Europa. Somit gab es für einen engeren Zusammenschluß mehrere Motive, nämlich
- die Überwindung des Nationalismus als Hauptquelle des Krieges
- das Streben nach Errichtung neuer Sicherheitstrukturen
- die Lösung der deutschen Frage
- die Schaffung größerer Wirtschaftsräume zur Erhöhung der ökonomischen Leistungsfähigkeit
- der Wille Europas zur Behauptung in der Weltpolitik sowie
- die Lösung von Grenz- und Minderheitenproblemen.

### 4.1.1 Beginn der Einigungsbewegung

Um den Marshall-Plan, die amerikanische Hilfe zum Wiederaufbau Europas, durchführen zu können, wurde am 16. April 1948 die **"Organzation for European Economic Cooperation" (OEEC)** geschaffen, die mit ihren 17 europäischen Mitgliedsstaaten die erste internationale Wirtschaftsorganisation Europas war. Ein Jahr später folgte die Gründung des Verteidigungsbündnisses der **"North Atlantic Treaty Organization" (NATO).** Das Ziel war die Stärkung der wirtschaftlichen und militärischen Sicherheit des "freien" Europas.

Kristallisationspunkt der europäischen Einigungsbewegung war der Europa-Kongreß in Den Haag im Mai 1948. Unter den 750 Teilnehmern waren die prominentesten *Robert Schuman, Alcide de Gasperi, Paul Henri Spaak, Konrad Adenauer* und *Winston Churchill.* Strittig war hier vor allem die Frage des anzustrebenden Endziels.

Zwei grundsätzliche Konzepte der "Europäischen Einigung" standen sich gegenüber: einerseits ein eher loser, auf Kooperation beruhender **Staatenbund** mit bestimmendem Einfluß der nationalen Regierungen ("Konföderation"); andererseits ein **Bundesstaat** auf parlamentarischer Grundlage mit supranationalen Organen, also vermindertem Einfluß der nationalen Regierungen (Föderation).

Die Frage einer europäischen Verfassung konnte somit in Den Haag nicht geklärt werden. Jedoch wurde am 8. August 1949 der **Europarat** von zehn westeuropäischen Staaten auf das besondere Drängen Großbritanniens hin in Straßburg gegründet. Seine Beschlüsse müßten, um Gültigkeit zu erlangen, von den nationalen Parlamenten ratifiziert werden. Er ist, bestehend aus einem **Ministerkomitee** und der **Parlamentarischen Versammlung,** mit nun 25 Mitgliedern die größte und älteste politische Organisation westeuropäischer Staaten.

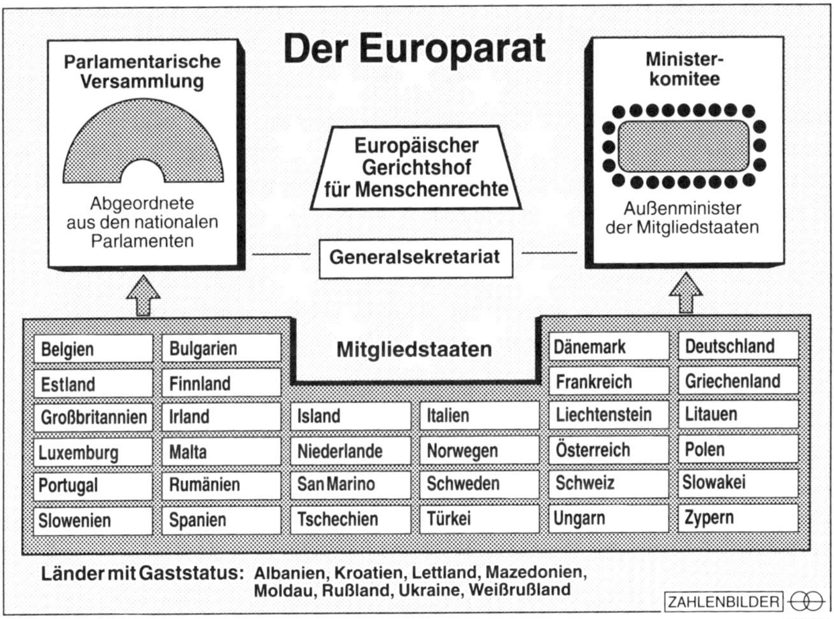


 712 001

Der Europarat arbeitete die "Europäische Konvention zum Schutze der Menschenrechte und Grundfreiheiten" (1950) aus. In Menschenrechtsfragen erkennen die Mitgliedsstaaten den **"Europäischen Gerichtshof für Menschenrechte"** als oberste Instanz an, an den sich alle ihre Bürger und Bürgerinnen wenden können. 1954 trat der Europarat mit der "Europäischen Kulturkonvention" und 1961 mit der "Sozialcharta" in Erscheinung und leistete so einen Beitrag zur schrittweisen Angleichung des Rechts. Die Bundesrepublik Deutschland wurde 1951 Mitglied.

### 4.1.2 Die Montanunion (EGKS)

Den entscheidenden ersten Schritt zum Zusammenschluß Westeuropas auf einem Wirtschaftssektor vollzog man mit der Gründung der "Montanunion", auch **"Europäische Gemeinschaft für Kohle und Stahl" (EGKS)** genannt. Sie wurde 1950 von dem damaligen französischen Außenminister *Robert Schuman* in dem nach ihm benannten **Schuman-Plan** vorgeschlagen. Danach sollte im Interesse Westeuropas die deutsch-französische "Erbfeindschaft" durch einen wirtschaftlichen Zusammenschluß zunächst in der Kohle-, Eisen- und Stahlproduktion abgelöst werden. Gleichzeitig sollte durch ungehinderten Wettbewerb die rationale Entwicklung der Produktion gefördert werden.

Schuman folgte damit einem Plan *Jean Monnets,* auf einem eng begrenzten, doch entscheidenden Gebiet sofort zur Tat zu schreiten. Europa sollte "von oben" entstehen, Funktion für Funktion sollte zusammengelegt werden, so daß schließlich eine europäische **"Föderation"** entstehen würde. Auf diese Weise sollte zudem für die Montanindustrie ein großer Absatzmarkt ohne Zollschranken geschaffen werden. Die Anhänger dieses Plans waren davon überzeugt, daß angesichts der immer rascher voranschreitenden Entwicklung neuer Technologien sich Westeuropa nur so im weltweiten Konkurrenzkampf behaupten könne.

Auf der Grundlage des Schuman-Plans gründeten am 18. April 1951 Frankreich, die Bundesrepublik, Italien, Belgien, die Niederlande und Luxemburg die Montanunion. Sie hoben gegenseitig auf dem Sektor der Kohle-, Eisen- und Stahlproduktion die Zölle und andere Wirtschaftsschranken auf, schufen so einen gemeinsamen Markt und übertrugen die betreffenden nationalen Hoheitsrechte auf Körperschaften, die von allen Mitgliedsstaaten beschickt wurden.

Am 23. Juli 1952 trat der Vertrag über die Gründung der EGKS in Kraft. Tags darauf ernannte die Konferenz der Schumanplanstaaten in Paris die Mitglieder der **Hohen Behörde,** die sich am 10. August 1952 in Luxemburg konstituierte. Die Hohe Behörde bestand aus Experten, die nicht an Weisungen nationaler Regierungen und Parlamente gebunden waren. Somit trug sie supranationalen Charakter. Ihr erster Präsident war *Jean Monnet,* der eigentliche Autor des Schuman-Plans. Ihre Beschlüsse erhielten nach der Zustimmung des **Besonderen Ministerrats** (Vorsitz: *Konrad Adenauer),* der sich aus weisungsgebundenen Regierungsvertretern der Mitgliedsstaaten zusammensetzte, Verbindlichkeit für alle Mitgliedsstaaten. Hier dominierte also das nationalstaatliche Element. Die von den nationalen Parlamenten beschickte **Gemeinsame Versammlung** (Präsident: *Paul-Henri Spaak)* konnte lediglich Vorschläge unterbreiten, Kritik äußern und eventuell die Hohe Behörde zum Rücktritt zwingen, was aber nie geschah. Entscheidungen des **Gerichtshofs** in strittigen Fragen waren für alle Beteiligten bindend.

Großbritannien und die skandinavischen Länder verzichteten auf eine Beteiligung, weil sie die Abgabe von Rechten ihrer nationalen Parlamente selbst für einen begrenzten Sektor ablehnten und einem möglichen supranationalen Zusammenschluß keinen Vorschub leisten wollten. Die neutralen Staaten blieben ihrer außenpolitischen Verpflichtungen wegen abseits.

### 4.1.3 Europäische Verteidigungsgemeinschaft (EVG)

Die nächsten Schritte zu einem geeinten Europa waren sehr weitgreifend. Fast gleichzeitig zur EGKS (1952) entstand der Plan zur Errichtung einer **"Europäischen Verteidigungsgemeinschaft" (EVG).** Der Zusammenschluß Europas sollte auch in einem Bereich beginnen, der als Hort nationaler Souveränität galt. Die Absicht, die autonome Verteidigungsfähigkeit der Staaten supranational zusammenzufassen und dabei die Bundesrepublik militärisch zu integrieren, war verknüpft mit der Überlegung, die Aufrüstung der Bundesrepublik europäisch zu kontrollieren. Im Vorgriff auf einen EVG-Vertrag drängte der italienische Ministerpräsident de Gasperi darauf, daß spätestens nach der Gründung einer Europäischen Armee auch die Verfassung für eine "Europäische Politische Gemeinschaft" (EPG) auf bundesstaatlicher Grundlage erarbeitet werde.

Im August 1954 scheiterte die EVG an der Ablehnung der Französischen Nationalversammlung. Ein politischer Zusammenschluß der Montanunion-Staaten war vorläufig nicht zu erreichen. Die Bundesrepublik Deutschland und Italien traten jedoch in den Pariser Verträgen vom 23. Oktober 1954 dem 1948 von Großbritannien, Frankreich und den Benelux-Staaten unterzeichneten **Brüsseler Vertrag** bei. Als Ersatz für die gescheiterte EVG entstand die WEU (Westeuropäische Union).

### 4.1.4 Die Europäische Wirtschaftsgemeinschaft (EWG)

Die Erfolge der Montanunion legten eine Ausweitung des gemeinsamen Marktes auf die gesamte Wirtschaft nahe. Außerdem setzte sich in den Mitgliedstaaten die Erkenntnis durch, daß Aufbau und Behauptung moderner, kapital- und forschungsintensiver Industrien (vor allem Produktionsstätten für Autos, Flugzeuge und Mikroprozessoren) sowie die friedliche Nutzung der Kernkraft gegen die Konkurrenz der USA und Japans nur durch **wirtschaftliche Integration** möglich sei. Über diesen Weg bestanden zunächst noch sehr unterschiedliche Vorstellungen und Interessen. *Jean Monnet* schlug eine sektorale Integration nach dem Beispiel der Montanunion vor und plädierte für die Gründung einer Europäischen Atomgemeinschaft, die besonders für Frankreich von hohem Nutzen wäre. Die Benelux-Staaten, Italien und die Bundesrepublik erwogen einen **Gemeinsamen Markt** mit handelspolitischem Liberalismus.

Dank der Vermittlerrolle *Paul-Henri Spaaks* kamen schließlich beide Gemeinschaften zustande. Am 25. März 1957 unterzeichneten die sechs Staaten der Montanunion die **"Römischen Verträge"** und gründeten damit auf dem historischen Boden des Capitols in Rom die **"Europäische Wirtschaftsgemeinschaft" (EWG)** und die **"Europäische Gemeinschaft für Atomenergie" (Euratom).** Sie traten am 1. Januar 1958 in Kraft, *Walter Hallstein* wurde zum ersten Präsidenten der EWG-Kommission ernannt. Damit setzte sich der auf den wirtschaftlichen und den politischen Bereich beschränkte Einigungsprozeß in drei Gemeinschaften fort: der EGKS-Vertrag war auf 50 Jahre abgeschlossen, EWG und Euratom auf unbegrenzte Zeit.

Anders als die Montanunion kannte die EWG einen gemeinsamen Außenzoll. Jedoch waren die supranationalen Kompetenzen der Kommission von EWG und Euratom geringer als die der Hohen Behörde der Montanunion. Für die Integration der westeuropäischen Staaten hatte die EWG eine größere Bedeutung als Montanunion und Euratom, denn sie sollte einen gemeinsamen Markt schaffen und dadurch eine harmonische Entwicklung der Wirtschaftspolitik ihrer Mitgliedstaaten erreichen. Bis zum 1. Januar 1970 sollte der Austausch aller Waren innerhalb der sechs Mitgliedstaaten frei erfolgen können. Binnenzölle sollten abgebaut werden und gemeinsame Außenzölle für die ca. 180 Mio. Menschen entstehen.

Eine Versammlung, ein Rat, eine Kommission und ein Gerichtshof hatten die Aufgaben der EWG wahrzunehmen: Die **Gemeinsame Versammlung** in Straßburg entstand aus einer Zusammenlegung des Montanunion-Parlaments mit den neu zu schaffenden Versammlungen von Euratom und EWG. Die 142 Parlamentsabgeordneten wurden aus den nationalen Parlamenten delegiert und schlossen sich zu übernationalen Fraktionen zusammen. Trotzdem wurde beachtet, daß die kleinen Partner nicht durch die größeren majorisiert werden konnten. In den **Ministerrat** entsandten die sechs Länderregierungen jenen Minister, in dessen Ressort der Gegenstand der Beratungen fiel. Der Rat erfüllte **legislative** Funktionen, die dem Parlament untersagt blieben. Damit bestätigte sich der Anspruch, daß der Begriff "Europa" von den sechs Mitgliedstaaten der nun drei Europäischen Gemeinschaften besetzt wurde.

Zollsenkungen, Zollabbau und die ersten vier Agrarmarktverordnungen waren frühe Erfolge des Gemeinsamen Marktes (1960–1962). Die französischen Interessen an der Errichtung des gemeinsamen Agrarmarktes trafen sich günstig mit den deutschen Interessen am Markt für Industriegüter. Jedoch erlebte die EWG 1965 ihre erste Krise.

Für 1966 hatten die Römischen Verträge die Einführung der Verbindlichkeit von Mehrheitsbeschlüssen im Ministerrat vorgesehen. Dadurch sollte die EWG gegenüber den Einzelinteressen der Mitgliedstaaten gestärkt werden. Diesem Schritt widersetzte sich Frankreichs Staatspräsident *Charles de Gaulle*. Seinen Vorstellungen zufolge sollte die EWG aus souveränen Nationalstaaten bestehen bleiben: ein "Europa der Vaterländer". Vertragswidrig berief er ein halbes Jahr später Frankreichs Vertreter aus allen EWG-Organen ab. Mit dieser **"Politik der leeren Stühle"** erzwang er schließlich das Vetorecht für jeden Mitgliedstaat der EWG. Dies sollte aber ein schweres Hindernis auf dem Weg zur vollen Wirtschaftsunion werden.

### 4.1.5 EWG und EFTA

Nach der Gründung der EWG stellte sich die Frage, was mit jenen europäischen Staaten geschehen sollte, die zwar der OEEC, nicht aber der EWG angehörten. Dies betraf besonders Großbritannien und die neutralen Staaten Österreich, Schweiz und Schweden. Die Bemühungen richteten sich in den Jahren 1956 bis 1958 darauf, zwischen der EWG als Zollunion und den übrigen europäischen OEEC-Staaten eine "große" Freihandelszone zu gründen. Jedoch scheiterte dieser Versuch am britisch-französischen Gegensatz.

Da diese "große" Freihandelszone nicht zustande kam, schlossen sich 1960 Norwegen, Schweden, Dänemark, Österreich, die Schweiz und Portugal unter Führung Großbritanniens zu einer "kleinen" Freihandelszone (engl. **EFTA**) zusammen, die später um Island und Finnland erweitert wurde. Unter Verzicht auf supranationale Behörden wollten die EFTA-Staaten ausschließlich die Zölle untereinander abbauen, nicht aber einen gemeinsamen Markt mit einer gemeinsamen Außenzollmauer wie die EWG herstellen.

Unter dem Eindruck der Prosperität der EWG-Mitglieder, der schwindenden Weltmachtrolle Großbritanniens und der geringen Aussicht eines allzu raschen supranationalen Ausbaus der EWG stellte Großbritannien erstmals 1961, dann 1967 einen Antrag auf EWG-Mitgliedschaft. Irland hatte dies wenige Tage zuvor getan, Dänemark schloß sich dem britischen Antrag unmittelbar an, Norwegen folgte im April 1962.

Doch der französische Staatspräsident *Charles de Gaulle* legte im Januar 1963 sein Veto gegen diese Erweiterung der EWG ein. Er fürchtete um die Einkommenssicherung der französischen Landwirtschaft und die Absatzmärkte für die Industriegüter. Gleichzeitig strebte er im Rahmen des **deutsch-französischen Freundschaftsvertrages** eine engere Zusammenarbeit mit der Bundesrepublik an. Erst nach seinem Rücktritt im April 1969 gab sein Nachfolger Georges Pompidou den Weg frei in der Frage des britischen Beitritts zur Gemeinschaft.

### 4.1.6 Die Europäische(n) Gemeinschaft(en) (EG)

1967 faßte man die Organe der Montanunion, der EWG und von Euratom zwecks Vereinfachung der Verwaltung und Verbesserung der Koordination in den neugegründeten **"Europäischen Gemeinschaften"** zusammen. Da diese im Bewußtsein weiter Kreise eine Einheit bildeten, wurde häufig der Singular gebraucht. Von der Zollunion ausgehend, sollte die europäische Integration zu einer **Wirtschafts- und Währungsunion** und zu einer **Politischen Union** weiterschreiten.

Eine **Wirtschaftsunion** ist gekennzeichnet durch Angleichung der Steuer-, Sozial-, Subventions- und Konjunkturpolitik und des Wirtschaftsrechts sowie durch die unwiderrufliche Freizügigkeit der Niederlassung für alle Bürger der Mitgliedstaaten. Eine **Währungsunion** beruht auf einer unwiderruflichen Festlegung des Paritätsverhältnisses der nationalen Währungen. Eine **Politische Union** ist gekennzeichnet durch eine gemeinsame Außenpolitik in den wesentlichen Fragen.

Unter den Organen der EG hat der **"Ministerrat"**, offiziell **"Rat"** genannt, zentrale Bedeutung. Er besteht aus je einem Regierungsmitglied der Partnerstaaten und tritt bei Bedarf meistens in Brüssel zusammen. Im Regelfall treffen sich als "Rat" jene Minister der Mitgliedstaaten, in deren Ressort die anstehenden Probleme fallen. Er trifft die wesentlichen Entscheidungen für die EG und kann innerhalb des Zuständigkeitsbereichs der EG Rechtsverordnungen erlassen, die für alle Mitgliedstaaten verbindlich sind.

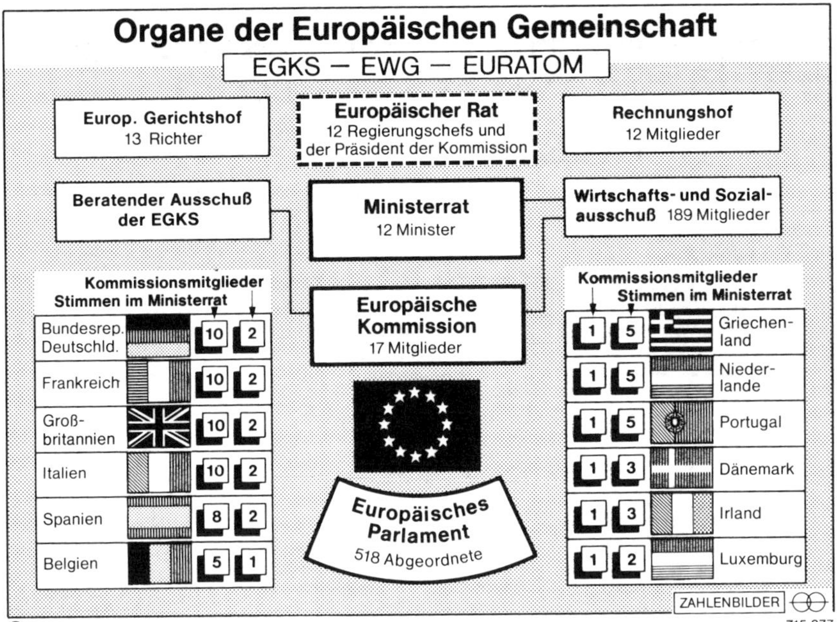


 715 277

Die **EG-Kommission** hat ihren Sitz auch in Brüssel. Sie setzt sich aus 17 hauptamtlichen Mitgliedern zusammen, die von den Regierungen der EG-Länder ernannt werden. Die größeren von ihnen stellen je zwei, die kleineren je einen Kommissar. Jeder von ihnen ist für ein Sachgebiet zuständig. Die Kommission hat vor allem folgende Aufgaben:

- alleiniges Initiativrecht
- Ausarbeitung von Vorschlägen an den Rat
- Ausführung von dessen Beschlüssen
- Verwaltung der Finanzmittel der EG (Fonds, Programme)
- Aushandeln von Verträgen mit Drittländern
- Entscheidungsbefugnis auf dem Montan- und Industriesektor im Rahmen der EG-Kompetenzen
- Klageerhebung bei Verletzungen von EG-Bestimmungen

Der **Gerichtshof** der EG in Luxemburg entscheidet bei Streitigkeiten zwischen EG-Organen und bei Verletzung von EG-Bestimmungen. In EG-Angelegen heiten wird der Vorrang seiner Entscheidungen vor dem nationalen Recht von allen Mitgliedstaaten (mit der späteren Ausnahme Großbritannien) anerkannt.

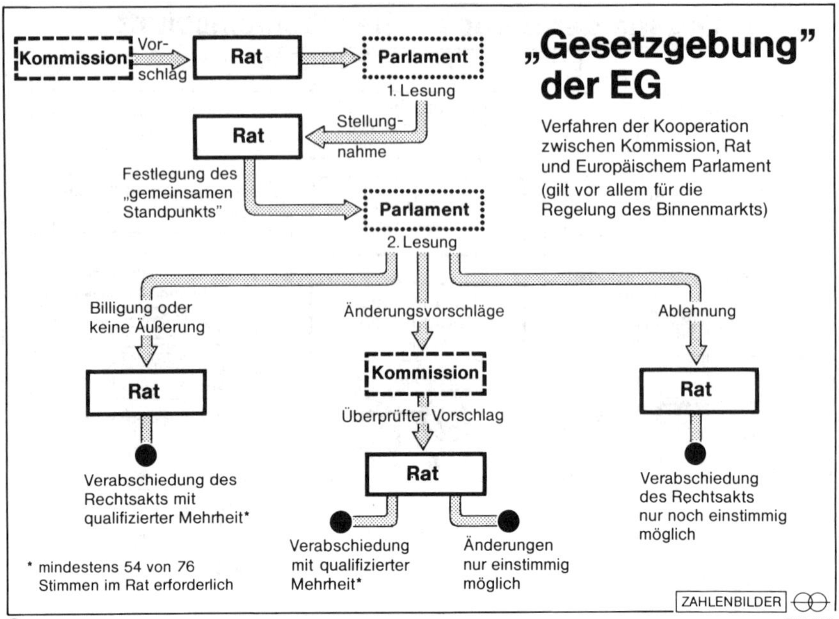




Das in Straßburg tagende **"Europäische Parlament"** setzte sich zunächst (1967–1979) aus Abgeordneten zusammen, die von den nationalen Parlamenten bestimmt wurden. 1979 fand die erste **Direktwahl** durch die Wähler aller Mitgliedstaaten statt. Die Amtsperiode der 518 Mitglieder dauert 5 Jahre. Die Abgeordneten schlossen sich nach politischen Grundorientierungen übernational in rund 10 Fraktionen zusammen. Seit dem Herbst 1990 – bis zu den nächsten Direktwahlen 1994 – sind auch 18 Vertreter aus dem Osten Deutschlands als Beobachter im Parlament.

Die Zuständigkeiten des Parlaments sind gering. Es beteiligt sich an der Ausarbeitung der Rechtsakte der Gemeinschaft, hat jedoch keine Gesetzesinitiative. Der Abschluß internationaler Abkommen und jede Erweiterung der Mitglieder der Gemeinschaft ist von seiner Zustimmung abhängig. Bei der Zuteilung von nur etwa einem Drittel der Finanzmittel hat das Parlament das Budgetrecht, allerdings könnte es den Haushalt der EG als Ganzes ablehnen. Von besonderer Bedeutung ist das Europäische Parlament als europäisches Forum für die ca. 340 Mio. EG-Bürger (1992) in den Fragen der Weiterentwicklung der EG von der Wirtschaftsgemeinschaft zur politischen Union.

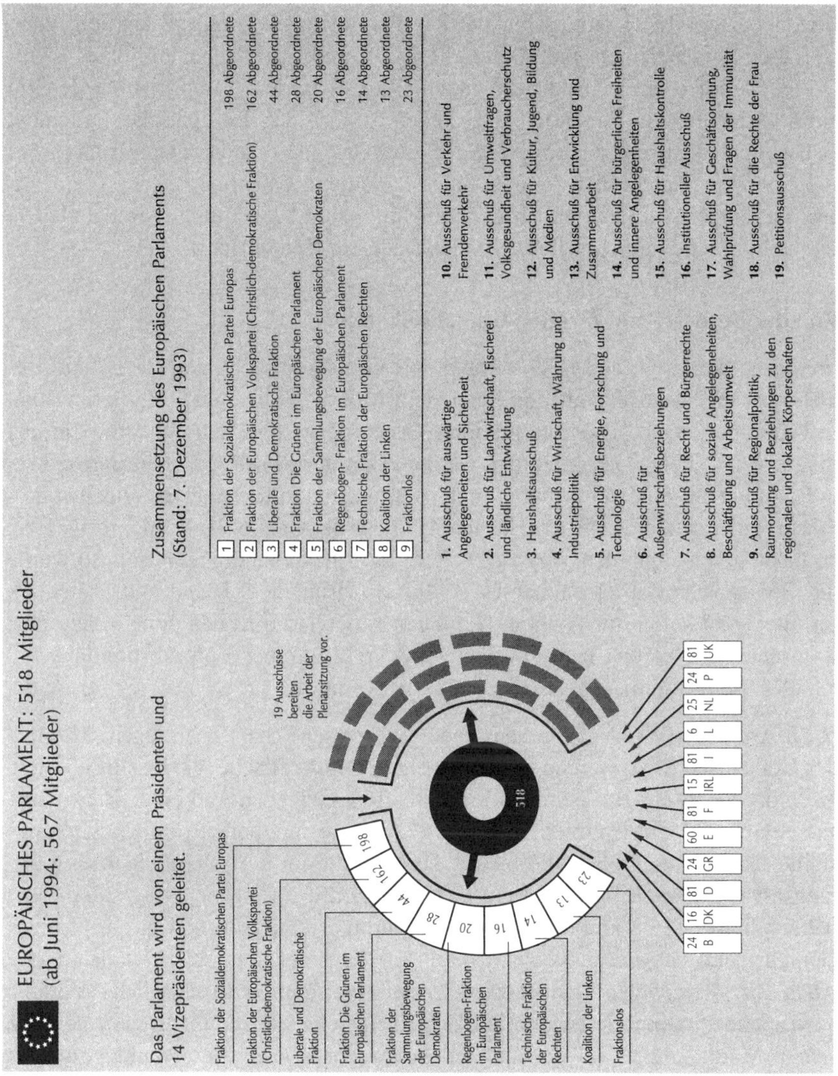


Aus: Amt für amtliche Veröffentlichungen der EG (Hrsg.): Europa ohne Grenzen, Nr. 1-1994

Gegenüber der EG-Kommission hat das Parlament die Kontrollfunktion, kann Anfragen an sie richten und könnte die EG-Kommission sogar mit einer Zwei-Drittel-Mehrheit zum Rücktritt zwingen. War es in den Anfangsjahren der EG nur mit beratender Funktion ausgestattet, so hat das Europäische Parlament insbesondere seit seiner Direktwahl größeres Gewicht erlangt, wenngleich dieses auch 1992 noch nicht dem der nationalen Parlamente entspricht.
Das Parlament tagt gewöhnlich in Straßburg, seine Verwaltung befindet sich in Luxemburg, und die Ausschußsitzungen finden in Brüssel statt.

### Von der Sechser- zur Zwölfer-Gemeinschaft

Im Dezember 1969 fand in Den Haag eine Gipfelkonferenz der Staats- und Regierungschefs der EG statt, die unter dem Motto "Vollendung, Vertiefung und Erweiterung" stand. Die Intergration Westeuropas sollte zur Vorstufe für ein mögliches, späteres Gesamteuropa werden. Der europäische Einigungsprozeß sei in Richtung auf eine Wirtschafts- und Währungsunion fortzusetzen und auch politisch zu vertiefen. Dieser Haager Gipfel – de Gaulle war im April 1969 zurückgetreten – gab den Weg für weitere Beitrittsverhandlungen frei. So wurde die Gemeinschaft am 1. Januar 1973 um Großbritannien, Irland und Dänemark erweitert und somit zur **Neuner-Gemeinschaft** ("Nord-Erweiterung"). Die norwegische Bevölkerung hatte im September 1972 in einer Volksabstimmung mit 53,49 % Nein-Stimmen gegen einen Beitritt gestimmt.

Nach Art. 237 EWG-Vertrag kann jeder europäische Staat beantragen, Mitglied der Gemeinschaft zu werden, sofern er eine **demokratische Verfassung** besitzt. Nach der Rückkehr zur Demokratie stellte 1975 **Griechenland** einen Beitrittsantrag. **Portugal** und **Spanien** folgten 1977. Diese möglichen"Süd-Erweiterung" stellte die EG vor größere Probleme. Das Gefälle im wirtschaftlichen Entwicklungsniveau zwischen den alten und den künftigen neuen Mitgliedern war beträchtlich. Die Einkommens- und Strukturunterschiede, schon in der Neuner-Gemeinschaft schwierig, könnten die Vertiefung der Gemeinschaft behindern. Auch für Griechenland schienen sich zunächst kaum wirtschaftliche Vorteile abzuzeichnen, denn es erhielte auf der einen Seite zwar Zugang zum gemeinsamen Markt, müßte auf der anderen Seite aber den eigenen Markt völlig für Produkte der anderen Mitgliedstaaten öffnen. Schließlich gaben **politische** Erwägungen den Ausschlag. Die Zugehörigkeit zur EG ließ eine innenpolitische Stabiliserung der neuen demokratischen Systeme erhoffen. Griechenland wurde am 1. Januar 1981 zehntes Mitglied der EG. 1986 traten Portugal und Spanien hinzu, so daß eine **Zwölfer-Gemeinschaft** entstand.

Im April 1987 stellte auch die **Türkei** einen offiziellen Beitrittsantrag. Doch steht die Zwölfer-Gemeinschaft einer Mitgliedschaft der Türkei reserviert gegenüber. Der asiatische Raum der Türkei könnte nur durch beträchtliche EG-Mittel strukturell verbessert werden. Zu befürchten wäre ein starker Zustrom türkischer Arbeiter in die Ballungszentren der EG. Zudem belastet der schwelende **Zypernkonflikt** zwischen der Türkei und dem EG-Staat Griechenland das türkische Beitrittsgesuch ebenso wie der Streit um die Nutzung des Festlandsockels in der Ägäis. Mit **Marokko** äußerte 1987 erstmals ein nichteuropäischer Staat den Wunsch, Mitglied der EG zu werden. Doch lehnte die EG ab, da nur europäische Staaten zur Gemeinschaft gehören sollten, bot aber eine Vertiefung der Wirtschaftsbeziehungen an.

### Außenbeziehungen der Gemeinschaft

Wirtschaftliche Kooperation wurde mit einem Großteil der nicht als Mitglieder zur EG gehörenden Mittelmeerstaaten durch **Assoziierungsverträge** vereinbart. Mit den meisten ehemaligen Kolonien der Mitgliedsstaaten, **"AKP-Staaten"** (Afrika, Karibik, Pazifik) genannt, wurden seit 1975 sogenannte **"Lomé-Abkommen"**, benannt nach der Hauptstadt des afrikanischen Staates Togo, auf jeweils 5 Jahre geschlossen.

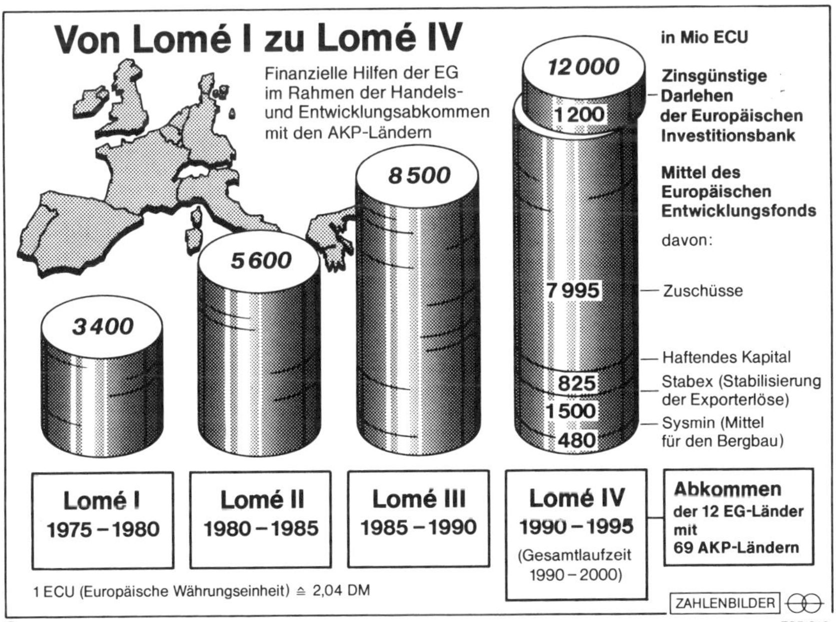

Das mehrfach erneuerte Lomé-Abkommen räumt den AKP-Staaten unter anderem Handelsvorteile, wie Zollvergünstigungen für landwirtschaftliche Produkte, ein. Lomé IV (1990, s. Abb.) gilt erstmals für 10 Jahre. Dadurch sollen die AKP-Staaten insgesamt 10,8 Mrd. ECU (22,1 Mrd. DM) Entwicklungszuschüsse und Kredite in Höhe von 1,2 Mrd. ECU (2,5 Mrd. DM) zur Förderung der wirtschaftlichen Entwicklung in diesem Raum erhalten.

Zahlreiche Länder der sog. "Dritten Welt" zeigten sich Anfang der 90er Jahre enttäuscht, da Lomé noch keinem der betroffenen Staaten dazu verholfen habe, "Schwellenland" zu werden. Auch wurden die mit den Finanzhilfen verbundenen wirtschaftlichen Auflagen als Bevormundung kritisiert.

### 4.1.7 Der Weg zur Politischen Union

Bereits auf der Haager Gipfelkonferenz im Dezember 1969 hatten die Staats- und Regierungschefs der EG deutlich gemacht, daß sie sich nicht mit einem gemeinsamen Markt begnügen wollten. Die politische Zusammenarbeit der EG-Staaten sollte verbessert werden. Diese Haager Gipfelkonferenz führte am 27. Oktober 1970 zum sog. Luxemburger Bericht, in dem die **Europäische Politische Zusammenarbeit (EPZ)** der EG-Staaten begründet wurde. Mit der EPZ hatte diese ein Instrument für eine freiwillige außenpolitische Abstimmung geschaffen. In der Folgezeit wurde diese Zusammenarbeit verbessert und intensiviert, so daß 1972 beschlossen wurde, die EG unter Einhaltung bereits geschlossener Verträge in eine **"Europäische Union"** umzuwandeln.

Der Begriff "Union" verleitet dazu, sich unter einer "Europäischen Union" einen europäischen Bundesstaat vorzustellen. In der englischen und französischen Sprache ist er jedoch anders als in der deutschen weniger statisch als Beschreibung eines Zustands gemeint, sondern vielmehr dynamisch im Sinne einer Fortentwicklung. Ein europäischer Bundesstaat ist demnach nur eine der möglichen Perspektiven für die Verdichtung der Beziehung der EG-Staaten.

Unter der Bezeichnung **"Europäischer Rat"** traten die Regierungschefs der EG-Staaten und der Präsident der EG-Kommission seit 1975 dreimal jährlich zu vertraulich geführten Beratungen zusammen. Von den Römischen Verträgen nicht vorgesehen, hatte die Vielfalt der von der EG zu lösenden Probleme ein rasch entscheidungsfähiges Gremium notwendig gemacht. Der Europäische Rat ist die übergeordnete Institution von EG und EPZ. Er kann alle Themen selbst behandeln oder aber an die Organe von EG und EPZ weiterleiten, soll jedoch stets Impulse für das Handeln der EG geben.

Legitimiert durch die erste Direktwahl im Juni 1979, arbeitete das Europäische Parlament den "Entwurf eines Vertrages zur Gründung der Europäischen Union" aus. Dieser Entwurf ging zurück auf die Initiative des italienischen Abgeordneten *Altiero Spinelli* und könnte als Versuch gewertet werden, Europa nun "von unten" zu schaffen, und nicht "von oben" durch Regierungsvereinbarungen, wie dies *Jean Monnet* vorgesehen hatte. Aber die Regierungen folgten diesem Vorschlag nicht und traten nicht in den Dialog mit dem Europäischen Parlament ein.

Stattdessen unterzeichneten die Regierungen der EG-Staaten im Juni 1985 das **"Schengener Abkommen"** über die Abschaffung der Personenkontrollen an den Grenzen. Es trat Anfang 1992 in Kraft. Darin wurden ergänzende Maßnahmen vereinbart:

- Personenkontrollen nur an den Außengrenzen der Gemeinschaft;
- Speicherung polizeilicher Fahndungsausschreibungen in einem Zentralcomputer in Straßburg;
- Erlaubnis für Polizisten, fliehende Verbrecher bis zu 10 km über die Grenze des Nachbarlandes hinaus zu verfolgen und festzunehmen;
- Anerkennung der von einem anderen EG-Staat ausgesprochenen Asyl-Gewährung. Eine Bewerbung um politisches Asyl kann daher nur noch in einem Staat gestellt werden;
- gleichartige Regelungen für das Waffenrecht und für Drogen.

Ebenso beschlossen die EG-Regierungschefs im Europäischen Rat die **"Einheitliche Europäische Akte"** (Februar 1986), die die Verwirklichung des **vollständigen Binnenmarktes** bis Ende 1992 vorsah. Die Rechte des Europäischen Parlaments wurden hierin zwar erweitert, die Politische Union jedoch wurde nicht beschlossen. Der Binnenmarkt sollte nicht nur ein Markt für Unternehmen sein. Die EG-Kommission legte im Oktober 1989 eine **"Charta der sozialen Grundrechte"** vor, in der die Rechtsprinzipien festgeschrieben wurden, die für alle Arbeitnehmer in der EG gelten sollten: Freizügigkeit, freie Wahl des Arbeitsplatzes, angemessene Entlohnung, Arbeitszeitregelungen und Recht auf Freizeit, Gleichbehandlung von Mann und Frau, Kinder- und Jugendschutz, Gesundheitsschutz, Sicherheit am Arbeitsplatz, Organistionsfreiheit und Mitwirkungsrechte. Mit Ausnahme von Großbritannien nahmen die Teilnehmer des Europäischen Rates diese Sozialcharta am 9. Dezember 1989 an.

Ein erneuter Anlauf zur Gründung der Politischen Union wurde auf der Sitzung des Europäischen Rates vom 9.–11. Dezember 1991 in Maastricht unternommen. Das Ergebnis war der **"Vertrag über die Europäische Union"**, der am 7. Februar 1992 von den Außen- und Finanzministern paraphiert wurde und im Laufe des Jahres 1992 durch die von den jeweiligen Verfassungen vorgeschriebenen Organe bzw. durch Volksabstimmungen zu ratifizieren war. Auch hier gingen die Impulse für die Schaffung der Europäischen Union von den Regierungen aus. In diesem Vertragswerk liegt der Schwerpunkt auf wirtschaftlichem Gebiet, wenngleich es auch schon beachtliche Elemente einer Politischen Union aufweist. Der **Maastrichter Vertrag** kann wie folgt zusammengefaßt werden:

- Schrittweiser Einstieg in die Politische Union mit einer gemeinsamen Außen- und Sicherheitspolitik (GASP) im Rahmen der WEU;
- Schaffung einer europäischen Staatsbürgerschaft, die allen EG-Bürgern und nicht nur den Erwerbstätigen Aufenthaltsrecht in allen EG-Staaten gewährt und ihnen am Wohnort das aktive und passive Wahlrecht einräumt;
- Schaffung einer vollständigen Wirtschafts- und Währungsunion bis 1999, womit die seit 1979 als Verrechnungsgrundlage zwischen den nationalen Notenbanken geschaffene "Europäische Währungseinheit" (ECU) allgemeines Zahlungsmittel werden könnte;
- weiterer Ausbau der EG als Sozialgemeinschaft auf der Grundlage der Gemeinschaftscharta der sozialen Grundrechte, allerdings ohne Großbritannien;
- verstärkte Zusammenarbeit in der Asylpolitik und bei der Polizei;
- Gründung eines beratenden "Ausschusses der Regionen";
- Schaffung einer "Europäischen Währungsbank";
- Schaffung eines "Europäischen Bürgerbeauftragten" am Europäischen Parlament und
- Erweiterung der Rechte des Europäischen Parlaments.

Nicht beschlossen wurden Fragen neuer Beitritte, die einheitliche Regelung des Asylrechts, die zukünftige Finanzierung der problematischen, Überschuß produzierenden EG-Agrarpolitik.

Bei der Ratifizierung entstanden Schwierigkeiten: Das dänische Volk lehnte zunächst mit knapper Mehrheit in einer Volksabstimmung den Maastrichter Vertrag ab, stimmte jedoch in einer zweiten für den Beitritt Dänemarks; das französische Volk stimmte mit einer knappen Mehrheit zu, Großbritanniens Parlament ratifizierte den Beitritt im Mai 1993. Griechenland, Italien, Luxemburg, Irland, Belgien, die Niederlande und Spanien ratifizierten ebenso wie die Bundesrepublik bis Anfang November 1993. Norwegen stellte am 25. November 1992 seinen Beitrittsantrag zur EG. Mit Österreich, Schweden und Finnland wurden Beitrittsverhandlungen zum 1. Februar 1993 aufgenommen.

### 4.1.8 Ein epochaler Wandel in Europa (1989–1991)

Die Jahre 1989 bis 1991 bedeuten einen Epocheneinschnitt in Europa. Das Scheitern des Kommunismus führte nicht nur zum Ende des Ost-West-Konflikts, wodurch die staatliche Vereinigung der beiden deutschen Staaten am 3. Oktober 1990 möglich wurde, sondern auch zur Auflösung des Warschauer Pakts und des Rates für gegenseitige Wirtschaftshilfe (COMECON), schließlich sogar zur Auflösung der Sowjetunion und dem damit verbundenen Aufleben überkommen geglaubter Nationalismen. Da das Zeitalter der Konfrontation und der Teilung Europas nun vorüber war, konnte im November 1990 die **KSZE-Charta** unterzeichnet werden. In der "Charta von Paris für ein neues Europa" bekannten sich die Staats- und Regierungschefs von 32 europäischen und den beiden nordamerikanischen Staaten USA und Kanada dazu, ihre Beziehungen künftig auf Achtung und Zusammenarbeit zu gründen, damit sich Demokratie, Frieden und Einheit in ganz Europa durchsetzen würden.

Im Sommer 1991 wurden die inzwischen unabhängig gewordenen baltischen Staaten sowie Albanien in die KSZE aufgenommen, schließlich 1992 elf GUS-Staaten sowie Kroatien und Slowenien. Die nun aus 51 Staaten bestehende KSZE (Konferenz für Sicherheit und Zusammenarbeit in Europa) wurde nun als eine **gesamteuropäische Organisation** zu einer Plattform, um Probleme der Konfliktverhütung in den europäischen Ländern zu diskutieren sowie nach Lösungen zu suchen.

Eine Organisation mit weiterhin europäischem Anspruch wird der **Europarat** bleiben. Nach dem Ende des Ost-West-Konflikts entwickelte sich der lange Zeit westeuropäisch ausgerichtete Europarat nicht zuletzt durch den Beitritt mitteleuropäischer Länder wie **Ungarn** (1990), **CSFR** und **Polen** (1991) zu einem Dialogforum für den gesamten europäischen Kontinent. Er kann dazu dienen, den ost- und mitteleuropäischen Staaten den Übergang von sozialistischen Systemen zu liberal-pluralistischen Gesellschaften zu erleichtern.

Die nach wie vor bedeutsamste politische und wirtschaftliche Organisation, die **EG,** befindet sich in einem Prozeß der Vertiefung. Die Übertragung weiterer Kompetenzen der Mitgliedstaaten auf die EG wird vermutlich zunehmen, da internationale Herausforderungen, wie die Migration, die Umweltproblematik, das organisierte Verbrechen etc. gemeinschaftliche Lösungen erfordern.

In zunehmendem Maße wachsen die Wirtschaftsräume in Europa zusammen. So übernahmen 1991 die sieben **EFTA-Staaten** in dem **"Vertrag über den Europäischen Wirtschaftsraum" (EWR)** etwa 60 % der EG-Richtlinien, so daß mit wenigen Ausnahmen (v. a. in der Landwirtschaft) der Binnenmarkt sich auf 19 Staaten erstrecken wird. Allerdings sind die EFTA-Staaten nicht im Entscheidungsprozeß der EG vertreten.

Die mittel- und osteuropäischen Länder streben eine schnelle Mitgliedschaft in der als erfolgreich geltenden EG an. Doch wäre sowohl für diese Staaten als auch für die EG ein baldiger Beitritt nicht opportun. Selbst die Volkswirtschaften der weiter entwickelten Länder wie Ungarn, CSFR und Polen sind nicht wettbewerbsfähig. Viele Betriebe und Unternehmen müßten sofort schließen. Die hohe Arbeitslosigkeit brächte viele Enttäuschungen über die EG und so deren Schwächung mit sich. Jedoch wurden am 16. Dezember 1991 Assoziierungsverträge mit diesen Staaten geschlossen, die eine Freihandelszone vorsehen, wodurch der Kapitalverkehr erleichtert, neue Unternehmen gefördert, bestehende Industrien modernisiert, der Umweltschutz unterstützt (PHARE-Programm) und die Mobilität von Studenten und Hochschullehrern (TEMPUS-Programm) erhöht werden sollen.

"Kein Wunder, daß Europa nicht vorankommt." Zeichnung: Klaus Pielert

## 4.2 Die Entwicklung des Ost-West-Verhältnisses

| | |
|---|---|
| | **Die Entstehung des Ost-West-Konflikts** |
| 1946–1948 | Sowjetisierung der meisten europäischen Staaten ("Eiserner Vorhang") |
| 1947 | Beginn des Kalten Kriegs. Grundlagen: Kennan-Doktrin, Truman-Doktrin, Marshall-Plan und Zwei-Lager-Theorie |
| 1948 | Ächtung des "Dritten Weges" unter Tito in Jugoslawien |
| 1948/49 | Berlin-Blockade 1948/49 (Luftbrücke) |
| 1949 | 23. 5. Gründung der Bundesrepublik Deutschland<br>7. 10. Gründung der Deutschen Demokratischen Republik/DDR |
| | **Roll Back, Containment, Status quo und Kalter Krieg** |
| 1948 | Brüsseler Vertrag (WEU) |
| 1949 | Gründung der NATO; im Ostblock Gründung des Rates für gegenseitige Wirtschaftshilfe/RGW (COMECON) und bilaterale Bündnisverträge |
| 1950–1953 | Koreakrieg (kommunistischer Angriff, Gegenoperation von UN-Truppen unter US-Führung) → Diskussion um eine deutsche Wiederbewaffnung |
| 1953 | 17. 6. Aufstand in der DDR/SBZ |
| 1954 | Ablehnung der EVG-Verträge in der Pariser Nationalverammlung<br>Teilsouveränität der DDR |
| 1955 | Weitgehende Souveränität der Bundesrepublik, Beitritt zur NATO<br>Gründung des Warschauer Paktes |
| 1956 | Aufstand in Ungarn und Polen wird blutig niedergeschlagen |
| 1957 | Römische Verträge: Gründung der EWG und Zusammenschluß der drei europäischen Gemeinschaften (EG): Montanunion (EGKS), EWG und Euratom |
| 1958 | Berlin-Ultimatum Chruschtschows: Friedensvertrag oder Übergabe der Kontrolle der Zufahrtswege nach Berlin an die DDR |
| 1961 | 13. 8. Bau der Berliner Mauer |
| 1962 | Kubakrise: Welt am Rande eines Atomkrieges |

| | |
|---|---|
| | **Entspannungspolitik der 70er Jahre, Rückschläge und Neubeginn** |
| nach 1962 | zunehmende Kontakte zwischen Ost und West trotz Vietnamkrieg |
| 1968 | sowjetischer Einmarsch in der CSSR (Breschnew-Doktrin) |
| 1970 | Moskauer und Warschauer Vertrag (Ostverträge) |
| 1971 | Vereinbarungen über Berlin: Abkommen der vier Großmächte und Transitabkommen |
| 1972 | Rüstungskontrollvereinbarungen (SALT)<br>Grundlagenvertrag zwischen der Bundesrepublik und der DDR |
| 1973 | KSZE- und MBFR-Konferenzen, Beitritt beider deutscher Staaten zur UNO |
| 1979 | sowjetischer Einmarsch in Afghanistan und NATO-Doppelbeschluß; entweder Abbau der SS-20-Mittelstreckenraketen oder NATO-Nachrüstung |
| 1983 | Verwirklichung des NATO-Nachrüstungsbeschlusses und Abbruch der START- und INF-Verhandlungen, Diskussion um ein "air-land-battle"-Konzept in der NATO |
| 1985 | Wiederaufnahme der Genfer Abrüstungsgespräche zwischen USA und der UdSSR |
| 1987 | INF-Vereinbarungen zwischen den USA und der UdSSR |
| | **Auflösung der Blöcke und Ende des Ost-West-Konfliktes** |
| seit 1985 | sowjetischer Reformkurs und Gorbatschow ("Perestroika" und "Glasnost") |
| 1989 | Zusammenbruch der kommunistischen Regime in Osteuropa, Öffnung der DDR-Grenze, demokratische Revolutionen in Osteuropa |
| 1990 | Vereinigung Deutschlands<br>Entstehung der GUS |
| 1991 | gescheiterter Putschversuch in Moskau, danach Auflösung von RGW, Warschauer Pakt und Sowjetunion, Jelzin russischer Präsident |
| 1992 | Mitwirkung vieler Staaten des ehemaligen Warschauer Pakts im Rahmen der NATO |

### 4.2.1 Konfrontationen und Krisen in den 50er und 60er Jahren

Die ersten Wochen des Jahres 1953 brachten in die Ost-West-Beziehungen Bewegung. *J. F. Dulles* kündigte bei seinem Amtsantritt als US-Außenminister im Januar an, sein Land werde von der Eindämmungspolitik zur Politik der Befreiung der sowjetisierten Völker Osteuropas und damit zur Zurückdrängung des russischen Machtbereichs **(Roll-back)** übergehen. Die Verwirklichung dieses Programms stellte sich aber schon Mitte 1953 in Frage, als bekannt wurde, daß auch die Sowjetunion über Wasserstoffbomben verfügte, denn das bedeutete das Ende der atomaren Überlegenheit der USA.

Nach Stalins Tod im März kam es unter seinen Nachfolgern zu Macht- und Richtungskämpfen. Sie waren sich zwar prinzipiell in dem Ziel einig, nach Stalins Terrorherrschaft der Bevölkerung mehr Rechtssicherheit gegenüber den Staatsorganen und einen höheren Lebensstandard durch Verlangsamung der überstürzten Industrialisierung zu bieten. Strittig waren jedoch Tempo und Ausmaß der Erleichterungen. Vor allem der neue Erste Sekretär der Kommunistischen Partei der Sowjetunion (KPdSU), *Nikita Chruschtschow,* bestand darauf, daß Zugeständnisse an die Bevölkerung die Stellung des Kommunismus innerhalb und außerhalb der Sowjetunion unter keinen Umständen gefährden dürften.

In Anpassung an die Entwicklung in der Sowjetunion machte die Führungsspitze der DDR den Bürger/innen vor allem durch Ankündigung einer teilweisen Rücknahme von Sozialisierungsmaßnahmen Zugeständnisse und brach den Kampf gegen die Kirchen ab. Andererseits setzte die DDR-Führung eine Normenerhöhung für die Arbeiter fest, die deren ohnehin niedrigen Lebensstandard absenkte. Dies führte am 16. Juni 1953 in Ostberlin und am 17. Juni in der DDR zu einem Aufstand der Arbeiter, die zunächst die Rücknahme der Normenerhöhung, bald aber auch den Rücktritt der Regierung und die Abhaltung freier Wahlen mit dem Ziel der Wiedervereinigung forderten. Daher erklärte der Bundestag den 17. Juni zum Tag der deutschen Einheit. Durch das Eingreifen sowjetischer Truppen blieb der Regierung die Macht, der SED die Führungsrolle erhalten. Diese Gefährdung der kommunistischen Herrschaft in der DDR trug mit dazu bei, daß sich in Moskau die von Chruschtschow vertretene Richtung durchsetzte.

1956 kam es auch in Polen und Ungarn zu Aufständen. Auch sie wurden durch Einsatz vorwiegend sowjetischer Gruppen niedergeschlagen, ohne daß der Westen eingriff. Seitdem arrangierte sich die Bevölkerung der meisten Ostblockstaaten mit ihren Regierungen.

In der zweiten Hälfte des Jahrzehnts gelang es der Sowjetunion, ihre Macht und ihr Ansehen weltweit zu stärken. Sie konnte einige arabische Länder zur Abkehr vom Westen und zu einer engen außenpolitischen Zusammenarbeit mit dem Ostblock gewinnen. Im weltweit beachteten technischen Wettlauf mit der USA brachte sie mit ihrem "Sputnik I" den ersten künstlichen Erdsatelliten in den Weltraum. Angesichts dieser Erfolge unternahm Chruschtschow Schritte zur Lösung des für die DDR schwierigen Berlinproblems.

Um den starken Flüchtlingsstrom in die Bundesrepublik, der bis 1961 etwa 15 Prozent der DDR-Bevölkerung ausmachte, zu stoppen, hatte die DDR-Führung im Grenzgebiet zur Bundesrepublik eine Sperrzone geschaffen. Sie erwies sich jedoch als wirkungslos, denn die Fluchtwilligen konnten durch die auf dem Vier-Mächte-Status beruhenden ungehinderten Übergangsmöglichkeiten zwischen Ost- und Westberlin in dessen Westteil und von dort auf dem Luftweg in die Bundesrepublik gelangen. Um diesem personellen Aderlaß ein Ende zu setzen, erklärte Chruschtschow im Herbst 1958 den Vier-Mächte-Status der ehemaligen deutschen Reichshauptstadt für überholt, denn inzwischen sei es zur Bildung zweier souveräner deutscher Staaten gekommen. Er bot für Westberlin den Status einer Freien Stadt, aus der aber die Truppen der Westmächte abziehen müßten, und kündigte an, die Sowjetunion werde im Falle ihres Verbleibens die Verfügungsgewalt über alle Zugangswege zwischen der Bundesrepublik und West-Berlin einschließlich der Luftkorridore der DDR übertragen. Diese Drohung unterstrich er mit der Feststellung, der Sozialismus habe jetzt ein Kräfteübergewicht in der Weltarena. Dies führte zur **zweiten Berlin-Krise.** Im Westen war man sich klar darüber, daß ein Nachgeben auf weite Sicht zur Eingliederung Westberlins in die DDR führen würde. Fast drei Jahre dauerten die Verhandlungen. Beide Seiten deuteten die Möglichkeit eines Krieges an. Zeitweise war der Westen zu Zugeständnissen bereit.

Angesichts der sich immer mehr verschärfenden Spannungen um den Vier-Mächte-Status Berlins entschloß sich der US-Präsident *John F. Kennedy* zum Verzicht auf die Roll-back-Politik der USA. Er beschränkte sich auf die Beibehaltung des Status quo in Europa und damit auch in Deutschland und Berlin, lehnte aber jede Änderung mit größtem Nachdruck ab. Ende Juli 1961 präzisierte er seine Vorstellungen bzgl. Berlin. Bei einem Abkommen mit der Sowjetunion über Berlin gebe es für ihn drei Hauptpunkte, von denen er nicht abgehen werde:
- Beibehaltung der Stationierung der westlichen Truppen in Westberlin;
- freie Verbindungswege zwischen Westberlin und der Bundesrepublik;
- Lebensfähigkeit eines freien Westberlins.

Damit gestand er, ohne es direkt auszusprechen, der Sowjetunion volle Handlungsfreiheit in ihrem Machtbereich, also auch in Ostberlin, zu. *James Fulbright,* Vorsitzender des außenpolitischen Ausschusses des US-Senats, ging noch weiter. Er warf die Frage auf, weshalb die DDR-Regierung nicht schon lange ihre Grenzen geschlossen habe, wozu sie schließlich berechtigt sei.

Bau der Berliner Mauer

Am 13. August 1961 riegelte die DDR-Regierung mit dem Mauerbau zwischen Ost- und Westberlin ihr Land völlig vom Westen ab. Die Westmächte nahmen das unter Protest hin, die Sowjetführung verzichtete auf eine ernsthafte Behinderung des Verkehrs zwischen Westberlin und der Bundesrepublik. Auf die Forderung nach Abzug der in Westberlin stationierten Truppen kam sie nicht mehr zurück. Damit wurde der Status quo in Berlin und Deutschland gleichsam zementiert.

Eine weitere Auseinandersetzung hatte Chruschtschow mit der Volksrepublik China. Dessen Regierung war nicht bereit, den Führungsanspruch der Sowjetunion anzuerkennen. Um sie gefügig zu machen, stellte Chruschtschow zunächst die unentgeltlichen Lieferungen zum industriellen Aufbau ein und zog 1960 alle russischen Techniker ab. Das führte zu einem schweren wirtschaftlichen Rückschlag in China, doch seine Führung gab nicht nach. Sie erklärte vielmehr, die Sowjetunion sei ein noch gefährlicherer Feind als der ideologische Hauptgegner USA, und forderte die Rückgabe der in der zweiten Hälfte des 19. Jahrhunderts an das zaristische Rußland abgetretenen chinesischen Gebiete. Außenpolitisch ist es seitdem Chinas Hauptziel, eine starke Machtverschiebung zugunsten der Sowjetunion bzw. der USA zu verhindern.

1959 setzte sich durch den Sieg *Fidel Castros* im kubanischen Bürgerkrieg der Kommunismus auf der größten Insel im "karibischen Vorhof der USA" durch. Hier erreichte Chruschtschows Konfrontationspolitik ihren Höhepunkt mit der **Kuba-Krise** im Herbst 1962: Er ließ auf der Karibikinsel Abschußrampen für weitreichende Raketen errichten. Dies war eine massive Bedrohung der USA, die ihr Präsident Kennedy nicht hinnahm. Er kündigte an, daß alle Schiffe, die Kuba anliefen, von der US-Marine durchsucht und gegebenenfalls beschlagnahmt würden, und er schloß eine Invasion in Kuba nicht aus. Die Welt schien vor einem Atomkrieg zu stehen. Da einigten sich beide Staatsmänner darauf, daß die Sowjetunion auf eine Stationierung von Offensivwaffen und die USA auf eine Invasion auf Kuba verzichteten.

Die Kuba-Krise bedeutete den Höhepunkt und zugleich den Wendepunkt in den Auseinandersetzungen zwischen den USA und der Sowjetunion. Beide Weltmächte waren nach der drohenden atomaren Weltkatastrophe fest entschlossen, auf dem Weg von Vereinbarungen ihre Spannungen abzubauen und ein atomares Wettrüsten in Grenzen zu halten. Zu diesem Zweck schlossen sie seit 1963 einige Verträge über die Begrenzung der atomaren Rüstung: Die Politik des Kalten Krieges wurde von einer Entspannungspolitik abgelöst.

Mit der Kuba-Krise ging auch ein **Wandel der Militärstrategie** einher. Bis 1962 hatte man im Zuge der Containment-Politik (Eindämmung des Kommunismus) versucht, den Gegner dadurch von einem militärischen Vorgehen abzuhalten, indem man ihn mit dem Einsatz aller Machtmittel, einschließlich des Einsatzes von Nuklearwaffen, bedrohte (Konzept der **massiven Vergeltung**). Voraussetzung dafür war, daß die USA bis 1949 im Alleinbesitz der Atomwaffe waren und noch bis Ende der 50er Jahre ein Übergewicht an Nuklearwaffen besaßen.

Die Krise von 1962 führte nicht nur zu der Einsicht, daß der Status Quo, d. h. die bestehende Machtverteilung, nicht mehr zu ändern war, sondern auch zur Notwendigkeit, von der Konfrontation zur Kooperation zu gelangen. In diese Richtung weisen die Einrichtung eines "heißen Drahtes" zwischen Moskau und Washington (Kommunikationsverbindung, die freilich in manchen Krisensituationen nicht genutzt wurde) und ein Vertrag von 1963 über die Beendigung der Kernwaffenversuche in der Atmosphäre, im Weltraum und unter Wasser. Das atomare Patt hatte im übrigen auch dazu geführt, daß vom Konzept der massiven Vergeltung abgerückt wurde und der Westen sich entschloß, flexibel auf die jeweiligen Herausforderungen zu reagieren **(flexible response)**. So ist es zu erklären, daß sich die NATO beim Einmarsch der Warschauer-Pakt-Staaten in der Tschechoslowakei am 21. August 1968 neutral verhielt.

Trotz dieser positiven Veränderungen blieb jedoch auch eine Reihe von Gegensätzen bis zum Ende des Kalten Krieges bestehen. Während das westliche Verteidigungsbündnis beispielsweise im Sinne der schnellen Konfliktbeendigung das Konzept der **"Vorneverteidigung"** im grenznahen Raum vertrat, galt in der Sowjetunion die Doktrin der **"Vorwärtsverteidigung"**: Ausgehend von der Überlegung, nie mehr einen Konflikt auf sowjetischen Boden austragen zu lassen wie vor 1945, umgab sich die Sowjetunion nicht nur durch einen Kranz von "Satellitenstaaten", sondern hatte sich in ihrer Verteidigungspolitik das Ziel gesetzt, die Kampfhandlungen möglichst weit in das Gebiet des Gegners zu verlegen und ihn dort zu besiegen. Erst in der Spätphase des Ost-West-Konfliktes wurde in der NATO über ein ähnliches Konzept nachgedacht; zu mehr als zu Überlegungen in Gestalt des "air land battle"-Konzepts der nationalen US-Streitkräfte (Entlastung der Verteidigung durch Operationen im Rücken des Gegners zu Lande und zu Wasser) kam es dabei allerdings nicht.

Die Bereitschaft der Sowjetunion, im Rahmen der Kuba-Krise gewisse Maximalpositionen aufzugeben, bedeutete jedoch für die Generallinie ihrer Politik niemals, daß auf das Endziel der „Beseitigung des Kapitalismus" und des „Siegs der sozialistischen Revolution im Weltmaßstab" verzichtet werden sollte. Auch die Friedenspolitik wurde diesem Fernziel unterstellt. Zwar konnte man sich im Zeichen der friedlichen Koexistenz zwischen Sozialismus und Kapitalismus nach 1968 auch Kontakte zwischen den Regierungen beider Seiten vorstellen; diese beschränkte Kooperation sollte jedoch dem Zwecke dienen, die sozialistische Staatenwelt zu stärken und Voraussetzungen zu schaffen, den "Imperialismus" zu besiegen. Entsprechend wurde auch die Politik gegenüber Ländern der Dritten Welt weit weniger unter humanitären Gesichtspunkten, sondern viel stärker als im Westen unter dem Blickwinkel des "friedlichen Wettbewerbs" beider Systeme gesehen. Während das westliche Status-quo-Denken wohl im wesentlichen statisch gesehen wurde, war das sowjetische Modell von der friedlichen Koexistenz deutlich dynamisch ausgerichtet.

Hinzu kam die sowjetische Auffassung von der "begrenzten Souveränität sozialistischer Staaten", die in der sogenannten **Breschnew-Doktrin** nochmals festgelegt worden war. So glaubten sich die sozialistischen "Bruderländer" unter der Führung der Sowjetunion durchaus berechtigt, in die innere Entwicklung der Staaten des Warschauer Paktes einzugreifen, wenn ein Abweichen von der von Moskau geprägten Linie des Kommunismus zu befürchten stand. Auf diese Weise wurde auch der bereits erwähnte Einmarsch in die Tschechoslowakei von 1968 gerechtfertigt, der dem Versuch von Kreisen um *Alexander Dubček,* einen "menschlichen Sozialismus" mit mehr Liberalität und Offenheit zu schaffen, ein jähes Ende bereitete. Dubcek hatte im Ansatz praktisch die Reformpolitik Michail Gorbatschows aus den 80er Jahren vorweggenommen. Lediglich der Volksrepublik China ist es gelungen, sich gegen die Sowjetunion durchzusetzen (Kämpfe am Ussuri Ende der 60er Jahre) und einen eigenen Weg zum Sozialismus zu gehen.

Diese Unterschiede im Denken, auf die *George F. Kennan* schon in den 40er Jahren hingewiesen hatte, erschwerten natürlich auch Fortschritte im Zuge einer Entspannungspolitik zwischen Ost und West, die nach 1968/69 verstärkt einsetzte.

### 4.2.2 Tendenzen und Phasen der Entspannung von Stalins Tod bis Ende der 70er Jahre

Anfang der 70er Jahre waren sogenannte **Overkill-Kapazitäten** bei der Nuklearrüstung entstanden, d. h. es bestand die Möglichkeit, die Menschheit mit den auf beiden Seiten angehäuften Atomwaffenkapazitäten mehrfach auszulöschen. Darüber hinaus besaß jede der beiden Supermächte auch nach einem Nuklearschlag der gegnerischen Seite noch genügend Kernwaffen, um mehrfach zurückzuschlagen. Vor diesem Hintergrund und in Anbetracht des Wissen über die katastrophalen Folgen eines Atomkrieges wuchs die Erkenntnis, daß Sicherheit nicht allein mit militärischen Mitteln zu erreichen ist. Verständigung, vielfältige politische Kontakte und möglicherweise auch Kooperation mußten hinzukommen, um Spannungen abzubauen und damit die Wahrscheinlichkeit einer solchermaßen verheerenden kriegerischen Auseinandersetzung zu verringern.

Diese Überlegungen standen am Anfang der Entspannungspolitik, die sich zum Ziel gesetzt hatte, den Frieden sicherer und den Krieg zwischen den Blöcken unwahrscheinlicher zu machen. Während jedoch die westlichen Staaten auf einen **"Wandel durch Annäherung"** hofften, der die Unterschiede zwischen den Blöcken zugunsten einer offenen und freien Welt verändern sollte **(Konvergenz)**, hielten die Sowjets am Grundsatz des "friedlichen Wettbewerbs zwischen Kapitalismus und Sozialismus" und dem Endziel der "Überwindung des Imperialismus" (vgl. Kapitel 4.2.1) fest. Sie waren jedoch innerhalb dieses Rahmens zu einer beschränkten Kooperation bereit **("friedliche Koexistenz")**.

Die **"Tauwetterperiode"** zwischen Ost und West hatte nach Stalins Tod 1953 erste Ansätze gezeigt (vgl. z. B. die "Konferenz des Lächelns" 1955 in Genf oder Treffen zwischen Chruschtschow auf der einen und Eisenhower bzw. Kennedy auf der anderen Seite Ende der 50er und Anfang der 60er Jahre). Die blutige Niederschlagung der Volksaufstände in Ungarn und Polen 1956, die Berlin-Krise 1958–1961 und die Auseinandersetzung um Kuba 1962 hatten die Grenzen dieser Politik jedoch deutlich gemacht. Nach gewissen Ansätzen in den frühen 60er Jahren (vgl. Kapitel 4.2.1) kam zudem der Rückschlag von 1968 mit dem Einmarsch der Warschauer-Pakt-Staaten in die Tschechoslowakei. Von einer ernsthaften und tiefgreifenden Entspannungspolitik kann man folglich erst in den 70er Jahren sprechen. Ein Zeichen für die veränderten Verhältnisse war u. a. die Neuformulierung der Verteidigungsdoktrin der NATO nach 1967: Wirkliche Sicherheit könne nur auf einer Kombination von **gesicherter Verteidigungsfähigkeit** *und* **Entspannung** beruhen (Harmel-Bericht). In diese veränderte politische Großwetterlage war auch die Entspannungspolitik der sozialliberalen Koalition seit 1969 eingebettet.

Folgende Schritte bzw. Verträge fallen unter anderem in diese Phase der Bemühungen um gegenseitige Entspannung:

- die vielseitigen bilateralen politischen Abmachungen, z. B. die **Gewaltverzichtsabkommen** der Bonner Regierung mit Moskau und Warschau von 1970;
- die "Konferenz für Sicherheit und Zusammenarbeit in Europa" **(KSZE)** mit Beteiligung der meisten europäischen Staaten, der USA und Kanadas, die

1975 in der **Schlußakte von Helsinki** allgemein gehaltene und niemand wirklich verpflichtende Prinzipien über Vertrauensbildung auf militärischem Gebiet (u. a. durch Anmeldung von größeren Manövern und Austausch von Manöverbeobachtern), zwischenstaatliche Zusammenarbeit in Politik, Wirtschaft und Kultur sowie menschliche Erleichterungen festlegte; Nachfolgekonferenzen fanden bis in die 90er Jahre statt.

- eine Reihe von **Rüstungskontrollbemühungen,** z. B. der Vertrag über die Nichtverbreitung von Atomwaffen 1968 und der Atomwaffentest-Stoppvertrag von 1963;
- schließlich die **Abrüstungsverträge**, die 1972 im **"SALT I"**-Abkommen ("Strategic Arms Limitation Talks") ein "Einfrieren" der Zahl der Interkontinentalraketen und im **"SALT-II"**-Abkommen gemeinsame Obergrenzen für Zahl und Qualität dieser Waffensysteme festlegten. Beide Verträge fanden in den 80er und 90er Jahren ihre Fortsetzung in den **START**- und **INF**-Vereinbarungen (Reduzierung des Potentials an Kernwaffen und "Verschrottung" landgestützter atomarer Mittelstreckenraketen);
- außerdem die **MBFR-Gespräche** über einen "gegenseitigen ausgewogenen Truppenabbau" in Wien seit 1973 (MBFR: "Mutual Balanced Forces Reduction"), die freilich erst mit der "Konferenz für Sicherheit in Europa" (KSE) der 90er Jahre substantielle Erfolge brachte.

Allein der Umstand, daß zum Beispiel die Truppenabbaugespräche fast 20 Jahre ergebnislos verliefen und echte Verhandlungsfortschritte bei den Abrüstungsgesprächen erst nach vielen Jahren erreicht wurden, zeigt die Schwierigkeiten, mit denen die Verhandlungsführer zu kämpfen hatten. Am Beispiel der SALT- und INF-Vereinbarungen seien einige dieser Probleme kurz skizziert:

- Gegenseitiges Mißtrauen und Belastungen für die Verhandlungen ergaben sich zunächst schon allein durch die **unterschiedlichen Sicherheitskonzepte** (vgl. Kapitel 4.2.1).
- Häufig wurden auch **gleichlautende Begriffe unterschiedlich interpretiert.** So strebte die NATO bei den INF-Gesprächen in dem Sinne eine „Nullösung“ an, daß die Sowjets ihre SS-20-Raketen abbauten und die westliche Allianz keine dislozierte; die Sowjets dagegen verstanden darunter lediglich einen Verzicht des Westens auf eine Nachrüstung.
- Uneinigkeit bestand oft auch über die **Zählkriterien:** Sollte z. B. nur die Zahl der Raketen oder die der Raketensprengköpfe zugrundegelegt werden?

- Im übrigen war auch das **Zahlenmaterial unzuverlässig**. Vor allem die Angaben über die östliche Verteidigungskraft unterlagen einer strengen Geheimhaltung, so daß man sich auf unsichere Schätzungen verlassen mußte. Unter diesen Umständen war auch die Verifikation (Überprüfbarkeit) von Abrüstungsmaßnahmen immer ein Problem, und es dauerte lange, bis man sich auf entsprechende Modalitäten geeinigt hatte.
- Zudem waren auch **militärisch-technologischee Implikationen** zu beachten: Bei der Verringerung des atomaren Kräftepotentials durfte der Westen beispielsweise nicht aus dem Auge verlieren, daß der Warschauer Pakt konventionell überlegen war und folglich ein Ausgleich geschaffen werden mußte. Häufig hatte außerdem der technologische Fortschritt die Verhandlungen überholt: Noch während der Gespräche waren neue und verbesserte Waffensysteme entwickelt und aufgestellt worden (z. B. SS-20-Raketen), von denen ursprünglich nicht die Rede war.

Den Strategen der Entspannungspolitik wurde seit den späten 80er Jahren vorgeworfen, mit ihrer Bereitschaft zur Kooperation mit den Regimen in Osteuropa wesentlich zur Stabilisierung und künstlichen Konsolidierung der altkommunistischen Strömungen beigetragen, sie vielleicht auch zu lange vor ihrem Zusammenbruch bewahrt zu haben. Andererseits ist nicht zu übersehen, daß die vielfältigen Kontakte zwischen Ost und West auch zu einer Veränderung der östlichen Staatenwelt beigetragen, ja vielleicht auch die Umwälzungen seit 1989 erst provoziert haben. Immerhin hielt man auch in der Phase nach der leicht euphorischen Entspannungspoltik in den 70er Jahren an Formen der Kooperation und des Dialogs aus jener Epoche fest, und mit Willy Brandt wurde ein namhafter Verteter dieser Phase sogar durch den Friedensnobelpreis ausgezeichnet.

### 4.2.3 Grundlinien der Außenpolitik der Bundesrepublik in den 80er Jahren

Die bundesdeutsche Außenpolitik in den 80er Jahren, nachhaltig geprägt durch ihren auch international anerkannten Außenminister *Hans-Dietrich Genscher*, hielt an einigen Grundpositionen der Bonner Politik seit den 50er Jahren, ergänzt durch einige Prinzipien der Phase der Entspannungspolitik in den 70er Jahren, fest. Dazu gehören:

- Das Festhalten an der **atlantischen Partnerschaft** mit den USA: Verankerung in der NATO und ein gutes Verhältnis zur westlichen Supermacht galten und gelten noch als fester Bestandteil der Bonner Politik;

- Die Förderung der **europäischen Integration** trotz aller Schwierigkeiten und nationaler Egoismen wurde weiter vorangetrieben; auch in den 80er Jahren gehörte Westdeutschland zu den "Motoren" im Zusammenwachsen Europas;
- Enge Kontakte und vertiefte **Beziehungen zu Frankreich** wurden weiterhin als ein Eckpfeiler der Nachkriegsordnung in Europa begriffen. Beide Bundeskanzler, Helmut Schmidt und Helmut Kohl, fanden in den französischen Präsidenten *Giscard d'Estaing* bzw. *François Mitterand* entsprechende Partner, die diese Politik tatkräftig unterstützten. Die symbolische Versöhnung von Mitterand und Kohl auf dem Schlachtfeld von Verdun und das Aufstellen einer deutsch-französischen Brigade waren Kennzeichen dieser Politik.
- Vielfältige **Zusammenarbeit** mit Ländern der **Dritten Welt** gehörten ebenso zu den festen Grundpositionen Bonner Politik wie wirtschaftspolitische Kontakte zur Volksrepublik **China.**
- Die **Beziehungen zu Israel** wurden aufgrund der gemeinsamen und leidvollen Erfahrungen des Dritten Reiches immer als Beziehungen besonderer Art begriffen; die Bundesrepublik versuchte, außen- und innenpolitisch ihrer historischen Verantwortung aufgrund der Erfahrungen aus der Vergangenheit gerecht zu werden, ohne gleichzeitig die traditionell guten Kontakte mit vielen Staaten der arabischen Welt über Gebühr zu belasten.
- Die Bundesrepublik unterstützte im übrigen tatkräftig die Zusammenarbeit der führenden Industrienationen der Welt (z. B. bei den sogenannten "Weltwirtschaftsgipfeln") und bemühte sich dabei, auch
- die **Sowjetunion** und die **Staaten Osteuropas** in ein Förderprogramm der westlichen Welt einzubeziehen, weil sie politisch und wirtschaftlich stabile Verhältnisse in Osteuropa für einen Grundpfeiler einer beständigen Friedensordnung hält. Vor allem mit der Sowjetunion wird die seit den 70er Jahren bestehende Wirtschaftskooperation fortgeführt und intensiviert (u. a. durch gemeinsame „joint venture"-Unternehmungen). Besonders mit dem sowjetischen Parteiführer und Reformer *Michail Gorbatschow* entwickelten sich nach anfänglichen Irritationen fruchtbare Kontakte. Bei seinen Staatsbesuchen in Bonn war "Gorbi" bei der Bevölkerung äußerst populär; auch eine gigantische Hilfs- und Sammelaktion der Westdeutschen zugunsten der Menschen in der krisengebeutelten östlichen Führungsmacht ("Ein Herz für Rußland") waren Zeichen einer lebendigen Partnerschaft.

Eine interessante Veränderung hatte sich auch im Verhältnis zur DDR ergeben. Die Bundesrepublik und die DDR hatten zu Beginn der 70er Jahre ihre Beziehungen auf eine feste vertragliche Grundlage gestellt (vgl. Kapitel 3.5). Damit hatte die Bundesrepublik ihren alten Alleinvertretungsanspruch (Hallstein-Doktrin) aufgegeben. Daß sich andererseits die von der DDR spätestens seit 1968 bzw. 1974 (zweite und dritte DDR-Verfassung) propagierte Auffassung "von zwei souveränen deutschen Staaten und Nationen" nicht durchsetzen konnte, ist neben der Standhaftigkeit der offiziellen Bonner Politik auch einem ebenso klärenden wie zukunftsweisenden Urteil des Bundesverfassungsgerichtes aus dem Jahre 1974 zu verdanken. Demnach befanden sich auf dem Boden des politisch nicht handlungsfähigen Deutschen Reiches zwei Staaten, die Bundesrepublik und die DDR, die zueinander niemals Ausland sein konnten und zumindest nach bundesdeutscher Auffassung durch das Wiedervereinigungsgebot aneinander gebunden waren.

Diese "zwei Staaten in Deutschland" versuchten in den 80er Jahren, auf der Grundlage der Verträge von 1972, ihre Beziehungen zu intensivieren, soweit das angesichts des Ost-West-Konfliktes und der unterschiedlichen Gesellschaftssysteme in beiden Staaten möglich war. Es kam zu einer Reihe von handelspolitischen Abmachungen und schließlich auch zur Vermittlung von Milliardenkrediten an die DDR, an deren Zustandekommen auch der bayerische Ministerpräsident *Franz-Josef Strauß* nachhaltig beteiligt war. Zudem bemühte sich die Bundesregierung, vor allem unter Vermittlung des DDR-Anwalts *Vogel* politische Häftlinge aus der DDR freizukaufen. In den aus bundesdeutscher Sicht substantiellen Fragen, wie Aufhebung des Schießbefehls, verbesserten Reisemöglichkeiten für alle DDR-Bürger, Einhaltung der Menschenrechte in der DDR sowie Überwindung der Gefahr einer militärischen Konfrontation, gab es allerdings nur wenige oder gar keine Erfolge. Außerdem unterstützte die DDR, wie man heute weiß, den Terrorismus in der Bundesrepublik durch Gewährung von Unterschlupf und logistische Hilfe.

Ab Mitte der 80er Jahre war eine Art Gewöhnungseffekt eingetreten: Bundesrepublik und DDR lebten recht und schlecht neben- und miteinander, die meisten Staaten der Welt unterhielten diplomatische Beziehungen zu beiden deutschen Staaten, und es war allgemeines Credo, daß alles vermieden werden müsse, was die Machthaber in Ostdeutschland kompromittierte. Immer noch hieß die Devise **"Wandel durch Annäherung"**. Zwar mehrten sich Zeichen für innere Schwächen der DDR (Wirtschaftskrise, finanzielle Probleme, aufkeimende innenpolitische Opposition), andererseits erschien jedem, der in diesen Jahren die DDR bereiste, das SED-Regime fest im Sattel: Die Macht des Staates war allgegenwärtig, und in SED-Chef Honecker sahen viele einen Garanten der Stabilität und Sicherheit in Europa.

Daher wurde der Besuch Honeckers in Bonn 1987 von vielen als Zeichen der Normalität und als überfällig betrachtet. Für die DDR-Führung bedeutete der Besuch des Staatsratvorsitzenden und SED-Generalsekretärs, der mit allen protokollarischen und militärischen Ehren eines Staatsoberhauptes empfangen wurde, praktisch die langersehnte internationale Anerkennung der DDR als souveräner Staat. Auch auf Bonner Seite waren manche, meist aufstrebende jüngere Politiker bereit, die Zweistaatlichkeit mit der Zeit auch formell zu vollziehen, während die Mehrheit der Bonner Verantwortlichen, allen voran Bundeskanzler Kohl, diesen Schritt nicht akzeptieren wollten und auf die besonderen Bindungen zwischen beiden deutschen Staaten hinwiesen. Selbst Honecker, auch von den Bundesbürgern freundlich empfangen, ließ sich während des Besuches für kurze Momente zu "gesamtdeutschen" Visionen hinreißen, indem er davon sprach, daß die Grenze zwischen der Bundesrepublik und der DDR im Laufe der Jahre einmal genauso aussehen könnte, wie die (relativ offene) Grenze zwischen der DDR und der damaligen Volksrepublik Polen. Die Grundpositionen der DDR-Staatsphilospophie stellte er jedoch generell nicht in Frage.

Niemand hat damals geahnt, daß die DDR gut zwei Jahre später ihre Grenzen öffnen würde und daß Honeckers Tage als leitender Mann in der DDR im Oktober 1989 gezählt waren. Noch im März 1989 – die Fluchtwelle aus der DDR kündigte sich bereits an – fielen zwei Menschen an der Berliner Mauer den Todesschützen des SED-Regimes zum Opfer. Auch international wurde an der Fassade DDR noch festgehalten, als sie innerlich bereits zu zerbröckeln begann.

Bundeskanzler Kohl sprach Ende 1989 in einer vielbeachteten und viel positiven Widerhall findenden Rede vor dem Deutschen Bundestag von **"konföderativen Strukturen"**, die zwischen der DDR und der Bundesrepublik entstehen konnten. Alle waren damals überrascht, wie schnell dann über den Weg von Wirtschafts- und Währungsunion, Einigungs- und 2 + 4-Vertrag die deutsche Einheit vollzogen wurde. Es muß hervorgehoben werden, daß die außenpolitische Absicherung der Wiedervereinigung diplomatisch nicht einfach war, und zwar weniger gegenüber den Westmächten als gegenüber der Sowjetunion. Erst bei einem Besuch Kohls in der Sowjetunion konnte bei politischen Gesprächen zwischen dem damaligen sowjetischen Präsidenten Gorbatschow und dem Bundeskanzler ein politischer Durchbruch erzielt werden. Ganz sicher war dieser Erfolg langfristig eine Folge der politischen Aufbauarbeit, die 1970 mit dem Moskauer Vertrag begonnen hatte und dann durch viele persönliche Kontakte, vor allem zwischen Kohl und Gorbatschow, vertieft und vervollständigt wurde.

Kohl und Gorbatschow bei ihren Gesprächen im Kaukasus 1990, die den Weg zur Wiedervereinigung öffneten. Süddeutscher Verlag Bilderdienst

Zum Zeitpunkt der Grenzöffnung in der DDR am 9. November 1989 befand sich Bundeskanzler Kohl mit Außenminister Genscher auf einem aus historischen Gründen nicht ganz einfachen Besuch in der polnischen Hauptstadt Warschau, den er dann auch kurzfristig unterbrechen mußte, um in Berlin am 10. November an einer gemeinsamen Kundgebung aus Anlaß der Maueröffnung präsent zu sein. Zwar hatte in Warschau offiziell noch General *Jaruzelski* die Macht, aber faktisch lag sie bereits in den Händen von Solidarność-Führer *Lech Walesa*. Ebenso wie in Polen hatte sich ein demokratischer Wandel vollzogen, der auch andere ost- und südosteuropäische Länder ergriffen hatte.

### 4.2.4 Veränderungen in Osteuropa und ihre Auswirkungen auf das internationale Staatensystem

Sowjetische "Raketenvorrüstung" und der NATO-Doppelbeschluß hatten zu einer ernsten Belastung des Ost-West-Verhältnisses geführt, worüber auch die Gespräche zwischen den beiden Weltmächten in Genf nicht hinwegtäuschen konnten. Die Verhandlungen zogen sich, wohl auch verursacht durch die Agonie der sowjetischen Führung ergebnislos über Jahre hinweg, so daß die NATO 1983/84 tatsächlich mit der Aufstellung neuer Waffensysteme begann. Die Realisierung des zweiten Teils des NATO-Doppelbeschlusses führte in vielen Ländern, allen voran in der Bundesrepublik (vgl. hierzu S. 164 ff.), zu einer innenpolitischen Zerreißprobe, die jedoch nichts an der Raketendislozierung ändern konnte.

Die Krise der Entspannungspolitik der 70er Jahre wurde auch durch den Plan der USA zu einer "strategischen Verteidigungsinitiative" im Weltall (SDI) deutlich: Offensichtlich ging nun die amerikanische Politik unter ihrem neuen Präsidenten Reagan auf Konfrontationskurs. Der SDI-Plan erregte auch bei den westlichen Verbündeten der USA Befürchtungen (u. a. Sorge, daß sich ein Nuklearkrieg nur in Europa abspielen könne) und führte zu Belastungen im Bündnis. Andererseits brachte die Forschung an SDI einen technologischen Innovationsimpuls für die ganze westliche Welt.

Die Standhaftigkeit des westlichen Bündnisses in der Raketenfrage brachte wahrscheinlich die sowjetische Seite immer wieder an den Verhandlungstisch zurück, und schließlich konnte 1988 der erfolgreiche Abschluß eines INF-Abkommens verkündet werden: Beide Seiten einigten sich darauf, ihre bodengestützten Mittelstreckenraketen in Europa zu vernichten. Damit hatte sich mit einer Phasenverzögerung von einigen Jahren doch die westliche Auffassung von der "Null-Lösung" durchgesetzt. Zum Zeitpunkt des Vertragsabschlusses waren Sowjetunion und die meisten Warschauer-Pakt-Staaten bereits von einem tiefgreifenden Wandlungsprozeß erfaßt worden, der die weltpolitische Konstellation der Nachkriegszeit schlagartig ändern sollte.

Am Ende dieser Entwicklung blieb zu Beginn der 90er Jahre allein die NATO als funktionierendes Bündnis aus der Zeit des ehemaligen Ost-West-Konfliktes übrig, während sich Sowjetunion und Warschauer Pakt auflösten. Es wird künftigen Historiker-Generationen überlassen sein, den Anteil der westlichen Haltung am Niedergang des Sowjetimperiums in der Krise der Entspannungspolitik der 80er Jahre wissenschaftlich zu ergründen.

Nach dem Tode des KPdSU-Generalsekretärs *Tschernenko* hatte am 10. März 1985 *Michail Gorbatschow* die Macht in der UdSSR übernommen. Viele knüpften an ihn die Hoffnung, daß er nach den Jahren der Stagnation nicht nur neue Bewegung ins Ost-West-Verhältnis bringen, sondern auch die Sowjetunion modernisieren würde, um sie zu einem verläßlicheren Partner in der Weltgemeinschaft zu machen. Gorbatschow selbst hatte tatsächlich das Ziel, die sozialistische Sowjetunion zu reformieren, damit sie den Anschluß an eine neue Zeit finde und die Erstarrung der Breschnew- und Tschernenko-Ära überwinde. Dafür hatte er zwei Schlagwörter geprägt: **"Perestroika"** (Veränderung, Reform) und **"Glasnost"** (Offenheit in der Lageanalyse).

Mit dieser Politik erreichte Gorbatschow eine innere Öffnung der Sowjetunion und den Abbau der schlimmsten Formen des kommunistischen Terrorsystems. Gleichzeitig erhofften sich viele Reformkräfte in Osteuropa Unterstützung von der neuen Moskauer Führung und gingen jetzt verstärkt daran, die etablierten Altkommunisten zu bekämpfen: so in Polen (Solidarność-Bewegung um *Lech Walesa)*, in der Tschechoslowakei (um den Bürgerrechtler *Vaclav Havel)* und in Ungarn. Gorbatschow duldete diesen Reformprozeß und die prinzipielle Abkehr von der Breschnew-Doktrin nicht nur, sondern setzte im Oktober 1989 auch den DDR-Staatsratsvorsitzenden Honecker unter Druck, der sich als einer der wenigen Ostblockführer weigerte, einen offeneren Weg zu erlauben; wer zu spät komme, den bestrafe das Leben, ließ er Honecker wissen, der nur wenige Tage nach den Feierlichkeiten zum 40jährigen Bestehen der DDR entmachtet wurde.

Gorbatschows Politik war also mitverantwortlich dafür, daß sich die Reformkräfte in vielen osteuropäischen Ländern durchsetzen und bis Ende 1989 die Macht übernehmen konnten. Die Entmachtung der Kommunisten in **Ungarn** brachte die Rehabilitierung der Aufständischen von 1956; als sich flüchtende DDR-Bewohner 1989 vor allem nach Ungarn wandten, rang sich die demokratische Regierung Ungarns dazu durch, ihre Grenzen nach Österreich zu öffnen und den Ostdeutschen die Ausreise zu erlauben – für viele das Symbol für das Ende des Kalten Krieges und den Beginn einer neuen Ära.

In der **Tschechoslowakei** wurde schließlich der Bürgerrechtler Vaclav Havel zum Präsidenten gewählt, und *Alexander Dubček*, 1968 Anführer des **"Prager Frühlings"** und von den einmarschierenden Warschauer-Pakt-Staaten gedemütigt, fand als Präsident eines frei gewählten tschechoslowakischen Parlaments eine späte Genugtuung. Auch in **Polen** setzten sich die Demokraten durch: 1990 wählten sie Lech Walesa zu ihrem Präsidenten. Selbst in **Bulgarien** brach das kommunistische Regime zusammen, und in **Rumänien** entledigte sich die Bevölkerung in einem blutigen Bürgerkrieg ihres Diktators *Ceauşescu.* Als letztes Land öffnete sich **Albanien** zu Beginn der 90er Jahre wieder der internationalen Staatengemeinschaft.

Zu diesem Zeitpunkt war Michail Gorbatschow innenpolitisch bereits unter Druck geraten. Der Hauptkritikpunkt war, daß es seiner Regierung nicht gelungen war, die wirtschaftlichen Schwierigkeiten und vor allem die Versorgungsengpässe in der Sowjetunion zu überwinden. "Perestroika kann man nicht essen!" war in jenen Jahren ein gewichtiger Vorwurf seiner Kritiker. Gorbatschows Versuch, bei verschiedenen Treffen mit westlichen Regierungschefs Hilfen für die Sowjetunion zu erhalten, schlugen nahezu fehl: Lediglich die Bundesrepublik Deutschland gab größere finanzielle Hilfen, und die westdeutsche Bevölkerung sammelte in einer beispiellosen Aktion ("Ein Herz für Rußland") Millionen von DM für die hungernde sowjetische Bevölkerung. Bei den übrigen westlichen Partnern überwog die Skepsis gegenüber dem Reformprozeß, viele hielten es auch nicht für sinnvoll, allein auf die Person Gorbatschow zu setzen, da niemand wissen konnte, ob die Altkommunisten vor dem Hintergrund wachsender Probleme nicht doch zurückschlagen würden – Befürchtungen, die sich später als nicht ganz aus der Luft gegriffen erweisen sollten.

Daher blieb die internationale Lage bis 1990/91 insgesamt eher in Verharrung, obwohl sich seit dem Treffen von Gorbatschow und US-Präsident *Reagan* in Genf (1985) und Reykjavik (1986) Fortschritte in den Abrüstungsverhandlungen zeigten und auf europäischer Ebene die Konferenz für Sicherheit und Zusammenarbeit in Europa (KSZE) Schritt für Schritt ausgebaut wurde. Ein Durchbruch bei den START- und INF-Verhandlungen scheiterte lange am amerikanischen "Krieg der Sterne"-Programm (SDI), das Präsident Reagan forciert hatte. Zu Beginn der 90er Jahre kursierte in der politischen Diskussion die Theorie, daß dieses SDI-Programm dadurch, daß es die Sowjetunion zu noch größeren Rüstungsanstrengungen veranlaßt habe, auch für ihren wirtschaftlichen Ruin verantwortlich sei. Zumindest machte der politische Druck, der von SDI ausging, die sowjetische Führung kompromißbereiter, so daß am Ende sowohl die START- als auch die INF-Gespräche erfolgreich zu Ende geführt wurden und außerdem in Wien bis 1991 die Verhandlungen über einen gegenseitigen Truppenabbau abgeschlossen wurden, zu einem Zeitpunkt, an dem der Warschauer Pakt faktisch nicht mehr und die Sowjetunion nicht mehr lange existieren sollten!

Als sich zu Beginn der 90er Jahre auch noch die baltischen Staaten (Litauen, Estland und Lettland) selbständig zu machen drohten, um damit das seit den Tagen des Hitler-Stalin-Paktes von 1939 an ihrer Bevölkerung verübte Unrecht wiedergutzumachen, und Gorbatschow und sein Außenminister *Schewardnadse* in die Wiedervereinigung bei gleichzeitiger Westverschiebung der NATO bis an die Oder zugestimmt hatten, geriet der Moskauer Reformkurs auch außenpolitisch unter Druck: Begann mit der Ablösung der baltischen Staaten nicht der Anfang vom Ende der Sowjetunion?

Wohl auch vor dem Hintergrund dieser kritischen Stimmen war Gorbatschow bereit, Kompromisse zu schließen und bei der Unterdrückung der baltischen Unabhängigkeitsbewegung den sowjetischen Sicherheitskräften mehr Spielraum zu überlassen, als mit Glasnost und Perestroika an sich vereinbar war. Für viele war das wiederum ein Zeichen der Schwäche und forderte zur Kritik von zwei entgegengesetzten Kräften heraus: zum einen von den beharrenden Kräften in Partei, Militär und Sicherheitsapparat, die ein Ende der Reformen und eine "Straffung der Zügel" wollten; zum anderen von einer gewichtigen Gruppierung um den sogenannten "Radikalreformer" *Boris Jelzin,* dem die Reformen nicht weit genug gingen und der einen radikalen Bruch mit der bisherigen Innenpolitik (v. a. wirtschaftlich) befürwortete.

Im August 1991 brachten die Konservativen Präsident Gorbatschow bei einem Besuch auf der Krim in ihre Hand und eroberten in einem Staatsstreich vorübergehend die Macht. Dem entschlossenen Widerstand der Reformer unter Jelzin, mittlerweile zum Präsidenten der Russischen Föderativen Sowjetrepublik avanciert, war es zu verdanken, daß der Putsch zusammenbrach, weite Teile der Armee zu den Reformern überliefen und die Obristen schließlich verhaftet und vor Gericht gestellt wurden.

Bei der Rückkehr Gorbatschows nach Moskau wurde offensichtlich, daß nicht mehr er, sondern Boris Jelzin die Macht übernommen hatte und er selbst nur mehr ein Präsident auf Zeit war: Das Jahr 1991 brachte nicht nur die Auflösung des Warschauer Paktes, sondern auch die mächtige Sowjetunion hörte auf zu bestehen: Im Dezember 1991 trat Michail Gorbatschow als Präsident der UdSSR zurück, nachdem er vorher schon das Verbot der Kommunistischen Partei der Sowjetunion (KPdSU) durch Boris Jelzin hatte hinnehmen müssen. Die Sowjetunion wurde durch ein brüchiges Gebilde, die **Gemeinschaft Unabhängiger Staaten (GUS)** ersetzt, dem formell der russische Präsident Jelzin vorstand.

Außenpolitisch bedeutete das Ende der Sowjetunion und des Warschauer Paktes auch das Ende der bipolaren Welt: Der Ost-West-Gegensatz, der die Weltpolitik seit 1945 beherrscht hatte, war überwunden, das östliche Machtimperium aufgelöst. Die NATO, obwohl aus der Zeit des Kalten Krieges stammend, überlebte diesen und besteht bis heute als gefestigtes Bündnis fort, an dem seit 1992 auch viele ehemalige Staaten des Warschauer Paktes beratend teilnehmen. 1991 verabschiedete sie in Rom ein neues strategisches Konzept, das der veränderten Situation Rechnung tragen sollte: Sicherheit sollte fortan neben einer weiterhin gewährleisteten **Verteidigungsfähigkeit** auf **Dialog** und **Kooperation** beruhen.

Die epochemachenden Ereignisse der Jahre 1989 bis 1991/92 wurden von vielen Menschen als Erleichterung empfunden; Ansätze einer Euphorie über die künftige Entwicklung der internationalen Staatengemeinschaft machten sich breit. Eine Reihe von Entwicklungen führte jedoch deutlich vor Augen, daß die Skepsis, welche die Mitglieder des NATO-Rates 1991 in Rom an den Tag gelegt hatten, doch nicht unberechtigt war:

- In Jugoslawien, jahrelang wohl nur durch den Druck des Ost-West-Konfliktes zusammengehalten, entbrannte 1991 ein grausamer Kampf zwischen seinen auseinanderstrebenden Nationalitäten (u. a. Slowenen, Kroaten, Serben, islamische Bevölkerung), der nach über 40 Jahren den Krieg nach Europa zurückbrachte.
- Einzelne sowjetische Republiken (u. a. Aserbeidschan, Armenien, Tatschikistan, Moldawien, Georgien) gerieten aufgrund von Nationalitätenkonflikten in mindestens ebenso schlimme Bürgerkriegssituationen.
- Das Kernwaffenpotential der ehemaligen Sowjetunion ist prinzipiell außer Kontrolle geraten und bedroht durch illegalen Export von Waffen und Technologie sowie durch die Gefahr einer bewaffneten Auseinandersetzung zwischen den Atomstaaten der GUS den Weltfrieden.
- Politische Machthaber wie der irakische Diktator *Saddam Hussein* bedrohen durch ihre aggressive Politik ebenso die internationale Staatengemeinschaft: Die illegale Besetzung Kuwaits durch irakische Truppen im Jahre 1990 führte 1991 zu einer gemeinsamen, von den USA angeführten bewaffneten Aktion der UNO gegen den Irak, dem Golfkrieg.
- Hunger und Not in vielen Ländern der Dritten Welt führen zu einer explosiven Situation mit unabwägbaren Risiken, die auch den Einstz von UNO-Truppen z. B. in Somalia 1992/93 rechtfertigen.
- Mittlerweile kämpft *Boris Jelzin* im eigenen Land mit ähnlichen Problemen wie sein Vorgänger Gorbatschow: Der Reformprozeß ist steckengeblieben und die politischen Gegner, allen voran die ehemaligen Angehörigen der KPdSU, gewinnen immer mehr an Boden (vgl. Putschversuch im Oktober 1993).

Die Probleme auf der Welt nehmen zu, und von den hochfliegenden Erwartungen der ausgehenden 80er Jahre ist nur wenig übriggeblieben, zumal sich im Westen auch wirtschafltliche Schwierigkeiten zeigen, die zu zusätzlichen Belastungen für die Fortentwicklung der einzelnen Staaten und, wegen der Bedeutung der westlichen Konjunktur für die Weltwirtschaft, zu weiteren Irritationen in der Weltpolitik führen.

Andererseits muß am Ende der welthistorischen Umwälzungen seit 1989 auch festgestellt werden, daß Grandioses geschehen ist. Ein Machtimperium, das den Weltfrieden gefährdete und die Menschen in seinem Gebiet mit Terrormaßnahmen unterdrückte, ist nicht zuletzt durch die Willenskraft einzelner Persönlichkeiten wie Gorbatschow, Jelzin, Walesa oder Havel zusammengebrochen. Millionen von Menschen haben politische Freiheit und persönliche Freizügigkeit gefunden; sie bestimmen jetzt in demokratischer Wahl selbst über ihre Geschicke. Schier unüberbrückbare Grenzen in Europa wurden überwunden, und Völker und Staaten finden auf neue Weise zusammen. Der "Eiserne Vorhang" gehört der Vergangenheit an, und die Nachkriegsepoche ist beendet.

Dezember 1991: Das Ende der Sowjetunion wird proklamiert. Zeichnung: Horst Haitzinger

## 4.3 Der Nord-Süd-Konflikt

| | |
|---|---|
| nach 1945 | Entkolonialisierung |
| 1955 | Konferenz von Bandung: Bewegung der Blockfreien |
| 1960 | Gründung der OPEC |
| 1961 | Gipfel der blockfreien Staaten in Belgrad |
| 1964 | I. UNCTAD |
| 1973 | 1. Erdölkrise |
| 1982 | Nord-Süd-Konferenz in Cancun |
| 1990 | 18. Sondergeneralversammlung der UN: Umdenken in Fragen der Weltwirtschaftsordnung |

Mit dem Umbruch in der ehemaligen Sowjetunion und der politischen Umgestaltung ihrer ehemaligen Satellitenstaaten ist die Konfrontation zwischen den "kapitalistischen" Staaten der Industrienationen und den kommunistischen Staaten, gemeinhin als Ost-West-Konflikt bezeichnet, aus den Schlagzeilen der Tagespresse verschwunden. Die Hoffnungen auf eine neue Weltordnung, in der die Völker friedlich miteinander umgehen und anfallende Probleme gemeinsam lösen, sind allerdings durch die Auseinandersetzungen und Bürgerkriege auf dem Gebiet der ehemaligen Sowjetunion und des ehemaligen Jugoslawiens, aber auch durch den Golfkrieg schnell zunichte gemacht worden.

Neben den regionalen Krisenherden bleibt das Problem des sogenannten Nord-Süd-Konflikts weiterhin eine der größten Herausforderungen für die Menschheit, auch wenn die durch den Antagonismus zwischen den USA und der UdSSR entstandenen Konflikte in vielen Entwicklungsländern, wie in Afghanistan, Angola, Äthiopien, Nicaragua u. a. entweder beendet oder zumindest eingedämmt werden konnten. Trotz der Beseitigung vieler Krisenherde lebt die dortige Bevölkerung weiterhin unter menschenunwürdigen Bedingungen.

Unter dem Nord-Süd-Konflikt versteht man allgemein den Interessengegensatz und die daraus resultierenden politischen und wirtschaftlichen Probleme zwischen den wohlhabenden Staaten, wie sie z. B. die westlichen Industrienationen repräsentieren, und den armen Entwicklungsländern der Dritten Welt. Allgemein unterteilt man nach wirtschaftlichen Gesichtspunkten die Länder der Erde in drei Bereiche:

- Die **Erste Welt** umfaßt alle hochentwickelten Industrieländer mit eigenständiger differenzierter Marktwirtschaft. Dazu gehören die westeuropäischen Staaten, Nordamerika, Japan und Australien.
- In der **Zweiten Welt** sind vor allem solche Staaten zusammengefaßt, die den Standard der westlichen Marktwirtschaft nicht erreicht haben. Sie sind in unterschiedlichem Grade industrialisiert und funktionieren bzw. funktionierten nach staatlicher Planwirtschaft. Zu diesen Ländern sind beispielsweise die Staaten der ehemaligen Sowjetunion zu rechnen.
- Als Länder der **Dritten Welt** werden Staaten in Asien, Lateinamerika und Afrika bezeichnet, deren Bevölkerung unter bitterster Armut zu leiden hat. Mit etwa 135 Staaten und ca. 80 % der Weltbevölkerung machen sie den Großteil unseres Planeten aus.

Allerdings ist diese Einteilung irreführend, denn viele dieser Staaten verfügen durchaus über ein hohes Bruttosozialprodukt, das sie entweder ihren reichen Bodenschätzen verdanken, über die z. B. die erdölproduzierenden Länder verfügen, oder dem Aufbau leistungsfähiger Teilindustrien, wie etwa Taiwan. Daher ist eine weitere Unterscheidung zwischen diesen Staaten und den rohstoffarmen Entwicklungsländern, deren Bevölkerung am Rande des Existenzminimums lebt und oft genug vom Hungertod bedroht ist, notwendig. Zu diesen ärmsten der Staaten zählen vor allem die Länder der afrikanischen Sahelzone. Zur genaueren Abgrenzung von den sogenannten "Schwellenländern" werden sie auch als **"Vierte Welt"**, als **"Least Developed Countries" (LDC),** bezeichnet.

**Anteile an der Weltbevölkerung nach Regionen 1950 und 2025**

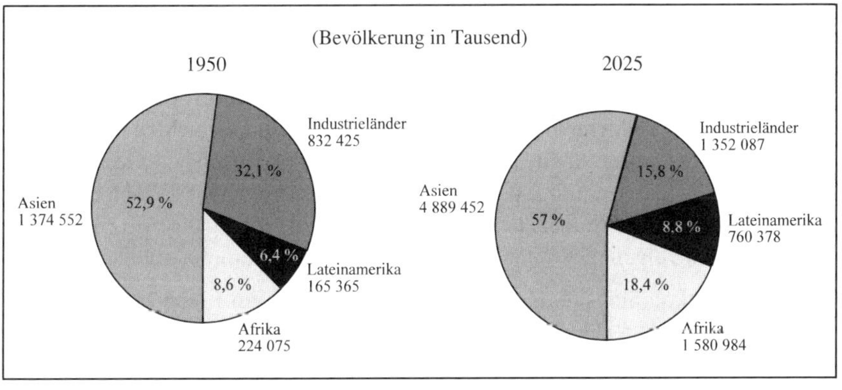


Quelle: UN Fund for Population Activities (UNFPA), Weltbevölkerungsbericht 1990, New York 1990

Der Nord-Süd-Konflikt tritt zwischen diesen ärmsten Ländern und den im Überfluß lebenden Industrienationen besonders kraß zutage. Um die Kluft, die hinsichtlich der wirtschaftlichen Potenz zwischen den Industrienationen und der Dritten Welt liegt, zu verdeutlichen, sollte man sich das Weltbruttosozialprodukt vor Augen führen. Die Industrieländer mit 20 % der Weltbevölkerung erwirtschaften 80 %, die Entwicklungsländer nur etwa 15 %. Das jährliche Pro-Kopf-Durchschnittseinkommen liegt in den LDC-Ländern bei unter 300 $, in den OECD Ländern bei über 14 500 $. Der Handel zwischen den Entwicklungsländern untereinander ist auf unter zehn Prozent des Welthandels zurückgegangen (Stand 1991).

### 4.3.1 Historische Ursachen: Der Kolonialismus und seine Folgen für den Unabhängigkeitsprozeß der Entwicklungsländer

Ein wesentlicher Aspekt des Nord-Süd-Konfliktes liegt in der ehemaligen Kolonialherrschaft der Industrienationen über die Länder der Dritten Welt begründet. Seit dem Ende des 15. Jahrhunderts hatten vor allem die europäischen Staaten damit begonnen, die damals noch weitgehend unerforschten Gebiete Lateinamerikas, Asiens und Afrikas mit überlegener Technik – vor allem militärischer Art – zu kolonisieren. Da den neuen Herren besonders die Interessen ihres jeweiligen Mutterlandes am Herzen lagen, wurden die Kolonien wirtschaftlich ausgebeutet. Sklaverei und die Entstehung von Monokulturen waren die praktische Konsequenz dieser Politik.

Fast noch schlimmer für die Ureinwohner der Kolonien war die sogenannte **Missionierung.** Christentum und europäische Kultur wurden den Eingeborenen oft mit Gewalt aufgezwungen. So löste sich eine eigenständige und oft hochentwickelte eingeborene Kultur durch die Übernahme westlicher Sitten und Gebräuche allmählich auf. Zwischen Herrenmenschen und Untergebenen entwickelte sich ein einseitiges Abhängigkeitsverhältnis. Die Führungsschichten des kolonialisierten Volkes waren damit auf die Übernahme der westlichen Gesellschaftsordnung angewiesen, um akzeptiert zu werden. Ein zusätzliches Problem stellten die aus Mischehen oder unehelichen Verhältnissen hervorgegangenen Mischlinge dar, die um ihre eigene Identität zwischen zwei Welten kämpfen mußten.

Selbst der Entkolonialisierungsprozeß und das Ringen um Eigenstaatlichkeit der jetzigen Entwicklungsländer wurde vor allem durch die Ideen des Demokratie- und Freiheitsverständnisses der westlichen Mächte in Bewegung gesetzt. Die Eliten der unterdrückten Bevölkerung beriefen sich dabei vor allem auf Selbstbestimmung, Gleichheit, Menschenrechte und den Nationalstaat. Im Zeitalter des Imperialismus hatten die Machthabenden der Kolonialmächte diese Ideen für die Völker der dritten Welt nicht zugegeben, für sie hatten eigene Interessen und der missionarische Gedanke unbedingten Vorrang. Erst seit mit Beginn des 20. Jahrhunderts der amerikanische Präsident Wilson das Selbstbestimmungsrecht aller Völker betont hatte und 1945 die UNO mit der Absicht geschaffen worden war, den Weltfrieden durch Freiheit und Gleichberechtigung der Völker zu sichern, setzten sich die Unabhängigkeitsbewegungen der kolonialisierten Staaten mit Macht durch. Unterstützung erfuhr die Bewegung durch die Erschütterung des Kolonialsystems, denn die beiden führenden Kolonialmächte Großbritannien und Frankreich waren im Zweiten Weltkrieg schwer angeschlagen worden. Seit diesem Zeitpunkt setzten immer mehr Kolonien ihre Unabhängigkeit vom Mutterland entweder im gegenseitigen Einvernehmen und durch Verhandlungen auf friedlichem Weg oder mit militärischer Gewalt in oft langen und mit erbittertem Haß geführten Kriegen durch. Wie er auch immer geartet war, der Weg in die Unabhängigkeit brachte für alle Staaten der Dritten Welt größte Schwierigkeiten mit sich:

- Die neuen Staaten wollten sich zumeist am Regierungssystem ihrer ehemaligen Mutterländer orientieren. Da aber vorher weder eine demokratische Tradition vorhanden noch eine daran interessierte Führungsschicht herangebildet worden war, entwickelten viele Staaten autoritäre Systeme.
- Die Grenzziehung zwischen den ehemaligen Kolonien war von den ehemaligen Kolonialländern nach deren politischen Interessen und oft willkürlich vorgenommen worden. Die in die Unabhängigkeit entlassenen Staaten waren deshalb keine Nationalstaaten, sondern Territorien, innerhalb deren Grenzen unterschiedlichste Stämme und Sprachen beheimatet waren. Als Folge der Rivalität und offener Feindschaft, die zwischen diesen Stämmen bestehen, versinken viele dieser künstlichen Staatsgebilde in einem Chaos von Militärumstürzen und blutigem Bürgerkrieg.
- Der Aufbau einer funktionierenden Wirtschafts- und Infrastruktur wurde zum einen durch die obengenannten Faktoren erschwert, aber auch durch den Wegzug europäischer Fachleute des ehemaligen Mutterlandes, wie z. B. Ärzte, Lehrer oder Beamte hervorgerufen. Sie konnten nur bedingt durch einheimische Experten ersetzt werden. Noch heute sind viele Industrie- und Landwirtschaftszweige der Dritte-Welt Staaten von ausländischen Unternehmen abhängig.

- Der ehemalige Ost-West-Konflikt mit seinen divergierenden Ideologien verhinderte in manchen Staaten nach dem Unabhängigkeitsprozeß einen geregelten und ruhigen Aufbau durch die Rivalität sich untereinander bekämpfender Freiheitsbewegungen. Diese stürzten das Land in einen Bürgerkrieg, um entweder ein kommunistisches oder demokratisches Herrschaftssystem durchzusetzen. Ein Paradebeispiel hierfür ist Angola.

Bereits in den 50er Jahren hatte der damalige Führer der Sowjetunion, *Nikita Chruschtschow,* begriffen, daß die Dekolonialisierung Asiens und Afrikas der Sowjetunion eine Möglichkeit eröffnete, ihren Einfluß zu erweitern. Seine Drohung, "den Westen in der Dritten Welt zu begraben", führte zu einem Wettlauf zwischen den Supermächten zur Sicherung von Rohstoffen, Seewegen und strategischen Stützpunkten. Übrigens entwickelten viele Länder der Dritten Welt mit der Zeit herausragende Fähigkeiten, die Supermächte gegeneinander auszuspielen, um möglichst viel Unterstützung aus ihnen herauszupressen. Durch die Beilegung des Ost-West-Konfliktes wird dieses Problem in Zukunft wohl kaum mehr eine Rolle spielen.

### 4.3.2 Die Bewegung der Blockfreien

Viele der Entwicklungsländer versuchten schon bald, ihre eigene staatliche Identität zu finden, indem sie danach strebten, eine von den ehemaligen Kolonial- und Großmächten unabhängige Politik zu betreiben und nicht erneut zum Spielball fremder Interessen zu werden. Sie organisierten sich deshalb in eigenen Vertragsorganisationen und Bündnissen. Ein erstes Beispiel hierfür war die 1945 ins Leben gerufene **Arabische Liga** auf regionaler Ebene. Von globaler Bedeutung dagegen war die **Bewegung der Blockfreien.**

1955 fand in Java die Konferenz der sogenannten blockfreien Staaten statt. Auf die Einladung Indonesiens kamen 23 asiatische und 6 afrikanische Staaten in Bandung zusammen. Um ein gemeinsames Zeichen gegen den Kalten Krieg zu setzen, vereinbarten sie Forderungen nach Abrüstung und Weltfrieden. Ihre politische Unabhängigkeit wollten sie durch Schaffen einer eigenen, von den Industriestaaten unabhängigen Wirtschaftsstruktur absichern. Vor dem Hintergrund der Befreiungskriege in Indochina und Algerien wurde Kolonialismus und Rassendiskriminierung verurteilt. Die Bedeutung dieser Konferenz lag darin, daß sie die Grundlage für die Gipfelkonferenz der Blockfreien Staaten legte, die 1961 in Belgrad stattfand. Der Vereinigung gehören heute über hundert Staaten Afrikas, Asiens und Lateinamerikas an. Sie zusammen repräsentieren etwa die Hälfte der Menschheit.

Die Problematik der Organisation lag zunächst in der Diskrepanz ihrer Ziele und der weltpolitischen Situation. Die gewünschte Neutralität konnte von den Entwicklungsländern nicht überzeugend vertreten werden, da ihre eigenen Interessen sich gegen die ehemaligen Kolonialmächte richteten. Indochina und Algerien mußten noch immer um ihre Unabhängigkeit kämpfen. Viele Entwicklungsländer hatten als Folge ihres Befreiungskampfes kommunistische Staatssysteme und betrieben eine antiwestliche Politik.

Unter dem Einfluß des damaligen Jugoslawiens, Ägyptens und Indiens wurde daher in Belgrad nach einer überzeugenden Antwort auf die Frage der Neutralität gesucht. Sie wurde in der Formulierung wichtiger Kernthesen gefunden:
- Bewahrung einer unabhängigen Stellung gegenüber den Großmächten;
- keine Einbindung in Militärbündnisse innerhalb des Ost-West-Konfliktes;
- Unterstützung nationaler Unabhängigkeitsbewegungen;
- friedliche Koexistenz.

In der Frühzeit ihres Bestehens wurde die Bewegung der Blockfreien maßgeblich von den charismatischen Staatsmännern, *Tito, Nasser* und *Nehru* geprägt, die vor dem historischen Hintergrund ihrer Länder Jugoslawien, Ägypten und Indien die Neutralität der Vereinigung politisch überzeugend repräsentieren konnten.

Mit den 60er Jahren änderte sich die Zusammensetzung der Organisation. Viele afrikanische Staaten kamen hinzu und mit dem sich allmählich entspannenden Ost-West-Verhältnis seit den 70er Jahren änderte sich auch der politische Schwerpunkt. Da die ärmsten Staaten der Welt bei den Blockfreien organisiert sind, zielt die Bewegung nun darauf, die Kluft zwischen den reichen Industriestaaten und dem Armenhaus der Welt zu verringern. Trotz der Heterogenität ihrer Mitglieder und Konflikte innerhalb ihrer Vereinigung, wie sie etwa durch die einseitig prosowjetische Haltung Kubas provoziert wurden, gelang es der Bewegung dennoch, ihre unabhängige Stellung zwischen den Blöcken überzeugend zu demonstrieren. So führten Aggressionen und internationale Konflikte wie der Einmarsch in Afghanistan und der Golfkrieg jeweils zu einer Verurteilung des jeweiligen Konfliktauslösers.

Parallel zur Entwicklung der Blockfreienbewegung kam es in Afrika, Asien und Lateinamerika zu politischen und wirtschaftlichen Zusammenschlüssen, sowohl im regionalen, als auch im internationalen Bereich. Politische Bündnisse sind die **OAU** (Organization of African Unity: Organisation für die afrikanische Einheit) und die **OAS** (Organisation der amerikanischen Staaten).

Im Rahmen der UNO entstand auf wirtschaftlichem Gebiet die **UNCTAD** (United Nations Conference on Trade and Development: Handels- und Entwicklungskonferenz der Vereinten Nationen), aus ihr ging 1964 durch den Zusammenschluß der asiatischen, afrikanischen und amerikanischen Staaten die **"Gruppe der 77"** hervor, die die wirtschaftlichen Interessen der Entwicklungsländer gegenüber der Ersten und Zweiten Welt vertreten soll. Diese Organisation arbeitet eng mit der Bewegung der Blockfreien zusammen.

Besondere Bedeutung kommt der **OPEC** (Organization of Petroleum Exporting Countries) zu, in der dreizehn erdölexportierende Staaten Asiens, Afrikas und Lateinamerikas zusammengeschlossen sind. Die Macht dieser Organisation wurde besonders im Oktober 1973 deutlich, als die arabischen Staaten versuchten, durch ein Öl-Embargo die westlichen Industrienationen dazu zu zwingen, ihre pro-israelitische Haltung im Yom-Kippur-Krieg zwischen Israel und den Ägyptern bzw. Syrern aufzugeben. Das Ölembargo diente damit als Druckmittel für politischer Forderungen. Die Förderung der Öls wurde verringert, westliche Fördergesellschaften enteignet und der Ölpreis bis zum Vierfachen angehoben. Als spürbare Konsequenz wurden in Deutschland "autofreie" Sonntage eingerichtet, an denen jegliche Privatfahrten untersagt waren. Aber auch in anderen Bereichen mußten sich Bevölkerung und Wirtschaft bemühen, den Ölverbrauch einzuschränken. Dies führte auch dazu, daß Überlegungen zur alternativen Energiegewinnung angestellt wurden.

Das Selbstbewußtsein der Entwicklungsländer hatte kurzfristig einen spürbaren Auftrieb erhalten, zumal die UNO sich im nächsten Jahr für die arabische Haltung aussprach. Zum andern aber hatte die Krise auch deutlich die gegenseitige Abhängigkeit zwischen Erster und Dritter Welt gezeigt und seit 1973 hat die Rolle der OPEC auch deutlich an Bedeutung verloren.

### 4.3.3 Faktoren der Situationsverschärfung im Nord-Süd-Konflikt

Die Entwicklungshilfe konnte nicht leisten, was man sich von ihr versprach. Mit Beginn der 70er und spätestens im Verlauf der 80er Jahre wurde immer deutlicher, daß die Unterentwicklung vieler Staaten längerfristig anhalten würde.

Viele der Ursachen liegen in einem Bereich, den Menschen überhaupt nicht oder nur sehr schwer beeinflussen können, darunter fallen z. B. die klimatischen Verhältnisse, die vorhandenen Bodenschätze oder eine für Naturkatastrophen prädestinierte Lage, wie z. B. ein von Erdbeben oder Überschwemmungen besonders häufig bedrohtes Gebiet (Bangla Desh). Die meisten Ursachen für eine anhaltende Unterentwicklung sind aber vielmehr menschlicher Natur. Sie sind sowohl in äußeren als auch in inneren Einflüssen bedingt. So sind z. B. im externen Bereich die sogenannten "Bananenrepubliken" vom Weltwirtschaftsmarkt insofern abhängig, daß sie auf die Ausfuhr von landwirtschaftlichen Produkten angewiesen sind, um ihren Bedarf an Gebrauchsgütern einführen zu können. Auf die Preise des Weltmarkts haben sie aber gar keinen Einfluß.

Da die meisten Entwicklungsländer aber genug staatliche Souveränität und Selbständigkeit zur Durchsetzung eigener Interessen hätten und der Weltmarkt auch positive Impulse für wirtschaftliche Verbesserungen gibt, liegt die Verantwortung für entwicklungshemmende Faktoren zum Großteil bei den Verantwortlichen der Entwicklungsländer selbst. Somit tragen vor allem im internen Bereich Bedingungen zur Verschärfung des Nord-Süd-Konfliktes bei.

An erster Stelle steht das Problem der Bevölkerungsexplosion, das umgekehrt auch die unvorstellbare Armut bedingt. Zwar verringert sich das Wachstum mit Ausnahme Afrikas, aber viel zu langsam, um die sich abzeichnende Katastrophe verhindern zu können. Eine Geburtenkontrolle erscheint aus den verschiedensten Gründen, die vor allem kulturell und religiös bedingt sind, nicht möglich; ins Gewicht fallen lediglich die Bemühungen Chinas, Indonesiens und Mexikos auf diesem Gebiet.

Die Oberschicht vieler Entwicklungsländer lebt auf Kosten der armen Schichten, d. h. die Verteilung von Besitz, Einkommen und Aufstiegs- bzw. Bildungschancen ist ungerecht verteilt. Neben dem potentiellen sozialen Zündstoff wirkt sich besonders fatal die Tatsache aus, daß vorhandene Mittel wie Arbeitskraft, Intelligenz und auch Kapital sowie Rohstoffe nicht zum Wohl des Landes genügend ausgeschöpft und entfaltet werden können. Korruption, Fehlplanungen, Mißwirtschaft und mangelnde Infrastruktur, die meistens in einer gleichermaßen schwerfälligen und bestechlichen Bürokratie gipfeln, und die daraus resultierende fehlende Verantwortungsbereitschaft für das Gemeinwohl verhindern eine effiziente Politik in vielen Staaten.

Manche Entwicklungsländer zerstören systematisch ihre Umwelt oder gehen sogar gewaltsam gegen Minderheiten vor, um kurzfristig ihre Wirtschaft anzukurbeln. Kritik wird mit dem Hinweis auf die Einmischung in innere Angelegenheiten zurückgewiesen oder zur Erpressung von Hilfsgeldern benutzt. Das Paradebeispiel hierfür ist die Zerstörung des brasilianischen Regenwaldes mit den einhergehenden Konsequenzen für den Lebensraum der Indios.

Religiöser Fanatismus und gewissenlose Machtpolitiker vertiefen bewußt oder unbewußt die emotionale Kluft zwischen der modernen Gesellschaft des Westens und der Bevölkerung der betreffenden Länder. Als Beispiele kann man die islamische Revolution im Iran und das Regime *Sadam Husseins* im Irak nennen. Die Bewahrung einer eigenen gesellschaftlichen und kulturellen Identität dieser Länder geschieht auf Kosten der Bevölkerung, der wirtschaftlichen Entwicklung und der Menschenrechte und steht somit den westlichen Forderungen nach Demokratisierungsmaßnahmen diametral gegenüber.

Weitere Hemmnisse auf dem Weg zu einem vorurteilsfreien Miteinander zwischen Dritte-Welt-Staaten und westlicher Welt sind seit dem Ende des Ost-West-Konfliktes vor allem folgende Faktoren:

- Die erfolgende Süd-Nord- bzw. Ost-West-Migration, die die Entwicklungsländer wichtiger Kräfte beraubt und die Industrienationen zusätzlich belastet.
- Das dramatische Anwachsen der von Afrika ausgegangenen Aidserkrankungen betrifft vor allem die oft unaufgeklärten und ärmsten Bevölkerungsschichten der armen Länder.
- Regionale Konflikte werden auch weiterhin vor allem militärisch und nicht auf diplomatischem Weg gelöst. Dadurch werden Kräfte, die dringend für einen Aufschwung benötigt werden, sinnlos gebunden.

### 4.3.4 Die Forderungen der Entwicklungsländer und die Haltung der Industriestaaten

Die Forderungen der Entwicklungsländer ergeben sich vor allem aus ihrem niedrigen wirtschaftlichen Entwicklungsstand. Geschätzt wird, daß etwa jeder dritte in absoluter Armut lebt. Dazu kommen Krankheiten, Analphabetismus, Unterernährung und Verwahrlosung in solch erschreckendem Ausmaß hinzu, daß die Menschenwürde der Betroffenen aufs Gröbste verletzt wird. Eine Zielsetzung der UNO lautet daher, durch Entwicklungshilfe diese Zustände zu beenden. Ziel dieser Maßnahmen ist "die Hilfe zur Selbsthilfe", d. h. die Menschen in den Entwicklungsländern in die Lage zu versetzen, sich aus eigener Kraft einen menschenwürdigen Lebensstandard zu sichern. Die reichen Länder der Welt bemühen sich deshalb, durch Finanzhilfe, technische Hilfe und Förderung des wirtschaftliches Austausches auf staatlicher, privatwirtschaftlicher und privater Basis den Armen zu helfen. Ein Problem stellt dabei vor allem die konkrete Finanzierung dieser Hilfe dar. Das Kapital dafür stammt entweder von den Industrienationen bzw. von einigen reichen erdölexportierenden Ländern oder auch von privaten Wirtschaftsunternehmen.

Bei der Entwicklungshilfe ergeben sich mehrere Möglichkeiten: Die reichen Länder gewähren meist über UNO-Institutionen, wie die Weltbank, langfristige und zinsgünstige Kredite, die dem Aufbau oder der Verbesserung der Infrastruktur zugute kommen sollen. Ein dadurch geschaffenes und funktionierendes Verkehrs-, Bildungs- und Gesundheitswesen schafft Anreize für private Investitionen von Unternehmen. Damit sind die Voraussetzungen für den Aufschwung der Wirtschaft geschaffen. Private Unternehmen der Industriestaaten bemühen sich, die Entwicklungshilfe zu fördern, indem sie Zweigwerke in Entwicklungsländern (z. B. VW in Brasilien und Mexiko) gründen oder sich an der Neugründung einheimischer Firmen beteiligen; Banken greifen hierbei unterstützend durch die Gewährung zinsgünstiger Kredite ein. Jeder Unternehmer geht dabei – natürlich auch unter dem Aspekt eines möglichen Gewinns – ein beträchtliches Risiko ein, da viele der Entwicklungs- und Schwellenländer wirtschaftlich und politisch instabil sind. Ihr Risiko wird deshalb zum Teil von ihren jeweiligen Regierungen mitgetragen.

Die Entwicklungshilfe lebt aber auch von kleinen privaten und kirchlichen Organisationen, die auf das persönliche Engagement ihrer Mitglieder angewiesen sind. Beispiele hierfür sind "Misereor", "Brot für die Welt", die "Welthungerhilfe". Der große Vorteil dieser Projekte liegt in ihrer regionalen Begrenzung. Durch langes Zusammenleben und enge Zusammenarbeit zwischen den Entwicklungshelfern und der einheimischen Bevölkerung entsteht gegenseitiges Vertrauen. Die Helfer gewinnen angesichts der Lebensbedingungen und -bedürfnisse sowie der Einstellung der Bevölkerung das Gefühl für die Chancen der Realisierbarkeit eines bestimmten Projekts, das Großunternehmen oft fehlt. Entwicklungshelfer dieser Art fördern die Eigenständigkeit der Bevölkerung, indem sie Wege zur Verbesserung der Produktionsmethoden, der Vermarktung von Erzeugnissen und der Durchsetzung von Eigeninteressen gegenüber Behörden oder den Machthabern im Land aufzeigen. Der nächste Schritt liegt nun wiederum bei den Regierungen der Industriestaaten, die die quantitativ bedeutendsten Hilfen für die Entwicklungsländer geben können, indem sie die Entwicklungsländer in den Markt miteinbeziehen und den Warenaustausch fördern. Dies kann man vor allem durch den Abbau von Schutzzöllen erreichen. Das Problem für die Entwicklungsländer liegt nun allerdings darin, daß ihr Anteil am Außenhandel der Industrieländer bei lediglich ca. 15 % liegt, während umgekehrt die Industrieländer an Außenhandel der Dritten Welt zwischen 60 und 70 % bestimmen. Mit anderen Worten, es besteht ein sehr einseitiges Abhängigkeitsverhältnis, da die Entwicklungsländer damit eindeutig in ihrer Wirtschaftsstruktur auf die Industrienationen ausgerichtet sind.

**Einnahmen aus öffentlicher Entwicklungshilfe**

| Land | Einnahmen Mrd. Dollar | Anteil am BSP[1] 1989 (%) |
|---|---|---|
| Afghanistan | 95 | – |
| Ägypten | 1 578 | 4,7 |
| Äthiopien | 702 | 11,6 |
| Argentinien | 215 | 0,4 |
| Bangladesch | 1 791 | 8,9 |
| China | 2 227 | 0,5 |
| El Salvador | 446 | 7,6 |
| Ghana | 543 | 10,3 |
| Indien | 1 874 | 0,7 |
| Indonesien | 1 830 | 1,9 |
| Kolumbien | 62 | 0,2 |
| Liberia | 58 | – |
| Mexiko | 97 | 0,0 |
| Pakistan | 1 119 | 2,8 |
| Venezuela | 21 | 0,0 |

[1] Bruttosozialprodukt; Quelle: Weltentwicklungsbericht 1991

## Konträre Standpunkte beider Seiten

Nachdem zu Anfang der 70er Jahre immer deutlicher geworden war, daß die Entwicklungshilfe in keiner Weise das Los der Ärmsten verbessert hatte, machten die Vertreter der Entwicklungsländer hierfür das internationale Wirtschaftssystem verantwortlich, das sie benachteilige.

1974 erreichten sie, daß die UNO-Generalversammlung als Vollversammlung aller Mitgliedstaaten die "Erklärung über die Errichtung einer neuen Weltwirtschaftsordnung" und die "Charta der wirtschaftlichen Rechte und Pflichten der Staaten" verabschiedete. Dies geschah gegen die Stimmen der Industrienationen. Die Haltung der Entwicklungsländer bestimmt die Prämisse beider Dokumente: Sie gehen davon aus, daß Gleichberechtigung nur unter Gleichen gerecht sei und die soziale Gerechtigkeit deshalb eine Vorzugsbehandlung der Entwicklungsländer verlange. Daraus leiten sich die wichtigsten konkreten Forderungen ab:

- Verdopplung der Entwicklungshilfe unter Wegfall aller politischen und wirtschaftlichen Auflagen, die bisher häufig gemacht wurden;
- Erhöhung des Anteils der Entwicklungsländer an der Welt-Industrieproduktion von 7 auf 25 % bis zum Jahr 2000 durch dirigistische Eingriffe;
- Recht der Entwicklungsländer, ausländischen Besitz zu enteignen, eventuell ohne jede Entschädigung;
- Preisstabilisierung bei Rohstoffen und Verbesserung ihrer Wettbewerbsfähigkeit gegenüber den Ersatzstoffen;
- Vorzugszölle der Entwicklungsländer bei den Industrienationen ohne entsprechende Gegenleistungen.

Die Haltung der Industrieländer gegenüber diesen Forderungen war und ist ablehnend. Als Begründung wird zunächst angeführt, daß die Forderungen mit den Grundsätzen der freien Marktwirtschaft unvereinbar seien. Gerade die Marktwirtschaft habe aber erst zum gewaltigen Aufschwung der Weltwirtschaft nach dem Zweiten Weltkrieg geführt. Die Zustände in den Entwicklungsländern würden dazu führen, daß gerade die Ärmsten keine Hilfe erhielten und immense Finanzen an wenig erfolgversprechende Projekte bänden. Letztendlich wäre das einzige Resultat eine Weltwirtschaftskrise.

So schienen zunächst die beiden UNO-Erklärungen nur ein Erfolg auf dem Papier zu sein, doch macht sich zumindest im Ansatz ein Umdenken in der Konzeption der Industrienationen bemerkbar. So sollen zum einen staatliche Zuwendungen an private Entwicklungsorganisationen erhöht werden und zum anderen diejenigen Entwicklungsländer, die durch Anwendung marktwirtschaftlicher Prinzipien günstige Voraussetzungen für einen wirtschaftlichen Aufschwung schaffen, verstärkt Gelder durch die Regierungen und Banken der Industrienationen erhalten.

Zusammenfassend bleibt festzuhalten, daß die weittragenden Hoffnungen der Entwicklungsländer auf eine neue Weltwirtschaftsordnung aber bereits auf der ersten Nord-Süd-Konferenz in Cancun (Mexico) im Oktober 1982 zerschlagen worden waren. Die 1979 grundsätzlich beschlossenen Globalverhandlungen scheiterten bereits an der Tagesordnung und am Verhandlungsforum, denn die westlichen Industriestaaten weigerten sich, die Stellung der von ihnen dominierten Organisationen IWF, GATT und der Weltbank zu gefährden. Anstatt einer global konzipierten und strukturierten Strategie der Entwicklungshilfe beschränkte man sich somit auch in den 80er Jahren auf unmittelbare Krisenbewältigung.

## Ausblick

Von der Lösung des Nord-Süd-Problems hängt die Zukunft der Menschheit ab. Die Dramatik der Situation mag an abschließenden Beispielen deutlich gemacht werden: Die Schulden der Dritten Welt zwischen 1975 und 1990 sind von 170 auf 1 350 Milliarden Dollar angestiegen, ein Abbau des Schuldenberges ist nicht in Sicht. Zudem wird die Kluft bei der Erwirtschaftung des Bruttosozialprodukts zwischen den Industrienationen und den Entwicklungsländern immer größer. Die Weltwirtschaft steht somit auf weite Sicht unter der ständigen Drohung eines Zusammenbruchs. Afrika, der Nahe, aber auch der Ferne Osten sind gefährliche Brandherde: Inner- und zwischenstaatliche Kriege werden sich bis zur Jahrtausendwende allem Anschein nach beständig ausweiten; ihre Ursachen liegen sowohl im sozial-revolutionären, aber auch ethno-religiösen Bereich. Aus einer CIA-Studie der 80er Jahre geht hervor, daß die Gefahr von Kriegen wegen schwindender Wasservorräte bei steigendem Bevölkerungswachstum steigen wird. Im Nahen und Mittleren Osten und in Afrika verdoppelt sich die Bevölkerung bei einer jährlichen Zuwachsrate von 3 % alle 22 Jahre, wobei 40 % der Weltbevölkerung an grenzüberschreitenden Flußsystemen leben. Bewaffnete Auseinandersetzungen als reiner Überlebenskampf sind eine wahrscheinliche Folge.

Damit scheint eine düstere Zukunft für unseren Planeten vorgezeichnet und nur wenig Hoffnung auf eine befriedigende Lösung für die Beseitigung der entwürdigenden Lebensbedingungen und Armut des größten Teils der Menschheit zu verbleiben. Die Geschichte lehrt jedoch, daß mit Resignation und Verbitterung über den mangelnden Erfolg der Entwicklungshilfe keine Probleme gelöst werden können. Auch im hochindustrialisierten Westen bestand im 19. Jh. eine akute soziale Frage. Die katastrophale Lage entspannte sich erst nach Jahrzehnten und mündete schließlich für die meisten Menschen in unserer Region in einem menschenwürdigen Lebensstandard. Die Lösung gelang damals, weil Reiche und Arme sich allmählich zu sozialem Verantwortungsbewußtsein durchrangen und der technische Fortschritt materielle Voraussetzungen schuf.

Vor allem die Beseitigung des Ost-West-Konfliktes läßt uns auch hoffnungsvoll in die Zukunft schauen. Wenn es gelingt, regionale Krisenherde einzudämmen, können durch die Vermeidung des wirtschaftlich unsinnigen Rüstungswettlaufs Kräfte mobilisiert werden, die im technischen und humanitären Bereich für eine Lösung des nun vordringlichen Nord-Süd-Konflikts freigesetzt werden könnten. Hilfe für die Entwicklungsländer ist nicht nur eine moralische Verpflichtung, sondern auch politisches Gebot, denn durch die unerhörte Not in vielen Entwicklungsländern kann es dort zu einer politischen und wirtschaftlichen Destabilisierung mit unabsehbaren Folgen für die Industriestaaten kommen.

Vor allem die Vereinten Nationen könnten von der Beendigung des Kaltes Krieges profitieren. Blockierten sich im Sicherheitsrat der UN bislang die Großmächte gegenseitig, so ergibt sich jetzt die Möglichkeit zu gemeinsamem konsequenten Handeln. Nach wie vor liegen die Aufgaben der UN im Bereich der Beilegung von akuten Konflikten, aber auch in der Prophylaxe zur Vermeidung eines Kriegsausbruchs. Dazu müssen in Krisenregionen Bedingungen geschaffen werden, die die Not der Bevölkerung zumindest lindern und ein Leben in Freiheit und sozialer Gerechtigkeit garantieren. Bis zum heutigen Zeitpunkt liegen Erfolge und Mißerfolge der UN dicht nebeneinander. So konnten ihre internationalen Friedenstruppen Konflikte entschärfen, eindämmen oder sogar beenden, z. B. im Kongo oder in Libanon. Wirtschaftlicher Boykott und gemeinsame internationale Ächtung isolierten Unrechtsregime wie in Südafrika. Internationale Organisationen der UN gestalten und überwachen Entwicklungshilfe auf gesundheitlichem, bildungspolitischem, kulturellem und technischem Gebiet. Austauschprogramme verstärken internationale Solidarität und gegenseitiges Verständnis. Leider fallen dagegen die Mißerfolge der Vereinten Nationen besonders ins Auge. So konnte die UNO bei den unzähligen Kriegen der letzten 45 Jahre nur in den wenigsten Fällen wirksam eingreifen. Die Rolle der Truppen beschränkt sich in den meisten Fällen auf die Wirkung als Beobachter oder als Puffer zwischen den Fronten. Besonders kraß tritt die Hilflosigkeit angesichts schreienden Unrechts in letzter Zeit am Jugoslawienkonflikt zu Tage.

Die Ursachen für diese Mißerfolge lagen bislang im Ost-West-Konflikt, der einstimmige Entschlüsse im Sicherheitsrat unmöglich machte und das Forum der Vollversammlung als Propagandamittel mit langatmigen Debatten mißbrauchte. Auch behinderte die immense Größe der Organisation rasches Handeln durch die Schwerfälligkeit ihrer eigenen Bürokratie. Im Sicherheitsrat sind die Staaten der Dritten Welt nicht vertreten, obwohl sie die überwiegende Mehrzahl der Mitgliedsstaaten bilden.

Damit müssen vor allem die im Sicherheitsrat vertretenen Staaten sich ihrer Verantwortung bewußt werden und ähnlich einstimmig und konsequent wie im Golfkrieg handeln. Längerfristig aber muß wohl über eine stärkere Beteiligung der Dritte-Welt-Staaten an der Verantwortung nachgedacht und regionalen Organisationen wie der KSZE unter sorgfältiger Abwägung möglicher Gefahren mehr Spielraum gewährt werden.


## Zusammenfassung

Die Gefahr des Zerfalls der EG besteht 1993 wohl nicht mehr. Die institutionellen Verfelchtungen der Volkswirtschaften und politischen Gremien sindso weit gediehen, daß militärische Auseinandersetzungen zwischen den europäischen Staaten praktisch nicht mehr denkbar sind. Die nach dem Zweiten Weltkrieg anvisierten Ziele – Frieden, Sicherheit, wirtschaftlicher Aufschwung und Regelung des Deutschlandproblems – sind verwirklicht. Am Ende des 20. Jahrhunderts haben die Europäer die Chance durch geschickte Kooperation einen Kontinent zu schaffen, der im 21. Jahrhundert eine ähnliche globale Bedeutung erlangen könnte wie das Europa des 19. Jahrhunderts.

Ideologischer Gegensatz, gewaltsame Sowjetisierung Osteuropas und die Bedrohung einzelner nichtkommunistischer Staaten durch die Sowjetunion hatten zum Ost-West-Konflikt geführt, der sich in den 50er und 60er Jahren in einzelnen Konfrontationen und Krisen (u. a. Koreakrieg, Berlin- und Kubakrise) entlud ("Kalter Krieg"). Parallel dazu veränderte sich die Waffentechnologie: vom atomaren Übergewicht der USA über das atomare Patt bis hin zu Overkillkapazitäten. Diese sich verändernde militärstrategische Entwicklung machte auch einen Wandel in der westlichen Sicherheitspolitik notwendig; von der Containment- und Status-quo-Politik ging man über zur Ära der Entspannung, die auf militärischer Sicherheit, Abrüstung und politischem Aufeinanderzugehen beruhte. Die Kubakrise 1962 wurde zum Höhe- und Wendepunkt des "Kalten Krieges": Es begann eine Phase der Reduzierung von Spannungen zwischen den Blöcken, die Ende der 70er Jahre durch neue rüstungspolitische Anstrengungen der Sowjetunion und den Einmarsch der Roten Armee in Afghanistan (1979) in eine Krise geriet.

Die Bundesrepublik versuchte, ihre nationalen Interessen (Offenhaltung der deutschen Frage bis zur Wiedervereinigung) im Rahmen der Entwicklung des Ost-West-Verhältnisses zu wahren. Mit der Reise Konrad Adenauers 1955 nach Moskau beginnt ein erster Schritt der Bundesrepublik in Richtung Kontaktaufnahme mit dem Osten, der allerdings zunächst seine Grenzen in dem gespannten Verhältnis der beiden Supermächte und in eigenen Grundpositionen (keine Anerkennung der DDR) fand. Der Übergang zur Entspannungs- und Status-quo-Politik seit der Kubakrise 1962 führte auch zu einem Neuansatz deutscher Außenpolitik gegenüber den östlichen Staaten: Nach ersten Anfängen in der Zeit der Großen Koalition ging die sozialliberale Regierung Brandt/Scheel zu einer verstärkten Kontaktaufnahme mit Staaten des Warschauer Paktes über, die in den Verträgen von Moskau und Warschau 1970 und im Grundlagenvertrag mit der DDR von 1972 ihren Höhepunkt fand. Ein Urteil des Bundesverfassungsgerichtes 1974 klärte den Spielraum der westdeutschen Politik im Verhältnis zur DDR und schuf die rechtliche Grundlage für eine kontinuierlich auf das Endziel der Wiedervereinigung hin orientierte deutsche Ostpolitik. Im Zuge der epochemachenden Veränderungen in Osteuropa konnte dieses Ziel schließlich am 3. Oktober 1990 erreicht werden.

Die "Dritte Welt" entstand seit den 1950er Jahren als Folge der Auflösung der ehemaligen Kolonialreiche und der gleichzeitigen Spaltung der Welt im Ost-West-Gegensatz. Der Zusammenschluß der afro-asiatischen Staaten 1955 zur Bewegung der Blockfreien war der Versuch der sich emanzipierenden ehemaligen Kolonialgebiete, einen eigenen Weg zu finden zwischen Kapitalismus und Sozialismus. Ihr Sprachrohr, die "Gruppe der 77" trug immer lauter die Forderung nach einer neuen Weltwirtschaftsordnung vor. Nicht zuletzt wegen des Zusammenbruchs der Staatshandelsländer scheint seit 1990 ein Umdenkungsprozeß bezüglich der Neugestaltung der internationalen Wirtschaftsbeziehungen innerhalb der UNO im Gange zu sein.

## Zeittafel 1: Innen- und Außenpolitik Deutschlands von 1939 – 1945

| Zeit | | Innenpolitik | | Außenpolitik |
|---|---|---|---|---|
| **1939** | | | | |
| | 30. 01. | Hitler "prophezeit" vor dem Großdeutschen Reichstag die "Vernichtung der jüdischen Rasse in Europa" im Falle eines Krieges | 15. 3. | Einmarsch deutscher Truppen in Böhmen und Mähren, Bildung des "Protektorats Böhmen und Mähren" |
| | 20. 04. | Truppenparade zu Hitlers 50. Geburtstag | 22. 5. | "Stahlpakt" zwischen Deutschland und Italien |
| | 26. 8. | Deutsche Mobilmachung | 23. 8. | Deutsch-sowjetischer Nichtangriffspakt mit Geheimprotokoll über Teilung Osteuropas |
| | 1. 9. | Hören ausländischer Sender verboten | 1. 9. | Deutscher Angriff auf Polen |
| | | | 3. 9. | Kriegserklärung Englands und Frankreichs an Deutschland |
| | | | 28. 9. | Deutsch-sowjetischer Grenz- und Freundschaftsvertrag |
| | 8. 11. | Attentat auf Hitler in München durch Einzelgänger Georg Elser | 22. 10. | Errichtung des "Generalgouvernements" in Polen |
| **1940** | | | | |
| | 17. 3. | Todt Rüstungsminister | 9. 4. | Deutscher Überfall auf Dänemark und Norwegen |
| | 18. 6. | Treffen Hitler–Mussolini in München | 10. 5. | Beginn des Westfeldzuges mit Angriffen auf NL, B, L, F |

| Zeit | | Innenpolitik | | Außenpolitik |
|---|---|---|---|---|
| | | | 22. 6. | Kapitulation Frankreichs |
| | | | 13. 8. | Deutsche Luftoffensive gegen England |
| | 22. 10. | Judendeportationen aus Baden, Saarland, Elsaß-Lothringen | 27. 9. | Dreimächtepakt zwischen Deutschland, Italien und Japan |
| | | | 28. 10. | Italienischer Überfall auf Griechenland |
| **1941** | | | | |
| | 19. 1. | Trefen Hitler–Mussolini auf dem Berghof | 11. 2. | Aufstellung des Afrikakorps unter Rommel |
| | | | 6. 4. | Deutscher Angriff auf Jugoslawien und Griechenland |
| | 10. 5. | Heß fliegt nach England | 22. 6. | Deutscher Angriff auf die Sowjetunion |
| | 31. 7. | Görings Befehl zur "Endlösung" der Judenfrage; Beginn der Deportationen aus dem Reich | | |
| | 19. 9. | Judenstern im Reich | 14. 8. | Verkündigung der Atlantik-Charta durch Roosevelt und Churchill |
| | 3. 10. | Zwangsarbeit für Juden im Reich | 7. 12. | Japanischer Überfall auf Pearl Harbour |
| | 19. 12. | Hitler Oberbefehlshaber des Heeres | 11. 12. | Deutsche Kriegserklärung an die USA |
| **1942** | | | | |
| | 20. 1. | "Wannseekonferenz" über die Organisation der "Endlösung" der Judenfrage | | |

| Zeit | | Innenpolitik | | Außenpolitik |
|---|---|---|---|---|
| | 17. 3. | Im Lager Belzec setzt die Massenvernichtung von Menschen mittels des Gases Zyklon B ein | | |
| | 26. 4. | Hitler oberster Gerichtsherr | 7. 11. | Beginn der alliierten Landungen in Nordafrika |
| | 30. 5. | Luftangriff auf Köln | 9. 11. | Sowjetische Offensive bei Stalingrad |
| **1943** | | | | |
| | 27. 1. | Arbeitskräfte-Mobilisierung für Kriegseinsatz | 14. – 25. 1. | Casablanca-Konferenz: Forderung nach bedingungsloser Kapitulation Deutschlands |
| | 27. 1. | Erster US-Tagesluftangriff | 31. 1. | Deutsche Kapitulation in Stalingrad |
| | 18. 2. | Goebbels verkündet den "totalen Krieg" im Berliner Sportpalast | | |
| | 18. 2. | Letztes Flugblatt der "Weißen Rose" | 19. 4. – 16. 5. | Aufstand im Warschauer Ghetto |
| | | | 13. 5. | Kapitulation der Achsenmächte in Afrika |
| | 19. 5. | Berlin für "judenfrei" erklärt | ab Juli | Sowjetische Offensiven |
| | 9. 8. | Kreisauer Kreis | 25. 7. | Sturz Mussolinis in Italien |
| | 9. 11. | Friedenssondierungen Himmlers über Schweden zu USA | 28. 11. – 1. 12. | Konferenz der "Großen Drei" in Teheran |
| **1944** | | | 6. 6. | Alliierte Landung in der Normandie |
| | 20. 7. | Attentats- und Staatsstreichversuch der deutschen Opposition gegen Hitler gescheitert | 22. 6. | Sowjetische Offensive gegen Heeresgruppe Mitte |

| Zeit | | Innenpolitik | | Außenpolitik |
|---|---|---|---|---|
| | 25. 9. | Volkssturm | 16. 12. | Letzte deutsche Offensive (Ardennen) |
| **1945** | | | | |
| | 30. 1. | Letze Rundfunkrede Hitlers | 1. 1. | Lubliner Komitee als provisorische Regierung in Polen |
| | 12. 2. | Aufruf von Frauen zum Volkssturm | 12. 1. | Sowjetischer Vormarsch an Weichsel und Oder |
| | 13. 2. | Bombardierung Dresdens | 4. – 11. 2. | Konferenz der "Großen Drei" in Jalta |
| | 19. 3. | "Nero-Befehl" Hitlers | | |
| | 1. 4. | Ruhrgebiet eingekesselt | | |
| | 2. 4. | Aufruf zum Werwolf | 25. 4. | Begegnung amerikanischer und sowjetischer Truppen an der Elbe |
| | 11. 4. | Selbstbefreiung des KZ Buchenwald | 25. 4. | Gründungskonferenz der "United Nations" in San Franzisco |
| | 30. 4. | Selbstmord Hitlers | | |
| | 30. 4. | Gruppe Ulbricht landet in Berlin | 7. /8. 5. | Bedingungslose Kapitulation Deutschlands |
| | 23. 5. | Verhaftung der Regierung Dönitz | | |
| | 5. 6. | Alliierte übernehmen Oberste Regierungsgewalt in Deutschland | 6. 8. | Atombombe Hiroshima |
| | | | 9. 8. | Atombombe auf Nagasaki |

# Zeittafel 2: Geschichtliche Entwicklung seit 1945

| Zeit | Europäische Geschichte und Weltgeschichte | Politische Geschichte Deutschlands<br>Westzonen Bundesrepublik | <br>Sowjetzone – DDR | Wirtschafts- und Sozialgeschichte Deutschlands |
|---|---|---|---|---|
| **1945** | | | | **1945–1948**<br>Demontagen, Wirtschaftsbeschränkungen<br>Umsiedlung der Heimatvertriebenen in die 4 Zonen |
| April | Truman US-Präsident | | Ulbricht, wichtigster Mann der KPD bzw. SED (bis 1971) in Deutschland | |
| Mai | | 7. /8. 5.: bedingungslose Kapitulation Deutschlands | | |
| Juni | Gründung der UNO | Übernahme der Staatsgewalt durch die 4 Besatzungsmächte | | |
| Juli | Churchill als Premierminister abgewählt | | Zulassung von Parteien im Blocksystem und einer Einheitsgewerkschaft auf Zonenebene | |
| Juli/Aug. | | 17. 7.–2. 8.: Konferenz von Potsdam:<br>Errichtung von Ländern und deutschen Zentralverwaltungen | | |
| Aug./ Sept. | | Zulassung von Parteien und einer Einheitsgewerkschaft zunächst nur auf Kreisebene | | Vorrang der Marktwirtschaft in den westl. Zonen, Planwirtschaft in der Ostzone |

| Zeit | Europäische Geschichte und Weltgeschichte | Politische Geschichte Deutschlands<br>Westzonen Bundesrepublik | <br>Sowjetzone – DDR | Wirtschafts- und Sozialgeschichte Deutschlands |
|---|---|---|---|---|
| Nov. | | Beginn des Nürnberger Prozesses (bis Okt. 1946) | | **1945 – 1950**<br>"Hungerjahre" (Kriegslasten, Besatzung, Flüchtlingselend, Vertreibung) |
| **1946** | Beginn der Sowjetisierung der meisten osteuropäischen Staaten | | | |
| Januar | | erste Kommunalwahlen in US-Zone | | |
| April | | | Gründung der SED aus SPD und KPD | |
| Juni | | Wahlen zu verfassunggebenden Versammlungen der Länder der US-Zone | | Einbeziehung Deutschlands in den Marshallplan in Aussicht gestellt |
| Juli | | | Beginn der Enteignung von Industrie-, Gewerbe- und Handelsbetrieben | |
| Sept. | | erste Kommunalwahlen in britischer und französischer Zone;<br>Stuttgarter Rede des US-Außenministers Byrnes | erste Kommunalwahlen | |

| **Zeit** | **Europäische Geschichte und Weltgeschichte** | **Politische Geschichte Deutschlands**<br>**Westzonen Bundesrepublik** | **Sowjetzone – DDR** | **Wirtschafts- und Sozialgeschichte Deutschlands** |
|---|---|---|---|---|
| | 16. 9.:<br>Winston Churchill fordert die Bildung der Vereinigten Staaten von Europa | | | |
| Oktober | | | erste Landtagswahlen | |
| Dez. | | erste Landtagswahlen und Volksabstimmung über Länderverfassungen in US-Zone | | |
| **1947** | Kennan-Doktrin, Truman-Doktrin, Marshall-Plan, Zwei-Lager-Theorie: Beginn des Kalten Krieges | | | |
| Januar | | Gründung der Bizone | | |
| März | **Truman-Doktrin**<br>Moskauer Außenminister-konferenz (bis April) | | | |
| Mai | | erste Landtagswahlen und Volksabstimmungen über Länderverfassungen in französischer Zone | | |
| Juni | **Marshall-Plan** | Errichtung des Wirtschafts-rats der Bizone in Frankfurt | Errichtung der Deutschen Wirtschaftskommission | |

| Zeit | Europäische Geschichte und Weltgeschichte | Politische Geschichte Deutschlands<br>Westzonen Bundesrepublik | <br>Sowjetzone – DDR | Wirtschafts- und Sozialgeschichte Deutschlands |
|---|---|---|---|---|
| Sept. | Zwei-Lager-Theorie der Sowjetunion | | | |
| Nov. | Londoner Außenministerkonferenz (bis Dez.) | | | |
| Dez. | | | erste Tagung des Volkskongresses für Einheit und gerechten Frieden | |
| **1948** | | 1948/49:<br>Parlamentarischer Rat in Bonn und Blockade Berlins | | Währungsreform und soziale Marktwirtschaft |
| Februar | kommunistischer Staatsstreich in der Tschechoslowakei | Londoner Sechs-Mächte-Konferenz (bis Juni) | | |
| März | Brüsseler Pakt | Ende der Tätigkeit des Alliierten Kontrollrats | | |
| | | | Einsetzung eines Verfassungsausschusses durch Volkskongreß | |
| April | Gründung der OEEC zur Koordinierung des Marshall-Plans | | | |
| Mai | 15. 5.:<br>Gründung Israels | | | |
| Juni | | Währungsreform | Währungsreform | |
| | | Blockade Westberlins | | |

| Zeit | Europäische Geschichte und Weltgeschichte | Politische Geschichte Deutschlands<br>Westzonen Bundesrepublik | Politische Geschichte Deutschlands<br>Sowjetzone – DDR | Wirtschafts- und Sozialgeschichte Deutschlands |
|---|---|---|---|---|
| Juli | | Übergabe der Frankfurter Dokumente | | beginnende wirtschaftliche und soziale Integration der Heimatvertriebenen und Flüchtlinge |
| Aug. | | Verfassungskonvent auf Herrenchiemsee | | |
| Sept. | | Zusammentreten des Parlamentarischen Rats | | |
| Nov./ Dez. | | politische Spaltung Berlins | | |
| **1949** | | | | |
| Januar | Gründung des RGW (COMECON) | | SED proklamiert Marxismus-Leninismus als ihr oberstes Prinzip | |
| April | Gründung der NATO | | | |
| Mai | Gründung des Europarats | Aufhebung der Berlinblockade | | |
| | | 23. 5.:<br>**Gründung der Bundesrepublik**<br>Inkrafttreten des Bonner Grundgesetzes | Wahl zum Volkskongreß nach Einheitsliste;<br>Billigung des Verfassungsentwurfs durch den Volkskongreß | |

| **Zeit** | **Europäische Geschichte und Weltgeschichte** | **Politische Geschichte Deutschlands**<br>**Westzonen Bundesrepublik** | **Sowjetzone – DDR** | **Wirtschafts- und Sozialgeschichte Deutschlands** |
|---|---|---|---|---|
| Juli | | Errichtung der Internationalen Ruhrbehörde (Ruhrstatut) | | |
| August | | Erste Bundestagswahl | | |
| Sept. | erster erfolgreicher russischer Atombombenversuch | Heuss Bundespräsidenten (bis 1959), Adenauer Bundeskanzler (bis 1963)<br>Inkrafttreten des Besatzungsstatuts | | |
| Oktober | | | 7. 10.:<br>**Gründung der DDR**<br>Inkrafttreten der Verfassung<br>Pieck Präsident (bis 1960), Grotewohl Ministerpräsident (bis 1964) | |
| Nov. | | Petersberger Abkommen | | |
| **1950** | seit 1950:<br>Containment, Roll Back und Status quo<br>**1950 – 1953**<br>Koreakrieg | seit 1950:<br>Diskussion um Wiederbewaffnung in Westdeutschland | | seit 1950:<br>"Wirschaftswunder" in Westdeutschland<br>**1949 – 1952**<br>Aufbau des Sozialismus in der DDR beginnt |

| Zeit | Europäische Geschichte und Weltgeschichte | Politische Geschichte Deutschlands<br>Westzonen Bundesrepublik | Politische Geschichte Deutschlands<br>Sowjetzone – DDR | Wirtschafts- und Sozialgeschichte Deutschlands |
|---|---|---|---|---|
| Mai | Schuman-Plan: Gründung einer Kohle- und Stahlgemeinschaft | | | |
| Juni | Koreakrieg (bis 1953)<br>Churchill für deutschen Verteidigungsbeitrag | | | |
| August | | Adenauers Sicherheitsmemorandum | | |
| Oktober | Pleven frz. Ministerpräsident der EVG | Rücktritt Heinemanns | erste Volkskammerwahl nach Einheitsliste | |
| **1951** | | | | Nachkriegsjahre: Vorstellung von der wirtschaftlichen Sogwirkung der Bundesrepublik auf die DDR (Magnettheorie) |
| April | | Gründung der Montanunion (EGKS) | | |
| Mai | | Bundesrepublik Vollmitglied des Europarats | | |
| Oktober | Churchill Premierminister (bis 1955) | | | |

| **Zeit** | **Europäische Geschichte und Weltgeschichte** | **Politische Geschichte Deutschlands** | | **Wirtschafts- und Sozialgeschichte Deutschlands** |
|---|---|---|---|---|
| | | **Westzonen Bundesrepublik** | **Sowjetzone – DDR** | |
| **1952** | | | | |
| Mai | 27. 5.:<br>Unterzeichnung des EVG-Vertrags | | | |
| Juli | | | SED proklamiert Aufbau des Sozialismus;<br>Aufteilung der Länder in 14 Bezirke | |
| **1953** | | | | |
| Januar | Dulles US-Außenminister (bis 1959) Programm des Roll-back | | | |
| März | Stalins Tod<br>Chruschtschow wird Erster Sekretär der KPdSU mit wachsender Machtfülle (bis 64) | | | |
| Juni | | | 17. Juni: Aufstand | 50er Jahre:<br>Fluchtwellen aus der DDR in die Bundesrepublik |
| Aug. | erster erfolgreicher russischer Test mit Wasserstoffbombe | | | ab August:<br>in der DDR<br>Umwandlung der SAGs in VEBs |
| März | | Stalin-Note | | |

| Zeit | Europäische Geschichte und Weltgeschichte | Politische Geschichte Deutschlands<br>Westzonen Bundesrepublik | <br>Sowjetzone – DDR | Wirtschafts- und Sozialgeschichte Deutschlands |
|---|---|---|---|---|
| **1954** | | | Sowjetunion erklärt DDR als souverän bis auf die Vorbehaltsrechte der Vier Mächte | |
| August | 30. 8.:<br>Der EVG-Vertrag scheitert an der französischen Nationalversammlung | | | |
| Oktober | 23. 10.:<br>Unterzeichnung der Pariser Verträge | | | |
| **1955** | | | | |
| April | 17./24.4.:<br>Bandung-Konferenz | | | |
| Mai | 5. 5.:<br>Inkrafttreten der Pariser Verträge und des Warschauer Pakts | fast völlige Souveränität der Bundesrepublik, Beitritt zur NATO | | |
| Sept. | | diplomatische Beziehungen zwischen Sowjetunion und Bundesrepublik<br>Hallstein-Doktrin | | |
| **1956** | Beginn der Entstalinisierung (XX. Parteitag der KPdSU) | Aufstellung erster Verbände der Bundeswehr | Gesetz über die "Volksarmee" | |

| Zeit | Europäische Geschichte und Weltgeschichte | Politische Geschichte Deutschlands<br>Westzonen Bundesrepublik | Politische Geschichte Deutschlands<br>Sowjetzone – DDR | Wirtschafts- und Sozialgeschichte Deutschlands |
|---|---|---|---|---|
| **1957** | | | | |
| Januar | | Eingliederung des Saargebiets nach Volksabstimmung | Vorschlag Ulbrichts zur Annäherung der beiden deutschen Staaten | |
| März | Unterzeichnung der "Römischen Verträge" zur Gründung der EWG und Zusammenschluß der drei europäischen Gemeinschaften (EWG, EGKS und EURATOM) | | | |
| Juli | Aufstand in Polen | | | |
| Okt. | Sputnik I | | | |
| Okt./ Nov. | Aufstand in Ungarn | | | |
| Nov. | Sowjetunion erzwingt Abbruch des britisch-französischen Angriffs auf Ägypten | | | |
| **1958** | | innenpolitische Stabilität; | | Wirtschaftswunder, Sozialgesetzgebung in der Bundesrepublik |
| | | **1958–1961**<br>Berlin-Ultimaten Chruschtschows und Massenflucht aus der DDR | | |

| **Zeit** | **Europäische Geschichte und Weltgeschichte** | **Politische Geschichte Deutschlands**<br>**Westzonen Bundesrepublik** | **Sowjetzone – DDR** | **Wirtschafts- und Sozialgeschichte Deutschlands** |
|---|---|---|---|---|
| Januar | 1. 1.:<br>Inkrafttreten der "Römischen Verträge";<br>de Gaulle frz. Staatspräsident (bis 1969) | | bis 1961 anhaltende Fluchtwelle | |
| Februar | Fidel Castro kubanischer Ministerpräsident | | | |
| Juli | 21. 7.:<br>Großbritannien, Dänemark, Norwegen, Schweden, Österreich, die Schweiz und Portugal beschließen die Errichtung der EFTA | | | |
| Nov. | Chruschtschows Berlin-Ultimatum | | | |
| Dez. | | | Auflösung der Länderkammer | |
| **1960** | Abberufung der sowjetischen Techniker aus der Volksrepublik China | | | |
| August | Gründung der OPEC | | | |
| Sept. | | | Errichtung des Staatsrats | |
| Dez. | | | weitgehender Abschluß der Kollektivierung der Landwirtschaft | |

| Zeit | Europäische Geschichte und Weltgeschichte | Politische Geschichte Deutschlands<br>Westzonen Bundesrepublik | Politische Geschichte Deutschlands<br>Sowjetzone – DDR | Wirtschafts- und Sozialgeschichte Deutschlands |
|---|---|---|---|---|
| **1961** | Kennedy US-Präsident (bis 1963) | | | |
| Juli | Kennedys Proklamation der drei Grundelemente einer Berlin-Regelung | | | |
| August | | 13. 8.: Beginn des Mauerbaus in Berlin | | |
| Sept. | Gipfelkonferenz der Blockfreien in Belgrad | | | |
| **1962** | | | | |
| Januar | | | allgemeine Wehrpflicht | |
| Okt./ Nov. | Kuba-Krise:<br>Höhepunkt des Kalten Krieges | Spiegel-Affäre in Bonn | | |
| **1963** | seit 1962/63:<br>Beginn der Entspannungspolitik zwischen Ost und West | | | |
| Januar | | 22. 1.:<br>Unterzeichnung des deutsch-französischen Freundschaftsvertrages | | |
| Mai | 25. 5.:<br>Gründung der Organisation für Afrikanische Einheit | | | |

| Zeit | Europäische Geschichte und Weltgeschichte | Politische Geschichte Deutschlands<br>Westzonen Bundesrepublik | Politische Geschichte Deutschlands<br>Sowjetzone – DDR | Wirtschafts- und Sozialgeschichte Deutschlands |
|---|---|---|---|---|
| Juni | | 26. 6.:<br>Kennedys Besuch in Bonn;<br>Ende der Ära Adenauer | | |
| Juli | USA, Sowjetunion und England verpflichten sich zu weitgehendem Verzicht auf Kernwaffenversuche | | | |
| Oktober | | Ludwig Erhard (CDU) Bundeskanzler (bis 1966) | | |
| Nov. | 22. 11.: Ermordung Kennedys | | | |
| **1964** | | | | |
| Februar | | | Einführung des "Zwangsumtausches" | |
| März | UNCTAD I, Gründung der "Gruppe der 77" | | | |
| Sept. | | | Stoph Vorsitzender des Ministerrats | |
| **1965** | seit 1965:<br>verstärktes Engagement der USA in Vietnam | | | Beginn der Wirtschaftsrezession in Westdeutschland |
| 30. 6. | EWG-Krise, Frankreich bleibt dem EWG-Ministerrat bis auf weiteres fern | | | |

| **Zeit** | **Europäische Geschichte und Weltgeschichte** | **Politische Geschichte Deutschlands**<br>**Westzonen Bundesrepublik** | **Sowjetzone – DDR** | **Wirtschafts- und Sozialgeschichte Deutschlands** |
|---|---|---|---|---|
| **1966** | | | | **Mitte der 60er Jahre** Aufbruchstimmung, Suche nach neuen Lebensformen, 68er Generation |
| Januar | Luxemburger Kompromiß der EWG | | | |
| Nov. | | Rücktritt Erhards; Große Koalition in Bonn unter Bundeskanzler Kiesinger (CDU) und Außenminister Brandt (SPD) | | |
| **1967** | | **1967/68** Höhepunkt der Studentenrevolte in Deutschland | | "Pillenknick": Rückgang der Bevölkerung |
| Februar | | | Gesetz über die Staatsbürgerschaft der DDR | |
| Juni | | | | Stabilitäts- und Wachstumsgesetz |
| Juli | 1. 7.: Zusammenlegung der EWG-Organe, der EGKS und der EURATOM führt zur neuen EG | | | |

| **Zeit** | **Europäische Geschichte und Weltgeschichte** | **Politische Geschichte Deutschlands**<br>**Westzonen Bundesrepublik** | **Sowjetzone – DDR** | **Wirtschafts- und Sozialgeschichte Deutschlands** |
|---|---|---|---|---|
| **1968** | | | | "Osterunruhen" |
| April | | | Inkrafttreten einer neuen Verfassung | |
| Mai | | Notstandsgesetze verabschiedet | | |
| Juli | Unterzeichnung des Vertrags über Nichtverbreitung von Kernwaffen | | | |
| **1969** | | | | |
| März | | 25. 3.:<br>Wahl Gustav Heinemanns (SPD) zum Bundespräsidenten (bis 1974) | | |
| April | 24. 4.:<br>Rücktritt von Staatspräsident de Gaulle | | | |
| Sept. | | 28. 9.:<br>Bundestagswahl: Stimmengewinne der SPD | | |
| Oktober | | Willy Brandt (SPD) Bundeskanzler (bis 1974) | | **1969 – 1982**<br>verstärkte Reformpolitik der sozial-liberalen Koalition |

| Zeit | Europäische Geschichte und Weltgeschichte | Politische Geschichte Deutschlands | | Wirtschafts- und Sozialgeschichte Deutschlands |
|---|---|---|---|---|
| | | Westzonen Bundesrepublik | Sowjetzone – DDR | |
| Dez. | 1. 12.:<br>Gipfelkonferenz in Den Haag: Pläne zur weiteren europäischen politischen Zusammenarbeit, Anstöße zur Schaffung einer Wirtschafts- und Währungsunion | | | |
| **1970** | Gewaltverzichtsabkommen zwischen Bundesrepublik und der UdSSR bzw. Polen | | | |
| März | | 19. 3.: Treffen von Stoph und Brandt in Erfurt | | |
| Juli | | Herabsetzung des aktiven Wahlalters auf 18 Jahre | | |
| August | | Unterzeichnung des Moskauer Vertrags | | |
| Dez. | | Unterzeichnung des Warschauer Vertrags | | |
| **1971** | Alliierte Vereinbarung über Berlin | Transitabkommen mit der DDR | | |
| April | | | Honecker Generalsekretär der SED | |
| Sept. | | Unterzeichnung des Viermächteabkommens über Berlin | | |

| Zeit | Europäische Geschichte und Weltgeschichte | Politische Geschichte Deutschlands<br>Westzonen Bundesrepublik | <br>Sowjetzone – DDR | Wirtschafts- und Sozialgeschichte Deutschlands |
|---|---|---|---|---|
| Dez. | | Friedensnobelpreis an Willy Brandt | | |
| **1972** | | | | verstärkter Terrorismus in Deutschland |
| Mai | Unterzeichnung des SALT-I-Abkommens zwischen USA und Sowjetunion | | | |
| Sept. | | Bundestagswahl: SPD/FDP gewinnen absolute Mehrheit | | |
| Dez. | | Unterzeichnung des Grundlagenvertrags zwischen Bundesrepublik und DDR | bis Dezember:<br>Aufnahme diplomatischer Beziehungen zu 20 neutralen und westlichen Staaten; Staatsvertrag | |
| **1973** | Beginn der KSZE- und MBFR-Konferenzen | | | |
| Januar | 1. 1.:<br>Beginn der Neuner-Gemeinschaft: Großbritannien, Irland und Dänemark | | | |

| Zeit | Europäische Geschichte und Weltgeschichte | Politische Geschichte Deutschlands<br>Westzonen<br>Bundesrepublik | Politische Geschichte Deutschlands<br>Sowjetzone – DDR | Wirtschafts- und Sozialgeschichte Deutschlands |
|---|---|---|---|---|
| | | | | **seit den 70er Jahren:** "strukturelle Arbeitslosigkeit" und "Neue soziale Frage" |
| Sept. | | 18. 9.: Aufnahme beider deutscher Staaten in die UNO | | |
| Oktober | | | Stoph neuer Staatsratsvorsitzende | Beginn der Ölkrise |
| Dez. | | Unterzeichnung des Vertrags mit der Tschechoslowakei | | |
| **1974** | | | | |
| Mai | Neue Weltwirtschaftsordnung der UNO | Walter Scheel Bundespräsident<br>Helmut Schmidt Bundeskanzler (bis 1982) | | |
| Sept. | | | Verfassungsänderung: Tilgung der Begriffe "Wiedervereinigung" und "Deutsche Nation" | |
| Oktober | | | 7. 10.:<br>Erstmalige Feier des Gründungstages der DDR | |

| Zeit | Europäische Geschichte und Weltgeschichte | Politische Geschichte Deutschlands | | Wirtschafts- und Sozialgeschichte Deutschlands |
|---|---|---|---|---|
| | | Westzonen Bundesrepublik | Sowjetzone – DDR | |
| **1975** | | | | |
| Februar | 1. Lomé-Abkommen der EG mit 46 Entwicklungsländern | | | |
| August | 1. 8.:<br>Unterzeichnung der KSZE-Schlußakte von Helsinki | | | |
| **1976** | | Bundestagswahl | | |
| **1977** | | | Massenausreiseanträge zur Übersiedlung in die Bundesrepublik | Welle des Terrorismus in der Bundesrepublik |
| Juni | 2. 6.:<br>Abschluß des "Nord-Süd-Dialogs" in Paris ohne Ergebnis | | | |
| **1978** | | | | |
| Februar | | | | Anti-Terror-Gesetz |
| Juli | Erster Weltwirtschaftsgipfel | | | |
| **1979** | Iran wird "Islamische Republik" | | | Friedensbewegung in Westdeutschland |
| Mai | | Wahl von Carl Carstens zum Bundespräsidenten | | |

| Zeit | Europäische Geschichte und Weltgeschichte | Politische Geschichte Deutschlands<br>Westzonen Bundesrepublik | Politische Geschichte Deutschlands<br>Sowjetzone – DDR | Wirtschafts- und Sozialgeschichte Deutschlands |
|---|---|---|---|---|
| Juni | Unterzeichnung des SALT-II-Abkommens zwischen USA und Sowjetunion;<br>erste Direktwahl zum Europäischen Parlament der EG | | Verschärfung des politischen Strafrechts | |
| Dez. | 12. 12.:<br>NATO-Doppelbeschluß nach Einmarsch sowjetischer Truppen in Afghanistan | | | Ende der 70er Jahre: Die DDR überschreitet den Gipfelpunkt ihrer wirtschaftlichen Entwicklung. |
| **1980** | | | | **80er Jahre**<br>verstärkte Migrationsbewegungen (Aussiedler, Asylanten, Übersiedler) |
| **1981** | | | | |
| Januar | 1. 1.:<br>Griechenland wird 10. Mitglied der EG | | | |
| Oktober | Gipfelkonferenz der Industrie- und Entwicklungsländer in Cancun/Mexiko | | | Friedensdemonstration in Bonn |
| Dez. | | Besuch von Bundeskanzler Schmidt in der DDR | | |

| **Zeit** | **Europäische Geschichte und Weltgeschichte** | **Politische Geschichte Deutschlands** | | **Wirtschafts- und Sozialgeschichte Deutschlands** |
|---|---|---|---|---|
| | | **Westzonen Bundesrepublik** | **Sowjetzone – DDR** | |
| **1982** | | | | |
| Oktober | | 1. 10.:<br>Helmut Kohl (CDU) neuer Bundeskanzler | | **80er Jahre**<br>"Wohlstandsschub" in Westdeutschland, Rückstand der DDR wird immer deutlicher |
| **1983** | Verwirklichung des NATO-Doppelbeschlusses und Abbruch der START- und INF-Verhandlungen | Neuwahlen zum Bundestag | Abbau der Selbstschußanlagen an der Grenze wegen gewährter Kredite; Abschiebung von Anhängern der Friedensbewegung in die Bundesrepublik | |
| **1984** | | | | Arbeitskampf in der Metall- und Druckindustrie um die 35-Stunden-Woche |
| **1985** | **seit 1985**<br>Reformpolitik<br>Michail Gorbatschows<br>(Glasnost und Perestrojka) | | | |
| Februar | Grönland tritt aus der EG aus | | | |
| Juni | Schengener Abkommen | | | |
| Mai | Weltwirtschaftsgipfel in Bonn | | | |

| Zeit | Europäische Geschichte und Weltgeschichte | Politische Geschichte Deutschlands<br>Westzonen Bundesrepublik | Politische Geschichte Deutschlands<br>Sowjetzone – DDR | Wirtschafts- und Sozialgeschichte Deutschlands |
|---|---|---|---|---|
| **1986** | | | | |
| Januar | Beginn der Zwölfer-Gemeinschaft: Portugal und Spanien | | | Höhepunkt der Neue-Heimat-Affäre |
| Februar | 28. 2.:<br>Unterzeichnung der Einheitlichen Europäischen Akte | | | |
| April | 26. 4.:<br>Reaktorkatastrophe von Tschernobyl | | | |
| Juni | | | | Walter Wallmann erster Umweltminister |
| **1987** | INF-Vereinbarungen zwischen USA und UdSSR | | | |
| Sept. | | 7. – 11. 9.: Besuch Honeckers in Bonn | | |
| **1989** | Zusammenbruch der kommunistischen Regime in Osteuropa | | Friedensgebete in der DDR, Widerstand gegen das SED-Regime, Massenflucht von DDR-Bürgern nach Ungarn, Prag und Warschau | |
| Mai | | 23. 5.:<br>Wahl R. v, Weizsäckers zum Bundespräsidenten; 40 Jahre Bundesrepublik | | |

| Zeit | Europäische Geschichte und Weltgeschichte | Politische Geschichte Deutschlands<br>Westzonen Bundesrepublik | Politische Geschichte Deutschlands<br>Sowjetzone – DDR | Wirtschafts- und Sozialgeschichte Deutschlands |
|---|---|---|---|---|
| Okt. | | | 7. 10.: 40 Jahre DDR | |
| Nov. | 9. 11.<br>Die fünf neuen deutschen Länder werden Mitglied der EG. | | 9. 11.<br>Fall der Berliner Mauer<br>Öffnung der DDR-Grenzen | 30. 11.<br>Ermordung des Vorstandssprechers der Dt. Bank ; A. Herrhausen |
| **1990** | 18. Sondergeneralversammlung der UN | | | |
| März | | | 18. 3.:<br>erste demokratische Wahlen in der DDR | |
| Juli | | | | 1. 7.:<br>Wirtschafts-, Währungs- und Sozialunion zwischen der Bundesrepublik und der DDR<br>seit 1990:<br>Tätigkeit der Treuhandanstalt zur Privatisierung der Betriebe in der ehemaligen DDR |
| Okt. | | 3. 10.:<br>Wiedervereinigung durch Beitritt der Länder der DDR zur Bundesrepublik, Kohl erster gesamtdeutscher Kanzler | | |
| Dez. | | 2. 12.: erste gesamtdeutsche Wahlen | | |

| Zeit | Europäische Geschichte und Weltgeschichte | Politische Geschichte des vereinigten Deutschlands | Wirtschafts- und Sozialgeschichte Deutschlands |
|---|---|---|---|
| Sept. | Entstehung der GUS;<br>erfolgreiche Verhandlungen der beiden dt. Staaten und der vier Alliierten über Wiedervereinigung | | |
| **1991** | seit 1991:<br>Beginn der Auseinandersetzungen in Jugoslawien | | |
| März | Golfkrieg | | |
| April | | 1. 4.: Ermordung des Präsidenten der Treuhandanstalt Rohwedder durch die RAF | |
| Juni | | Entscheidung für Berlin als Regierungshauptstadt | |
| August | gescheiterter Putsch in Moskau | | |
| Dez. | Ende der Sowjetunion, Jelzin russicher Präsident | | |
| | 9./11. 12.:<br>Vertrag von Maastricht über die Politische Union | | |
| **1992** | **seit 1992**<br>Blauhelmeinsätze der UNO im ehemaligen Jugoslawien | | seit 1992/93:<br>verstärkte Wirtschafts-krise in Ost- und West-deutschland und Gewaltakte gegen Ausländer/innen |

| Zeit | Europäische Geschichte und Weltgeschichte | Politische Geschichte des vereinigten Deutschlands | Wirtschafts- und Sozialgeschichte Deutschlands |
|---|---|---|---|
| 7. 2. | Paraphierung des Maastricht-Vertrags | | |
| **1993** | seit 1993:<br>Einsatz von UNO-Truppen in Somalia | seit 1993:<br>Einsatz der Bundeswehr in Somalia | |
| Januar | 1. 1.:<br>Beginn des Europäischen Binnenmarktes (Maastricht-Vertrag) | | |
| Oktober | gewaltsamer Machtkampf zwischen Reformern und ihren Gegnern in Moskau | Forderung nach einem ständigen Sitz für Deutschland im Sicherheitsrat der UNO | |
| Nov. | 1. 11.:<br>Die Bundesrepublik Deutschland ratifiziert als letzter Staat der EG den Maastricht-Vertrag. Die EG wird umgewandelt in die "Europäische Union" (EU). | | Diskussion um die 4-Tage-Woche |

# Glossar

**Akzelarator- und Multiplikator-Effekte**
In Wirtschaftskrisen marktwirtschaftlicher Systeme verschärfen bzw. verstärken sich aufgrund der engen Verflechtung der einzelnen Wirtschaftsbereiche Krisensymptome. Absatzschwierigkeiten in der Automobilbranche treffen so z. B. auch die Zulieferindustrie und indirekt sogar den Staat (verringertes Steueraufkommen).

**Außerparlamentarische Opposition (APO)**
In der Zeit der Großen Koalition (1966–1969) entstandenes Konzept, den Kampf gegen Maßnahmen der Regierung wegen mangelnder Effizienz der parlamentarischen Opposition auf die Straße zu verlegen. Für linksradikale Studenten der 68er Generation in Deutschland Mittel der politischen Auseinandersetzung und Möglichkeit, bei der Öffentlichkeit Aufmerksamkeit zu erregen.

**Binnenmarkt**
Wirtschaftsraum, in dem überall gleiche Bedingungen für den Kapital-, Dienstleistungs- und Warenverkehr herrschen und in dem jeder Bürger Wohn- und Arbeitsort frei wählen kann.

**Breschnew-Doktrin**
Eine dem früheren sowjetischen Parteichef Leonid Breschnew zugeschriebene Theorie von der "begrenzten Souveränität sozialistischer Staaten": Wichen sie vom durch die sowjetische Führungsmacht vorgegebenen Kurs ab oder sah die "sozialistische Staatengemeinschaft" die Stabilität und Sicherheit des eigenen Territoriums bedroht, nahmen sich die Staaten das Recht zur Einmischung in innere Angelegenheiten der "sozialistischen Bruderländer". Diese Doktrin wurde u. a. zur Rechtfertigung des Einmarsches der Warschauer-Pakt-Staaten in die Tschechoslowakei (21. Aug. 1968) herangezogen.

**Civil Rights Movement**
Bürgerrechtsbewegung in den USA um Martin Luther King. Mit gewaltlosem Massenprotest sollte versucht werden, Gleichberechtigung für die Schwarzen in den Vereinigten Staaten zu erkämpfen. Diese Form des Widerstands wurde zum Vorbild für die Protestgeneration der 68er Jahre (z. B. in den "Ostermärschen") und fand Ende der 80er Jahre unter neuen Vorzeichen eine Wiederbelebung in der ehemaligen DDR und in Westdeutschland (Friedensgebete, Bewegung "Schwerter zu Pflugscharen", Friedensbewegung).

**Commonwealth ("öffentliches Wohl, Gemeinwesen")**
Englische Bezeichnung für den 1926 geschaffenen Staatenbund "British Commonwealth of Nations", in welchem die Dominions Irland, Kanada, Neufundland, Australien, Südafrikanische Union und Neuseeland autonome Gemeinschaften innerhalb des britischen Empires gewesen sind. Zwar hat sie die gemeinsame Bindung an die Krone vereinigt, doch sind sie in keiner Weise einander in inneren und äußeren Angelegenheiten untergeordnet gewesen. Die heute nur noch lose Gemeinschaft versteht sich eher als ausgleichende moralische Kraft.

**Containment-Politik**
Konzept von George F. Kennan und US-Präsident Harry S. Truman zur Eindämmung des Kommunismus: wirtschaftliche Hilfen (Marshall-Plan) und politischer Beistand der USA für bedrohte

Länder, außerdem Forcierung des Zusammenschlusses westlicher Staaten (NATO, EWG).

**Dissidenten**
Bezeichnung für Gegner des offiziellen Kurses der Staats- und Parteiführung im früheren sozialistischen Ostblock. Diese Persönlichkeiten übten Kritik an den Verhältnissen in ihren Staaten und wollten zumindest einen menschlichen Sozialismus, wenn nicht sogar eine Überwindung dieser Gesellschaftsform und eine Lockerung der Beherrschung durch die Sowjetunion erreichen. Prominente Vertreter der Dissidenten-Bewegung waren Andrej Sacharow, Alexander Solschenizyn, Lew Kopelew (UdSSR), Vaclav Havel und die "Charta 77-Bewegung" (Tschechoslowakei), Lech Walesa und die Gewerkschaft Solidarność (Polen) sowie Wolf Biermann, Reiner Kunze, Robert Havemann und Rudolf Bahro in der früheren DDR. Erst durch die Reformpolitik Michail Gorbatschows und die dadurch ausgelösten epochemachenden Veränderungen in Osteuropa konnte sich ihre Richtung erfolgreich durchsetzen.

**ECU**
Abk. f. "European Currency Unit"; Währungseinheit des Europäischen Währungssystems, die am 1. Januar 1979 als Verrechnungseinheit zwischen den EG-Staaten eingeführt wurde. Ab 1999 soll sie gemäß Maastricht-Vertrag alleiniges Zahlungsmittel in der Europäischen Union (EU) werden. Der Name erinnert an die alte französische Münze Écu (1266/1270). Der ECU beruht auf einem Währungskorb, der Haushalt der Gemeinschaft wird in ECU ausgewiesen.

**EFTA ("European Free Trade Association")**
Wie bei der EWG wurden auch in der Europäischen Freihandelszone die Zölle zwischen den Mitgliedsstaaten abgebaut. Doch im Gegensatz zur EWG kann jedes Mitglied gegenüber dritten Staaten einen eigenen Außenzoll beibehalten.

**"Eiserner Vorhang"**
1945 von Winston Churchill geprägtes Bild für die Sowjetisierung Osteuropas und die damit verbundene Abtrennung dieser Gebiete von der Entwicklung im restlichen Europa. Ähnlich äußerte sich 1948 der tschechische Präsident Benesch, der den gewaltsamen kommunistischen Umsturz in seiner Heimat anprangerte ("In Osteuropa gehen die Lichter aus"). Der "eiserne Vorhang" konnte durch die Entspannungspolitik der 70er Jahre ansatzweise und durch die epochemachenden Veränderungen in Osteuropa seit Mitte der 80er Jahre endgültig überwunden werden.

**Entspannung(spolitik)**
Bezeichnung für den Versuch der Supermächte und ihrer Bündnispartner, einen "Wandel durch Annäherung" (→ Konvergenz) zu erreichen und so Spannungen zwischen den Blöcken abzubauen. Auf westlicher Seite entsprang diese Politik der Erkenntnis, daß angesichts von Overkillkapazitäten (Fähigkeit beider Lager, die Welt mehrere Male durch atomare Waffen zu vernichten) wirkliche Sicherheit nur auf einer gesicherten Verteidigung *und* auf dem Abbau der politischen Spannungen zwischen den Blöcken möglich sei (Harmel-Bericht 1967). Höhepunkte der Entspannungspolitik waren die → SALT-Abkommen und der Moskauer und Warschauer Vertrag von 1970. Diese Politik geriet in eine Krise, als die Sowjetunion trotz nach außen betriebener Verständigungspolitik militärisch einseitig aufrüstete und in Afghanistan einmarschierte. Die Westmächte reagierten darauf mit dem → NATO-Doppelbeschluß und betrieben fortan bis zu dessen Auflösung

zu Beginn der 90er Jahre eine zurückhaltendere Politik gegenüber dem Ostblock.

**FDGB (Freier Deutscher Gewerkschaftsbund)**
Eine in der → SBZ noch vor der Potsdamer Konferenz ins Leben gerufene Organisation, die einzelne Industriegewerkschaften unter kommunistischer Führung vereinheitlichte.

**flexible response**
Angesichts der Gefahr eines globalen Nuklearkrieges verzichtete die NATO seit der Kubakrise auf die Drohung mit dem massiven Einsatz von Nuklearwaffen (Konzept der massiven Vergeltung) und nahm sich statt dessen vor, in Konfliktfällen flexibel auf die gegnerische Herausforderung zu reagieren. Durch ein großes Potential an Nuklearwaffen sollte der Gegner allerdings davor abgeschreckt werden, das NATO-Territorium überhaupt anzugreifen. Im Zeichen der → Entspannungspolitik wurde dieses Konzept ergänzt durch die Bereitschaft, mit dem Gegner zu verhandeln, um die Ursachen für drohende künftige Krisenerscheinungen zu überwinden. Anfang der 90er Jahre ging die NATO angesichts der nicht mehr bestehenden direkten Bedrohung durch den ehemaligen Warschauer Pakt dazu über, zur Sicherung ihres Territoriums neben Verteidigung verstärkt auf Dialog und Kooperation mit anderen Staaten zu setzen.

**Formierte Gesellschaft**
Vorstellung von Bundeskanzler Ludwig Erhard (1963–1966) von einer Gesellschaftsform, die das Miteinander im Staat vor Gruppenegoismus und Interessenwillkür stellt.

**Friedliche Koexistenz**
Im Gegensatz zur westlichen Auffassung bedeutete friedliche Koexistenz in kommunistischer Sicht *nicht* ein weitgehend vorbehaltloses friedliches Nebeneinander westlicher und sozialistischer Staaten, sondern nur eine begrenzte Kooperation zwischen den beiden Lagern *ohne* Verzicht auf den ideologischen Wettbewerb zwischen Kapitalismus und Sozialismus (u. a. auch in der Dritten Welt). Endziel blieb für die östliche Seite der "Sieg des Sozialismus im Weltmaßstab".

**GATT (General Agreement on Tariffs and Trade)**
1947 in Genf unterzeichnetes Handels- und Zollabkommen zur gegenseitigen Stabilisierung und Herabsetzung der Zollschranken.

**Glasnost und Perestrojka**
Zwei, die Reformpolitik Michail Gorbatschows (1985–1991) kennzeichnende Schlagworte. Offenheit (Glasnost) und Reform (Perestrojka) sollten dazu beitragen, die erstarrten Kräfte des Sozialismus zu reaktivieren und aus dem "real existierenden Sozialismus" wieder ein lebendiges (und menschlicheres) Gesellschaftssystem zu machen. Gorbatschows Vorstellungen wurden von vielen osteuropäischen Staaten (mit Ausnahme der DDR-Führung unter Honecker) übernommen und trugen so wesentlich zu den Veränderungen in Osteuropa seit 1989 bei, an dessen Ende der von Gorbatschow niemals angestrebte Zusammenbruch des Kommunismus und des Ostblocks stand.

**Grundlagenvertrag**
1972 im Zuge der → Entspannungspolitik zwischen der Bundesrepublik Dtld. und der DDR ausgehandelter Vertrag, der das Verhältnis zwischen den beiden deutschen Staaten auf der Basis gutnachbarlicher Beziehungen und eines Bekenntnisses zum Gewaltverzicht zu regeln versuchte. Ergänzt wurde der Vertrag durch einen "Brief zur deutschen Einheit", in dem die westdeutsche

Seite am Wiedervereinigungsauftrag festhielt. Die Bundesrepublik und die DDR errichteten Ständige Vertretungen im jeweiligen Nachbarland und intensivierten auf der Basis in den 70er und 80er Jahren ihre Beziehungen. In einem von der bayerischen Staatsregierung angestrengten Urteil des Bundesverfassungsgerichtes von 1974 wurde der Vertrag zwar für verfassungskonform erklärt, gleichzeitig aber betont, daß beide Staaten ("zwei Staaten in Deutschland") niemals zueinander Ausland sein dürften und es Ziel der bundesdeutschen Politik bleiben müsse, die "Wiedervereinigung in Frieden und Freiheit" zu erreichen; die Mittel auf diesem Weg wurden der jeweiligen Bundesregierung dabei allerdings freigestellt. Dieses Urteil bildete eine wesentliche Grundlage für das Festhalten Bonner Politiker an der Idee der deutschen Einheit bis zur Wiedervereinigung 1990.

**Gruppe der 77**
Seit 1967 loser Zusammenschluß von ursprünglich 77 Entwicklungsländern aus dem afrikanischen, südamerikanischen und asiatischen Raum, die in der "Charta von Algier" u. a. die Umwandlung der Weltbank in eine Entwicklungsbank und eine Anhebung der finanziellen Mittel der Industrienationen für die Entwicklungshilfe forderten; keine regelmäßigen Konferenzen, fungiert bei internationalen Konferenzen der UN jedoch als Sprachrohr der Länder der Dritten Welt.

**GUS**
**G**emeinschaft **U**nabhängiger **S**taaten, der fast alle Staaten der früheren Sowjetunion angehören. Ersatzorganisation für die 1991 aufgelöste → UdSSR.

**Hallstein-Doktrin**
Alleinvertretungsanspruch; Auffassung der Bundesregierung bis 1966, daß die Bundesrepublik Deutschland das alleinige Recht auf Vertretung der Rechte und Interessen des deutschen Volkes habe, da die Bevölkerung der DDR nicht frei entscheiden könne. Nach Auffassung der Bundesregierung und des späteren ersten Präsidenten der EWG-Kommision, Walter Hallstein, Staatssekretär im Auswärtigen Amt, war folglich die Aufnahme diplomatischer Beziehungen mit der DDR aus der Sicht der Bundesrepublik ein unfreundlicher Akt und wurde mit dem sofortigen Abbruch der diplomatischen Beziehungen beantwortet. Erst Ende der 60er Jahre (diplomatische Beziehungen zwischen der Bundesrepublik und Rumänien 1967) wurde dieser Grundsatz gelockert und 1974 durch ein Urteil des Bundesverfassungsgerichtes zum → Grundlagenvertrag verworfen.

**Imperatives Mandat**
Diskussion um eine Bindung von Entscheidungen eines Abgeordneten an Beschlüsse und Wünsche der Basis. In den 60er und 70er Jahren v. a. von den Jungsozialisten gefordert und danach von den GRÜNEN ("Basisdemokratie") wieder aufgegriffen. Wegen des im Grundgesetz vorgesehenen "freien Mandats" verfassungsrechtlich problematisch.

**INF (Intermediate Nuclear Forces)**
Gespräche über den Abbau von nuklearen Mittel- und Kurzstreckenraketen zwischen den USA und der UdSSR, 1987 zu einem erfolgreichen Abschluß gebracht.

**Kalter Krieg**
Nichtkriegerische Konfrontation zwischen Staaten oder Staatenblöcken. Von 1947–1990 Ausdruck für den Ost-West-Konflikt.

**Konvergenz**
(1) Hoffnung westlicher Politiker der 60er und 70er Jahre, daß sich durch einen Prozeß der → Entspannung und des Dialoges ein "Wandel durch Annä-

herung" erzielen ließe, der die Gegensätze zwischen *Ost und West* überwinde und mit der Zeit zu einer Lockerung der Machtverhältnisse im Ostblock führen müsse. In der Bundesrepublik anfänglich vor allem durch den CDU-Politiker Alois Mertes und durch den späteren Verhandlungsführer bei den Gesprächen mit dem Osten, Egon Bahr (SPD), vertreten.

(2) Das Wort Konvergenz umschreibt die allmähliche Angleichung der Grundsätze, an denen sich die Wirtschafts- und *Währungspolitik* der Mitgliedstaaten der europäischen Union (EU) orientiert. Nach Bestimmungen des Maastrichter Vertrags ist die Konvergenz zentraler volkswirtschaftlicher Größen (Preise, Zinsen, Haushaltsdefizit) auf niedrigem Niveau eine wesentliche Voraussetzung für die Wirtschafts- und Währungsunion 1999.

**LDC (Least Developed Countries)**
Bezeichnung für die ärmsten Staaten der Erde, die sog. vierte Welt.

**Magnettheorie**
Vorstellung, daß eine freiheitlich-demokratische und wirtschaftlich prosperierende und in die westliche Staatengemeinschaft eingebundene Bundesrepublik eine unwiderstehliche Sogwirkung auf Ostdeutschland ausübe, so daß eine Wiedervereinigung über "kurz oder lang" zwingend werde. Diese Idee verfocht u. a. auch Bundeskanzler Konrad Adenauer.

**Migration**
Bezeichnung für eine verstärkte Wanderungs- und Fluchtbewegung von Menschen, die aufgrund von politischer Verfolgung oder wegen wirtschaftlicher Perspektivelosigkeit ihre Heimatländer verlassen und Zuflucht in anderen Staaten suchen. In der Bundesrepublik waren die Flucht von DDR-Bürgern nach Westdeutschland (v. a. bis 1961) und der Zuzug von Gastarbeitern in den 60er Jahren Vorboten dieser Entwicklung, die durch die massenweise Zuwanderung von Asylanten (nichtdeutsche Flüchtlinge aus politischen und wirtschaftlichen Motiven), Aussiedlern (Einwanderer aus ehemaligen deutschen Siedlungsgebieten in Südost- und Osteuropa) und Übersiedlern (Flüchtlinge bzw. Zuziehende aus Ostdeutschland seit 1989) verstärkt wurde. 1993 versuchte der Dt. Bundestag, durch eine Grundgesetzänderung den Zuzug von Asylanten einzudämmen und dadurch auch einer zunehmenden Ausländerfeindlichkeit im Lande zu begegnen.

**Nationalismus**
Das übersteigerte, kämpferische und intolerante Vertreten des nationalen Gedankens. Nationalismus gründet auf der Überzeugung eines Volkes, den übrigen Völkern überlegen zu sein.

**NATO (North Atlantic Treaty Organization)**
Das 1948 gegründete Verteidigungsbündnis des freien Westens gegen die Bedrohung durch die Warschauer-Pakt-Staaten. Dem nach 1990 erweiterten Sicherheitsbegriff gemäß, versteht sich die NATO als ein militärisches Bündnis von demokratischen Staaten, die gemeinsam zur Krisenbewältigung, Konfliktregelung und Friedenssicherung auch außerhalb des Bündnisgebietes zusammenwirken, damit die Unversehrtheit und Stabilität der Mitgliedsstaaten gewahrt bleiben.

**NATO-Doppelbeschluß**
Entscheidung der NATO-Staaten vom Dezember 1979, die Sowjetunion entweder in Verhandlungen dazu zu bewegen, die Aufstellung ihrer SS-20-Raketen rückgängig zu machen, oder bei einem Scheitern der Verhandlungen im NATO-

Territorium ebenfalls Raketen vergleichbarer Qualität (Pershing II, cruise missiles) zu dislozieren (aufzustellen). Dieser Beschluß wurde 1983/84 verwirklicht. 1987 konnte mit der UdSSR eine Vereinbarung über die Vernichtung sämtlicher Kurz- und Mittelstreckenraketen erreicht werden (INF).

**Neue soziale Frage**
Seit Mitte der 70er Jahre feststellbare Tendenz zu einer neuen Armut in den wohlhabenden Industrieländern (Dauerarbeitslose, vermehrte Sozialhilfempfänger und Obdachlose) und zu neuen sozialen Problemen (Vermassung und Vereinsamung, Probleme alter Menschen, zunehmende Gewalt, organisierte Kriminalität etc.).

**Notstandsgesetze**
1968 von der Großen Koalition in die Wege geleitete Regelungen für den Verteidigungs-, Spannungs- und Katastrophenfall und bei innerem Notstand, um die Handlungsfähigkeit des Staates zu gewährleisten. Damit wurden alliierte Vorbehaltsrechte in Deutschland abgelöst. Von Teilen der Bevölkerung wurden die Notstandsgesetze vor dem Hintergrund schlechter Erfahrungen in der Weimarer Republik (Notverordnungsartikel 48 der Weimarer Verfassung) erbittert bekämpft.

**OEEC ("Organization for European Economic Cooperation")**
Die 1948 gegründete Organisation für Europäische Wirtschaftliche Zusammenarbeit (die heutige OECD) sollte helfen, die europäischen Volkswirtschaften im Rahmen der Marshallplanhilfe wiederaufzubauen und in eine offene Weltwirtschaft einzugliedern.

**Ordo-Liberalismus**
Anhänger einer "reinen" liberalen Wirtschaftstheorie, die den Marktkräften und dem freien Wettbewerb die Entscheidungen auf wirtschaftlichem Gebiet überlassen will und größere Eingriffe des Staates in das Wirtschaftsleben ablehnt.

**Prager Frühling**
Versuch von tschechoslowakischen Reformkommunisten um A. Dubček, einen "menschlichen Sozialismus" mit weniger Ideologie, dafür aber mit mehr Rechten und Wohlstand für die Bevölkerung zu erreichen. Am 21. August 1968 durch den Einmarsch der Warschauer-Pakt-Staaten zunichte gemacht.

**Radikalenerlaß**
Beschluß der Bundesländer und der Bundesregierung in den 70er Jahren, keine Radikalen in das Beamtenverhältnis zu übernehmen. Auf diese Weise soll versucht werden, eine Unterwanderung des Staates von rechts und links ("Marsch durch die Institutionen") zu unterbinden; eine Übernahme in den Staatsdienst setzt die Treue des Beamten zur freiheitlich-demokratischen Grundordnung voraus.

**Ratifizierung**
Genehmigung eines zwischenstaatlichen Vertrages, dessen Inhalt durch Unterhändler festgelegt und unterzeichnet ("paraphiert") wurde, durch das Parlament.

**Roll-back**
Von US-Außenminister John F. Dulles geprägter Begriff für die 1954 von den USA verkündete Politik der Befreiung von Ländern, die unter kommunistischer Herrschaft stehen (harter Konfrontationskurs der USA und neue Stufe des kalten Krieges), der die "Zurückdrängung" des Kommunismus beschreibt. In der praktischen Politik nur einmal während des Koreakrieges (1950–1953) eingesetzt.

**Römische Verträge**
Die römischen Verträge beinhalten die Gründungsverträge der EWG und der

EURATOM sowie deren Zusatzprotokolle. Sie wurden am 25. März 1957 von den Mitgliedstaaten unterzeichnet und traten am 1. Januar1958 in Kraft.

**Rotationsprinzip**
Austausch eines Abgeordneten gegen einen anderen vor dem Ende der verfassungsmäßig festgelegten Amtszeit, mit dem Ziel "Amtsmißbrauch" und "Verfilzung" zu verhindern; von den GRÜNEN 1983 bis 1990 teilweise im Bundestag praktiziert.

**SALT (Strategic Arms Limitation Talks)**
Gespräche zwischen den USA und der UdSSR über eine Begrenzung der beiderseitigen Atomrüstung bei den Interkontinentalwaffen.

**SDI (Strategic Defense Initiative)**
Strategische Verteidigungsinitiative; die auch "Krieg-der-Sterne-Programm" genannt wird. Von US-Präsident Reagan (1979–1987) forciertes Programm, das im Weltall einen nuklearen Schutzschild errichten sollte, um so das Territorium der USA für gegenerische Kernwaffen unerreichbar zu machen.

**Sowjetisierung**
Übertragung der Grundstrukturen von Staat, Wirtschaft und Gesellschaft sowie der ihnen zugrunde liegenden Ideologie von der Sowjetunion auf andere Länder.

**Soziale Marktwirtschaft**
Unter anderem von Prof. Alfred Müller-Armack theoretisch konzipiertes und vom damaligen Wirtschaftsminister und späteren Bundeskanzler Ludwig Erhard in Westdeutschland politisch durchgesetztes Konzept einer liberalen Marktwirtschaft mit sozialen Sicherungen. Mit Wettbewerb, Wirtschaftswachstum und flankierenden sozialen Maßnahmen (z. B. Mitbestimmung der Arbeitnehmer, Vermögensbildung in Arbeitnehmerhand) soll ein "Wohlstand für alle" erreicht werden. Heute bekennen sich praktisch alle demokratischen Parteien Deutschlands zu diesem Konzept.

**Spiegel-Affäre**
Nach der Veröffentlichung von geheimen militärischen Details in der Hamburger Wochenzeitschrift "Der Spiegel" und der Beschlagnahme dieser Ausgabe werden "Spiegel"-Herausgeber Augstein und sein Chefredakteur Ahlers auf Veranlassung des damaligen Bundesverteidigungsministers Strauß (CSU) in Spanien verhaftet. Wegen dieser Kompetenzüberschreitung muß Strauß auf Druck der FDP zurücktreten. Diese Affäre leitet auch das Ende der Ära Adenauer ein.

**START (Strategic Arms Reduction Talks)**
In Fortsetzung der → SALT-Verhandlungen Gespräche zwischen den Vereinigten Staaten und der Sowjetunion über eine Verringerung des gegenseitigen Potentials an Interkontinentalwaffen. In den 80er Jahren zu einem erfolgreichen Abschluß gebracht und von den Nachfolgestaaten der UdSSR weitgehend als verpflichtend übernommen.

**Status quo**
Eine in der Zeit des kalten Krieges, vor allem nach der Kubakrise 1962, erkennbare Tendenz der westlichen Außenpolitik, die davon ausging, daß die Machtverhältnisse zwischen Ost und West praktisch nicht zu verändern seien und es daher Aufgabe der Politik sei, den bestehenden Zustand (Status quo) der Machtverteilung zwischen den Blöcken zu erhalten. Aus diesem Grunde verhielt sich der Westen beim Aufstand in Ungarn und Polen (1956) und vor allem beim Einmarsch der Warschauer-Pakt Staaten in die Tschechoslowakei (1968) neutral. Auch die Hinnahme des Mauer-

baus in Berlin (1961), bei gleichzeitiger Akzeptierung der engen Bindungen des freien Teils der Stadt an den Westen erklärt sich vor diesem Hintergrund. Im Gegensatz dazu wurde in Korea (1950–1953) versucht, den Kommunismus zurückzudrängen (→ Roll Back).

**strukturelle Arbeitslosigkeit**
Durch Veränderungsprozesse in der Wirtschaft (Übergang zu immer mehr Dienstleistungsberufen, Rationalisierung u. Automatisierung, gehobene Bildungsanforderungen etc.) entstandene Massenarbeitslosigkeit, die auch in Zeiten wirtschaftlichen Aufschwungs nicht verhindert, daß eine große Zahl von Menschen arbeitslos bleibt.

**Subsidiaritätsprinzip**
Ein Schlüsselbegriff des Vertrags von Maastricht. Im Sinne des S. darf die höhere staatliche oder gesellschaftliche Einheit nur dann helfend tätig werden und Funktionen der niederen Einheiten an sich ziehen, wenn deren Kräfte nicht ausreichen, diese Funktionen selbst wahrzunehmen. Das S. wird vor allem von der katholischen Soziallehre als Ordnungsprinzip von Staat und Gesellschaft empfohlen.

**supranational**
Einer zwischenstaatlichen Behörde stehen Hoheitsrechte gegenüber den einzelnen nationalen Mitgliedsstaaten zu.

**UdSSR**
Union der Sozialistischen Sowjetrepubliken, kurz: Sowjetunion. 1922 erfolgter Zusammenschluß der von den Kommunisten beherrschten Gebiete Sowjetrußlands, 1991 aufgelöst und durch die GUS (Gemeinschaft Unabhängiger Staaten) ersetzt.

**"Vorneverteidigung"**
Konzept der NATO, angesichts der dichten Besiedlung und der geringen strategischen Tiefe ihres Territoriums die Verteidigung möglichst im grenznahen Raum durchzuführen und den Konflikt so schnell wie möglich zu beenden, um größere Schäden zu vermeiden und den Frieden baldmöglichst wiederherzustellen. Nach Wiederherstellung der Integrität des NATO-Gebietes ist kein weiteres Vordringen in den gegnerischen Raum vorgesehen.

**"Vorwärtsverteidigung"**
Verteidigungskonzept des → Warschauer Paktes, das im Unterschied zur westlichen → "Vorneverteidigung" den Konflikt möglichst weit in gegnerische Territorium tragen will, um so Kriegshandlungen vom eigenen Gebiet fernzuhalten. Dieses Konzept entsprang den historischen Erfahrungen der Sowjetunion, die nicht mehr zulassen wollte, daß eigenes Land zum Ort zerstörerischer Auseinandersetzungen würde (wie z. B. 1917/18 und 1941–1944).

**Warschauer Pakt**
1955 gegründete Verteidigungsorganisation der ehemaligen Ostblockstaaten unter Führung der Sowjetunion, die das schon bestehende System wechselseitiger Bündnisse ergänzte. Anders als die NATO war der W. P. kein Bündnis souveräner Staaten, sondern stand im Zeichen der → Breschnew-Doktrin deutlich unter Führung der UdSSR. Nach den epochemachenden Veränderungen in Osteuropa seit 1989 löste sich der Warschauer Pakt 1991 selbst auf.

**Zwei-Plus-Vier-Gespräche**
Verhandlungen zwischen den beiden deutschen Staaten und den vier Siegermächten des Zweiten Weltkrieges (USA, Großbritannien, Frankreich und UdSSR) über die deutsche Wiedervereinigung. 1990 zu einem erfolgreichen Abschluß gebracht.

# Stichwortverzeichnis

## Personenregister

## Sachregister

# Literaturverzeichnis


ABELSHAUSER, Werner: Wirtschaftsgeschichte der Bundesrepublik Deutschland 1945–1980, Frankfurt 1983 (Suhrkamp TB 241).

ALEFF, Eberhard: Das Dritte Reich, Hannover 1982 (Edition Zeitgeschehen 5 Paperback).

AMT für amtliche Veröffentlichungen der Europäischen Gemeinschaften (Hrsg.): Das ABC des Gemeinschaftsrechts, in: Europäische Dokumentation, Luxemburg 1991.

ARNOLD, Friedrich (Hrsg.): Anschläge. Politische Plakate in Deutschland 1900–1970, Frankfurt/Wien/Zürich: Büchergilde Gutenberg 1981.

BARING, Arnulf: Im Anfang war Adenauer. Die Entstehung der Kanzlerdemokratie, München ²1982.
Bd. 1: Auf dem Weg zur Republik 1945–1947,
Bd. 2: Das Entscheidungsjahr 1948,
Bd. 3: Die Gründung des neuen Staates 1949.

BARING, Arnulf: Machtwechsel. Die Ära Brandt–Scheel, Stuttgart: Deutsche Verlags-Anstalt 1982.

BECKER, Josef; STAMMEN, Theo; WALDMANN, Peter (Hrsg.): Vorgeschichte der Bundesrepublik Deutschland. Zwischen Kapitulation und Grundgesetz, München 1979 (Urban-TB 845).

BEHNEN, Peter: Revolution in der DDR, Hannover 1990.

BENDER, Peter: Neue Ostpolitik. Vom Mauerbau bis zum Moskauer Vertrag, München: Deutscher Taschenbuch Verlag 1986

BENZ, Wolfgang; GRAML, Hermann (Hrsg.): Europa nach dem Zweiten Weltkrieg 1945–1982, Reihe: Fischer Weltgeschichte. Band 35, Frankfurt 1983.

BENZ, Wolfgang: Von der Besatzungsherrschaft zur Bundesrepublik. Stationen einer Staatsgründung 1946–1949, Frankfurt 1984 (Fischer-TB 4311).

BENZ, Wolfgang: Die Gründung der Bundesrepublik. Von der Bizone zum souveränen Staat, München 1984 (dtv-TB 4523).

BENZ, Wolfgang (Hrsg.): Die Vertreibung der Deutschen aus dem Osten. Ursachen, Ereignisse, Folgen, Frankfurt 1985 (Fischer-TB 4329).

BENZ, Wolfgang: Potsdam 1945. Besatzungsherrschaft und Neuaufbau im Vierzonendeutschland, München 1986.

BIANCO, L.: Das moderne Asien, Reihe: Fischer Weltgeschichte. Band 33, Frankfurt am Main 1969.

BIBLIOGRAPHISCHES Institut Mannheim (Hrsg.): Meyers Taschenlexikon Geschichte. 6 Bände, Mannheim 1982 (Paperback).

BINDER, Gerhart: Geschichte im Zeitalter zweier Weltkriege. Band 1: 1870–1945, Stuttgart 1977.

BRACHER, Karl-Dietrich: Die deutsche Diktatur. Entstehung, Struktur, Folgen des Nationalsozialismus, Köln 1970 (Kiepenheuer und Witsch, Studienbibliothek, Paperback).

BRACHER, Karl-Dietrich: Die Auflösung der Weimarer Republik, Düsseldorf 1978 (Athenäum Droste TB – Geschichte 7216).

BRACHER, Karl-Dietrich; SAUER, Wolfgang; SCHULZ, Günter: Die nationalsozialistische Machtergreifung. Studien zur Errichtung des totalitären Herrschaftssystems in Deutschland 1933/34. 3 Bände, Frankfurt 1979 (Ullstein-TB).

BRACHER, Karl Dietrich; FUNKE, Manfred; JACOBSEN, Hans-Adolf (Hrsg.): Nationalsozialistische Diktatur 1933–1945. Eine Bilanz, in: Schriftenreihe der Bundeszentrale für politische Bildung. Bd. 192, Bonn 1983.

BRANDT, Willy: Begegnungen und Einsichten. Die Jahre 1960–1975, Hamburg: Hoffmann und Campe 1976.

BRANDT, Willy: Erinnerungen, Berlin/Frankfurt a. Main: Propyläen Verlag 1989.

BROSZAT, Martin: Der Staat Hitlers, Reihe: dtv-Weltgeschichte des 20. Jahrhunderts, München 1980 (dtv-TB 4009).

BROSZAT, Martin: Die Machtergreifung. Der Aufstieg der NSDAP und die Zerstörung der Weimarer Republik, Reihe: Deutsche Geschichte der neuesten Zeit, München 1986 (dtv-TB 4516).

BULLOCK, Alan: Hitler. Eine Studie über Tyrannei, Düsseldorf 1971 (Droste Paperback).

BUNDESMINISTERIUM für innerdeutsche Beziehungen (Hrsg.): Zehn Jahre Deutschlandpolitik, Melsungen 1980.

BUNDESMINISTERIUM der Verteidigung (Hrsg.): Informationen zur Sicherheitspolitik. Bonn (laufend veröffentlicht).

BUNDESZENTRALE für politische Bildung (Hrsg.): Informationen zur politischen Bildung. Bonn (laufend veröffentlicht).
Die Weimarer Republik, Nr. 109/110, Neudruck 1978.
Der Nationalsozialismus, Nr. 123/126/127, Neudruck 1980.
Der Nord-Süd-Konflikt, Nr. 196, 1982.
Die deutsche Frage, Nr. 203, Neudruck 1990.
Entwicklungsländer, Nr. 221, 1988.
Bundestagswahl 1990, Nr. 229, 1990.

CZEMPIEL, Ernst-Otto; SCHWEITZER, Carl-Christoph: Weltpolitik der USA nach 1945. Einführung und Dokumente, Opladen 1984.

DAS III. Reich. Eine historische Collage über den erregendsten Abschnitt der deutschen Geschichte in Wort, Bild und Ton, 1933–1939. 2 Bände, Hamburg 1975.

DAS Parlament, vom 26. Juni 1992.

DEDERKE, Karl-Heinz: Reich und Republik. Deutschland 1917–1933, 5. erw. Auflage 1984 (Klett Studienbuch Paperback).

DEUERLEIN, Ernst: Deutsche Geschichte von 1945 bis 1955. Handbuch der Deutschen Geschichte. Band 4. Teil 3, hrsg. v. Leo Just, Konstanz 1965.

DEUTSCHER Bundestag (Hrsg.): Fragen an die deutsche Geschichte. Ideen, Kräfte, Entscheidungen von 1800 bis zur Gegenwart, Bonn [17]1993

DIEMER, Gebhard (Hrsg.): Kurze Chronik der Deutschen Frage, München 1990.

dtv-Atlas zur Weltgeschichte. Band 2: Von der Französischen Revolution bis zur Gegenwart, München 1984 (dtv-TB 3002).

ELBEN, Wolfgang: Die Weimarer Republik, Reihe: Schriften und Materialien zur Gemeinschaftskunde, hrsg. von R. Geipel u. W. Haseloff, Frankfurt 1975.

ESCHENBURG, Theodor: Geschichte der Bundesrepublik Deutschland. Band 1: Jahre der Besatzung 1945–1949, Stuttgart 1983.

FEST, Joachim C.: Hitler. Eine Biographie. 2 Bände: 1. Der Aufstieg; 2. Der Führer, Frankfurt 1978 (Ullstein-TB 3273, 3274).

FETSCHER, Iring: Der Marxismus. Band III: Politik, München 1977.

FISCHER Weltalmanach. Sonderband DDR, Frankfurt 1990.

FRANKFURTER Kunstverein (Hrsg.): Kunst im Dritten Reich. Dokumente der Unterwerfung, Frankfurt 1974 (Paperback).

GEBHARDT, Bruno: Handbuch der deutschen Geschichte, hrsg. v. H. Grundmann;
Karl-Dietrich Erdmann: Die Weimarer Republik, München 1983 (dtv-TB 4219).
Karl-Dietrich Erdmann: Deutschland unter der Herrschaft des Nationalsozialismus 1933–1939, München 1983 (dtv-TB 4220).
Karl-Dietrich Erdmann: Der Zweite Weltkrieg, München 1983 (dtv-TB 4221).
Karl-Dietrich Erdmann: Das Ende des Reiches und die Neubildung deutscher Staaten, München 1980 (dtv 4222).

GEIGER, Wolfgang; MANSILLA, H. C. F.: Unterentwicklung. Theorien und Strategien zu ihrer Überwindung, Frankfurt 1983.

GEISS, Immanuel: Europäische Perspektiven nach der deutschen Einigung, in: Aus Politik und Zeitgeschehen. Band 52–53, 1990, S. 41–47.

GLASER, Hermann: Kleine Kulturgeschichte der Bundesrepublik Deutschland 1945–1989, München/Wien 1991.

GÖBEL, Walter: Abiturwissen. Deutschland nach 1945, Stuttgart 1983.

GRAML, Hermann: Europa zwischen den Kriegen. Reihe: dtv-Weltgeschichte des 20. Jahrhunderts, München 1979 (dtv-TB 4005).

GRAML, Hermann: Die Alliierten und die Teilung Deutschlands. Konflikte und Entscheidungen 1941 bis 1948, Frankfurt 1985 (Fischer-TB 4310).

GROSSER, Alfred: Geschichte Deutschlands. Eine Bilanz, München $^{7}$1980 (dtv-TB 1007).

GRUCHMANN, Lothar: Der Zweite Weltkrieg. Reihe: dtv-Weltgeschichte des 20. Jahrhunderts, München 1982 (dtv-TB 4010).

HAFFNER, Sebastian: Anmerkung zu Hitler, Frankfurt 1981 (Fischer-TB 3489).

HAEFS, Hanswilhelm (Hrsg.): Der Fischer Weltalmanach '85 und '86, Frankfurt (Fischer-TB 1280 und 1480).

HAFTENDORN, Helga: Sicherheit und Entspannung. Zur Außenpolitik der Bundesrepublik Deutschland 1955–1982, Baden-Baden 1983.

HAMPEL, Johannes: Der Nationalsozialismus. Bd. II. Friedenspropaganda und Kriegsvorbereitung 1933–1939, München 1989 (Bayerische Landeszentrale für politische Bildungsarbeit, A 73).

HARBRECHT, Wolfgang: Die Europäische Gemeinschaft, Stuttgart ²1984 (UTB 746).

HARENBERG, Bodo (Hrsg.): Aktuell '92. Das Lexikon der Gegenwart, Dortmund 1991.

HARENBERG, Bodo (Hrsg.): Chronik des 20. Jh., Dortmund 1988.

HEIBER, Helmut: Die Republik von Weimar, Reihe: dtv-Weltgeschichte des 20. Jahrhunderts, München 1982 (dtv-TB 4003).

HERLES, H.; ROSE, E. (Hrsg.): Parlamentsszenen einer deutschen Revolution, Bonn 1990.

HERZFELD, Hans: Der Erste Weltkrieg, Reihe: dtv-Weltgeschichte des 20. Jahrhunderts, München 1979 (dtv-TB 4001).

HEY, Bernd; RADKAU, Joachim: Nationalismus und Faschismus, Reihe: Politische Weltkunde II. Themenhefte zur Geschichte, Geographie und Politik, hrsg. v. J. Rohlfes u. E. Schwalm, Stuttgart 1979.

HILDEBRANDT, Horst: Die deutschen Verfassungen des 19. und 20. Jahrhunderts, Paderborn 1979 (utb-TB).

HILDEBRAND, Klaus: Deutsche Außenpolitik 1933–1939. Kalkül oder Dogma?, Stuttgart 1973 (Reihe Kohlhammer Paperback).

HILDEBRAND, Klaus: Das Dritte Reich. Reihe: Oldenbourg Grundriß der Geschichte. Band 17, hrsg. v. J. Bleicken u. a., München 1980 (Paperback).

HILDEBRAND, Klaus: Geschichte der Bundesrepublik Deutschland. Band 4: Von Erhard zur Großen Koalition 1963–1969, Stuttgart 1984.

HILLGRUBER, Andreas: Deutsche Geschichte 1945–1982. Die "deutsche Frage" in der Weltpolitik, Stuttgart ²1984 (Urban TB 360).

HITLER, Adolf: Mein Kampf, 330.–340. Auflage, München 1938.

HOFER, Walther: Die Diktatur Hitlers 1933–1939. Sonderdruck des Handbuchs der Deutschen Geschichte. Band 4. Teil 4, hrsg. v. Brandt-Meyer-Just, Konstanz 1971 (Athenaion Paperback).

HOFER, Walther: Der Nationalsozialismus. Dokumente 1933–1945, Frankfurt 1977 (Fischer-TB 6084).

HOFFMANN, Joachim; RIPPER, Werner (Hrsg.): Deutschland im Spannungsfeld der Siegermächte (1945–1949), Frankfurt 1982.

HOFFMANN, Joachim; RIPPER, Werner (Hrsg.): Die beiden deutschen Staaten und ihre Integration in die Paktsysteme (1945–1955), Frankfurt 1984.

HOFFMANN, Peter: Widerstand gegen Hitler und das Attentat vom 20. Juli 1944, 2. überarb. Aufl., München/Zürich 1984 (Serie Piper SP 190).

JACOBSEN, Hans-Adolf: Der Zweite Weltkrieg. Grundzüge der Politik und Strategie in Dokumenten, Frankfurt 1965 (Fischer-TB 645).

JACOBSEN, Hans-Adolf; DOLLINGER, Hans (Hrsg.): Der Zweite Weltkrieg in Bildern und Dokumenten. 3 Bände, München/Wien/Basel 1962.

JESSE, Eckhard (Hrsg.): Bundesrepublik Deutschland und Deutsche Demokratische Republik. Die beiden deutschen Staaten im Vergleich, Berlin ²1981.

KISTLER, Helmut: Die Bundesrepublik Deutschland. Vorgeschichte und Geschichte 1945–1983, Bonn 1985

KLESSMANN, Christoph: Die doppelte Staatsgründung. Deutsche Geschichte 1945–1955, Göttingen 1982.

KLESSMANN, Christoph: Zwei Staaten, eine Nation. Deutsche Geschichte 1955–1970, Bonn 1988

KLÖNNE, Arno; REESE, Hartmut: Die deutsche Gewerkschaftsbewegung. Von den Anfängen bis zur Gegenwart, Hamburg 1984.

KOGON, Eugen: Der SS-Staat, München 1977 (Heyne TB 7027).

KOLB, Eberhard: Die Weimarer Republik. Reihe: Oldenburg Grundriß der Geschichte. Band 16, hrsg. v. J. Blieken u. a., München 1984.

KOLB, Eberhard: Vom Kaiserreich zur Weimarer Republik, Köln 1972.

Kommission der Europäischen Gemeinschaften (Hrsg.): EG-Magazin, Bonn.

Kommission der Europäischen Gemeinschaften (Hrsg.): Willkommen in der Gemeinschaft. Deutsche Einheit und Europäische Gemeinschaft, Bonn 1990.

KRINK, Alfred: Die NS-Diktatur. Reihe: Schriften und Materialien zur Gemeinschaftskunde, hrsg. v. R. Geipel u. W. Haseloff, Frankfurt 1975.

KROCKOW, Christian Graf von: Die Deutschen in ihrem Jahrhundert, Reinbek bei Hamburg: Rowohlt Verlag 1990.

KRÜGER, Herbert; KRÜGER, Werner: Geschichte in Karikaturen – von 1848 bis zur Gegenwart. Arbeitstexte für den Unterricht, für die Sekundarstufe, Stuttgart 1981 (Reclams Universal-Bibliothek Nr. 9566).

LAUTEMANN, Wolfgang; SCHLENKE, Manfred (Hrsg.): Die Welt seit 1945. Geschichte in Quellen, München 1980.

LINK, Werner: Der Ost-West-Konflikt. Die Organisation der internationalen Beziehungen im 20. Jahrhundert, Stuttgart 1980 (Urban TB 329).

LOCH, Werner; HOFFMANN, Alfons: Der Nationalsozialismus in Unterrichtsbildern. Reihe: Stundenvorbereitung, Limburg 1977.

LOTH, Wilfried: Die Teilung der Welt. Geschichte des Kalten Krieges 1941–1955. Reihe: dtv-Weltgeschichte des 20. Jahrhunderts, München 1980 (dtv-TB 4012).

LOTH, Wilfried: Das Ende der Nachkriegsordnung, in: Aus Politik und Zeitgeschehen. Band 18, 1991, S. 3–10.

MAIER, Gerhart: Die Wende in der DDR, hrsg. von der Bundeszentrale für politische Bildung, Bonn 1990.

MASER, Werner: Das Regime. Alltag in Deutschland 1933–1945, Gütersloh 1983.

MEYER-BENNECKENSTEIN, Paul (Hrsg.): Dokumente der Deutschen Politik. Bände 3 und 4, Berlin 1937.

MICHAELIS, Herbert; SCHRAEPLER, Ernst (Hrsg.): Ursachen und Folgen. Vom deutschen Zusammenbruch 1918 und 1945 bis zur staatlichen Neuordnung Deutschlands in der Gegenwart. Eine Urkunden- und Dokumentensammlung zur Zeitgeschichte. insgesamt 28 Bände, Berlin o. J.

MICHALKA, Wolfgang: Das Dritte Reich. Dokumente zur Innen- und Außenpolitik. 2 Bände, München 1984 (dtv-dok. 2925, 2926).

MICHALKA, Wolfgang; NIDHART, Gottfried (Hrsg.): Die ungeliebte Republik. Dokumente zur Innen- und Außenpolitik Weimars 1919–1933, München $^{3}$1984 (dtv-TB 2918).

MÖLLER, Horst: Weimar. Die unvollendete Demokratie. Reihe: Deutsche Geschichte der neuesten Zeit, München 1986 (dtv-TB 4512).

MÜNCH, Ingo von (Hrsg.): Dokumente des geteilten Deutschland. Quellentexte zur Rechtslage des Deutschen Reiches, der Bundesrepublik Deutschland und der Deutschen Demokratischen Republik. Mit einer Einführung von Ingo von Münch, Stuttgart [2]1976.

MÜNCH, Ingo von (Hrsg.): Dokumente der Wiedervereinigung Deutschlands, Stuttgart 1991.

NOHLEN, Dieter (Hrsg.): Lexikon Dritte Welt. Länder, Organisationen, Theorien, Begriffe, Personen, Reinbek bei Hamburg 1984 (rororo 6295).

NOLTE, Ernst: Die faschistischen Bewegungen. Reihe: dtv-Weltgeschichte des 20. Jahrhunderts, München 1980 (dtv-TB 4004).

NOLTE, Ernst: Deutschland und der Kalte Krieg, Stuttgart [2]1985.

NUSCHELER, Franz: Lern- und Arbeitsbuch Entwicklungspolitik, Bonn [2]1987.

OVERESCH, Manfred: Die Deutschen und die deutsche Frage 1945–1955. Darstellung und Dokumente, Düsseldorf 1985.

PARKER, R. A. C.: Das Zwanzigste Jahrhundert 1918–1945, Reihe: Fischer Weltgeschichte. Band 34, Frankfurt 1975.

PRESSEZENTRUM des Deutschen Bundestages (Hrsg.): Woche im Bundestag, Parlamentskorrespondenz, Bonn, 4. November 1992.

PROSS, Harry (Hrsg.): Die Zerstörung der deutschen Politik – Dokumente 1871–1933, Frankfurt am Main 1959 (Fischer-TB 264).

ROSENBERG, Arthur: Die Entstehung der Weimarer Republik. Die Geschichte der Weimarer Republik. 2 Bände, Stuttgart 1978 (Europäische Verlagsanstalt TB).

ROTHFELS, Hans: Die deutsche Opposition gegen Hitler, Frankfurt 1969.

RUHL, Klaus-Jörg (Hrsg.): Neubeginn und Restauration. Dokumente zur Vorgeschichte der Bundesrepublik Deutschland 1945–1949, München 1983.

SCHEUNER, U.: Die Vereinten Nationen als Faktor der internationalen Politik, Opladen 1976.

SCHEURIG, Bodo von: Deutscher Widerstand 1938–1944, München 1976

SCHIEDER, Theodor (Hrsg.): Handbuch der europäischen Geschichte. Band 7. Europa im Zeitalter der Weltmächte, Stuttgart 1979.

SCHMIDT, Helmut: Menschen und Mächte. Berlin: W. J. Siedler Verlag 1987.

SCHMIDT, Helmut: Die Deutschen und ihre Nachbarn. Menschen und Mächte II, Berlin: Wolf Jobst Siedler Verlag 1990.

SCHMOLZE, Gerhard (Hrsg.): Revolution und Räterepublik in München 1918/19 in Augenzeugenberichten, München 1978 (dtv-TB 1365).

SCHÖNBRUNN, Günter (Bearb.): Weltkriege und Revolutionen 1914–1945. Geschichte in Quellen, hrsg. von Wolfgang Lautemann und Manfred Schlenke, München [2]1975.

SCHÖNDUBE, Claus: Die Politische Union bleibt das Ziel. 40 Jahre Ringen um die politische Einheit, in: Das Parlament, Nr. 42, 9. Oktober 1992.

SCHRÖDER, Michael: Bayern 1945. Demokratischer Neubeginn. Interviews mit Augenzeugen, München 1985.

SCHULTES, Friedrich (Hrsg.): Fischer-Kolleg. Geschichte, Frankfurt 1982.

SCHULZ, Gerhard: Deutschland seit dem Ersten Weltkrieg 1918–1945, Reihe: Kleine Vandenhoeck Reihe Deutsche Geschichte 10, Göttingen 1976.

SCHULZ, Gerhard: Revolution und Friedensschlüsse, Reihe: dtv-Weltgeschichte des 20. Jahrhunderts, München 1980 (dtv-TB 4002).

SCHWARZ, Albert: Die Weimarer Republik 1918–1933. Sonderdruck des Handbuchs der Deutschen Geschichte. Band 4. Teil 3, hrsg. v. Brandt-Meyer-Just, Konstanz 1958 (Athenaion Paperback).

SCHWARZ, Hans-Peter: Die Ära Adenauer 1949–1957, Stuttgart 1981.

SCHWARZ, Hans-Peter: Die Ära Adenauer 1957–1963, Stuttgart 1983.

SONTHEIMER, Kurt: Antidemokratisches Denken in der Weimarer Republik, München 1968 (auch als dtv-TB 4312).

SPIEGEL-Spezial: Die wilden 68er, Hamburg: Spiegel-Verlag 1988.

SPIEGEL-Spezial: Die Katastrophe des Kommunismus. Von Marx bis Gorbatschow, Hamburg: Spiegel-Verlag 1991.

SPITTMANN, I.; HELWIG, G. (Hrsg.): Chronik der Ereignisse in der DDR, Köln 1990.

STARITZ, Dietrich: Die Gründung der DDR. Von der sowjetischen Besatzungsherrschaft zum sozialistischen Staat, München 1984 (dtv 4524).

STARITZ, Dietrich: Geschichte der DDR 1949–1985, Frankfurt 1985

STEININGER, Rolf: Deutsche Geschichte 1945–1961. Darstellung und Dokumente in 2 Bänden, Frankfurt 1983 (Fischer TB 4315, 4316).

TELTSCHIK, Horst: 329 Tage, Innenansichten der Einigung, Berlin: Wolf Jobst Siedler Verlag 1991.

THIEL, Elke: Die Europäische Gemeinschaft. Vom Gemeinsamen Markt zur Europäischen Union, München, aktual. Nachdruck 1991 (Bayerische Landeszentrale für politische Bildungsarbeit, A 49).

TIBI, B.: Nord-Süd-Konflikt, in: W. Michel (Hrsg.): Handlexikon zur Politikwissenschaft, Bonn 1986.

TORMIN, Walter: Die Weimarer Republik, Hannover 1982 (Edition Zeitgeschehen 4 Paperback).

VOGELSANG, Thilo: Die nationalsozialistische Zeit. Deutschland 1933–1939. Reihe: Deutsche Geschichte 7, hrsg. v. Walter Hubatsch, Frankfurt 1974.

VOGELSANG, Thilo: Das geteilte Deutschland, München $^{11}$1982 (dtv 4011).

WAGNER, Gisela: Die Weimarer Republik. Reihe: Politische Weltkunde II. Themenhefte zur Geschichte, Geographie und Politik, hrsg. v. J. Rohlfes und E. Schwalm, Stuttgart $^{3}$1976.

WALPUSKI, Günter: Verteidigung + Entspannung = Sicherheit. Texte und Materialien zur Außen- und Sicherheitspolitik, Bonn 1984.

WASMUD, Klaus: Politische Plakate aus dem Nachkriegsdeutschland. Zwischen Kapitulation und Staatsgründung, Frankfurt am Main 1986.

WEBER, Hermann (Hrsg.): DDR. Dokumente zur Geschichte der Deutschen Demokratischen Republik 1945–1985, München 1986.

WEBER, Hermann: Die DDR 1945–1986, München 1988.

WEBER, Hermann: Geschichte der DDR, München 1985 (dtv 4430).

WEBER, Jürgen (Hrsg.): Geschichte der Bundesrepublik Deutschland. Analyse und Dokumentation in Text, Bild und Ton, München/Paderborn $^{3}$1985 und 1986

WOYKE, Wichard: Der "alte Kontinent" kann wieder zu sich selbst finden. Europa vor einer seiner größten Bewährungsproben. Das Ende des Kommunismus als neue Chance für Ost und West. Vielfalt der Institutionen als Weg zur Integration, in : Das Parlament, Nr. 20, 8. Mai 1992.

# Ihre Meinung ist uns wichtig!

Ihre Anregungen sind uns immer willkommen.
Bitte informieren Sie uns mit diesem Schein über Ihre Verbesserungsvorschläge!

| | Seite | Fehler, Vorschlag |
|---|---|---|
| | | |
| | | |
| | | |
| | | |
| | | |
| | | |
| | | |
| | | |
| | | |
| | | |
| | | |
| | | |
| | | |
| | | |
| | | |
| | | |
| | | |

**Zutreffendes bitte ankreuzen!**

**Die Absenderin/der Absender ist:**

- ☐ Lehrer/in
- ☐ Fachbetreuer/in
  Fächer: ____
- ☐ Seminarlehrer/in
  Fächer: ____
- ☐ Regierungsfachberater/in
  Fächer: ____
- ☐ Oberstufenbetreuer/in
- ☐ Schulleiter/in
- ☐ Referendar/in, Termin 2. Staatsexamen: ____
- ☐ Leiter/in Lehrerbibliothek
- ☐ Leiter/in Schülerbibliothek
- ☐ Sekretariat
- ☐ Eltern
- ☐ Schüler/in, Klasse: ____
- ☐ Sonstiges: ____

**Unterrichtsfächer:** **(Bei Lehrkräften!)**

____

**STARK Verlag**
**Postfach 1852**
**85318 Freising**

12-V1T

Bitte ausfüllen und im frankierten Umschlag an uns einsenden. Für Fensterkuverts geeignet.

**Kennen Sie Ihre Kundennummer?**
**Bitte hier eintragen.**

**Absender** **(Bitte in Druckbuchstaben!)**

**Name/Vorname**

**Straße/Nr.**

**PLZ/Ort**

**Telefon privat für Rückfragen** | **Geburtsjahr**

**E-Mail-Adresse**

**Schule/Schulstempel** **(Bitte immer angeben!)**

*(Bitte blättern Sie um)*